立教新座高等学校

〈収録内容〉

2024 年度 …………………………………… 数・英・国

2023 年度 …………………………………… 数・英・国

2022 年度 …………………………………… 数・英・国

2021 年度 …………………………………… 数・英・国

2020 年度 …………………………………… 数・英・国

2019 年度 …………………………………… 数・英・国

平成 30 年度 …………………………………… 数・英・国

DL 平成 29 年度 …………………………………… 数・英

DL 平成 28 年度 …………………………………… 数・英

便利な DL コンテンツは右の QR コードから

解答用紙　過去年度　リスニング 2020 年度～ ⇒

※データのダウンロードは 2025 年 3 月末日まで。
※データへのアクセスには、右記のパスワードの入力が必要となります。 ⇒ 135385

〈合格最低点〉

※学校からの合格最低点の発表はありません。

本書の特長

実戦力がつく入試過去問題集

- ▶ 問題 …………… 実際の入試問題を見やすく再編集。
- ▶ 解答用紙 …… 実戦対応仕様で収録。
- ▶ 解答解説 …… 詳しくわかりやすい解説には、難易度の目安がわかる「基本・重要・やや難」の分類マーク）つき（下記参照）。各科末尾には合格へと導く「ワンポイントアドバイス」を配置。採点に便利な配点つき。

入試に役立つ分類マーク

基本 確実な得点源！
受験生の 90%以上が正解できるような基礎的、かつ平易な問題。
何度もくり返して学習し、ケアレスミスも防げるようにしておこう。

重要 受験生なら何としても正解したい！
入試では典型的な問題で、長年にわたり、多くの学校でよく出題される問題。
各単元の内容理解を深めるのにも役立てよう。

やや難 これが解ければ合格に近づく！
受験生にとっては、かなり手ごたえのある問題。
合格者の正解率が低い場合もあるので、あきらめずにじっくりと取り組んでみよう。

合格への対策、実力錬成のための内容が充実

- ▶ 各科目の出題傾向の分析、合否を分けた問題の確認で、入試対策を強化！
- ▶ その他、学校紹介、過去問の効果的な使い方など、学習意欲を高める要素が満載！

解答用紙ダウンロード	解答用紙はプリントアウトしてご利用いただけます。弊社ＨＰの商品詳細ページよりダウンロードしてください。トビラのＱＲコードからアクセス可。
リスニング音声ダウンロード	英語のリスニング問題については、弊社オリジナル作成により音声を再現。弊社ＨＰの商品詳細ページで配信対応しております。トビラのＱＲコードからアクセス可。
UD FONT	見やすく読みまちがえにくいユニバーサルデザインフォントを採用しています。

立教新座高等学校

県内外で人気の難関校
8割が立教大へ推薦入学する
キリスト教系の学校

URL	https://niizarikkyo.ac.jp/

普通科
生徒数　981名
〒352-8523
埼玉県新座市北野1-2-25
☎048-471-2323
東武東上線志木駅　徒歩15分・バス
武蔵野線新座駅　徒歩25分・バス

プロフィール　キリスト教に基づく人間形成

1874（明治７）年、米国聖公会の宣教師ウィリアムズ主教が「立教学校」を創設したのが立教学院の始まりである。

キャンパスにあるチャペル「聖パウロ礼拝堂」では、日々の礼拝のほか、様々な活動が行われている。

環境　質の高い学校生活を実現する最高の環境

豊かな緑に包まれた10万㎡に及ぶ広大な敷地には、様々な特別教室を擁する校舎や体育館、400mトラックを備えた全天候型フィールド、50m×10コースの屋内温水プールをはじめ、器械体操場や剣道場、柔道場などの多彩な運動施設が点在している。また蔵書17万5千冊を誇る図書館があり、DVDなどの視聴覚資料も用意されている。

カリキュラム　豊富な選択科目　外国語教育にも重点

分野別選択（理社）や英語の指向別選択などが取り入れられ、特に３年次にはドイツ・スペイン・フランス・イタリア・アラビア語など９つの外国語講座をはじめ、多種多彩な90講座の自由選択科目が設けられるなど、テーマを選んで学ぶという姿勢を重視している。２年次より他大学進学クラスを設置し、他大学受験にも対応。

チャペルと本館校舎

校外研修旅行は平和学習をテーマに、九州、沖縄、中国・四国の３コースがある。

学校生活　多彩な行事・クラブ活動　充実の国際交流プログラム

生徒の自治組織・生徒会、学友会活動も活発で、文化部18部、体育部22部とクラブ数も多い。広大なキャンパス内に各クラブ専用の活動場所が確保され、それぞれ熱心な活動を行っている。

国際交流プログラムは英国サマースクール、オーストラリア短期留学、３ヶ国３校からの留学生受け入れなどが長年行われており、また、アメリカで派遣留学生として、１年間、イギリスで４ヶ月間、現地の生徒と共に学ぶ派遣留学制度や、大学付属校であるメリットを生かし、高校３年次の２月からの１ヶ月のギャップイヤー留学がある（海外研修旅行は希望者のみ）。ほかにも、教科が企画する海外研修があり、理科（フィンランドでのオーロラ観測）、宗教科（ポーランド）で研修を予定している。

進路　充実した立教大推薦制度

高校３年間の成績と卒業研究論文等を総合して推薦要件を満たした生徒は、立教大学への推薦入学が認められる。他の大学を受験する場合、この推薦制度は辞退しなければならない。

2023年３月卒業生の立教大学進学の学部内訳は、文学部26名、異文化コミュニケーション学部12名、経済学部60名、経営学部36名、理学部９名、社会学部42名、法学部42名、観光学部13名、現代心理学部８名、スポーツウェルネス学部３名となっている。他大学では、東京大、

全天候型フィールドでの運動会

東京工業大、一橋大、横浜国立大、東京都立大、慶應義塾大、早稲田大、上智大、東京慈恵医科大、東京理科大などに合格している。その他、慶應義塾大、国際基督教大、東京理科大、早稲田大、北里大、埼玉医科大など約40校に指定校推薦枠もある。

ひとこと　学校からのメッセージ

立教新座は、生徒自身の「やってみたい」気持ちに応え、育てる自由な校風が特長です。多様な仲間たちと、広大なキャンパス、充実した環境の中で、自身の興味関心がどこにあるかを見つけて伸ばし、世界の人々と共に生きる力を備えたグローバルリーダーへと育ってほしいと願っています。

2024年度入試要項

試験日　1/22（推薦）　2/1（一般）
試験科目　面接（推薦）　国・数・英（一般）

2024年度	募集定員	受験者数	合格者数	競争率
推薦	約20	38	23	1.7
一般	約60	1571	679	2.3

過去問の効果的な使い方

① **はじめに**　入学試験対策に的を絞った学習をする場合に効果的に活用したいのが「過去問」です。なぜならば，志望校別の出題傾向や出題構成，出題数などを知ることによって学習計画が立てやすくなるからです。入学試験に合格するという目的を達成するためには，各教科ともに「何を」「いつまでに」やるかを決めて計画的に学習することが必要です。目標を定めて効率よく学習を進めるために過去問を大いに活用してください。また，塾に通われていたり，家庭教師のもとで学習されていたりする場合は，それぞれのカリキュラムによって，どの段階で，どのように過去問を活用するのかが異なるので，その先生方の指示にしたがって「過去問」を活用してください。

② **目的**　過去問学習の目的は，言うまでもなく，志望校に合格することです。どのような分野の問題が出題されているか，どのレベルか，出題の数は多めか，といった概要をまず把握し，それを基に学習計画を立ててください。また，近年の出題傾向を把握することによって，入学試験に対する自分なりの感触をつかむこともできます。

過去問に取り組むことで，実際の試験をイメージすることもできます。制限時間内にどの程度までできるか，今の段階でどのくらいの得点を得られるかということも確かめられます。それによって必要な学習量も見えてきますし，過去問に取り組む体験は試験当日の緊張を和らげることにも役立つでしょう。

③ **開始時期**　過去問への取り組みは，全分野の学習に目安のつく時期，つまり，9月以降に始めるのが一般的です。しかし，全体的な傾向をつかみたい場合や，学習進度が早くて，夏前におおよその学習を終えている場合には，7月，8月頃から始めてもかまいません。もちろん，受験間際に模擬テストのつもりでやってみるのもよいでしょう。ただ，どの時期に行うにせよ，取り組むときには，集中的に徹底して取り組むようにしましょう。

④ **活用法**　各年度の入試問題を全問マスターしようと思う必要はありません。できる限り多くの問題にあたって自信をつけることは必要ですが，重要なのは，志望校に合格するためには，どの問題が解けなければいけないのかを知ることです。問題を制限時間内にやってみる。解答で答え合わせをしてみる。間違えたりできなかったりしたところについては，解説をじっくり読んでみる。そうすることによって，本校の入試問題に取り組むことが今の自分にとって適当かどうかが，はっきりします。出題傾向を研究し，合否のポイントとなる重要な部分を見極めて，入学試験に必要な力を効率よく身につけてください。

数学

各都道府県の公立高校の入学試験問題は，中学数学のすべての分野から幅広く出題されます。内容的にも，基本的・典型的なものから思考力・応用力を必要とするものまでバランスよく構成されています。私立・国立高校では，中学数学のすべての分野から出題されることには変わりはありませんが，出題形式，難易度などに差があり，また，年度によっての出題分野の偏りもあります。公立高校を含め，ほとんどの学校で，前半は広い範囲からの基本的な小問群，後半はあるテーマに沿っての数問の小問を集めた大問という形での出題となっています。

まずは，単年度の問題を制限時間内にやってみてください。その後で，解答の答え合わせ，解説での研究に時間をかけて取り組んでください。前半の小問群，後半の大問の一部を合わせて50%以上の正解が得られそうなら多年度のものにも順次挑戦してみるとよいでしょう。

英語

英語の志望校対策としては，まず志望校の出題形式をしっかり把握しておくことが重要です。英語の問題は，大きく分けて，リスニング，発音・アクセント，文法，読解，英作文の5種類に分けられます。リスニング問題の有無(出題されるならば，どのような形式で出題されるか)，発音・アクセント問題の形式，文法問題の形式(語句補充，語句整序，正誤問題など)，英作文の有無(出題されるならば，和文英訳か，条件作文か，自由作文か）など，細かく具体的につかみましょう。読解問題では，物語文，エッセイ，論理的な文章，会話文などのジャンルのほかに，文章の長さも知っておきましょう。また，読解問題でも，文法を問う問題が多いか，内容を問う問題が多く出題されるか，といった傾向をおさえておくことも重要です。志望校で出題される問題の形式に慣れておけば，本番ですんなり問題に対応することができますし，読解問題で出題される文章の内容や量をつかんでおけば，読解問題対策の勉強として，どのような読解問題を多くこなせばよいかの指針になります。

最後に，英語の入試問題では，なんと言っても読解問題でどれだけ得点できるかが最大のポイントとなります。初めて見る長い文章をすらすらと読み解くのはたいへんなことですが，そのような力を身につけるには，リスニングも含めて，総合的に英語に慣れていくことが必要です。「急がば回れ」ということわざの通り，志望校対策を進める一方で，英語という言語の基本的な学習を地道に続けることも忘れないでください。

国語

国語は，出題文の種類，解答形式をまず確認しましょう。論理的な文章と文学的な文章のどちらが中心となっているか，あるいは，どちらも同じ比重で出題されているか，韻文(和歌・短歌・俳句・詩・漢詩)は出題されているか，独立問題として古文の出題はあるか，といった，文章の種類を確認し，学習の方向性を決めましょう。また，解答形式は，記号選択のみか，記述解答はどの程度あるか，記述は書き抜き程度か，要約や説明はあるか，といった点を確認し，記述力重視の傾向にある場合は，文章力に磨きをかけることを意識するとよいでしょう。さらに，知識問題はどの程度出題されているか，語句(ことわざ・慣用句など)，文法，文学史など，特に出題頻度の高い分野はないか，といったことを確認しましょう。出題頻度の高い分野については，集中的に学習することが必要です。読解問題の出題傾向については，脱語補充問題が多い，書き抜きで解答する言い換えの問題が多い，自分の言葉で説明する問題が多い，選択肢がよく練られている，といった傾向を把握したうえで，これらを意識して取り組むと解答力を高めることができます。「漢字」「語句・文法」「文学史」「現代文の読解問題」「古文」「韻文」と，出題ジャンルを分類して取り組むとよいでしょう。毎年出題されているジャンルがあるとわかった場合は，必ず正解できる力をつけられるよう意識して取り組み，得点力を高めましょう。

数学

出題傾向の分析と合格への対策

●出題傾向と内容

本年度の出題数は，大問が5題，小問数にして23題であった。中学数学の各分野から，基本的な問題から応用問題まで幅広く問われている。

出題内容は〔1〕は計算の工夫，式の値，関数と図形，データの整理，空間図形，平面図形からなる独立小問。〔2〕は図形と関数・グラフの融合問題，〔3〕は平面図形の計量，〔4〕は空間図形の計量，〔5〕は確率であった。

中には骨のある問題も含まれており，これらすべての問題を60分という短い時間の中で解き切るためには，時間配分に気をつけて，できる問題から素早く解いていこう。

✔学習のポイント

図形問題や関数の問題については日頃から数多くの問題にあたり，解法のパターンを身につけよう。

●2025年度の予想と対策

本校の入試問題の特色は，際立った難問は出題されないが，応用力を必要とする工夫された問題が多く出題されるということである。この傾向は来年度も大きく変わることはないだろう。このような骨のある問題を限られた時間内で解くためには，日頃から，全ての分野につき，数多くの問題にあたり，解法のパターンを正確に身につけておくことが必要となる。一見して複雑そうに見える問題でも，基本的な解法パターンを組み合わせることにより簡単に解けることが多い。もちろん，その前提として，計算を素早く正確に行う力も必要となるので，日頃から計算力も磨いておこう。

▼年度別出題内容分類表 ……

出題内容			2020年	2021年	2022年	2023年	2024年
数と式		数の性質	○	○	○	○	○
		数・式の計算					○
		因数分解		○			
		平方根					○
方程式・不等式		一次方程式				○	
		二次方程式	○	○			○
		不等式					
		方程式・不等式の応用					
関数		一次関数	○	○	○	○	○
		二乗に比例する関数	○	○	○	○	○
		比例関数					
		関数とグラフ	○	○	○	○	○
		グラフの作成					
図形	平面図形	角度	○				
		合同・相似	○	○	○	○	○
		三平方の定理	○	○		○	○
		円の性質	○	○			○
	空間図形	合同・相似	○	○	○	○	○
		三平方の定理	○	○	○	○	○
		切断			○		○
	計量	長さ	○	○	○	○	○
		面積	○	○	○	○	○
		体積	○		○	○	○
	証明						
	作図						
	動点		○				○
統計		場合の数					
		確率	○	○	○	○	○
		統計・標本調査		○			○
融合問題		図形と関数・グラフ	○	○	○	○	○
		図形と確率			○	○	
		関数・グラフと確率	○				
		その他					
その他							

立教新座高等学校

英語

出題傾向の分析と
合格への対策

●出題傾向と内容

本年度は，リスリング問題2題，長文読解問題3題，語句整序問題，条件英作文の大問7題が出題された。

長文読解問題のうち1題はかなり長い文章となっており，3題とも難易度は高い。語句整序問題は，中学で学習する範囲の文法内容が複数組み合わされた問題となっている。難易度はかなり高く，英文法の応用力が要求されている。条件付き英作文は難しいものではないが正確な文法知識が試される問題となっている。

リスニング力，読解力，文法応用力，いずれも高レベルの総合的な英語力が要求されている。

学習のポイント

長文をより速く正確に読みとる力を養なっておこう。また文法や語彙においても広い知識を獲得しておこう。

●2025年度の予想と対策

来年度も，過去数年の出題形式を踏襲した大問構成になると予想される。

リスニング問題は普段から練習を重ね，ミスをしないように気をつけよう。

長文読解は，やや長めのものを速く正確に読めるよう練習しておこう。部分的な読みが正確である上に，全体の意味の流れをすばやくつかむ練習を重ねておこう。また，長文に関連した様々な問題形式にも慣れておく必要がある。

文法分野で出題される設問も，レベルが高いものが多いので，基本的な内容を大切にしながら，より発展的な内容の理解に取り組んでおこう。

▼年度別出題内容分類表 ……

	出題内容	2020年	2021年	2022年	2023年	2024年
話し方・聞き方	単語の発音					
	アクセント					
	くぎり・強勢・抑揚					
	聞き取り・書き取り	○	○	○	○	○
語い	単語・熟語・慣用句		○	○	○	○
	同意語・反意語					
	同音異義語		○			
読解	英文和訳(記述・選択)					
	内容吟味	○	○	○	○	○
	要旨把握					
	語句解釈	○	○	○	○	○
	語句補充・選択	○	○		○	○
	段落・文整序					
	指示語				○	
	会話文			○		
文法・作文	和文英訳	○				
	語句補充・選択	○	○		○	○
	語句整序	○	○	○	○	○
	正誤問題					
	言い換え・書き換え	○	○		○	
	英問英答					
	自由・条件英作文		○	○	○	○
文法事項	間接疑問文	○			○	
	進行形				○	
	助動詞		○			
	付加疑問文					
	感嘆文					○
	不定詞	○	○	○	○	○
	分詞・動名詞	○	○	○	○	○
	比較		○	○	○	○
	受動態	○			○	○
	現在完了	○		○	○	○
	前置詞		○			
	接続詞				○	
	関係代名詞	○	○	○	○	○

立教新座高等学校

国語

出題傾向の分析と合格への対策

●出題傾向と内容

本年度も，論説文の読解問題が2題と小説の読解問題が1題の計3題の大問構成であった。

論説文では，脱語補充や内容吟味を通して，文脈や内容を正確にとらえる力が要求されている。小説では，登場人物の心情を深く読み取る力が主に問われている。

漢字の読み書きは，読解問題の中に組み込まれ，やや難しいものも出題されている。

解答形式は，記号選択式と記述式が併用されている。記述式は，抜き出しの他に，文章中の語句を使ってまとめるものや自分で表現を考えるものも出題された。

✔学習のポイント

問題文が長く，問題数も多いので，設問の要求していることを素早く的確につかみ解答する練習をしよう！

●2025年度の予想と対策

論理的文章と文学的文章の大問2～3題という出題が続いており，今後もこの傾向が続くと予想される。全体を通して，文章の内容を確実に，速く読めるようにしておく必要がある。また，設問の要求していることは何かを素早くつかむためにも，過去問の対策は欠かせない。

読解問題の対策としては，難易度の高い問題集を利用し，記述解答の練習をしておくとよいだろう。論説文では，抽象的な語彙や比喩を理解するように努め，要旨をつかむ練習もしておこう。小説や随筆では，細かな表現に着目し，心情を丁寧に読み取ることを心がけたい。

古文や韻文を含む問題文が採用されることもあるので，対策はしておこう。

▼年度別出題内容分類表 ……

出題内容			2020年	2021年	2022年	2023年	2024年
内容の分類	読解	主題・表題		○			
		大意・要旨			○	○	○
		情景・心情	○	○	○	○	○
		内容吟味	○	○	○	○	○
		文脈把握	○	○	○	○	○
		段落・文章構成					
		指示語の問題			○	○	
		接続語の問題	○		○		○
		脱文・脱語補充	○	○	○	○	○
	漢字・語句	漢字の読み書き	○	○	○	○	○
		筆順・画数・部首					
		語句の意味	○	○	○		○
		同義語・対義語					
		熟語					
		ことわざ・慣用句	○	○	○		○
	表現	短文作成					
		作文(自由・課題)					
		その他					
	文法	文と文節					
		品詞・用法					
		仮名遣い					
		敬語・その他					
	古文の口語訳						
	表現技法						
	文学史			○	○		
問題文の種類	散文	論説文・説明文	○	○	○	○	○
		記録文・報告文					
		小説・物語・伝記	○	○	○	○	○
		随筆・紀行・日記					
	韻文	詩					
		和歌(短歌)					
		俳句・川柳					
	古文						
	漢文・漢詩						

立教新座高等学校

2024年度 合否の鍵はこの問題だ!!

数学 〔1〕(3)・(5)，〔2〕～〔5〕

〔1〕 (3)・(5)は完答したい。

〔2〕～〔4〕 標準レベルの問題である。各小問は関連しているので，前問の結果を利用していく。

〔5〕 こつこつと場合分けして調べていく。

◎ここ数年，出題傾向に大きな変化はない。図形や確率はいろいろな問題を解いて，経験を積んでおきたい。

英語 【Ⅲ】

【Ⅲ】は論説文の長文読解問題である。長文の長さはさほど長くない上に書かれている内容も難しいものではないが，―(ダッシュ)や：(コロン)で区切られている文章や，主語や目的語がとても長い文章，省略語句が多い文章など，丁寧に読み込まないと正確に理解できない文章が多い。注釈語句が一切なく，中学で学習しないような単語の意味が設問として出されているので，前後の文の流れをきちんと理解できていないと正答にはたどり着けない。

続く【Ⅳ】の読解問題が分量の多い長文であるため，やや読みにくいこの問題で時間を使いすぎないようにすることが合否を分けると推測される。

冒頭の The grass is always greener on the other side. この表現が日本語で言う「隣の芝生は青い」ということわざだとわかれば，その後の文章が格段に読みやすくなる。字面通りの意味として読むのと，他人のことがうらやましくなるという内容の話だとわかって読むのでは内容の理解度や理解の速さが変わってくる。英語のことわざと日本語のことわざには共通するものがとても多いので頭に入れておくとよい。

appreciate，envy，genuine and authentic の意味は知らないかもしれない。この言葉の意味を問われる問題が出題されているが，前後の内容をよく考えれば選択肢の中から適当な意味を推測することは可能である。消去法で正答を見つけることができるはずなので落ち着いて取り組もう。

また contacts は「つながり」という意味だが，前後の流れから使われている状況を考え同じ意味になり得る friends を導き出そう。

いずれの設問も内容を正確に把握できているかが問われている。意味のわからない知らない単語が出てきても慌てずに前後の流れをよく考えて意味を推測しながら丁寧に読み取っていこう。

国語　三　問六

★ なぜこの問題が合否を分けるのか

本問は，傍線部で説明されている出来事について正確に内容を理解し，またその内容を時系列に並び替えられるかが問われる問題である。傍線部一つ一つをしっかりと読み，文章の大意を掴むためにも，正確に並びかえなければならない。

★ こう答えると合格できない

入試では，あまり時系列に並び替える問題は出てこないが，回想場面が多いと考えられうる問題である。先程も述べたように，文章の大まかなあらすじを時間内に把握できているのかを問うており，間違って理解すれば，本問だけではなく，他の設問にまで影響する可能性もあるので，侮る事なくきちんと理解して解答しよう。

★ これで合格！

まず，文章の冒頭は見捨てられた教会で少年が，羊とともに野宿する場面から始まる。その中で，ここ数日間，羊に話しかける内容がある少女だけに集中していることに話が移る。それは「去年」のことであり，ある村の呉服屋の主人である商人に，羊の毛を売るために寄った時のことであった。そこにいた少女といろいろな話をし，心惹かれるようになったのである。そこで話は元の場面へと戻り，夜が明け始めたので，羊とともに歩き出していく。その中で，少年が羊飼いになるきっかけとなった出来事に話が移っていく。少年が神学校に通っていた頃，自分は神父ではなく，旅をしたいと父へ思いを伝えた。父はそのことを諦めるよう説得を試みたものの，失敗に終わり，少年は羊飼いへと転身した。日が明けて，と再び元の場面へと戻る。少女に心惹かれる少年は，このまま行けば，お昼頃には少女のいる町へ着けるだろうと計算している所で文章が終わる。

少年が少女のいる町へ向かうというのが文章の大筋だが，その中で回想場面が2つ挟まれており，それがいつのことなのかを正確に理解する必要がある。A，C，Eが現在進行の場面，BとDが回想場面であると区別してから，それぞれを時系列順にとらえ，組み合わせるのがベターといえる。

2024年度

★★★★★★★★★★★★★★★★★★★★★★★★

入　試　問　題

2024年度

立教新座高等学校入試問題

【数　学】（60分）　　＜満点：100点＞

【注意】　1．答はできるだけ簡単にし，根号のついた数は，根号内の数をできるだけ簡単にしなさい。また，円周率はπを用いなさい。
　　2．直定規，コンパスの貸借はいけません。
　　3．三角定規，分度器，計算機の使用はいけません。

〔1〕 以下の問いに答えなさい。

(1) 次の計算をしなさい。

$2024^2-4047\times2025+2031\times2019$

(2) $2\sqrt{3}\,a+\sqrt{3}\,b=5$，$\sqrt{3}\,a+2\sqrt{3}\,b=-3$のとき，$a+b$の値を求めなさい。

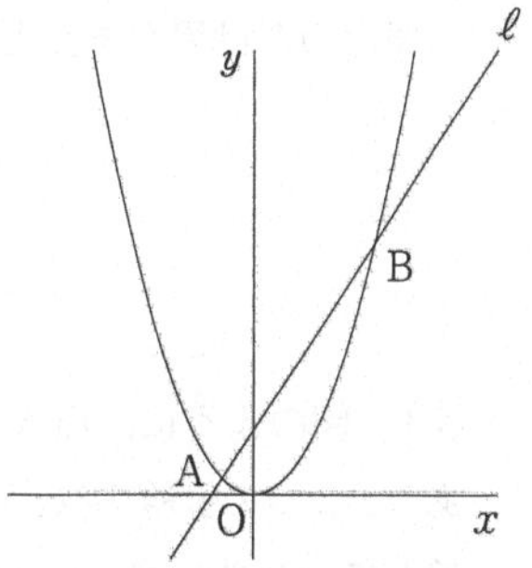

(3) 右図のように，放物線$y=\frac{1}{2}x^2$と直線ℓは2点A，Bで交わり，A，Bのx座標はそれぞれ-1，4です。次の問いに答えなさい。

① 直線ℓの式を求めなさい。

② 四角形ABCDが正方形となるように点C，Dをとります。Cのx座標が負であるとき，原点Oを通り，正方形ABCDの面積を2等分する直線の式を求めなさい。

(4) A，B，Cは自然数とします。以下の8つの数は，異なる8つの自然数を小さい方から順に並べたものです。

1，A，6，12，B，21，C，30

この8つの数が次の3つの条件をすべて満たすとき，A，B，Cの値をそれぞれ答えなさい。

・この8つの数の四分位範囲は19になります。
・この8つの数を大きい方の4つの数と小さい方の4つの数に分けたとき，大きい方の4つの数の平均値から小さい方の4つの数の平均値を引いた差は18になります。
・この8つの数の平均値と中央値は等しくなります。

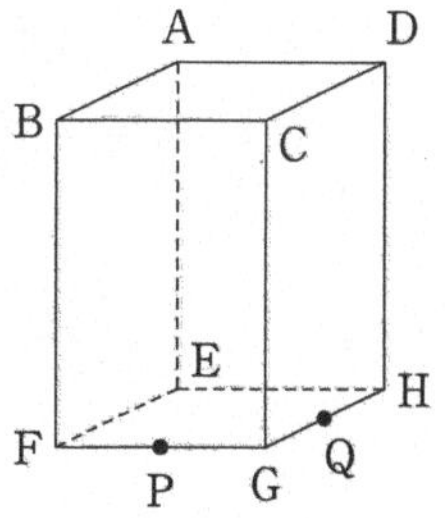

(5) 右図のような，AB＝4㎝，AD＝4㎝，AE＝6㎝の直方体ABCD－EFGHがあり，辺FG，GHの中点をそれぞれP，Qとします。この直方体を3点A，P，Qを通る平面で切断するとき，切り口の図形の周の長さを求めなさい。

(6) 右図の四角形の面積を求めなさい。

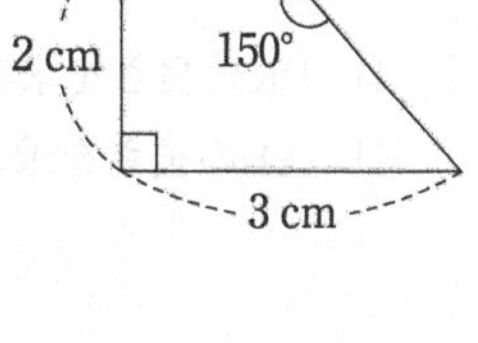

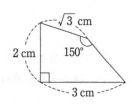

〔2〕 図のように放物線$y=\frac{1}{4}x^2$…①と正方形ABCDがあります。2点A，Dは放物線上にあり，2点B，Cはx軸上にあります。この正方形ABCDを直線ODに平行な直線ℓで2つの台形に分けたところ，点Aを含む方の台形の面積と点Cを含む方の台形の面積の比は19：13になりました。また，直線ℓと放物線①との交点をE，Fとし，直線ℓとx軸との交点をGとします。BG＝kとするとき，次の問いに答えなさい。

(1) 点Aの座標を求めなさい。

(2) kの値を求めなさい。

(3) 直線ℓの式を求めなさい。

(4) 放物線①上を動く点をPとし，Pのx座標をtとします。△OEF＝△PEFとなるときのtの値をすべて求めなさい。ただし，点Pは原点Oとは異なる点とします。

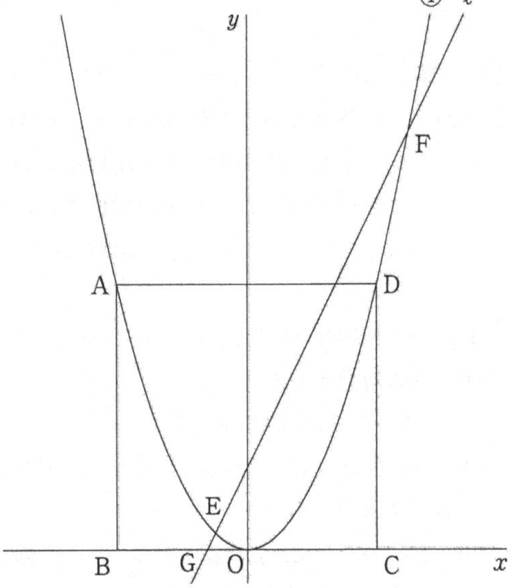

〔3〕 図のように，点A，B，C，Dを中心とする4つの円A，B，C，Dと2つの直線ℓ，mがあり，2つの直線の交点をPとします。円A，Dは点Qで直線ℓと接し，円B，Cは点Rで直線ℓと接しています。また，4つの円は直線mとも接しています。円Bと直線mが接する点をSとすると，∠SPR＝60°です。円A，Bの半径がともに9㎝であるとき，あとの問いに答えなさい。

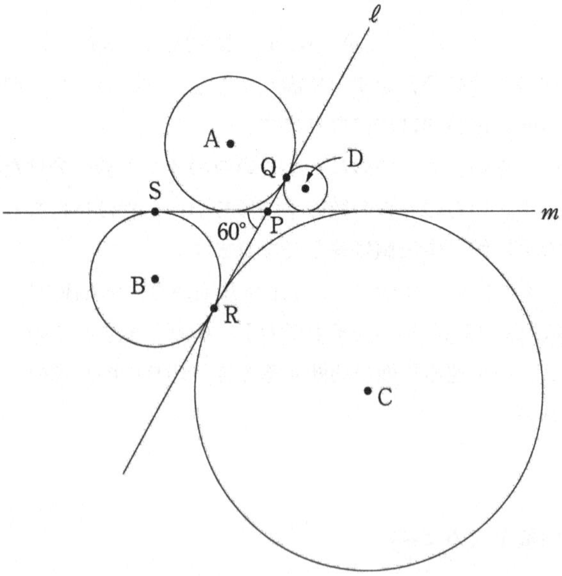

(1) PRの長さを求めなさい。

(2) ABの長さを求めなさい。

⑶　円Cの面積は円Dの面積の何倍ですか。
⑷　四角形ABCDの面積を求めなさい。

〔4〕　右の図は，すべての辺の長さが12cmの正四角錐O－ABCDです。点Pは辺AB上をAからBまで，点Qは辺DC上をDからCまで，点Rは辺OB上をOからBまで，点Sは辺OC上をOからCまで，それぞれ毎秒1cmの速さで移動します。4点P，Q，R，Sは同時に出発し，出発してからの時間をt秒とします。次の問いに答えなさい。ただし，$0<t<12$とします。

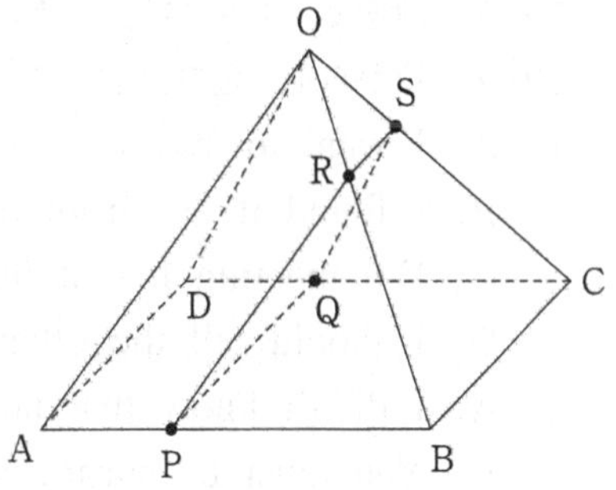

⑴　正四角錐O－ABCDの体積を求めなさい。
⑵　四角形PQSRの周の長さをtを用いて表しなさい。
⑶　四角形PQSRの面積が$20\sqrt{3}$cm^{2}になるとき，tの値を求めなさい。
⑷　$t=10$のとき，6点B，C，P，Q，R，Sを頂点とする立体の体積を求めなさい。

〔5〕　さいころを3回続けて投げるとき，1回目，2回目，3回目に出た目の数をそれぞれa，b，cとします。このとき，2次方程式$ax^2+bx+c=0$の解について，次の確率を求めなさい。
⑴　2つの解が-2，-3となる確率
⑵　-1を解にもつ確率
⑶　解が1つになる確率
⑷　解が有理数になる確率

【英　語】（60分）　＜満点：100点＞　　※リスニングテストの音声は弊社HPにアクセスの上，音声データをダウンロードしてご利用ください。

【Ⅰ】 リスニング問題（1）

これから放送で，6つの対話が流れます。その最後の文に対する応答として最も適切なものをそれぞれA～Dから1つ選び，記号で答えなさい。対話は2回ずつ流れます。

1　A．I want to stay at school all night.
　B．I found it out from our group chat.
　C．I'm meeting her at the corner.
　D．I should tell the other members in the club.

2　A．I didn't know that he was a chef at the wedding.
　B．You must be surprised.
　C．I couldn't believe it, either.
　D．You should watch that when you have free time.

3　A．For about a year.
　B．It takes just a month.
　C．In an hour.
　D．On this weekend.

4　A．Great!　Will you wait for me while I bring my car around?
　B．Alright.　Let's go together next time.
　C．Oh, sorry.　I didn't mean that.
　D．Because I've already had lunch.

5　A．I agree.
　B．Of course.
　C．Very useful.
　D．Clean and safe.

6　A．I'm sure you will like it.
　B．We can do it on Thursday next week.
　C．Shall I drive you home?
　D．For three weeks.

【Ⅱ】 リスニング問題（2）

これから放送で，それぞれの資料について話し合っている対話が流れます。それらの内容として空欄にあてはまる最も適切なものをそれぞれA～Dから1つ選び，記号で答えなさい。対話は2回ずつ流れます。

1

Title	Leading Actor/Actress	Ticket Sales (million dollars)
Butterfly Girl	[1]	120
Wonderful Woman	Anya Taylor	180
005	Jennifer Lauren	[2]
Daniel's Angels	Emily Stone	100

[1] A. Hugh Jackson
B. Emily Stone
C. Jennifer Lauren
D. Jamie Raccoon

[2] A. 150
B. 170
C. 190
D. 210

2

Date	Place	Way of Transportation
March 4th	Japan ⇒ [1]	Airplane
March 5th	[1] ⇒ Malaysia	Bus
March 8th	Malaysia ⇒ Vietnam	Airplane
March 11th	Vietnam ⇒ Cambodia	[2]
March 14th	Cambodia ⇒ Japan	Airplane

[1] A. Indonesia
B. Singapore
C. Thailand
D. Australia

[2] A. Airplane
B. Foot
C. Bus
D. Ship

【Ⅲ】 次の英文を読んで，各設問に答えなさい。

The grass is always greener on the other side — until you start to ① <u>appreciate</u> what you've already got, that is. Wishing for the next big thing — for example, status or wealth — only makes you unhappy and restless. The secret is to be happy with what you have now. Stop for a moment to truly appreciate what you've got. You'll probably discover that you don't actually need anything else at all. How good does it feel to realize that you already have everything you need?

That doesn't mean that you shouldn't try to improve yourself but you should learn to be thankful for where you are today and what you have in life. If you can't be thankful for what you have today, why would it be any different tomorrow?

Don't compare yourself to other people. Nobody cares about your neighbors' children's grades or the size of their TV: Competing is like a never-ending race. [　②　] It's your move, if you don't end the whole thing by yourself. Now you know what you need to do is to break the cycle.

A good way to remove the ③ envy that is behind the ④"grass is greener" mentality is to be happy for other people's successes. Celebrate your friends who have just won an impressive victory or prize in their school activities. When you welcome in positive emotions, your whole self responds positively. Try this today on social media. Instead of giving an unwilling "like" to some news one of your ⑤ contacts is sharing, leave a comment to properly congratulate them in a ⑥ genuine and authentic way. You will soon feel the benefit of this shift of attitude coming right back at you.

When you think of a glass, some say that it is half full. And other people say that it is half empty. But I recently heard someone say that both of the viewpoints are wrong. It is always refillable. What ⑦ a wonderful way of viewing life! Sit down and list what you have, what you have achieved and experienced. Focus not on the empty space, but ⑧ the liquid in your glass. And stop comparing the size of your glass to other people's! Even if you know someone who has more than you, ⑨ there are millions with less. The world is filled with people who would love your green grass.

Review your list and be at peace with what you have, then you will be in a good place to plan what's important for you next, not driven by envy but by your own positive goals for living life to the fullest.

出典：*"Appreciate What You've Got"* *100 Things Successful People Do* (*Revised*)

問１　下線部①と同じような意味を表す最も適切な語句を１つ選び，記号で答えなさい。

ア　be covered with

イ　be aware of

ウ　be afraid of

エ　be successful in

問２　空欄②に入る最も適切な文を１つ選び，記号で答えなさい。

ア　You upgrade your car and someone else will get a better car.

イ　You lose something and someone else will find it for you.

ウ　You run for the only prize and someone else will try to steal it.

エ　You are given life and also someone else is.

問３　下線部③の語の意味を説明する表現として最も適切なものを１つ選び，記号で答えなさい。

ア　A feeling you have when you wish you could have the same thing or quality that someone else has.

イ　Pleasure that you feel when you do something that you wanted to do.

ウ　A feeling you have when you agree with someone's ideas or opinions.

エ　An uncomfortable feeling that you get when you have done something wrong.

問４　下線部④が指す内容と最も近い表現を１つ選び，記号で答えなさい。

ア　The rich get richer and the poor get poorer.

イ　The early bird catches the worm.

ウ The apples on the other side of the wall are the sweetest.

エ Bread is better than the songs of birds.

問5 下線部⑤と同じような意味の1語を文章中から抜き出しなさい。

問6 下線部⑥と同じような意味を表す最も適切な語句を1つ選び，記号で答えなさい。

ア fake and wrong

イ clever and brave

ウ fun and attractive

エ real and honest

問7 以下のセリフの中で下線部⑦の考え方としてあてはまるものを1つ選び，記号で答えなさい。

ア "This jacket is given by my mother and it is small for me. I will throw it away."

イ "If you lose this game, you will never win again. You need to train yourself harder."

ウ "I bought a wonderful car last year but I want a new one now. What do you recommend?"

エ "I've visited Hokkaido once and it was a good experience for me. Someday I want to visit other places, too."

問8 下線部⑧と同じような意味で置き換えられる表現として最も適切なものを1つ選び，記号で答えなさい。

ア when you realize

イ what someone says

ウ what you have

エ where you go

問9 下線部⑨が指す内容を表す英文として最も適切なものを1つ選び，記号で答えなさい。

ア There are a lot of people who have greater advantages than you do.

イ There are also people who have little as you do.

ウ There are not so many people who do more things than you do.

エ There are a great number of people who do not have as much as you do.

問10 本文の内容に一致するものを2つ選び，記号で答えなさい。ただし，解答の際はア～クの順番になるように記入すること。

ア The grass in the garden should always be kept clean and fresh.

イ If you can be at peace with what you got, you can think about what's important for you.

ウ You don't have to give a "like" or write a comment to people you follow on SNS.

エ It makes you greater to be willing to compare yourself to other people.

オ If you are happy with others' successes instead of feeling jealous, you will have some advantages.

カ　You must be always improving yourself to achieve your goal.

キ　When you look at what you've got, you realize you are poorer than you think.

ク　It might be helpful for you to say why you're unhappy.

【Ⅳ】 次の英文を読んで，各設問に答えなさい。

"How was school, Alex?" asked Grandpa from his chair on the front porch《屋根付きの玄関口》.

"I wish I didn't have to go to school, Grandpa," complained Alex. He threw his bag on the ground and sat on the bench beside him. "It's such a waste of time. I'd much prefer to be out working. I could be earning money already. If I started working now at a restaurant like Big Chicken Al's Wing Hut, I'd be earning good money, and I'd be able to travel and see the world like you did!"

"How old are you, Alex?" asked Grandpa. "I am so forgetful."

"I'm fifteen, Grandpa. Old enough to know when I'm wasting my time. I want to be free from having to go to school every day. It's such a waste of time. I can't believe I have to be here for another three years. I'd like to ① be up and away!"

Grandpa smiled across at Alex and looked at him for a moment. "It reminds me of a story I once heard — an old folk-tale from China."

"Uh-oh," said Alex. "Another tale with a deep and inner meaning meant to teach me that going to school is actually a good thing?"

They both laughed.

"Listen, and you decide," said Grandpa.

"OK. I'm listening."

"OK. Good. Once long ago in China, there was a kite. This kite was a large and proud kite and it took pleasure from being the biggest and highest-flying kite in the region."

"Great, a kite which has a problem with its character," interrupted《割り込んだ》 Alex.

"Yes, a kite with attitude《偉そうな》," responded Grandpa with a smile. "This kite enjoyed flying high in the air, higher than any other kite. It wished to go higher and higher, and kept pulling the string until there was no more to let out."

"A kite with altitude《高度》," joked Alex.

"Exactly. Although it wasn't altogether happy. While it flew higher than all the other kites, it wanted to go higher. It saw the clouds and the birds way above and felt unhappy because it wasn't able to get up there. In fact, it blamed the string for holding it back."

"It wanted a no-string relationship?" offered Alex.

Grandpa stopped and examined Alex. "Are you taking this seriously or are you going to throw in gags《冗談》 all the way through?" he asked.

"Yes," replied Alex. "You need to keep the audience entertained, Grandpa."

"OK, so this kite," continued Grandpa, "the string felt really bad, and the kite always complained when the string stopped it. The string was [A] with this situation and thought it was [B]."

"Was the string highly strung《張られた》?" joked Alex again.

"Yes, but only in the physical sense," replied Grandpa. "It was usually a relaxed string normally, but didn't like all the anger it was getting from the kite."

"Was the string highly stressed by the kite?"

"Absolutely. It felt it was treated wrong, and it wanted revenge. One day, the wind was very strong. The kite rose rapidly as the string was let out quickly. It wasn't long before the string hit its limit and the kite rose no more.

'Aw, not again, string!' the kite shouted to the string. 'Stop holding me back! Let me go higher at once! Let me go!'

Well, ② <u>the string had enough</u>. Normally it would hold on in the face of all the wind pressure to make sure the kite stayed attached. The string let it go and dropped towards the earth, no longer pulled up by the kite.

'See you, my friend!' exclaimed the kite as it burst upwards on a blast of wind. And what do you think happened next, Alex?"

"The kite rose up above the clouds and said hello to the birds, 'Hi! My name is Kite and I'm new around here. Will you play with me?' Oh no, sorry, without the string attached, it dropped to the ground?"

"Exactly, Alex. Without the tension《ピンと張ること》 of the string, the air pressure no longer had the resistance《抵抗》 of the string to create lift and instead the kite dropped quickly down. When it hit the ground hard, one of its parts was damaged heavily. The kite was badly injured."

"So it wasn't able to fly again?" Alex questioned.

"Well, not for a while. At the repair shop, it was fixed up and ③ <u>was right as rain</u>."

"And it learned its lesson that it needed the string to fly and was happy ever after?"

"No, not really. It was too proud to learn the lesson and never forgave the string for its behavior. It still complained to the string for holding him back. Do you see the lesson in this for your situation?"

"YES! Thanks, Grandpa! I understand now," exclaimed Alex.

"Great," replied Grandpa.

"Yes," continued Alex. "I should leave school and learn how to fly and repair kites. And I should get some extra long string for my kite to fly higher and higher. If you give me money, my kite, my future success, can fly higher! Thanks, Grandpa. You can transfer it directly to my bank account." Alex folded his arms and looked at Grandpa.

"Eh, that's not exactly what I was ...." started Grandpa.

"OK, I know," admitted Alex. "I'm just [④]. The story actually says that sometimes you need limits in order to reach your potential. Sometimes you may think they are holding you back, but they are actually mostly responsible for your growth. The string means that I have to finish school, and the kite is my future potential, and the wind is my education. It lifts me higher and higher."

Grandpa smiled back. "Exactly, Alex. Well done. I thought for a while you were not taking this seriously, but now I see that you have taken in the main lesson of this story. I am proud of you, young man."

"Thanks, Grandpa. You're the best." Alex got up and hugged his grandfather. "I'm going in now for a snack, I'm hungry."

As Alex left the porch, Grandpa had a satisfied smile on his face, happy in the knowledge that he shared his wisdom with the boy.

"Just one thing, Grandpa?" said Alex, coming back out from inside the porch door.

"Yes, Alex?" replied Grandpa.

"If [C] is the string and the kite is my [D], when school runs out, do I have to stay at that level?"

Grandpa looked uneasy and scratched his chin.

"No, Alex, you will just need to find your own string I guess."

出典：*shortkidstrories https://www.shortkidstories.com/*（*Revised*）

問1　下線部①と同じような意味を表す最も適切なものを1つ選び，記号で答えなさい。

ア　be able to graduate from school sooner than three years from now

イ　drop out from school and study by myself

ウ　help his grandfather with his work

エ　get old enough to finish school right now

問2　文中の [A] と [B] に入る語句として正しい組み合わせを1つ選び，記号で答えなさい。

ア　A：happy　　B：fair

イ　A：happy　　B：unfair

ウ　A：unhappy　　B：fair

エ　A：unhappy　　B：unfair

問3　下線部②を表す英文として最も適切なものを1つ選び，記号で答えなさい。

ア　The string was tired of being blamed by the kite.

イ　The string couldn't hold on because the wind was too strong.

ウ　The string spent a good time with the kite.

エ　The string wanted to see the kite fly.

問4　次の質問に対する答えとして最も適切なものを1つ選び，記号で答えなさい。

What happened to the kite after the string let the kite go?

ア It kept flying into the clouds.
イ It became friends with the birds.
ウ It crashed to the ground and got damaged.
エ It landed safely and was repaired.

問5 次の質問に対する答えとして最も適切なものを1つ選び，記号で答えなさい。

How did the kite get repaired after it fell down?
ア It was fixed by a new string.
イ It was repaired by Alex's Grandpa.
ウ It was sent to a repair shop.
エ It healed itself over time.

問6 下線部③と同じような意味を表す最も適切なものを1つ選び，記号で答えなさい。

ア caused trouble
イ had no problem
ウ got wet
エ felt bad

問7 空欄④に入る最も適切なものを1つ選び，記号で答えなさい。

ア joking around
イ flying a kite
ウ tying a string
エ throwing them away

問8 次の英文の下線部に入る英語として最も適切なものを1つ選び，記号で答えなさい。

In the end, the kite ______________________.
ア was proud enough to learn from this situation
イ learned its lessons and thanked the string
ウ did not notice its selfishness, and blamed the string for this situation
エ saw the string as a friend, and was able to fly again thanks to the repair shop

問9 文中の C と D に入る語句として最も適切なものをそれぞれ1つずつ選び，記号で答えなさい。

C ア Grandpa イ money ウ job エ school
D ア problem イ potential ウ sense エ responsibility

問10 次の質問に対する答えとして最も適切なものを1つ選び，記号で答えなさい。

What lesson did Alex learn from the story?
ア He should leave school and become a kite flyer.
イ Limits can help him go beyond his own ability.
ウ He should ask Grandpa for money to travel.
エ The string represents his education holding him back.

【V】 次の英文の空所(1)~(3)に入る最も適切な語句を以下からそれぞれ１つずつ選び，記号で答えなさい。

Traveling is a wonderful experience ＿(1)＿. We can do this by going to new places and learning about different cultures, food, and sights.

One of the best parts of traveling is trying new foods. From street snacks in exciting cities to fancy dinners in famous places, tasting local dishes helps us understand the culture and history of the area.

Seeing famous places is also amazing. Think of the Eiffel Tower in France or the Great Wall of China. These places are really nice to visit. Seeing nature can be amazing, too, like the Grand Canyon or the Amazon Rainforest.

Meeting local people is another exciting part of a trip. You can enjoy talking with them and learn about their lives.

Remember, while we travel, we need to be friendly to the environment and ＿(2)＿. This way, we leave a good impression on the local people and help protect the places we visit.

Traveling is an incredible adventure that lets us explore, learn, and connect with the world. It's ＿(3)＿ happy memories.

(1) ア that our lives can make richer
イ that our lives can make it richer
ウ that we can make our lives richer
エ that can make our lives richer

(2) ア respected by local customs
イ respecting local customs
ウ respect local customs
エ to respecting local customs

(3) ア to create a chance
イ a chance to create
ウ a chance created
エ creating a chance

【VI】 日本語の意味に合うように［ ］内の語句を並べかえて意味の通る英語にしなさい。解答の際はＡとＢに入る英語を書きなさい。ただし，文頭に来る語も小文字で示してあります。

(1) だれが壁にある写真を撮ったと思いますか。

＿＿ ＿＿ ＿＿ ＿A＿ ＿B＿ ＿＿ ＿＿ ＿＿?

［ do / on / the picture / the wall / think / took / you / who ］?

(2) 彼女の友達は彼女を助けることをいとわない。

＿＿ ＿＿ ＿＿ ＿＿ ＿A＿ ＿＿ ＿B＿ ＿＿.

［ are / friends / help / her / her / to / willing ］.

(3) 大切なのは，親切でいようとし続けることです。

__A__ _____ _____ _____ __B__ _____ _____ _____ .

〔 be / it / important / is / kind / remember / to / to 〕.

⑷ 男の子が出かけようとしたときに，知っている女性が通り過ぎた。

When the boy_____ __A__ _____ _____, the woman __B__ _____ _____ _____.

〔 about / by / he / knew / leave / passed / to / was 〕

【Ⅶ】 次の質問に対する自身の考えを，空欄に入るように，英語で書きなさい。

問１　あなたがなりたい動物は何ですか。その理由を添えて書きなさい。

I wish [①] because [②].

問２　あなたはこの夏どこに行きましたが。その目的を添えて書きなさい。

I went [①] to [②].

字以内で記しなさい。

羊飼いになることで、［　　　　］から。

問三　傍線部②「心の中で、平気ではない、と知っていた」のはなぜか。解答欄の形式に合うように文中から三十字以内で探し、最初と最後の五字を抜き出しなさい。

問四　傍線部③「父親はそれ以上、何も言わなかった」とあるが、このときの父親の説明として適当なものを次の中から選び、記号で答えなさい。

ア　なぜ反対しているのかをまったく理解できていない少年にあきれている。

イ　少年の希望をうれしく思いつつ、かつて自分が失敗したために、表面上は反対している。

ウ　反対はしたものの、少年の意志が固いことが分かり、説得を諦めている。

エ　昔の自分と同じ頑固さを持っている少年を頼もしく思い、成長を喜んでいる。

問五　傍線部④について。「今持っている本をもっと厚い本と交換」する目的は何か。それが分かる一文を文中から探し、最初の五字を抜き出しなさい。

問六　二重傍線部A～Eを時間の流れに沿って並べなさい。

「でも僕は、彼らの住む土地を見たいんです。彼らがどうやって生活しているかも見たいんです」と息子は言った。

「ここに来る人たちは、とてもたくさんお金を持っているから、旅をすることができるのだよ」と父親が言った。「私たちの仲間で、旅ができるのは羊飼いだけだ」

「では、僕は羊飼いになります！」

③父親はそれ以上、何も言わなかった。次の日、父親は三枚の古いスペイン金貨が入った袋を少年に与えた。

「これは、ある時野原で見つけたものだ。これをおまえに残す遺産の一部にしようと思っていた。しかし、これで羊を買いなさい。そして野原に行きなさい。いつかおまえにも、私たちの田舎が一番良い場所で、この女性が一番美しいとわかるだろう」

父親は少年を祝福した。少年は父親の目の中に、自分も世界を旅したいという望みがあるのを見た。それは、何十年もの間、飲み水と食べるものと、毎晩眠るための一軒の家を確保するために深くしまいこまれていたものの、今もまだ捨てきれていない望みだった。

地平線が赤く染まった。その時、突然、太陽が顔を出した。少年は父親との会話を思い出して、幸せな気持ちになった。彼はすでに多くの城を見、多くの女たちに出会っていた(しかし、何日か後に会うことになっている少女に匹敵する者はいなかった)。彼は一枚の上着と、他の本と交換できる一冊の本、そして羊の群れを持っていた。しかし、最も大切なことは、少年が日々、自分の夢を生きることができることだった。もし、アンダルシアの平野にあきてしまったら、羊を売って、船乗りになることもできた。海にあきてしまう頃までには、多くの町を見、他の女たちに会い、幸福になる他のチャンスにもめぐり合っているだろう。神学校では、僕は神様を見つけることができなかったと、朝日が昇るのを見ながら、少年は思った。

少年は、できるだけまだ通ったことのない道を旅するようにしていた。彼はその地方を何度も訪れたことがあったが、今まで一度も、その見捨てられた教会に行き当ったことはなかった。世界は大きくて、ホムジンゾウだった。しばらく羊たちに、行き先を自由にまかせておけば、彼は何かおもしろいものを見つけ出した。問題は、羊たちは毎日新しい道を歩いているということに、気がついていないことだった。彼らは新しい場所にいることも、季節の移り変わりさえも知らなかった。彼らが考えることは、食べ物と水のことだけだった。

人間も同じかもしれない、と少年は考えた。僕だって同じだ。あの商人の娘に会ってから、他の女の人のことを考えたこともないのだから。

E太陽を眺めながら、タリファの町には正午前に着けるだろうと、彼は計算した。そこで、④今持っている本をもっと厚い本と交換し、びんを新しいぶどう酒で満たし、ひげをそって、髪を切ってもらおう。彼は少女と会う準備をしなければならなかった。他のもっと大きな羊の群れを連れた羊飼いが、自分より先に町に着いて、彼女に結婚を申し込んだ可能性については、考えたくなかった。

（パウロ・コエーリョ『アルケミスト』）

問一　傍線部**イ**～**ホ**のカタカナを漢字に直しなさい。

問二　傍線部①「なぜ羊飼いをやっているの？」とあるが、少年が羊飼いになった理由を説明した次の一文の空欄に当てはまる表現を、三十

「羊たちは、何も自分で決めなくてもいいんだな」と、少年は思った。おそらく、それが、いつも自分にくっついている理由なのだろう。

羊たちの興味はと言えば、食べ物と水だけだった。アンダルシアで一番良い牧草地の見つけ方を少年が知っている限り、羊たちは彼の友達でいるだろう。そう、彼らの毎日はいつも同じ日の出から日没までの、限りなく続くように思える時間だけだった。彼らは若い時に本を読んだこともなく、少年が都会のようすを話しても何のことかわからなかった。彼らは食べ物と水さえあれば満足していた。そのかわり、彼らは羊毛と友情、そしてたった一度だけだが、自分の肉を気前よく与えてくれた。もし僕が、今日、すごく残忍な男になって、一頭ずつ殺すことにしたとしても、ほとんどの仲間が殺されてしまってから、彼らはやっと気がつくのだろう、と少年は思った。彼らは僕を信頼していて、もう自分たちの本能に従うことを忘れている。それは僕がいつもおいしい草のあるところへ連れてゆくからだ。

少年は自分の考えに驚いた。いちじくが生えている教会にいた悪い霊にとりつかれたのかもしれない。その悪い霊が、自分に同じ夢を二度も見させて、自分の忠実な仲間に不満を感じさせたのだ。彼は昨夜の夕食の時に残したぶどう酒を少し飲んでから、上着の前をかき合わせた。これから何時間かたつと、太陽が頭の真上にきて気温が高くなり、羊の群れを連れて平野を進むことができなくなることを、少年は知っていた。それは夏の間、スペイン中が昼寝をする時間だった。ニモウショは日暮まで続き、それまでは上着をかかえていなければならなかった。上着の重さに文句を言おうとした時、彼は、上着があるからこそ、明け方の寒さをしのげるのだと思いなおした。

僕たちは変化にそなえておかなければならないのだ、と少年は思った。すると、上着の重さと温かさが、ありがたく感じられた。

上着には目的があった。そして少年にも目的があった。彼の人生の目的は旅をすることだった。二年間アンダルシアの平原を歩きまわって、彼はその地域のすべての町を知っていた。今度少女に会ったら、羊飼いの身で、どうして本が読めるようになったのか、彼女に次のように説明しようと思っていた。少年は十六歳まで神学校にいた。彼の両親は少年を神父にして、あまり豊かでない農家の自慢にしたかった。彼らは羊と同じように、ただ食べ物と水を得るために、一生懸命働いてきた。少年はラテン語とスペイン語と神学を学んだ。しかし、彼は小さい時から、もっと広い世界を知りたいと思っていた。そのことの方が、神を知ったり、人間の原罪を知ることより、彼にとっては重要だった。Dある日の午後、家族のもとに帰った彼は、勇気をふりしぼって、自分は神父にはなりたくない、自分は旅がしたいのです、と父親に言った。

「息子よ、世界中から旅人がこの町を通り過ぎていったではないか」と父親が言った。「彼らは何か新しいものを探しに来る。しかし、帰る時も、彼らは基本的には来た時と同じままだ。彼らは城を見るために山に登る。そして、私たちが今もっているものより、昔の方が良かったと、結論づけるだけなのだ。彼らは金髪だったり、肌の色が黒かったりもする。だが、ここに住む人たちと、基本的には同じ人間なんだよ」

「でも僕は、彼らが住む町の城を見たいんです」と少年は説明した。

「旅人たちは私たちの土地を見て、自分もずっとここに住みたい、と言うんだよ」と父親は続けた。

りした。時には自分たちが通り過ぎた村で見たことについて、自分の意見を聞かせることもあった。

　しかし、このところの数日間は、少年はたった一つのことしか、羊たちに話していなかった。それはある少女のことだった。あと四日で到着する村に住む商人の娘のことだった。その村へは、まだ、一度しか行ったことがなかった。それは去年のことだった。その商人は呉服屋の主人で、だまされないために、いつも自分の目の前で、羊の毛を刈るように要求した。友達がその店のことを教えてくれたので、少年はそこへ、羊を連れていったのだった。

B「羊の毛を売りたいのです」と少年は商人に言った。店が忙しかったので、商人は少年に、午後まで待つように言った。そこで少年は、店の入口の階段にすわると、本をかばんの中から取りだした。

「羊飼いが本を読めるなんて、知らなかったわ」と、少女の声が、うしろから聞こえた。その少女は、アンダルシア地方の典型的な容姿をしていた。かすかにムーア人の征服者たちのことを思い出させる、流れるような黒髪と、黒い瞳をしていた。

「ふだんは、本より羊の方からもっと学ぶんだよ」と少年は答えた。二人は二時間も話した。その間、彼女は自分は商人の娘で、村の生活は毎日が同じことのくり返しだ、と言った。羊飼いの少年は、アンダルシアの田舎のことを話し、彼が泊まった他の町のニュースを伝えた。それは羊と話すより、ずっと楽しかった。

「どうやって、読み方を習ったの?」と話の途中で、彼女が聞いた。

「他の人と同じさ」と彼は言った。「学校でだよ」

「あなたは字が読めるのに、①なぜ羊飼いをやっているの?」

　少年は彼女の質問に答えるのをさけて、口の中でぶつぶつ言った。彼女には決して理解できないだろうという気がしたからだ。彼は自分の旅の話を続けた。すると、彼女はハカシコそうなムーア系の黒い瞳を大きく見開いて、こわがったり、驚いたりした。時間がたつうちに、少年は、その日が終らなければいいと願っている自分を発見した。そして彼女の父親がずっと忙しくて、自分を三日間待たせたらよいのにと思った。彼は自分が、今までに経験したことのないような気持ちになっているのに気がついた。それは、一ヵ所にずっと住みつきたいという希望だった。黒髪の少女と一緒にいれば、自分の毎日は決して同じではないだろうと、彼は思った。

　しかし、ついに商人が現われて、少年に四頭の羊の毛を刈るように頼んだ。彼は羊の毛の代金を支払い、少年に来年もまた来るようにと言った。

　そして今、少年は、あと四日で、その同じ村に戻るところだった。彼は興奮し、同時に不安だった。たぶん、少女はもう彼を忘れてしまっただろう。たくさんの羊飼いが、羊毛を売りに村を通り過ぎてゆくのだ。

「それでも平気さ」と彼は羊たちに言った。「他の場所にも少女はいるのだから」

　しかし、彼は②心の中で、平気ではない、と知っていた。そして、船乗りや、行商人たちと同じように、羊飼いもまた、自由な旅の喜びを忘れさせる誰かがいる町を、いつか必ず見つけることを、知っていた。

夜が明け始めた。C羊飼いの少年は、羊を追って太陽の方向へ進んだ。

ア　これまでの「歴史」にこだわらずに議論をすることは、行き詰まった状況を打破するうえで効力を発揮する効率的で有益な方法だといえる。

イ　先人たちが示した結論とそこにいたる思考のプロセスをふまえて未来について考えるには、過去の文献を読み、それらを解読する力が必要である。

ウ　今はデジタルアーカイブを使いこなす能力が不可欠な時代で、デジタルの情報をどれだけ使いこなせるかが新しいメディア環境での教養だといえる。

エ　テクノロジーの発達は、いつでも調べられることと知っていることとは別のことだとわたしたちに勘違いさせ、そこに無限の懸隔があると錯覚させる。

オ　無限にアーカイブすることが可能なデジタルの世界においても、古い文献のように継続的に註釈や装置をアップデートし、定期的に整理する必要がある。

三　次の文章を読んで、後の問に答えなさい。

少年の名はサンチャゴといった。少年が羊の群れを連れて見捨てられた教会に着いたのは、あたりがもう薄暗くなり始める頃だった。教会の屋根はずっと昔にクち果て、かつて祭壇だった場所には、一本の大きないちじくの木が生えていた。

少年はそこで一夜を過ごすことに決めた。彼は羊の群れが、壊れかけた門を通って中に入るのを見とどけてから、夜中に羊が迷い出さないように、何本かの棒を門にわたした。その地方におおかみはいなかったが、以前、一頭の羊が夜の間に外に迷い出たため、少年は次の日一日、その羊を探しまわらなければならなかった。

少年は上着で床のほこりをはらうと、読み終ったばかりの本をまくらにして横になった。この次はもっと厚い本を読むことにしようと、彼は独り言を言った。そうすれば、もっと長く楽しめるし、もっと気持ちのいいまくらになるだろう。

少年が目を覚ました時、あたりはまだ暗かった。見あげると、半分壊れている屋根のむこうに星が見えた。

「もう少し、寝ていたかったな」と少年は思った。彼は一週間前に見た夢と同じ夢を、その夜も見た。そしてその朝もまた、夢が終る前に目が覚めてしまった。

少年は起きあがると、エの曲った杖を手にして、まだ寝ている羊を起こし始めた。彼は自分が目を覚ますと同時に、ほとんどの羊たちも動き始めるのに気がついていた。それはまるで彼の生命から湧き出る不思議なエネルギーが、羊たちの生命に伝わるかのようだった。彼はすでに二年間、羊たちと一緒に生活し、食べ物と水を求めて、田舎を歩きまわっていた。「羊たちは、僕に慣れて、僕の時間割りを知ってしまったみたいだ」と彼はつぶやいた。ちょっと考えてから、それは逆かもしれないと気がついた。自分が羊たちの時間割りに、慣れたのかもしれなかった。

しかし、羊たちの中には、目が覚めるのに、もう少し時間がかかるものもいた。少年は一頭ずつ、名前を呼びかけながら、杖で羊を突っついて起こしていった。彼はいつも、自分の話すことを羊が理解できると、信じていた。それで、時々羊たちに、自分がおもしろいと思った本の一部を読んでやったり、野原での自分のさびしさや幸せを、話してやったにタグ付けや分類だけでもしておかないと、膨大な情報が無に帰す危険性がある。情報を解読するためのコードやコンテキストやシステムは時間とともに変化します。すぐ解読不可能になる。だから、そのつど註釈や装置をアップデートし続けないといけない。『源氏物語』でも古文書でもなんでも、いまなお鑑賞可能であるのは先人たちが代々註釈を連鎖的に残してくれたおかげです。批評にはそういう役割もあるんですね。文学なんて……と思う人もいるかもしれませんが、[D]東日本大震災以降、古い文献に何気なく記載された地震の情報ががぜん機能しはじめたことをわたしたちはよく知っています。

なかば思いつきのように、〝「拡散型読書」の時代から「放置型読書」の時代へ〟と整理した理由がわかってもらえたと思います。「どこかにはあるから……」という安心感のために、実際にはちっとも読まない時代になっている。読んでいないのに、読んだも同然とおごりたかぶる。

そこで、おそろしく反動的で素朴きわまりない結論をいうようですが、知識や情報はいちどはこの「身体」を通過させないと使いものにならないんじゃないでしょうか。「調べればわかる」ではなくて、いちどは「知っている」にしておくこと。完璧には知らなくていい。「ある程度知っている」状態が重要なんです。その「ある程度」こそが、「あたりをつける」ことを可能にする。キーワードがわかるということです。くわしくは知らなくても、関連ワードやジャンルの見取図ぐらいは頭に入っている。だから推測できる。「[I]」こともできない人間が、「[II]」といってしまう。滑稽でしょう。

（大澤　聡『教養主義のリハビリテーション』）

問一　空欄[A]～[D]に当てはまる語を次の中から選び、それぞれ記号で答えなさい。

ア　つまり　　イ　ところが　　ウ　しかも
エ　もちろん　　オ　たとえば

問二　傍線部①について。「知っている」を「使う」とはどういうことか。文中から四十字程度で探し、最初と最後の五字を抜き出しなさい。

問三　傍線部②「ねじれて浸透した結果」どうなったと筆者は述べているか。適当なものを次の中から選び、記号で答えなさい。

ア　プレゼンテーションの内容を最優先に考えるようになった。
イ　インターネットから得た知識を優れた意見だと考えるようになった。
ウ　調べることが重要で意見の有無は問題でないと考えるようになった。
エ　とにかく自分の意見を発信すればいいと考えるようになった。

問四　傍線部③「ネットを自然環境として生きはじめているわたしたちは、油断するとついそのことを忘れてしまう」ことで、「わたしたち」はどのように考えるようになるのか。解答欄の形式に合うように答えなさい。

問五　空欄[④]に当てはまる語を答えなさい。

問六　空欄[I]・[II]に当てはまる表現を文中からそれぞれ抜き出しなさい。

問七　次のア～オそれぞれについて、本文の内容に当てはまるものには○、当てはまらないものには×をつけなさい。

調べるときに必要となる的確な単語も知らない。そう、調べるにはまずツールとワードを「知る」必要があるんですよ。そこが抜け落ちているから、いざというときほんとうは調べられない。入口を知らなければ、たとえ情報が存在したとしても、いつまでもたどりつけません。それがインターネットの基本構造です。だから、東浩紀さんは『弱いつながり』で、キーワードを探す旅に出る、［B］ネットからときには離れて外側のリアルの世界に身をさらす重要性を強調したわけですね。

書籍とネット、現場とデジタル、それぞれの構造的なちがいを把握したうえで、状況に応じて使いわける。そして、有機的に組み合わせる。それができるかどうかでしょう。デジタルアーカイブを使いこなす能力は不可欠だけれど、なにをキーワードに設定するのかは、アーカイブの外部で培うほかない。新しいメディア環境における教養のあり方の一つは、そうした複数のレイヤーに同時対応しうるリテラシーにある。

いまでは、膨大な知識やデータがネット上に転がっています。しかも無料で。そうした快適な環境が安易な「調べればわかる」式の発言につながっている。ですが、ネットではカバーしきれない領域はいくらでもある（パソコンの前に座ってネットを巡回して作成された「調べてみた」系のまとめサイトが現実世界といかに乖離しているか）。いうまでもなく、ネットに保存されないものが世の中の大半です。だけど、③ネットを自然環境として生きはじめているわたしたちは、油断するとついそのことを忘れてしまう。

もっというと、「いつでもそこにあるわけだから……」という安心感が、実際には「調べる」作業を永遠に先延ばしにする。「調べればわかる」と［④］をくってしまう人間は結局のところ、調べやしないんですよ。いつ調べればよいのか、そのタイミングも知らない。だから、おそらく「わかる」が来ないまま一生を終える。いろいろなものがアーカイブされる時代だから、それらがすべて自分の知識や能力であるかのように錯覚する。いつでも調べられるのだから、自分はもう知っているも同然だ、そんな勘違いの全知全能感をもってしまう。むろん、「そこにある」と「知っている」とのあいだには無限の懸隔があります。テクノロジーの発達がわたしたちを錯覚させる。

この問題はアーカイブ論一般にも接続できます。無限にアーカイブすることが可能なデジタルの世界では、「解釈留保でかたっぱしから保存」が基本方針であるべきです。というのも、無価値にしか思えないゴミが、未来では貴重なものになっていたなんてことはいくらでも起こりうるからです。とすれば、判断抜きでとにかく保存しておき、文脈や価値は後世の人間が必要に応じて発見すればいい。

［C］、他方でこうもいえてしまう。適切にタグ付けされていない膨大な情報たちは自己目的的にストックされるだけで、将来的にも使えないんじゃないか。使えないというより、わたしたちはそれを使わないんじゃないか。「いつでも調べられる」とおなじで、「調べる」や「使う」が永遠に先延ばしにされてしまう。「いつでも」の「いつ」がちっとも来ない。膨大に存在するがゆえに、ひとつも存在しないのと変わらない。そんな皮肉な事態になりかねない。これは日々スマホやデジカメに保存している大量の写真なり映像なりの行方を思い浮かべると感覚的にも理解できるはずです。そのつど撮ることには熱心だけど、整理する機会はほとんどなく、膨大すぎるあまり、見かえすこともない。

これは数百年単位の文明論的なスケールでもいえることです。定期的

問五　傍線部④「二人の選んだ道」が端的に述べられている一文を文中から探し、最初の五字を抜き出しなさい。

二　次の文章を読んで、後の問に答えなさい。

いまは、「知っている」ことへのリスペクトが急速に低下している時代なんじゃないでしょうか。「いろいろ知っていてたしかにすごいけど、それって調べればわかることだよね」という批判の仕方がその典型です。知識だけあってもダメ、地頭のよさで勝負しましょうよというわけです。

「知識より意見を」とか、「理論より実践を」とか、あの手の物言いには一理あります。知識偏重型の知性は限界をはらんでいて、過去にさまざまな弊害すらもたらしてきたわけですから。だけど、その物言いじたいがとっくにテンプレと化していて、いまとなっては不勉強や怠慢の言い訳として便利に使われているにすぎない。「ゼロからオレが考えた」式の意見を素手でぶちまけあうことも、閉塞状況を打破するうえで、ときには効力を発揮するのかもしれない。ですが、たいていは歴史上のあまりに凡庸なパターンにはまっていて、議論を無邪気に巻き戻してしまう。せっかくの「歴史」のリソースを素どおりして、脳内で解をひねくり出すのは端的に非効率なんですよ。害悪ですらある。

自分のセンスだけを頼りに、おなじ場所をぐるぐるぐるぐる巡り続けるくらいなら（歴史を知らない当人はその循環に気づきようがないわけですが）、迂遠に見えても、先人たちが時間と労力と資金をかけて導き出した解や失敗をきっちり補助線として導入する。そうすることで、一歩でも二歩でも前に進めたほうがよっぽど有益だと思うんですけどね。

［A］、立ち止まったり、議論を意識的に巻き戻したりすることも大事です。が、それはいろいろ知ったうえでなければ機能しない。

かつての教養、とりわけ教養主義的な教養は、どちらかというと、知っている状態それじたいに意味が見出されてきました。けれど、①「知っている」は課題解決や議論の前進のためにどんどん「使う」。功利的でいいんです。そのために読書するし勉強もする。先人たちが最終的に示した結論だけではなくて、そこにいたる思考のプロセスじたいも知っておく。それは読書によってしか知りえないことです。未来予想を可能にする材料は現在や過去にしかありません。そして、過去は文字や書物というかたちでストックされてきました。必要なのはそれを解読する力です。

日本は「知識蓄積型」から「意見発信型」へと学習のモデルを転換しないとダメだとよくいわれます。けれど、あまりにいわれすぎたために、知識を欠いた薄っぺらな意見発信ばかりになってしまった。ここでも極端から極端へと振りきってしまう。個々の意見を尊重する相対主義的な教育が②ねじれて浸透した結果でしょう（多様性を尊重する教育はまったく否定しません。問題はそれが形式化の道へと堕落する瞬間にある）。情報発信の敷居を劇的に下げたインターネットの負の影響でもあります。いまの学生は放っておいてもプレゼンはうまいんです。だけど、形式ばかりで中身がともなわない。自分の意見を組み立てるには、まず知らないといけないんですよ。「知る」と「意見」の適正バランスが見えなくなりつつある。

そもそも、「調べればわかる」式の反応をする人は、調べるためのレファレンスツールも知らない。たいていインターネット一択でしょう。

る可能性があるなら、安心できる身体になる可能性があるなら、試したい。今一番気になっているのは、遺伝子治療の安全な技術確立とその一般化だ。自分にも可能性はあるかもしれない。わくわくするわね。インタビュー中、彼女は何度もそう繰り返した。彼女もまた、③たやすく自己を他の道徳プロジェクトと連関させることができる。健康イデオロギー、（細胞農業など食の新産業が謳う）生物多様性という価値、サステナビリティ、よりよい世界をもたらす科学技術。

内なる身体の声に忠実に、ほんものになる術を探した結果、二人は一見、対極にたどり着いた。マークは人工物化から離れ、ローザは人工物化していくことを選んだ。

近代固有の価値としての、ほんものという倫理について思考した哲学者のC・テイラーは、自己の内なる声に忠実であろうとすることが、ほんものの倫理の核だと論じた。同時に彼は、忠実であろうという営みが、自己を超えた重要性を持つ意味の地平に接続し、参照しながら自己を位置づけることが同時に行われるからこそ、ほんもの性を獲得できると指摘した。テイラーの内なる声とは理性のことだ。この二人にとって内なる声との対話は、他者が混じれない自己の場である身体との対話だ。二人は違う意味の地平にそれぞれ自分を位置づけている。マークは野生を生み出す地球を、人間を位置づけるに足るものとして地球を見いだした。ローザは、人間に安心どころかリスクしかない非完全になった地球ではなく、地球にもはや囚われない超越的な科学技術に意味の地平を見いだした。

しかし、実は④二人の選んだ道はそれほど違わないかもしれない。ローザが理解したように、今や地球は人間活動によって荒廃状態にある。マークが求めるような、野生を生み出し続ける地球であるためには、科学技術による補完とエンハンスメントが必要だ。それはローザが未来に見ている地球の姿と遠くない。今や偶然性すら組み込むことが可能なプログラミングによって、人工物化するテクノサイエンスは、オオカミが闊歩し、ドードーが走り回るテラフォーミングさえ可能にするかもしれないのだ。

（福永真弓「弁当と野いちご」）

問一 傍線部**イ**〜**ホ**のカタカナを漢字に直しなさい。

問二 傍線部①「なんと対照的な二人の言葉だろう」について。

［Ⅰ］「ほんものの野生」を「大事だ」と言うマークの考えを以下のようにまとめた。空欄 A 〜 C に当てはまる表現を文中からそれぞれ抜き出しなさい。

> A（十九字） ことによって、 B（六字） ことができる。それだけでなく、 C（八字） を高めることができる。

［Ⅱ］「安心してちゃんと食べられる」と言うローザの考えを以下のようにまとめた。空欄 D ・ E に当てはまる表現を文中からそれぞれ抜き出しなさい。

> わたしたちは D（六字） から逃れることができないが、 E（四字） によって作られた食品は、それらを軽減してくれる。

問三 空欄 ② に当てはまる語を文中から抜き出しなさい。

問四 傍線部③について。「自己」を「連関させることができる」とほぼ同じ意味の表現を文中から十五字以内で抜き出しなさい。

成分分析を通じて、あなたの目の前のソーセージがどのくらい、何の肉で出来ていて、デンプンや大豆由来の成分がどのくらいなのか、明らかにするのは序の口だ。常にモニタリングとシミュレーションで生物群をニカンシし、遺伝子データを蓄積して、その生きものがどこの出身なのか、ゲノム解析によって明らかにすることが出来る。だが、マークやローザが求める「②」であること」は、純粋性を求めることでは満たされない。

　二人に共通していることがある。二人とも、食、身体、自己の関係性に関する特定の思考と、それに基づくほんものらしさの診断基準を持っていることだ。二人とも、身体が常に環境に対して開放系であること、食はその開放を調整する主要な弁だと認識している。そしてこう考えている。食べることで、わたしたちは外部のものを内に取り込み、取り込んだものが身体の一部となること、あるいは身体を介して排されていくことでわたしを更新している。しかもわたしたちは日に何度も食べるから、何度もそれを繰り返す。ゆえに、自分の身体の内なる声に耳を澄ませて、何に自分の身体の境界を超えさせ、何を身体と混じらせるのかについて注意深く診断しなければならない。食べることが身体の様態を変えることは、平生の生活でも体重の増減や吹き出物の出現などが常に教えてくれている。それは経験的真実だ。

　だから、マークは野生を求める。人工物化で日常の世界がホオオわれていく現在にあって、野生という純粋な自然を身体に入れることは、自分の身体を再び自然的なものに近づけることだ。マークは浄化、解毒という言葉で食品を表現する。平生に暮らしているだけでどこまでも人工物と混じる（人工香料から医薬品まで）のをリセットするに良い食品というわけだ。

　マークには十分な理由がある。一つは職業のための予防ケアだ。現在三〇代のマークは、健康保険を購えなかった二〇代、見習いシェフの頃、競争ゆえに休めず厳しい労働に耐える日々が続いた。身体が資本で、味覚が鈍ればすべてが終わる。免疫を高めるには自然であることが重要だ。もう一つの理由は、野生が自己の内在的価値のみならず、自分の社会的価値を高めてくれるからだ。野生にこだわった食を展開することで、シェフとしても、私人としても、人的ネットワークが広がり、「思ってもみなかった著名な人たちも含むグループ」（自分より階層性が高いとマークから見える）から尊敬を寄せられるようになった。健康イデオロギー、野生への信奉、生物多様性という価値、新しい統治と市場を制すフレーミングとなったサステナビリティ、どの道徳プロジェクトとも相性良く自己を位置づけられる。

　他方、ローザは現在五〇代で、よりよく、健康に生きたいと常に求めてきた。彼女はウェブ・エディターとして生計を立ててきた。親族をあいついでガンでなくしたこともあり、若い頃はヴェジタリアンだった。「その頃から、どうすれば身体のことについて、本当に安心して生きられるかって考えてきた」。土壌や水など、気になることを一つ一つ確かめていったら、人工的であることにむしろ純粋さを感じるようになった。南極にすら、海からも空からも汚染物質は到達していて、わたしたちがリスクや汚染から逃れる術はほぼない。わかったのは、「地球がもうわたしたちの健康をまかなえないこと」だった。

　ちょうどその頃、科学技術が追いついてくれた。彼女は自分が納得した人工物に身体の境界を超えさせることにポジティブだ。もっとよくな

【国　語】（六〇分）〈満点：一〇〇点〉

一　次の文章を読んで、後の問に答えなさい。

コロナカ〔イ〕が広がり始めた二〇二〇年の春まで、わたしはバークレーに滞在し、ファーマーズマーケットの麹製品を売る店で働いていた。食の現場では、良い／悪い、オルタナティブ／現行の、ファスト／スローなど二項対立的なカテゴリにあてはまらない多様な倫理の競合とポリティクスが活発に繰り広げられている。何が食に関して倫理的とみなされるのかは、ハイエンドレストランに勤めるシェフや、シェフが取引する生産者たちの振る舞いに現れる。シェフや生産者にとって、倫理的に振る舞うことが美食の意味と経験の一部となっているからだ。

初夏の土曜日、休憩時間中に、いつものように魚屋の前でメモを取っていると、顔見知りのシェフ、マーク（仮名）がシェフ専用カートを引いてやってきた。魚屋には、ちょうど漁期をムカ〔ロ〕えたばかりの、サンフランシスコ周辺で獲れた天然もののキングサーモンが並んでいた。その魚屋は養殖も扱っているが、天然もの、ローカルな魚介類がウリだ。

マークが隣に立ってわたしのメモをのぞき込み、おもむろに養殖のトラウトサーモンを指で示した。三倍体。〇〇養殖場。オーガニックではない。そう答えると、隣のキングサーモンを指さした。〇〇で獲れたもの。雄。

マークはキングサーモンの雄を買った。店番のジャック（仮名）が鼻を鳴らした。

「トラウトサーモンだってうまいぜ。味にブレもないし、良い脂のり。これじゃなきゃだめなシェフだっているぞ」

ジャックに手を振って歩き出すと、マークも店を離れた。これから別の店に野いちごを探しに行くと言う。わたしは野いちごなら、駐車場のフェンスの所でみたよ、と言った。

「ちがうちがう。野生の、在来種のイチゴ（Fragaria virginiana）だよ。この前、売っているのを見かけたんだけど、ちょっと高くて買わなかったんだよ」

なるほど、わたしたちが普段食べているイチゴ（オランダイチゴ属の原種か。確かに食べられるが、そんなに美味しいものではない。ただ、野生であるということが食材の価値をハ〔ハ〕ね上げさせる。聞けば、小指の先ほどの一粒で一ドル。良い値段である。

「ほんものの野生だからな。それが大事だから」

マークの話がとりわけ野生を強調したものに思えたのは、その前日、わたしが細胞農業の潜在顧客ローザ（仮名）と話をしたばかりだったからだ。ギンザケの細胞をとり、培養して肉にする。化学汚染やマイクロプラスチックを気にして天然ものが食べられない、土がついているのを考えるよりも、自分の部屋で水耕栽培した葉物を好んで食べるという彼女は、細胞農業のサーモンを心待ちにしていた。植物由来肉は香料も含め様々なものが入った合成食品だが、細胞農業のサーモンは細胞を増やしただけと聞くから、どこまでも純粋な食品に近いと感じると言う。

「やっと安心してちゃんと食べられる魚ができるのよ。うれしいわ」

ほんものの、ちゃんと食べられる。近しい言葉を使いながら、なんと対照的な二人の言葉だろう〔①〕と思ったのだった。

純粋性の高い食材を探すテクノロジーは道具としてもう揃っている。

2024年度

解　答　と　解　説

《2024年度の配点は解答欄に掲載してあります。》

＜数学解答＞

〔1〕 (1) 1990　(2) $\frac{2\sqrt{3}}{9}$　(3) ① $y=\frac{3}{2}x+2$　② $y=-3x$

(4) A 3　B 17　C 26　(5) $14\sqrt{2}$ cm　(6) $3+\frac{\sqrt{3}}{2}$ cm²

〔2〕 (1) A$(-8,\ 16)$　(2) $k=\frac{11}{2}$　(3) $y=2x+5$　(4) $t=8,\ 4\pm2\sqrt{14}$

〔3〕 (1) $9\sqrt{3}$ cm　(2) $12\sqrt{3}$ cm　(3) 81倍　(4) $288\sqrt{3}$ cm²

〔4〕 (1) $288\sqrt{2}$ cm³　(2) $36-t$ cm　(3) $t=8$　(4) $\frac{34\sqrt{2}}{3}$ cm³

〔5〕 (1) $\frac{1}{216}$　(2) $\frac{5}{72}$　(3) $\frac{5}{216}$　(4) $\frac{5}{54}$

○推定配点○

〔1〕 各4点×7　〔2〕 各5点×4　〔3〕 各4点×4　〔4〕 各5点×4　〔5〕 各4点×4

計100点

＜数学解説＞

〔1〕 (計算の工夫，式の値，関数と図形，データの整理，空間図形，平面図形)

(1) $2024=x$とすると，$2024^2-4047\times2025+2031\times2019=x^2-(2x-1)(x+1)+(x+7)(x-5)=x^2-(2x^2+x-1)+x^2+2x-35=x-34$　xをもとに戻して，$x-34=2024-34=1990$

(2) $2\sqrt{3}a+\sqrt{3}b=5$…①，$\sqrt{3}a+2\sqrt{3}b=-3$…②　①＋②より，$3\sqrt{3}a+3\sqrt{3}b=2$　$a+b=\frac{2}{3\sqrt{3}}=\frac{2\sqrt{3}}{9}$

基本　(3) ① $y=\frac{1}{2}x^2$に$x=-1$，4をそれぞれ代入して，$y=\frac{1}{2}$，8　よって，A$\left(-1,\ \frac{1}{2}\right)$，B$(4,\ 8)$　直線ℓの傾きは，$\left(8-\frac{1}{2}\right)\div\{4-(-1)\}=\frac{3}{2}$　直線ℓの式を$y=\frac{3}{2}x+b$とすると，点Bを通るから，$8=6+b$　$b=2$　よって，$y=\frac{3}{2}x+2$

重要　② P$\left(4,\ \frac{1}{2}\right)$とすると，AP$=4-(-1)=5$，BP$=8-\frac{1}{2}=\frac{15}{2}$　よって，Q$(4,\ 13)$とすると，AB＝BC，∠ABC＝90°より，△ABP≡△BCQだから，点Cのx座標は，$4-\frac{15}{2}=-\frac{7}{2}$　よって，C$\left(-\frac{7}{2},\ 13\right)$　正方形ABCDの面積を2等分する直線は対角線ACの中点Mを通る。点Mのx座標は，$\left\{-1+\left(-\frac{7}{2}\right)\right\}\div2=-\frac{9}{4}$　y座標は，$\left(\frac{1}{2}+13\right)\div2=\frac{27}{4}$　よって，M$\left(-\frac{9}{4},\ \frac{27}{4}\right)$　したがって，求める直線OMの傾きは，$\left(\frac{27}{4}-0\right)\div\left(-\frac{9}{4}-0\right)=-3$　よって，$y=-3x$

(4)　第1四分位数は$\frac{A+6}{2}$，第3四分位数は$\frac{21+C}{2}$だから，四分位範囲は，$\frac{21+C}{2}-\frac{A+6}{2}=19$より，$C-A=23$…①　第2の条件より，$\frac{B+21+C+30}{4}-\frac{1+A+6+12}{4}=18$　$B+C-A=40$…②　第3の条件より，$\frac{1+A+6+12+B+21+C+30}{8}=\frac{12+B}{2}$　$A-3B+C=-22$…③　②−①より，$B=17$　これを③に代入して，$A+C=29$…④　①＋④より，$2C=52$　$C=26$　これを④に代入して，$A=3$

重要 (5)　図のように，直線PQとEF，EHとの交点をそれぞれX，Yとし，直線AXと辺BFとの交点をR，直線AYと辺DHとの交点をSとすると，切り口の図形は，五角形ARPQSとなる。平行線と比の定理より，XF：GQ＝FP：PG＝1：1より，XF＝2　BR：RF＝AB：XF＝4：2＝2：1より，BR＝$\frac{2}{2+1}$BF＝$\frac{2}{3}\times 6=4$，RF＝6−4＝2　同様にして，DS＝4，SH＝2　△ABR，△RFP，△PGQ，△QHS，△SDAはみな直角二等辺三角形だから，AR＋RP＋PQ＋QS＋SA＝$4\sqrt{2}+2\sqrt{2}\times 3+4\sqrt{2}=14\sqrt{2}$(cm)

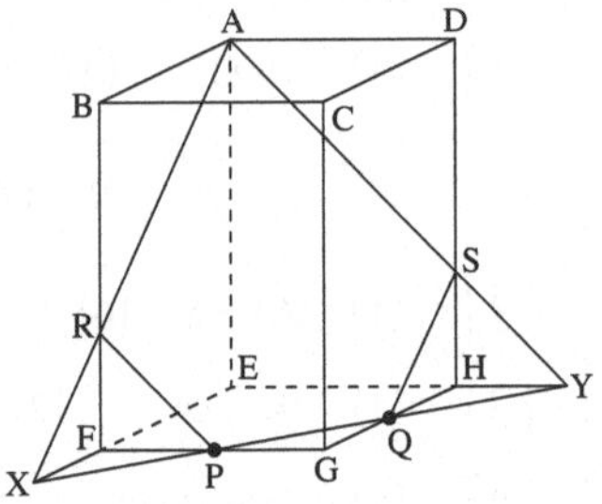

重要 (6)　右の図で，∠CDH＝180°−150°＝30°だから，CH＝$x$cmとすると，DH＝$\sqrt{3}x$cm　$AC^2=AB^2+BC^2=AH^2+CH^2$　$2^2+3^2=(\sqrt{3}+\sqrt{3}x)^2+x^2$　$4+9=3+6x+3x^2+x^2$　$2x^2+3x-5=0$　解の公式を用いて，$x=\frac{-3\pm\sqrt{3^2-4\times 2\times(-5)}}{2\times 2}=\frac{-3\pm 7}{4}=1,\ -\frac{5}{2}$

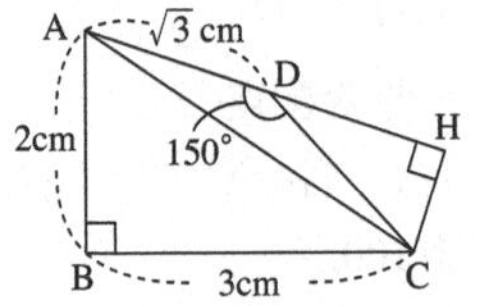

$x>0$より，$x=1$　よって，四角形の面積は，△ABC＋△ACD＝$\frac{1}{2}\times 3\times 2+\frac{1}{2}\times\sqrt{3}\times 1=3+\frac{\sqrt{3}}{2}$(cm²)

［2］　**(図形と関数・グラフの融合問題)**

基本 (1)　OB：AB＝1：2より，点Aのx座標を$-a(a>0)$とすると，A$(-a,\ 2a)$　$y=\frac{1}{4}x^2$は点Aを通るから，$2a=\frac{1}{4}(-a)^2$　$a^2-8a=0$　$a(a-8)=0$　$a>0$より，$a=8$　よって，A$(-8,\ 16)$

重要 (2)　直線ℓと辺ADとの交点をHとする。GH//ODより，HD＝GO＝$8-k$　AD＝AB＝16より，AH＝$16-(8-k)=8+k$　また，GC＝$16-k$　台形ABGHとGCDHの面積比より，(AH＋BG)：(HD＋GC)＝19：13　$(8+k+k):(8-k+16-k)=19:13$　$13(8+2k)=19(24-2k)$　$104+26k=456-38k$　$64k=352$　$k=\frac{11}{2}$

基本 (3)　点Gのx座標は，$-8+\frac{11}{2}=-\frac{5}{2}$　直線ODの傾きは，$\frac{DC}{OC}=2$より，直線ℓの式を$y=2x+b$とすると，G$\left(-\frac{5}{2},\ 0\right)$を通るから，$0=-5+b$　$b=5$　よって，$y=2x+5$

重要 (4)　△OEF＝△PEFより，OP//EF　よって，点Pが点Dと重なるとき，題意を満たすから，$t=8$　また，Q(0, 10)とすると，△OEF＝△QEFだから，PQ//EFのとき，題意を満たす。$y=\frac{1}{4}x^2$と$y=2x+10$からyを消去して，$\frac{1}{4}x^2=2x+10$　$x^2-8x=40$　$(x-4)^2=56$　$x-4=\pm 2\sqrt{14}$　$x=4\pm 2\sqrt{14}$　よって，$t=8,\ 4\pm 2\sqrt{14}$

〔3〕（平面図形の計量）

重要 (1)　円外の1点からひいた接線の長さは等しいから，直角三角形の斜辺と他の1辺がそれぞれ等しいので，$\triangle PBR \equiv \triangle PBS$　よって，$\angle BPR=\frac{1}{2}\times 60^\circ=30^\circ$より，$PR=\sqrt{3}BR=9\sqrt{3}$(cm)

基本 (2)　(1)と同様にして，$\angle APQ=\frac{1}{2}\times(180^\circ-60^\circ)=60^\circ$より，$PQ=\frac{1}{\sqrt{3}}AQ=\frac{9}{\sqrt{3}}=3\sqrt{3}$　よって，$AB=QR=QP+PR=12\sqrt{3}$(cm)

重要 (3)　$\triangle PRC$，$\triangle PQD$は内角が30°，60°，90°の直角三角形だから，$CR=\sqrt{3}PR=27$，$DQ=\frac{1}{\sqrt{3}}PQ=3$　$CR:DQ=27:3=9:1$より，円Cの面積は円Dの面積の$9^2=81$(倍)

(4)　$AD=AQ+QD=9+3=12$，$BC=BR+RC=9+27=36$　よって，台形ABCDの面積は，$\frac{1}{2}\times(12+36)\times 12\sqrt{3}=288\sqrt{3}$($cm^2$)

〔4〕（空間図形の計量）

基本 (1)　正四角錐の高さをOHとすると，$OH=AH=\frac{1}{2}AC=\frac{1}{2}\times 12\sqrt{2}=6\sqrt{2}$より，正四角錐の体積は，$\frac{1}{3}\times 12^2\times 6\sqrt{2}=288\sqrt{2}$($cm^3$)

基本 (2)　$PQ/\!/AD$より，$PQ=AD=12$　$AP=OR=t\times 1=t$より，$\triangle BPR$は1辺の長さが$(12-t)$の正三角形だから，$PR=BP=12-t$　同様にして，$QS=12-t$，$RS=t$　よって，四角形PQSRの周の長さは，$12+2(12-t)+t=36-t$(cm)

重要 (3)　四角形PQSRは$PR=QS$の等脚台形だから，RからPQにひいた垂線をRIとすると，$PI=(12-t)\div 2=\frac{12-t}{2}$　直角三角形PIRにおいて，$PI:PR=1:2$だから，$RI=\sqrt{3}PI=\frac{\sqrt{3}(12-t)}{2}$　よって，四角形PQSRの面積は，$\frac{1}{2}\times(t+12)\times\frac{\sqrt{3}(12-t)}{2}=\frac{\sqrt{3}}{4}(144-t^2)$　$\frac{\sqrt{3}}{4}(144-t^2)=20\sqrt{3}$　$t^2=64$　$0<t<12$より，$t=8$

重要 (4)　$t=10$のとき，$PB=QC=RB=12-10=2$，$RS=10$　Rから底面ABCDにひいた垂線をRJとすると，$RJ:OH=BR:BO=2:12=1:6$　$RJ=\frac{1}{6}OH=\sqrt{2}$　求める立体は，R，Sを通るそれぞれ底面ABCDに垂直な平面で切断すると，合同な2つの四角錐と1つの三角柱になるから，その体積は，$\frac{1}{3}\times 2\times\frac{12-10}{2}\times\sqrt{2}\times 2+\frac{1}{2}\times 2\times\sqrt{2}\times 10=\frac{34\sqrt{2}}{3}$($cm^3$)

〔5〕（確率）

基本 (1)　さいころの目の出方の総数は，$6\times 6\times 6=216$(通り)　$x=-2$，-3を解にもつ2次方程式は，$a(x+2)(x+3)=0$と表せるから，係数を比べて，$b=5a$，$c=6a$　これを満たすのは，$(a,\ b,\ c)=(1,\ 5,\ 6)$のみだから，求める確率は，$\frac{1}{216}$

(2)　$ax^2+bx+c=0$に$x=-1$を代入して，$a-b+c=0$　$b=a+c$　これを満たすのは，$b=2$のとき，$(a,\ c)=(1,\ 1)$の1通り。$b=3$のとき，$(a,\ c)=(1,\ 2)$，$(2,\ 1)$の2通り。$b=4$のとき，$(a,\ c)=(1,\ 3)$，$(2,\ 2)$，$(3,\ 1)$の3通り。$b=5$のとき，$(a,\ c)=(1,\ 4)$，$(2,\ 3)$，$(3,\ 2)$，$(4,\ 1)$の4通り。$b=6$のとき，$(a,\ c)=(1,\ 5)$，$(2,\ 4)$，$(3,\ 3)$，$(4,\ 2)$，$(5,\ 1)$の5通り。よって，求める確率は，$\frac{1+2+3+4+5}{216}=\frac{5}{72}$

重要 (3)　$ax^2+bx+c=0$の解は，$x=\frac{-b\pm\sqrt{b^2-4ac}}{2a}$で，解が1つのとき，$b^2-4ac=0$　$b^2=4ac$

これを満たすのは，$b=2$のとき，$(a,\ c)=(1,\ 1)$の1通り。$b=4$のとき，$(a,\ c)=(1,\ 4)$，$(2,\ 2)$，$(4,\ 1)$の3通り。$b=6$のとき，$(a,\ c)=(3,\ 3)$の1通り。よって，求める確率は，$\frac{1+3+1}{216}=\frac{5}{216}$

(4)　①　$b^2-4ac=0$のとき，(3)より，5通り。②　$b^2-4ac=1$のとき，$b^2=4ac+1$　これを満たすのは，$b=3$のとき，$(a,\ c)=(1,\ 2)$，$(2,\ 1)$の2通り。$b=5$のとき，$(a,\ c)=(1,\ 6)$，$(2,\ 3)$，$(3,\ 2)$，$(6,\ 1)$の4通り。③　$b^2-4ac=4$のとき，$b^2=4(ac+1)$　これを満たすのは，$b=4$のとき，$(a,\ c)=(1,\ 3)$，$(3,\ 1)$の2通り。$b=6$のとき，$(a,\ c)=(2,\ 4)$，$(4,\ 2)$の2通り。④　$b^2-4ac=9$のとき，$b^2=4ac+9$　これを満たすのは，$b=5$のとき，$(a,\ c)=(1,\ 4)$，$(2,\ 2)$，$(4,\ 1)$の3通り。⑤　$b^2-4ac=16$のとき，$b^2=4(ac+4)$　これを満たすのは，$b=6$のとき，$(a,\ c)=(1,\ 5)$，$(5,\ 1)$の2通り。⑥　$b^2-4ac=25,\ 36,\ \cdots$のときは不適。以上より，求める確率は，$\frac{5+2+4+2+2+3+2}{216}=\frac{5}{54}$

★ワンポイントアドバイス★

出題構成，難易度とも例年とほぼ同じであるが，計算力が要求され，時間内完答はむずかしいので，ミスのないようにできるところから解いていこう。

＜英語解答＞

【Ⅰ】 1 B　2 C　3 A　4 A　5 D　6 B

【Ⅱ】 1 ① D　② D　2 ① B　② C

【Ⅲ】 問1 イ　問2 ア　問3 ア　問4 ウ　問5 friends　問6 エ　問7 エ
問8 ウ　問9 エ　問10 イ，オ

【Ⅳ】 問1 エ　問2 エ　問3 ア　問4 ウ　問5 ウ　問6 イ　問7 ア
問8 ウ　問9 C エ　D イ　問10 イ

【Ⅴ】 (1) エ　(2) ウ　(3) イ

【Ⅵ】 (1) A think　B took　(2) A willing　B help
(3) A It　B remember　(4) A about　B he

【Ⅶ】 問1 ①（例） I were a bird　②（例） it can fly　問2（例） ① to Kyoto
②（例） visit some temples

○推定配点○

【Ⅰ】・【Ⅱ】 各1点×10　【Ⅲ】 各3点×11　【Ⅳ】 問9 各2点×2　他 各3点×9
【Ⅴ】 各2点×3　【Ⅵ】 各3点×4(各完答)　【Ⅶ】 各2点×4　計100点

＜英語解説＞

【Ⅰ】（リスニング問題(1)）

1　M：How are you doing?

W：I'm doing well. Did you hear we don't have to join today's meeting?

M：Really? I didn't know that. Where did you get that information?

2　M：Did you watch the new episode of the drama last night?
W：Yeah, I did! Did you expect her to marry him?
M：Absolutely not. I was so surprised that I felt like I was dreaming.
3　M：I heard there's a concert at a shopping mall next week. Why don't we go together?
W：Thanks for asking. But actually, I'll be playing the drums for one of the bands.
M：Wow, really? I'll definitely go to see you.
W：Thanks.
M：How long have you been playing in the band?
4　M：I'm going out to the hamburger shop. Do you want to come along?
W：Sure, why not? I was planning to buy a drink somewhere.
5　W：Hi, Kota. I haven't seen you for ages. Did you go somewhere this winter?
M：Yeah, I visited my brother in Singapore. He's been studying there since last year and it was my first trip abroad.
W：Wow! What was it like over there?
6　W：Hmm,,, I prefer the bigger one. I like the color, too.
M：Yes, this refrigerator is very popular now and the price is also reasonable.
W：OK, I'll take this one. When can you deliver it? I want it as soon as possible.
1　M：最近どう？
W：元気でやってるわ。今日の会議には参加しなくてもいいって聞いた？
M：本当に？　知らなかった。その情報はどこで入手したの？
　A「一晩ずっと学校にいたい」　B「グループチャットで見つけた」　C「角で彼女に会う」
　D「クラブの他のメンバーに伝えないといけない」
2　M：昨夜のドラマの新しいエピソードは観た？
W：ええ，観たわ。彼女が彼と結婚するなんて予想してた？
M：まったく。あまりにも驚いて夢を見ているかのような気分だった。
　A「結婚式で彼がシェフだったとは知らなかった」　B「君は驚くに違いない」
　C「私も信じられなかった」　D「暇な時に君もあれを観るべきだ」
3　M：来週ショッピングモールでコンサートがあるって聞いたよ。一緒に行かない？
W：聞いてくれてありがとう。でも実はその中の1つでバンドでドラムを演奏するのよ。
M：わぁ本当に？　絶対見に行くよ。
W：ありがとう。
M：バンドではどのくらいの期間演奏しているの？
　A「だいたい1年間」　B「ちょうど1か月かかる」　C「1時間のうちに」
　D「この週末に」
4　M：ハンバーガーのお店に出かける。一緒に来る？
W：もちろん，ぜひ！　どこかで飲み物を買うつもりだったのよ。
　A「いいね！　車を持ってくる間少し待っていてくれる？」　B「わかった。今度一緒に行こう」　C「ごめんなさい。そんなつもりではなかった」　D「なぜならもう既に昼食を食べてしまったから」
5　W：やぁコウタ。すごく久しぶり。この冬はどこかに行った？
M：うん，シンガポールにいる兄の所に行った。兄は昨年からそこで勉強をしていて，これが僕の初めての海外だったんだ。

W：わぁ！　そこはどうだった？

A「賛成」　B「もちろん」　C「とても便利」　D「清潔で安全」

6　W：ううむ…大きい方がいいわ。色も好きだわ。

M：はい，この冷蔵庫は今とても人気で値段も手頃です。

W：いいわ。これを買うわ。いつ配達してもらえる？　できるだけ早く欲しいの。

A「気に入ってもらえると思う」　B「来週の木曜日にできます」　C「家まで送りましょうか？」　D「3週間」

【Ⅱ】（リスニング問題(2)）

1　M：Hey, have you seen any good movies lately?

W：Yeah, I watched "Butterfly Girl" last weekend. It was amazing.

M：Oh, was it? Who played the leading role? Emily Stone?

W：No, she is the main character of Daniel's Angels. Jamie Raccoon did. She and Hugh Jackson are my favorite actors right now. Have you also seen any good movies?

M：Well, I saw "005" with my friends last night. Jennifer Lauren, who played the leading role, was really cool. She has acted in a lot of movies recently. I heard this movie broke the record of $200 million in sales yesterday.

W：Wow, that's impressive. That means "005" has become the top seller over "Wonderful Woman."

2　W：I heard you are traveling alone to visit some countries in Southeast Asia, right?

M：Yeah, I'm planning to visit four countries next March.

W：Four countries? What's your travel plan?

M：Well, first, I'll fly to Singapore on March fourth. One day later, I'll visit Indonesia and plan to stay there for three days. Oh actually, I changed the plan yesterday. The next stop is Malaysia, where I'll stay for three days. After that, I'll take an airplane to Vietnam and stay from March eighth to the eleventh. Then, I'll visit Cambodia by bus. It'll take 24 hours to get there. Can you imagine how long it would take by foot? Finally, I'll finish my trip by flying back to Japan on March 14th. That's the plan.

W：Wow, you're so brave and full of energy!

1　M：ねぇ，最近なにか良い映画は観た？

W：えぇ，先週末「バタフライガール」を観たわ。すごかった。

M：そうなの？　主役を演じたのは誰？　エミリー・ストーン？

W：いいえ，彼女はダニエルズ・エンジェルズの主人公。ジェイミー・ラクーンよ。彼女とヒュー・ジャクソンが今の私のお気に入りの俳優たちなの。あなたも何か良い映画を観た？

M：えぇと，昨夜友達と「005」を観た。ジェニファー・ローレンが主人公を演じたのだけど，とてもかっこよかった。彼女は最近たくさんの映画に出演している。昨日この映画は2億ドルの収益の記録を破ったと聞いたよ。

W：わぁそれは素晴らしいわ。つまり「005」は「ワンダフルウーマン」を抜いて1位になったということね。

タイトル	主役俳優／女優	チケット販売数(百万ドル)
バタフライガール	[1]	120
ワンダフルウーマン	アーニャ・タイラー	180
005	ジェニファー・ローレン	[2]
ダニエルズ・エンジェルズ	エミリー・ストーン	100

① A「ヒュー・ジャクソン」　B「エミリー・ストーン」　C「ジェニファー・ローレン」
D「ジェイミー・ラクーン」

② A　150　B　170　C　190　D　210

2　W：東南アジアの数か国を一人で旅をする予定だと聞いたけど，そうなの？

M：うん，次の3月に4か国を訪れる計画。

W：4か国？　旅程はどんな？

M：えぇと，まず3月4日に飛行機でシンガポールに行く。1日後にインドネシアに行ってそこに3日間滞在するつもり。あぁ，実は昨日予定を変更したんだ。次の滞在はマレーシアで3日間いる予定。その後，飛行機でベトナムに行って3月8日から11日までいる。それからバスでカンボジアを訪れる。着くまでに24時間かかるんだ。歩いたらどのくらいかかるか想像できる？　最後に3月14日に飛行機で日本に戻り旅を終える予定。これが計画だよ。

W：わぁ，勇気があるしエネルギッシュね！

日付	場所	交通機関
3月4日	日本　→　[1]	飛行機
3月5日	[1]　→　マレーシア	バス
3月8日	マレーシア　→　ベトナム	飛行機
3月11日	ベトナム　→　カンボジア	[2]
3月14日	カンボジア　→　日本	飛行機

[1]　A　インドネシア　B　シンガポール　C　タイ　D　オーストラリア

[2]　A　飛行機　B　徒歩　C　バス　D　船

重要 **【Ⅲ】（長文読解問題・論説文：語彙，文挿入，内容把握，内容正誤判断）**

（全訳）　隣の芝生は青い－自分がすでに手にしているものを①理解し受け入れることを始めない限り，そうなる。次なる大きなもの－たとえば，地位や富－を願うことはあなたを不幸にし，気が休まらないだけだ。秘訣は，今あるもので幸せになることだ。あなたが手にしているものに心底感謝し受け入れるためにちょっと立ち止まろう。あなたは実際には他のものなど何もいらないことがおそらくわかるだろう。あなたが必要なものは既にすべて手にしていることがわかるなんて，どれほど良い気持ちだろうか？

それは自分を向上させようと努力するべきではないということではなく，今あなたがいる場所，そして人生であなたが手にしているものに感謝することを学ぶということだ。もしあなたが今日手にしているものに感謝できないのであれば，なぜ明日はそれが違っているのだろうか？

他の人たちと自分を比べることをやめよう。あなたの近所の子どもの成績やテレビの大きさなど誰も気にしない：張り合うのは終わりのないレースのようなものだ。②アあなたがより高級な車に変えたとしても，他の誰かがもっと良い車を手に入れることだろう。もしあなたが自分自身ですべてを終わらせなければ，次はあなたの番だ。あなたがやらなければならないことはこの循環を断ち切ることだと今のあなたはわかるだろう。

④「芝生がより青く見える」という心理の裏にある③妬みを取り除く良い方法は，他人の成功を喜ぶことだ。まさに素晴らしい勝利を勝ち取ったり，学校の活動で表彰された友達を祝うことだ。ポ

ジティブな気持ちを迎え入れるとあなたの全身全霊がポジティブに反応する。今日これをソーシャルメディアで試してみよう。あなたと⑤つながりのある人が共有している知らせに嫌々「いいね」を押す代わりに，⑥嘘偽りのない気持ちできちんとお祝いのコメントを残そう。この行動の変化の恩恵はあなたに直接返ってくることをあなたはすぐに感じるだろう。

ガラスのコップを思い浮かべた時，半分入っていると言う人がいる。しかしその他の人は半分空だと言う。しかしだれかがその視点は両方間違っていると言うのを私は最近聞いた。それはいつでも補充可能ということなのだ。⑦なんて素敵な人生の見方なのだろう！　あなたが手に入れたもの，あなたが達成し経験してきたことを座ってリストにしてみよう。空の部分に焦点を当てるのではなく，⑧あなたのガラスのコップに満たされている液体に当てよう。そして他の人たちのコップの大きさと比べるのをやめよう。たとえ誰かがあなたよりも多く持っているとわかったとしても，⑨何百もの人たちはそれより少ない物しか持っていないのだ。世界はあなたの芝生を愛している人たちであふれている。

あなたのリストを見返してあなたが手にしているもので安らかな気持ちになろう，そうすれば妬みから駆り立てられてではなく，最高な人生のためのあなた自身のポジティブな目標からあなたにとって次に大切なものが何かを穏やかに考えられるだろう。

出典：”Appreciate What You’ve Got” Things Successful People Do (Revised)

問1　appreciate には「十分よく理解し受け入れる」という意味がある。イ be aware of「理解する[把握する]」と同じような意味になる。　ア be covered with「～で覆われている」 ウ be afraid of「～を恐れる」 エ be successful in「～に成功する」

問2　全訳参照。直前の文にある「終わりのないレース」に適する内容を入れる。ア「あなたがより高級な車に変えたとしても，他の誰かがもっと良い車を手に入れることだろう」が適当。
イ「あなたが何かを失くし，誰か他の人があなたのためにそれを見つけるだろう」 ウ「あなたは唯一の賞品のために走り，誰かほかの人がそれを盗もうとするだろう」 エ「あなたは命を与えられ，他の誰かもそうである」

問3　envy は「妬み」という意味なので，ア「他の誰かが持っている物や資質と同じものを自分も持てたらいいのにと願う感情」が正解。　イ「あなたがやりたいと思っていたことをする時の喜び」 ウ「他の人の考えや意見に賛成する時に抱く感情」 エ「あなたが何か間違ったことをした時に抱く居心地の悪い感情」

問4　直訳すると「その芝生はより青い」だが，本文冒頭の「隣の芝生は青い」を言い換えている。したがってこのことわざと同じ意味のことわざを選ぶ。ウ「隣の家のリンゴは甘い」が正解。
ア「金持ちはより金持ちに，貧乏人はより貧乏になる」 イ「早起きは三文の徳」直訳すると「早起きの鳥はみみずを見つける」 エ「花より団子」直訳すると「鳥のさえずりよりもパン」

問5　3文前参照。Celebrate your friends「友人たちを祝う」ことを今日からソーシャルメディアで実践しようという流れ。したがって contacts「つながりのある人たち」＝ friends。contact<u>s</u> に合わせて friend<u>s</u> と複数形にすること。

問6　genuine and authentic は「嘘偽りない[正真正銘]」という意味なので，エ「真実で誠実」が正解。　ア「偽物で間違っている」 イ「賢く勇敢な」 ウ「面白くて魅力的」

問7　下線部は半分しか入っていない状態は refillable「補充可能」な状態なのだ，という視点を指す。空のところに新たな経験を入れられるということで，エ「私は一度北海道を訪れたことがあり，それはとても良い経験だった。いつか他の場所も訪れてみたい」が適当。　ア「このジャケットは母にもらったが私には小さい。それは捨ててしまおう」 イ「もしこの試合に負けたら，あなたは二度と勝てないだろう。もっと訓練する必要がある」 ウ「昨年素敵な車を買ったが今は新しい車が欲しい。どれがおすすめですか？」

問8　⑧を含む文と直前の文参照。空の部分ではなく，あなたが手に入れたもの，あなたが達成し経験してきたことに焦点を当てるということ。したがって the liquid ＝ウ what you have ここで使われている what は先行詞の意味を含む関係代名詞で the thing(s) which の意味。

ア「いつ認識したか」　イ「誰かが言うこと」　エ「あなたがどこに行くのか」

問9　who has more than you に対しての millions with less なので，エ「あなたほど手に入れていない人たちは大勢いる」ということ。millions of people who have less than you ということ。この with は所有を表す。

問10　ア「庭の芝生はいつもきれいで新鮮に保たれているべきだ」(×)　そのような記述はない。イ「あなたが手に入れているもので心穏やかでいられるなら，あなたにとって何が大切か考えることができる」(○)　本文最終文に一致。　ウ「SNSでフォローしている人たちに「いいね」をしたり，コメントをする必要はない」(×)　第4段落第5文参照。嘘偽りのない気持ちでコメントを残そうとあるので不一致。　エ「自分と他の人たちを進んで比べることはあなたは偉大な気持ちにさせる」(×)　そのような記述はない。　オ「他の人たちの成功をうらやましい気持ちではなく喜べたら，あなたにも良いことがある」(○)　第4段落最終文に一致。have advantages ＝ feel the benefit　カ「あなたは目標を達成するためにいつも向上していないといけない」(×)　そのような記述はない。第2段落最初の文参照。向上しなくて良いのではなく，今ある状況に感謝することを学ぶとあるので不一致。　キ「あなたが手に入れたものを見たら，自分が思うよりも貧しいことがわかるだろう」(×)　そのような記述はない。最後から2段落目最後の2文参照。あなたの芝生が青く見え手に入れたものが少ない人たちはたくさんいるとある。　ク「あなたがなぜ不幸なのかを話すことが役に立つかもしれない」(×)　そのような記述はない。

重要 **【Ⅳ】　(長文読解問題・物語文：語彙，適語選択補充，内容把握)**

(全訳)「アレックス，学校はどうだった？」屋根付きの玄関口の椅子からおじいちゃんが尋ねた。

「おじいちゃん，学校に行かなくても良ければいいのに」とアレックスは文句を言った。地面にカバンを放り投げベンチの彼の横に座った。「時間の無駄だよ。働きに出る方がずっといい。もうすでにお金を稼げる。ビッグ・チキン・アルズ・ウィングハットみたいな大きな店で今働き始めたら，すごく稼げるし，おじいちゃんみたいに旅をして世界を見て回れる！」

「アレックス，君は何歳だね？」おじいちゃんが聞いた。「すごく忘れっぽくてね。」

「おじいちゃん，15歳だよ。時間を無駄にしている時は自分でもわかる年齢だよ。毎日学校に行かなくてはならない生活から解放されたい。時間の無駄なんだよ。ここにあと3年もいなきゃならないなんて信じられない。①大きくなって卒業したい！」

おじいちゃんは少しの間アレックスを微笑みながら見た。「前に聞いたことがある話を思い出した－中国の民話だよ。」

「おっと」アレックスが言った。「実は学校に行くことはいいことなんだっていうことを教えるための深い意味のあるもう一つの話でしょう？」

二人は笑った。

「聞いて，自分で決めなさい」とおじいちゃんは言った。

「いいよ，聞いてるよ」

「わかった。いいね。昔々の中国にある凧がいた。それはとても大きくて高慢な凧で，地域で一番大きく高く飛ぶことが快感だった。」

「すごいね，性格に問題のある凧だね」アレックスが割り込んだ。

「そう，偉そうな凧」と，おじいちゃんは笑いながら答えた。「この凧は空高く，他のどの凧よりも高く飛ぶことが楽しかった。もっともっと高く飛びたくて，もう伸ばせないというところまで糸を引っ張り続けた。」

「高度な凧」アレックスがふざけた。

「その通り。でもまったく幸せではなかったんだ。他のどの凧よりも高く飛んでいる時，更に高いところまで行きたいと思っていた。雲や鳥がずっと上の方を飛んでいるのを見た時に，自分はそこまで行かれなかったので幸せではなかったんだ。実際，自分を制限している糸を責めた。」

「条件のないひもなしの関係になりたかったってことか」アレックスが提案した。

おじいちゃんは話をやめてアレックスをじっくりと見た。「これを真面目に聞くのかい？　それともずっと冗談を言い続けるのかい？」とたずねた。

「聞きます」アレックスは答えた。「おじいちゃん，聴衆を楽しませ続けないとね。」

「わかった。それでこの凧は」おじいちゃんは続けた。「糸はとても不愉快で，糸が凧を制止すると凧はいつも文句を言っていた。糸はこの状況は[A]不幸で，[B]不当だと思った。」

「糸はすごく引っ張られた？」アレックスがまたふざけた。

「そう。でも物理的な意味でだけ」とおじいちゃんが答えた。「いつもは普通にのんびりとした糸なのに，凧から受ける怒りが気に入らなかった。」

「糸は凧がすごいストレスになっていた？」

「その通り。不当な扱いを受けたと感じたから復讐したかった。ある日，とても強い風が吹いていた。糸がすぐに伸ばしたので凧は急上昇した。すぐに糸の限界がきて凧はそれ以上は上がらなくなった。

『もう，糸，またか！』凧は糸に向かって叫んだ。『俺を引き留めるのはやめろ。すぐに俺をもっと高く行かせろ！　放せ！』

まぁ，②糸はもう限界だった。普通は凧とつながっていることを確認しながら正面を風圧に向け続ける。糸は凧を放して地面に落ち凧を引っ張るのをやめた。

『またな，友よ！』凧は強風にあおられて急上昇しながら叫んだ。そしてその後どうなったと思う，アレックス？」

「凧は雲より高く上がり，鳥たちにあいさつした。『やぁ！　俺の名前は凧，この辺りは初めてなんだ。一緒に遊ぼうよ』いやいや，ごめんなさい，糸がつながってなければ地面に落ちる？」

「その通りだ，アレックス。糸がピンと張っていなければ，空気の圧力は，上に持ち上げるために糸が作り出していた抵抗がなくなり，代わりに凧は急降下した。地面に強くたたきつけられた時，凧の一部がひどく破損してしまった。凧は重傷を負った。」

「それで凧はもう飛べなくなったの？」アレックスは質問した。

「ええと，しばらくの間はね。修理の店で直してもらい③全く問題なくなった。」

「飛ぶためには糸が必要だという教訓を得てその後ずっと幸せになった？」

「いや，実はそうではない。プライドが高すぎて教訓にならず，糸の態度を決して許さなかったんだ。糸が制限をかけていることにまだ文句を言っていた。君の置かれた状況でこの教訓はわかったかな？」

「うん！　おじいちゃんありがとう！　もうわかったよ」アレックスが叫んだ。

「よかった」おじいちゃんが答えた。

「うん」アレックスが続けた。「学校をやめて，凧の飛ばし方と修理の仕方を学ぶ。そして僕の凧にはもっともっと高く飛ぶために超長い糸を手に入れる。もし僕にお金をくれたら，僕の凧，僕の未来の成功はもっと高く飛べる。ありがとうおじいちゃん。僕の銀行口座に直接振り込んでいいよ。」アレックスは腕を組んでおじいちゃんを見た。

「あぁ，私が言いたかったことは違う…」とおじいちゃんが始めた。

「あぁ，わかってるよ」アレックスが認めた。「④冗談を言ってみただけだよ。実はこの話は最大限の可能性を発揮するためには制限も時には必要だっていうことだよね。彼らに制限をかけられていると時に思うかもしれないけど，実は彼らには成長に一番の責任があるからだね。糸は学校を卒業しなくてはならないことを意味していて，凧は僕の可能性で，風は教育。それは僕をもっともっと高くあげてくれるんだ。」

おじいちゃんは微笑み返した。「アレックス，その通りだ。よくやった。これを真面目に聞いてくれていないのではないかとちょっと思ったけど，この話の一番大事なことを理解してくれたことがわかった。若者よ！君を誇りに思うよ。」

「おじいちゃんありがとう。最高だよ」アレックスは立ち上がりおじいちゃんを抱きしめた。「入っておやつを食べよう。お腹が減ったよ。」

アレックスが玄関口を去ると，おじいちゃんは満足げな笑みを浮かべ，自分の知恵を少年と共有できたことがわかって幸せだった。

「おじいちゃん，ひとついい？」玄関のドアから出てきたアレックスが言った。

「アレックス，いいよ」おじいちゃんが答えた。

「もし[C]学校が糸で凧が僕の[C]可能性だとしたら，もし学校がなくなったら僕は今のレベルのままっていうこと？」

おじいちゃんは困って顎をなでた。

「いや，アレックス。たぶん，自分で自分の糸を見つける必要があるっていうことだけだと思うな。」

出典：shortkidstrories http://www.shortkidsstories.com/(Revised)

問1　up は「学年が上がる」 away は「去る」つまり「卒業する」ということを意味するので エ「いますぐに学校を終えるだけの年齢になる」が正解。old enough to ～ で「～するのに十分な年齢」という意味。 ア「今から3年より早くに学校を卒業できる」 イ「学校を退学し自分で勉強する」 ウ「祖父の仕事を手伝う」

問2　凧の理不尽な態度に対する糸の気持ちなのでAに unhappy，Bに unfair を入れ「糸はこの状況は不幸で不当だと思った」という意味にする。happy「幸せな」⇔ unhappy「不幸な」 fair「正当な[公平な]」⇔ unfair「不当な[不公平な]」

問3　have enough は「限界だ」という気持ちを表現する時に使う。　ア「凧に責められて糸はうんざりだった」 be tired of ～ で「～にうんざりする」の意。　イ「風が強すぎたので糸は持ちこたえられなかった」 ウ「糸は凧と楽しんだ」 エ「糸は凧が飛ぶのを見たかった」

問4　「糸が凧を放したとき，どうなりましたか？」 ア「雲の中へと飛び続けた」 イ「鳥と友達になった」 ウ「地面に激突し損傷した」(〇)　本文後半 “Exactly，Alex…” で始まる段落最後から2文目に一致。　エ「静かに着地し修理された」

問5　「落ちた後，凧はどのように修理されましたか？」 ア「新しい糸で修理された」 イ「アレックスのおじいちゃんによって修理された」 ウ「修理店に送られた」(〇)　本文後半 “Well，not for a while. …” で始まる Granpa のセリフに一致。fix up「修理する[直る]」 エ「時間と共に自然に治った」

問6　right as rain は「申し分ない[問題ない，順調]」という意味の慣用句。イ「問題なかった」と同意。　ア「問題を引き起こした」 ウ「濡れた」 エ「不愉快だ[申し訳なく思う]」

問7　1つ前の Alex の Yes で始まる段落の内容は，続く Granpa のセリフからもわかるようにふざけた内容だった。④以降の内容で Granpa の話の教えを理解していることがわかるので，ア joking around「冗談を言う」が適当。　イ「凧を飛ばす」 ウ「糸を結ぶ」 エ「それらを棄てる」

問8 「最後に凧は…」 ア「この状況から学ぶには十分な誇りを持っていた」 イ「教訓を得て糸に感謝した」 ウ「自分のわがままに気づかずこの状況に関して糸を責めた」(〇) Granpa の話す物語の最後 No, not really で始まるセリフに内容に一致。　エ「糸を友人だとみなし，修理店のおかげでまた飛べるようになった」

問9 全訳参照。C制限をかける役割にあるのが school「学校」で，D凧は自分の可能性だけを見て飛び出そうとしているので凧は potential「可能性」を表す。Cア「おじいちゃん」 イ「お金」 ウ「仕事」 エ「学校」(〇) Dア「問題」 イ「可能性」(〇) ウ「感覚」 エ「責任」

問10 「この話からアレックスは何を学びましたか」 ア「彼は学校を去り，凧をあげる人になるべきだ」 イ「制限は彼自身の能力を超える手助けとなり得る」(〇) 本文後半 Ok. I know. で始まる Alex のセリフ最後の2文に一致。学校での教育が potential を更に伸ばすのだとアレックスは理解している。　ウ「彼は旅をするお金をおじいちゃんに頼むべきだ」 エ「糸は彼に制限をかける教育を指す」

基本【V】（読解問題・説明文：適文選択補充問題）

（全訳） 旅は(1)エ私たちの人生をより豊かにできる素敵な経験だ。新しい場所に行き，異なる文化，食べ物や景色について学ぶことでできる。

旅の最高の部分の一つは新しい食べ物を試すことだ。活気に満ちた都市の露店のおやつから，有名な場所での豪華なディナーに至るまで，地元の料理を味わうことはその地域の文化や歴史を理解するのに役立つ。

有名な場所を観るのも素晴らしい。フランスのエッフェル塔や中国の万里の長城を思い浮かべてみよう。これらの場所は訪れるのにとても素敵な場所である。グランドキャニオンやアマゾン熱帯雨林といった自然を見るのも素晴らしいかもしれない。

地元の人たちに会うことも旅のわくわくすることの一つだ。彼らと楽しく話し，彼らの生活を学べる。

旅をするときは，環境に優しく地元の慣習に(2)ウ敬意を示すことを忘れないようにしよう。そうすると私たちは地元の人たちに良い印象を与え，私たちが訪れる場所を保護する手助けとなる。

旅は私たちが探検し，学び，世界とつながらせてくれる信じられないほど素晴らしい冒険だ。それは幸せな思い出を(3)イ作る機会になるのだ。

(1) この that は関係代名詞。先行詞は experience なので，エを入れ「私たちの人生をより豊かにできる経験」という意味にする。〈make A＋B〉「AをBの状態にする」の形。

(2) and の後には we need to が省略されている。したがって動詞の原形 respect を続ける。ウが正解。

(3) イが正解。to create happy memories「幸せな思い出を作る」は a chance を修飾する形容詞用法の不定詞。「幸せな思い出を作る機会」という意味になる。

重要【VI】（語句整序問題：慣用句，不定詞，関係代名詞）

(1) Who do you think took the picture on the wall?　Who took the picture on the wall? という疑問文に do you think が挿入された文。do you think を疑問文に挿入する場合は疑問詞の直後に入れる。the picture on the wall「壁にある写真」

(2) Her friends are willing to help her.　be willing to ～ で「～することをいとわない」という意味。主語は「彼女の友達」 Her friends.

(3)　It is important to remember to be kind. 〈It is ～ to …〉「…することは～だ」という意味の構文にあてはめる。It は to 以下の内容を指す形式主語。remember to … で「…することを忘れないでいる」だが意訳すると「…し続ける」という意味になる。be kind「親切にする」

(4)　(When the boy) was about to leave, (the woman) he knew passed by.　be about to … で「まさに…しようとする」という意味。the woman (that) he knew「彼が知っている女性」は関係代名詞が省略されており，この部分がひとまとまりで主語の働き。pass by「通り過ぎる」この部分が動詞。

基本 【Ⅶ】 (条件英作文：仮定法，不定詞)

問1　I wish …「もし…なら」という願望を表す仮定法の文になる。I wish を使った仮定法は動詞に過去形を使うことが一般的。例　I wish I were a bird「もし私が鳥だったら」 because it can fly.「空を飛べるから」動物は代名詞 it で受けることに注意。正確に書ける動物名と理由を明確に伝えられる動物を選ぶこと。

問2　I went to Kyoto「京都に行った」 具体的な地名を入れる。地名は必ず大文字にすることに注意。 to visit some temples.「いくつかの寺を訪れるために」この to は目的を表す副詞用法の不定詞を作るためのもの。some temples とまとめる代わりに，Kinkakuji Temple「金閣寺」といった具体的な場所を入れても良い。固有名詞は大文字にすること。スペルミスなく書ける語句を選ぶことが大切。

★ワンポイントアドバイス★

長文読解問題では難しい単語や表現にも注釈があまり与えられていない。その意味が設問として問われる問題も多い。知らない単語や表現は前後の流れから意味を推測して読み進めていくことが大切。時間配分に気をつけて取り組もう。

＜国語解答＞

一　問一　イ　禍　　ロ　迎(えた)　　ハ　跳(ね)　　ニ　監視　　ホ　覆(われ)
問二　〔Ⅰ〕 A　自分の身体を再び自然的なものに近づける　　B　免疫を高める
C　自分の社会的価値　　〔Ⅱ〕 D　リスクや汚染　　E　科学技術
問三　ほんもの　　問四　相性良く自己を位置づけられる　　問五　マークは人

二　問一　A　エ　　B　ア　　C　イ　　D　オ　　問二　(最初)　先人たちが　　(最後)　て導入する　　問三　エ　　問四　(例)　(インター)ネットで調べれば何でもわかる
問五　高[たか]　　問六　Ⅰ　あたりをつける　　Ⅱ　調べればわかる
問七　ア　×　　イ　○　　ウ　×　　エ　×　　オ　○

三　問一　イ　朽(ち)　　ロ　柄　　ハ　賢(そうな)　　ニ　猛暑　　ホ　無尽蔵
問二　(例)　お金がなくても，旅をして広い世界を知ることができる
問三　何日か後に～いなかった　　問四　ウ　　問五　そうすれば
問六　D→B→A→C→E

○推定配点○
一　問一　各2点×5　　問二〔Ⅰ〕A・問四　各4点×2　　他　各3点×6
二　問一・問七　各2点×9　　他　各3点×6　　三　問一　各2点×5　　問四・問五　各3点×2
他　各4点×3(問六完答)　　計100点

＜国語解説＞

一 （随筆文－漢字の書き取り，脱文・脱語補充，内容吟味）

問一　イ　不幸せという意味で，人為的なもの，予防したら防げるようなもの，思いがけず受けてしまう不幸なこと。　ロ　ある時期や段階を目前にすること。　ハ　「跳ね上げる」とは，値段や相場などを急に上げること。　ニ　見てとりしまること。　ホ　「覆われる」とは，あるものが一面に広がりかぶさってその下のものを隠すこと。

問二　［Ⅰ］　A　野生のものを求めるマークの目的は，「純粋な自然を身体に取り入れること」で，「自分の身体を再び自然的なものに近づけること」にある。　B　マークが野生のものを求める理由の一つは，「職業のための予防ケア」にあり，「免疫を高めるためには自然であることが重要」であるとする。　C　もう一つの理由は，野生のものを求めることによって，「野生が自己の内在的価値のみならず，自分の社会的価値を高めてくれるから」であるとする。　［Ⅱ］　D　健康に生きることを求めてきたローザは，自然物には「リスクや汚染」があり，それらから逃れることはできないと考えるようになった。　E　その中で，「科学技術」を用いた人工的な食品に安全性を見出していった。

問三　マークの「ほんものの野生だからな。それが大事だから」という発言と，ローザの「『やっと安心してちゃんと食べられる魚ができるのよ。うれしいわ』ほんものの，ちゃんと食べられる」とそれぞれの発言に共通している，「ほんもの」という言葉に着目する。それらの内容を，「二人に共通していることがある」から始まる段落に，「二人とも，食，身体，自己の関係性に関する特定の思考と，それに基づくほんものらしさの診断基準を持っていること」と筆者がまとめている。

重要　問四　傍線部はローザの内容であるが，マークに関する内容でも，「健康イデオロギー，野生への信奉，生物多様性という価値，新しい統治と市場を制すフレーミングとなったサステナビリティ，どの道徳プロジェクトとも相性良く自己を位置づけられる」と同意義の事が述べられている。

問五　野生を求めるマークと人工物を求めるローザの説明をした後，「内なる身体の声に忠実に，ほんものになる術を探した結果，二人は一見，対極にたどり着いた。マークは人工物化から離れ，ローザは人工物化していくことを選んだ」と二人が選んだ道を端的に示している。

二 （論説文－接続語の問題，脱文・脱語補充，慣用句，内容吟味，大意）

問一　A　空欄の前後で内容は異なるものの，どちらも「有益」「大事」としていることから，二つとも重要なのは自明だとする「もちろん」が適当。　B　「キーワードを探す旅に出る」ことと，「ネットからときには離れて外側のリアルの世界に身をさらす」ことを同意義としているので，「つまり」が適当。　C　空欄の前後で，「必要に応じて発見すればいい」「将来的にも使えない」と相対的なことを述べていることから，「ところが」が入る。　D　空欄の前で『源氏物語』の註釈を出し，空欄の後で古い文献における地震の情報とさらに具体例を出していることから，「たとえば」を入れる。

問二　「知っている」ことは，先人たちが導き出した内容であり，その内容を用いる。そのことが示されているのは，傍線部の前にある「先人たちが時間と労力と資金をかけて導き出した解や失敗をきっちり補助線として導入する」ことである。

問三　傍線部の前に，「日本は『知識蓄積型』から『意見発信型』へと学習のモデルを転換しないとダメだとよくいわれます。けれど，あまりにいわれすぎたために，知識を欠いた薄っぺらな意見発信ばかりになってしまった」とあることから，知識を軽視して，意見だけを発信すれば良いという方針であったことを筆者は述べている。

重要　問四　傍線部にある「そのこと」とは，「ネットに保存されないものが大半」なことである。それを忘れて，「調べればわかる」と思い込んでいると指摘している。

問五　「高をくくる」とは，大したことは無いだろうと甘く見積もること。

問六　Ⅰ　空欄の前に，「『調べればわかる』ではなくて，いちどは『知っている』にしておくこと。完璧には知らなくていい。『ある程度知っている』状態が重要なんです。その『ある程度』こそが，『あたりをつける』ことを可能にする。キーワードがわかるということ」とある。よって，「『あたりをつける』こともできない」人は，ある程度知ることもできない。　Ⅱ　そして，ただ「調べればわかる」と口で言うに止まってしまうと筆者は説明している。

問七　ア　自分が考え出したことというものは，「たいていは歴史上のあまりに凡庸なパターンにはまっていて，議論を無邪気に巻き戻してしまう」ことがあるため，非効率であるとしているので，誤り。　イ　先人たちが出した結論や思考のプロセスは，「読書によってしか知りえない」としている。　ウ　デジタルアーカイブを使いこなすことは重要だが，「なにをキーワードに設定するのかは，アーカイブの外部で培うほかない。(中略)複数のレイヤーに同時対応しうるリテラシーにある」として，全てメディア環境で賄えるとはしておらず，誤り。　エ「無限の懸隔があると錯覚させる」のではないので，誤り。　オ「定期的にタグ付けや分類だけでもしておかないと，膨大な情報が無に帰す危険性がある。情報を解読するためのコードやコンテキストやシステムは時間とともに変化します。すぐ解読不可能になる。だから，そのつど註釈や装置をアップデートし続けないといけない」とデジタル情報の整理の重要性を述べている。

三　**(小説文―漢字の書き取り，脱文補充，文脈把握，心情，内容吟味)**

問一　イ「朽ち果てる」とは，すっかり腐ってもとの形をなくしてしまうこと。　ロ　ここでは器物の取っ手という意味。　ハ「賢い」とは，頭の働きが鋭く，知能にすぐれていること。
ニ　平常の気温と比べて著しく暑いときのこと。　ホ　取っても尽きないこと。

重要　問二　お金がなくて旅ができるのは羊飼いだけという父の言葉を受け取った少年は，正しく羊飼いとなりお金をかけずに旅をしたいと思って，その職を得たのである。

問三　傍線部の後，「船乗りや，行商人たちと同じように，羊飼いもまた，自由な旅の喜びを忘れさせる誰かがいる町を，いつか必ず見つけることを，知っていた」とある。それは少年にとっては，少女が住む町であった。なぜなら，少女と会った後もアンダルシアを全て見回ったが，「何日か後に会うことになっている少女に匹敵する者はいなかった」からである。

問四　父はここが一番良い町だと少年に言ったものの，少年は他の人が住んでいる町が見たいと言った。また，見るにはお金がいる，お金がなくて旅ができるのは羊飼いだけだとさらに付け加えたが，少年はだったら羊飼いになると言ったので，もうこれ以上は何も言うまい，と思い少年の意図を汲み，説得することを止めたのである。

問五　傍線部の内容は，少年がタリファの町に向かって歩いている道中のことであるが，その前日，教会で野宿した際に，「この次はもっと厚い本を読むことにしようと，彼は独り言を言った。そうすれば，もっと長く楽しめるし，もっと気持ちのいいまくらになるだろう」と厚い本に交換する目的を吐露している。

重要　問六　D16歳まで通った神学校に通っていた少年が父に言ったこと，B昨年，少年が羊毛を売ると商人に言ったこと，A昨日，見捨てられた教会にて野宿すると少年が決めたこと，C夜明け，羊とともに東へと進んだこと，E羊と歩く道中，昼にはタリファの町へ着くと計算していることの順となる。

★ワンポイントアドバイス★

問題文が長く，問題数も多いので，設問の要求していることを素早く的確につかみ解答する練習をしよう！

2023年度

★★★★★★★★★★★★★★★★★★★★★★★

入　試　問　題

2023年度

立教新座高等学校入試問題

【数　学】（60分）　　＜満点：100点＞

【注意】　1．答はできるだけ簡単にし，根号のついた数は，根号内の数をできるだけ簡単にしなさい。
また，円周率はπを用いなさい。

2．直定規，コンパスの貸借はいけません。

3．三角定規，分度器，計算機の使用はいけません。

［1］ 以下の問いに答えなさい。

(1) $\dfrac{24}{a^2+4a+3}$ が自然数となるような整数 a は何個ありますか。
ただし，a^2+4a+3 は0ではないものとします。

(2) a，b は定数とします。太郎君は連立方程式 $\begin{cases} 3x-7y=16 \\ ax+by=1 \end{cases}$ を解き，花子さんは連立方程式 $\begin{cases} bx-ay=-38 \\ 4x+y=-7 \end{cases}$ を解きました。このとき，花子さんが求めた x の値は，太郎君が求めた y の値の4倍で，花子さんが求めた y の値は，太郎君が求めた x の値の3倍でした。a，b の値を求めなさい。

(3) OA＝2㎝，OB＝6㎝，∠AOB＝60°である△OABにおいて，点Aから辺OBに引いた垂線とOBとの交点をD，点Dから辺ABに引いた垂線とABとの交点をEとします。次の長さを求めなさい。

① 辺AB

② 線分AE

(4) 右の図のように，円周を6等分した点にそれぞれ1から6までの数字がついています。さいころを3回投げて，出た目と同じ数字の点を結んでできる図形を考えます。すべて異なる目が出た場合は三角形となり，同じ目が2回出た場合は線分となり，同じ目が3回出た場合は点となります。このとき，次の確率を求めなさい。

① 三角形にならない確率

② 直角三角形になる確率

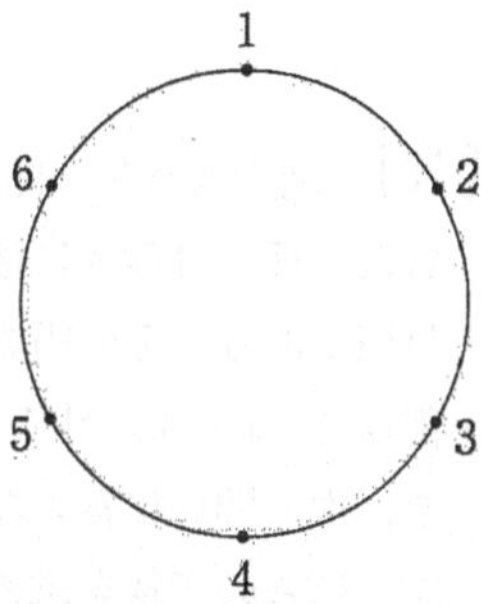

(5) 座標平面上において，2つの直線 $y=-2x-1$，$y=x+2$ をそれぞれ ℓ，m とし，ℓ と m の交点をAとします。また，ℓ 上の点Pの x 座標を t，m 上の点Qの x 座標を $2t$ とし，3点A，P，Qを結んで△APQをつくります。P，Qの x 座標がともにAの x 座標よりも大きく，△APQの面積が54となるような t の値を求めなさい。（図は次のページ）

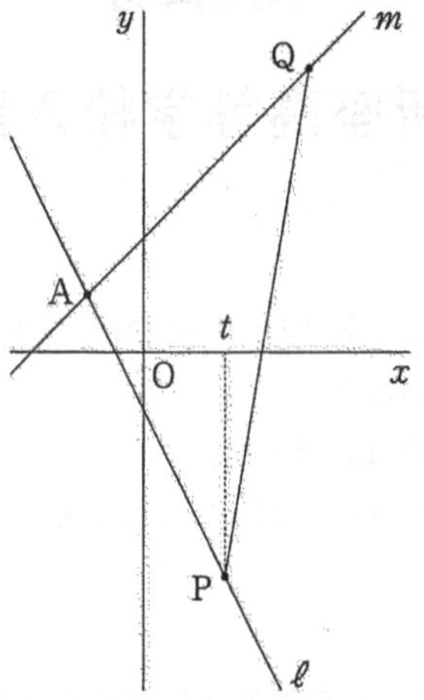

〔2〕 放物線 $y=\frac{1}{4}x^2$ 上に3点A，B，Pがあります。図の四角形ABPQは長方形で，点A，Bの x 座標はそれぞれ－3，1です。次の問いに答えなさい。

(1) 直線ABの傾きを求めなさい。

(2) 点Pの座標を求めなさい。

(3) 点Qから直線APに引いた垂線と，直線APとの交点をHとするとき，線分QHの長さを求めなさい。

(4) △APQを，直線APを回転の軸として1回転させてできる立体の体積を求めなさい。

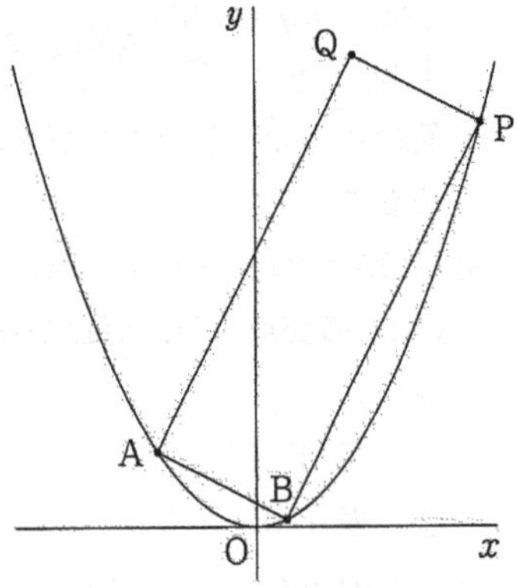

〔3〕 図のように，底面の半径が5㎝の円錐の中に球Aがあり，円錐の底面と側面に接しています。また，球Bは球Aに接し，かつ円錐の側面にも接しています。球Aが円錐の側面と接している部分は円であり，その円周の長さは 4π ㎝です。この円をOとすると，球Aの中心と円Oの中心との距離は $\frac{3}{2}$ ㎝です。球Aの中心，球Bの中心，円Oの中心，円錐の頂点の4つの点が一直線上にあるとき，次の問いに答えなさい。

(1) 球Aの半径を求めなさい。

(2) 円錐の体積と表面積をそれぞれ求めなさい。

(3) 球Bの半径を求めなさい。

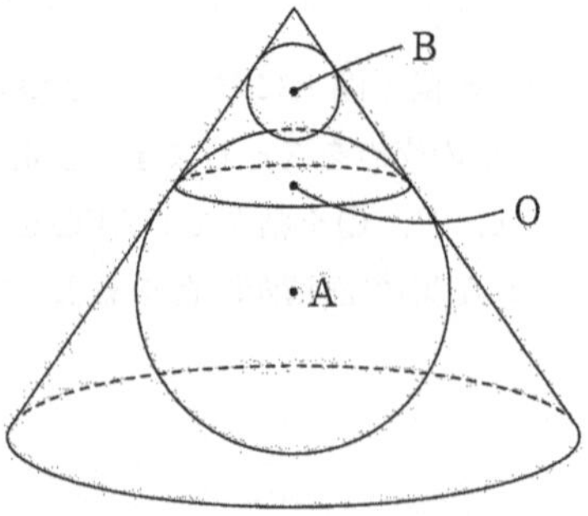

〔4〕 1辺の長さが10㎝の正六角形ABCDEFがあります。図のように，正六角形の辺上にAG：GF＝BH：HC＝DI：IE＝2：3となるように点G，H，Iをとり，△GHIをつくります。また，辺CD上にCJ：JD＝3：2となるように点Jをとり，GとJを結び，HIとの交点をKとします。さらに，BとEを結び，GH，GJ，GIとの交点をそれぞれL，M，Nとします。このとき，次の問いに答えなさい。

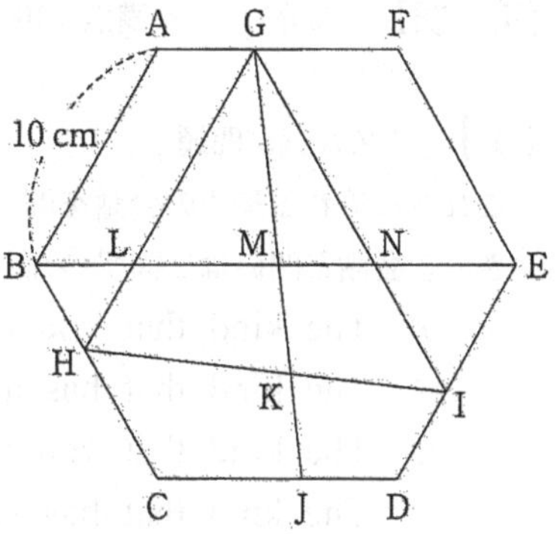

⑴ BN：NEを求めなさい。

⑵ △GHIの面積を求めなさい。

⑶ HK：KIを求めなさい。

⑷ MK：KJを求めなさい。

〔5〕 それぞれの玉が同じ大きさである赤玉2個，白玉2個，青玉2個の計6個の玉を袋の中に入れ，よくかき混ぜた後にその袋の中から玉を1個ずつ取り出す作業を行います。一度取り出した玉は元に戻さず，1個取り出すごとに玉の色を調べていきます。そして，2個連続で同じ色の玉を取り出したとき，または計6個の玉を袋からすべて取り出したときに作業が終了します。このとき，次の確率を求めなさい。

⑴ 計2個の玉を取り出したときに作業が終了する確率

⑵ 計3個の玉を取り出したときに作業が終了する確率

⑶ 計4個の玉を取り出したときに作業が終了する確率

⑷ すべての玉を取り出して作業が終了する確率

【英　語】（60分）　＜満点：100点＞　　※リスニングテストの音声は弊社HPにアクセスの上，音声データをダウンロードしてご利用ください。

【Ⅰ】 リスニング問題(1)

これから流れる長めの会話を聞き，その後の問いの答えとなるものをそれぞれ選び，記号で答えなさい。会話と問いは２回ずつ流れます。

1　ア　The kind that you can buy drinks from with your face,
　　イ　The kind that has an AED and emergency programs.
　　ウ　The kind that you can buy drinks from with your smartphone.
　　エ　The kind that has universal design features.

2　ア　In factories and big companies.
　　イ　In a theme park.
　　ウ　In a place that doesn't let people bring their own things.
　　エ　In a place that has universal design goods.

3　ア　When there is an AED.
　　イ　When you show your face.
　　ウ　When you can't use your smartphone.
　　エ　When there is an emergency.

4　ア　To a place that has the latest vending machines.
　　イ　To an amusement park.
　　ウ　To a universal design park.
　　エ　To a place that has a collection of old-style vending machines.

【Ⅱ】 リスニング問題(2)

これから放送でアメリカ独立記念日についてのニュースが流れます。それぞれの（　）内に入る５語以上の英語を聞き取り，解答欄に書きなさい。文章は２回流れます。

What's (　　　1　　　) events in the United States?　It's the Fourth of July! It is also called Independence Day.　The Declaration《宣言》 of Independence was accepted on that date in 1776.　Thomas Jefferson was its main writer.

At the time, America belonged to Great Britain.　People felt they were treated unfairly. By June 1776, Americans (　　　2　　　) to write the Declaration of Independence.　On July 8, 1776, the first celebration took place in Philadelphia.　The declaration was read aloud, city bells rang, and bands played.

Hundreds of years later, the national holiday is still important.　Many communities hold parades.　People hang American flags from their homes.　Buildings are decorated in red, white, and blue.　At night, fireworks (　　　3　　　) parks.　They light up the night sky with American colors, too.

So, how can you show your American pride this Fourth of July?　You (　　　4　　　) red, white, and blue clothes.　You can also go to the park, or stay at home in front of the TV to watch those amazing fireworks!

〈リスニング問題放送台本〉

【I】

Tom : Hi, Sally. What are you reading?

Sally : Hi, Tom. I'm reading an article about a company that invented a vending machine using new technology. Did you know that there is a vending machine that you don't need anything to buy a drink with?

Tom : I've seen ones that you can buy with your smartphone or electronic money, but I've never heard of a machine that doesn't even need those things. How does it work?

Sally : Well, according to this article, all you need is your face and a pass code. It says you have to register beforehand though.

Tom : Wow! That's really amazing! So where can we find that kind of machine?

Sally : It says that they are put in factories and research centers, places that don't let people bring their personal belongings in, such as a purse or a smartphone.

Tom : Oh, I see. That's probably the newest type of vending machine. I know a lot of them have a lot of useful features and are also made with universal design. Like I see some vending machines with AED or ones that you can get free drinks from when there is an emergency, like an earthquake.

Sally : Oh, yes, I know universal design machines that have a bigger hole to put in money, or the drinks come out from the center so you don't have to bend your knees to get the drinks out.

Tom : Yes, the progress in technology in Japan is great. They also have vending machines from quite a long time ago, don't they? I heard that old-fashioned machines are popular now. There's a place where the owner has his collection of old vending machines that customers can use and it's like a theme park now.

Sally : I saw that on social media before, too. Like the ones that make ramen or hot hamburgers, right? They even sell toys and hot toast!

Tom : Yes, that's the place. It sounds like lots of fun. How about visiting the place next weekend? We can take a lot of great photos and post them on Instagram!

Sally : Sure. Japan's recent technology is surprising but we can always enjoy the good old days too.

〈リスニング設問〉

【I】 1. What kind of vending machine is Sally reading about in the article?

2. Where can you find the vending machines that Sally read in the article?

3. When can you get a free drink from a vending machine?

4. Where will Sally and Tom go this weekend?

【Ⅱ】

What's one of the most celebrated events in the United States? It's the Fourth of July! It is also called Independence Day. The Declaration《宣言》 of Independence was accepted on that date in 1776. Thomas Jefferson was its main writer.

At the time, America belonged to Great Britain. People felt they were treated unfairly. By June 1776, Americans were tired of it and decided to write the Declaration of Independence. On July 8, 1776, the first celebration took place in Philadelphia. The declaration was read aloud, city bells rang, and bands played.

Hundreds of years later, the national holiday is still important. Many communities hold parades. People hang American flags from their homes. Buildings are decorated in red, white, and blue. At night, fireworks can be seen at several parks. They light up the night sky with American colors too.

So, how can you show your American pride this Fourth of July? (You can start by putting on) red, white, and blue clothes. You can also go to the park, or stay at home in front of the TV to watch those amazing fireworks!

【Ⅲ】 次の英文を読んで，各設問に答えなさい。

The government of *Tanzania has set up a high-speed internet service on *Mount Kilimanjaro. The government says the climbers will now have safety with this service. But it will also allow people to post *selfies as they ① work their way up Africa's tallest mountain.

At 19,300 feet (5,895 meters), Mount Kilimanjaro is the highest mountain in Africa. It's also the world's tallest mountain that's not part of a mountain range. It was created by volcanoes, so it simply rises out of a large, open area in Tanzania and Kenya.

The mountain is part of Kilimanjaro National Park in the northeast of Tanzania. Around 50,000 people visit the park each year. Most of these people — about 35,000 — are trying to climb Mount Kilimanjaro.

But climbing such a tall, *glacier-covered mountain isn't easy. About one-third of the people who try to climb it have to (②). Nape Nnauye, Tanzania's *information Minister, said that in the past, "It was a bit dangerous for visitors ... without internet."

The new internet service ③[make / reach / for / easier / it / climbers / to / should] the top of the mountain. They'll be able to use the internet to check maps and find their way. They'll also be able to use the internet to ④(a　　) for help if they need it.

At this moment, the new service reaches more than halfway up the mountain. The government says that by the end of the year, climbers will be able to get internet even at the very top of Mount Kilimanjaro.

The government says safety is the main reason for setting up the internet service on the mountain. But Tanzania ⑤(d　　) heavily on tourists. In 2019, tourists were responsible for about 17% of all the money produced in Tanzania.

If people post pictures and videos on social media while they climb Mount Kilimanjaro, the spot will certainly be even more popular with tourists.

Some people in Tanzania are (⑥) that the government is focusing on internet for tourists instead of the people who live in the country. One study in 2020 showed that only about 83% of the people who live in Tanzania can get cell phone service where they live.

Last year, the government decided on a $72 million plan to build a cable car on Mount Kilimanjaro. The idea was for tourists who weren't climbers to enjoy the mountain. But the project made climbers and guides angry.

People were also worried about how the project might ⑦(a　　) the environment on the mountain. Scientists have already pointed out that the glaciers on top of Mount Kilimanjaro may melt in the next 10 years or so. So far, the cable car project doesn't seem to be making much progress.

In 1987, Mount Kilimanjaro was named by the United Nations as a World Heritage site. ⑧<u>That</u> means that it's a place which is important to protect.

出典：rewriting of *NEWS FOR KIDS. net*

＊注　Tanzania　タンザニア　　Mount Kilimanjaro　キリマンジャロ山　　selfies　自撮り写真
　　glacier-covered　氷河で覆われた　　Information Minister　情報通信大臣

問１　下線部①とほぼ同じ意味になる語句を選択肢から選び，記号で答えなさい。

　ア　search　　イ　go down　　ウ　climb　　エ　get to

問２　(②) に入る語句を選択肢から選び，記号で答えなさい。

　ア　stay away　　イ　give up　　ウ　go up　　エ　make out

問３　下線部③を内容に沿って並べかえなさい。

問４　本文の内容に合うように④⑤⑦にそれぞれ適切な動詞を入れなさい。なお，(　) 内の文字で始めること。

問５　(⑥) に入る語を選択肢から選び，記号で答えなさい。

　ア　selfish　　イ　glad　　ウ　kind　　エ　upset

問６　下線部⑧の内容を表すものを選択肢から選び，記号で答えなさい。

　ア　Mount Kilimanjaro became a World Heritage site in 1987.

　イ　Mount Kilimanjaro may melt in the next 10 years.

　ウ　Mount Kilimanjaro is not an easy mountain to climb.

　エ　Mount Kilimanjaro is a place all tourists can enjoy.

問7　本文の内容に合うように以下の文の（　）内に入る語を本文から抜き出して答えなさい。

The government provides the internet service not only for safety but also for (　　　) from tourists.

【Ⅳ】 次の SF 物語を読んで，1～11の書き出しに続くものとして適切なものを選び，番号で答えなさい。

Dr Tomas Streyer looked around the control room at his team of scientists and engineers. He tried to be calm, but he was both excited and afraid. The next few minutes would be the starting point of long years of research towards understanding the secrets of how the *universe began.

He looked out of the window at the beautiful blue summer sky and took a deep breath.

"Ready," he said, and pressed the first button. It brought the computers and machines to life.

"Set," he said, and pressed the second button. It switched on the huge *particle accelerator that lay in a huge underground *laboratory, deep beneath the towns and fields of Switzerland.

"Go," he said, at exactly twelve o'clock, and pressed the final button.

For a second, everything went completely black. Tomas cried out in shock, but the lights were already on again. That was not supposed to happen.

"Everybody, check the systems!" he ordered, but nothing seemed to be wrong with them. The particle accelerator was working well.

"Look outside," said his assistant in terror.

Instead of the perfect summer day of five minutes ago, the sky was darker than the blackest night. The sun was gone, and there weren't even any stars.

People were shouting, crying, and calling their families on the telephone. Tomas didn't pay attention to their noise. He sat at the main computer and started reading the data from his experiment. Nothing there explained what was happening. He rushed for the exit, and his team ran behind him until they were all outside the laboratory building.

Everyone else at the research center was outside. They were all panicking and using the screens and lights on their mobile phones to see where they were going. They waved them around like giant *fireflies. Several people got in their cars and turned on the headlights. They drove to the entrance to make a small area of brightness in the dark for everybody to crowd together. When the street lights turned on, some people cheered, but most of them were still frightened.

Then, almost twenty minutes after Tomas started his experiment, suddenly the sun appeared in the sky, and the black sky turned blue again. Everyone started laughing and dancing around, and Tomas breathed a sigh of relief.

But later, hours later, when the real night fell again, no one was celebrating anymore. Although the moon rose as usual, there was not a star to be seen.

. . . .

No one wanted to know about Tomas' research. All they cared about was what happened. He stole all the stars — or that's the thing the newspapers said. And when they put him on *trial, they charged him with stealing the stars.

He claimed "Not guilty."

"Well, if you didn't steal the stars, Dr Streyer," said the lawyer for the *prosecution, "what did you do?"

"My experiment didn't seem to do anything. The machine was working, that's all," said Tomas.

"Taking the stars from the sky seems like nothing to you?" The lawyer looked around at the audience in the court. "No one here would agree. No one in the world."

"I didn't mean that," said Tomas. "All I know is that when the experiment started, there were suddenly no *photons in the test room."

"What? Photons? We aren't all scientists here! Speak clear and easy English, Dr Streyer!"

"Light," said Tomas. "I mean, for just a moment there was no light in our laboratory, and then we saw it was dark outside as well until the daylight returned to normal."

"Normal, Dr Streyer? Except for when the sun went out for exactly 16 minutes and 40 seconds? Oh yes, the rest of the day was very normal. The night, on the other hand, wasn't normal at all."

Tomas nodded sadly. "I know, but you must believe me. Nothing I did could possibly have removed the stars from *existence!"

"So neither you nor your experiment stole the stars from us," said the lawyer. "You just made it so that we can't see them anymore."

After a long pause, Tomas sighed. "Yes."

The lawyer raised an eyebrow. "How is that any different?"

Tomas didn't have an answer that anyone would understand or believe. He had a *theory, but it would take years to show that it was right.

Instead, he agreed that he was guilty.

. . . .

The trial gave the world someone to blame for its terrible loss, but sending Tomas to *prison for years wouldn't change anything. Instead, at the end of their symbolic trial, they gave him a symbolic *punishment.

Tomas was ordered to work at the Extremely Large *Telescope in Chile. Nobody looked at the night sky now. No tourists climbed high mountains to see stars, and no scientists called for money to study the empty sky. All that passed through the night sky was the lonely moon and planets. Looking up made people sad and unhappy.

Tomas thought it was fair. It was right that he should be punished, and working as an *astronomer became almost the same as prison. After a few years, the world forgot about him, or at least decided to leave him alone. Every evening he watched the setting sun. It disappeared below the horizon exactly eight minutes and twenty seconds after it actually went below the curve of the earth. The laws of *physics remained the same. Light still traveled at the same speed as it always had. Reality didn't change that much. If light travels at a certain speed, perhaps absence of light travels at the same speed, he thought. There was no way to show that his theory was right. Tomas was alone and had nobody to share it with.

High in the mountains of Chile, Tomas continued to watch the night. His big telescope pointed towards a special point of the sky, even though it was always just as empty as every other part. And each day, as the sun went down, he thought of the song his parents sang to him as a child:

Star light, star bright,
First star I see tonight,
I wish I may, I wish I might,
Have the wish I wish tonight.

For 1,596 black nights — nearly four and a half years — there was no change to the night sky. But that was OK. It didn't show that Tomas' theory was wrong. It supported it. Tomas thought about the absence of light he created and he imagined it like a wave. It passed the sun and continued out towards the edge of our *galaxy and beyond. It would take 1,596 nights to pass the nearest star, and another 1,596 nights for that star's light to reach the earth again. If the wave of darkness existed, of course. If his *calculations were correct. If he was wrong, the stars really were gone forever.

And then one night, another 1,596 nights later, almost nine years after the disaster, Tomas looked up from his telescope and saw *Alpha Centauri twinkling back at him.

The first star.

He wiped the tears from his eyes and made a wish. Billions of other people's wishes followed right after it.

出典：rewriting of *learnenglish. britishcouncil. org*

＊注　universe　宇宙　　particle accelerator　荷電粒子を加速する装置　　laboratory　研究所
firefly　蛍　　trial　裁判　　prosecution　検察　　photon　光子（素粒子の一つ）

existence 存在　theory 理論　prison 刑務所　punishment 処罰　telescope 望遠鏡
astronomer 天文学者　physics 物理学　galaxy 銀河系　calculation 計算
Alpha Centauri ケンタウルス座α星（太陽系に最も近い恒星系）

1 The purpose of Tomas' research was
 1 to know what the universe was made of.
 2 to understand the way the universe was created.
 3 to check how the earth was developed.
 4 to report how the earth's environment was hurt.

2 The newspaper said Tomas
 1 discovered a certain star.
 2 made some stars darker.
 3 got all the stars to shine more brightly.
 4 took all the stars from the sky.

3 The lawyer thought
 1 taking the stars from the sky was next to nothing.
 2 Tomas' hiding the sun from the sky was not fair.
 3 taking all the stars in the sky was a serious matter for the people.
 4 almost all people could understand why Tomas changed the universe.

4 Tomas said to the lawyer that
 1 he didn't do anything to take away the stars from the sky.
 2 he probably succeeded in removing the stars.
 3 nothing he did made the stars shine.
 4 he wanted to do anything to hide the stars.

5 Tomas' theory
 1 was very easy, so anyone was able to understand it quickly.
 2 needed such a long time to show that it was true.
 3 was accepted by many scientists and became popular.
 4 turned out to be clear enough for everybody to appreciate.

6 After the trial,
 1 Tomas was sent to prison for the wrong thing he did.
 2 Tomas became a guide for people who wanted to see stars in the sky.
 3 Tomas was forced to work as an astronomer in Chile.
 4 Tomas was made to work hard to recover the stolen universe.

7 Tomas thought that
 1 there was no way to get back the absence of lights.
 2 the darkness he created would travel at the same speed as usual lights do.
 3 everyone could understand the thing he believed about his theory.
 4 he changed the truth of nature, so it would not recover.

8 When Tomas watched the setting sun in Chile, it reminded him of
 1 the time which he played with his friends at.
 2 the song his parents sang for him.

3 the laboratory he worked for.
4 the day which the sun disappeared on.

9 If the things Tomas believed were right,
1 the stars would never come back to the sky.
2 the wave of darkness would continue to cover the earth forever.
3 they could see the sun again after 1,596 days and nights.
4 stars' lights would get to the earth again someday.

10 When people saw Alpha Centauri after a long while,
1 they were too bothered to know what to do.
2 they prayed for better luck.
3 they looked back on their lost time and they became very sad.
4 they were frightened and tried to run away from the disaster.

11 It took almost four and a half years for the darkness to pass
1 Alpha Centauri.　2 the sun.　3 the edge of our galaxy.　4 the earth.

【V】 次の各組の文がほぼ同じ意味になるように，（　）内に適語を入れなさい。

1 Do you know how many people live in Canada?
　Do you know (　　) the population of Canada is?

2 I like both pairs of shoes.
　(　　) of the two pairs of shoes is fine with me.

3 Why did you come here?
　What (　　) you here?

4 My brother runs fastest of all members in his club.
　My brother runs faster than (　　)(　　) member in his club.

5 I was greatly relieved to hear the news that they returned safely.
　I was greatly relieved at the news of their (　　)(　　).

【Ⅵ】 日本語の意味に合うように〔　〕内の語句を並べかえて意味の通る英語にしなさい。解答の際はAとBに入るものを記号で答えなさい。ただし，文頭に来る語も小文字で示してあります。

1 「ケンの誕生日会に何名の人々が招待されるのでしょうか。」
〔 ア people / イ be / ウ birthday / エ how / オ invited / カ to / キ party / ク will / ケ Ken's / コ many 〕?
_____ _____ _____ _____ __A__ _____ __B__ _____ _____ _____?

2 「遅刻するなといつも言う先生が授業に間に合わなかったので驚いた。」
I 〔 ア to / イ was surprised / ウ be late / エ was always / オ who / カ not / キ telling us / ク because / ケ our teacher / コ on time / サ wasn't / シ for 〕 the lesson.
I _____ _____ _____ __A__ _____ _____ __B__ _____ _____ _____ _____
_____ the lesson.

【Ⅶ】 会話の流れに合うように空欄に入る英語のセリフを自分で考えて４語以上で書きなさい。

Tom : Happy birthday, John! How was your birthday?

John : It was great! My parents [   ].

I really wanted it, so it'll be my treasure.

Tom : Good for you!

問八 本文全体から、両親の凜に対するどのような心情がうかがわれるか。適当なものを次の中から選び、記号で答えなさい。

ア 父は凜の思いを理解する姿勢があるが、両親ともに凜の将来を心配しており、家族仲良く暮らしてきたこの親子関係を保っていきたいと思っている。

イ 両親は娘たちを大人扱いしようとし、特に母は放任の傾向があるが、まだ社会に出ていない凜に対しては一人前と認めず、独立を認めない考えでいる。

ウ 生まれた時から京都で過ごしており、皆がこの土地を愛しているはずだと思っている両親は、京都を愛せないという凜の気持ちが少しも理解できないでいる。

エ 京都で慎ましやかに暮らしてきた両親は、大学院で勉強したことを活かして東京で働きたいという凜のことが腹立たしく、冷静になってほしいと感じている。

きひんわ。いまは出ていきたくてしょうがなくても、もういくらかすればこの土地の色んな部分が平気になってくると思うねん。年齢的なところは大きいはずや。いい意味で受け入れられるようになってくるさかいな。それまで待たれへんか」

「待たれへん。待ったら、私のなかの大切ななにかが死ぬ気がする」

もとから自分の考えをわかってもらえるとは思ってなかったという風に、父は凜の言葉を特に顔色も変えずに受け止め、頷いた。

「まあ、しゃあないな。この件に関しては、なかなかすぐに分かり合うのはむつかしいわ。今日はいっぱい話してお互い疲れたな。とりあえずそろそろ寝よか」

分かった、と返事した凜だったが、気持ちが高ぶっているし、まだ時間も早いしで眠れそうになかった。

（綿矢りさ『手のひらの京《みやこ》』）

問一 傍線部①「今日はあらかじめ自分がどう答えるか想定して両親は用意しているのだと気づき」とあるが、凜は両親がどのような答えを想定していたと捉えているのか。その内容がわかる一文を探し、最初の五字を抜き出しなさい。

問二 空欄 ② に当てはまる表現を、文中から十字で抜き出しなさい。

問三 傍線部③について。

〔Ⅰ〕「京都の魔法」とあるが、今の凜はそれをどのように感じているか。その内容がわかる部分を文中から四十五字以内で探し、最初と最後の五字を抜き出しなさい。

〔Ⅱ〕父の方はその「京都の魔法」をどのように表現しているか。文中から漢字二字で抜き出しなさい。

問四 傍線部④「親と子の関係は年齢とは違う軸で成り立っているのだろう」とあるが、この時の凜の思いを説明したものとして適当なものを次の中から選び、記号で答えなさい。

ア 私は母が自分を子供扱いしてくれなくなったことに不満を持っているが、一方で父や母は子供扱いするなという私の言い分に腹を立てている。

イ 夕ご飯のことでは自分を子供扱いしてほしいという気持ちが残っていたけれど、就職のことでは大人扱いしてほしいと主張しているのは、決して矛盾ではない。

ウ 私は母さんにいつまでも母親らしくしてほしいという気持ちを捨ててしまったが、両親には私にいつまでも自分のかわいい子供でいてほしいという気持ちがある。

エ いつまでも母さんの子供だという意識が否定されて私が傷ついたと同様に、両親はいつまでも私が自分たちの子供だという意識が否定されそうになって傷ついている。

問五 空欄 ⑤ に当てはまる表現として適当なものを次の中から選び、記号で答えなさい。

ア 力むのやめや　　イ 凜は真面目やなぁ

ウ 凜は頑固やなぁ　　エ なんや怖いなぁ

問六 傍線部⑥「父さんが分かってくれてよかった」とあるが、凜のこの気持ちが具体的に表現されている形式段落を探し、最初の五字を抜き出しなさい。

問七 傍線部⑦について。「父親は物憂げな表情になった」のはなぜか。京都へのそれぞれの思いを明らかにしながら説明しなさい。

れが息苦しいねん。家族に止められるから出られへんと思ってるわけじゃないで。私は山に囲まれた景色のきれいなこのまちが大好きやけど、同時に内へ内へとパワーが向かっていって、盆地に住んでる人たちをやさしいバリアで覆って離さない気がしてるねん」

　訳の分からないことを言い出すな、と言われるかと思ったら、父は特に驚きもせず頷いた。

「凜は京都の歴史を背負ってゆくのに疲れたんちゃうか。この家のあたりの土地も、長い年月のなかでほんま色々あった場所やし。お前はお姉ちゃんたちより敏感なところがあったからなぁ、子どものころから。確かに京都は、よく言えば守られてるし、悪く言えば囲まれてる土地や」

　父が当たり前のように自分の言った言葉の意味を理解して返答してくる事実に、凜は驚きを隠せなかった。こんな話は、いままで親子間で一度もしたことがなかったのに。自分でもうまく伝わるか自信がないほど抽象的な言葉を並べているのに、ちゃんと意思疎通ができている。

「東京なんてもちろん、ほかのどの県だって、電車か新幹線に乗ればすぐに行けるやんか。道路が封鎖されてるわけでもない、旅行だろうが引っ越ししようが、動こうと思えばいつでも動けるやん。でも私は旅行でなら他の土地に行けても、いざ完全に出て行くって決めたときは、簡単にはここから出られへんって感じがする。見えない力で、出ようとしても、やさしく押し戻される。もしくはちょっと出て行けても〝そろそろ帰ってき〟っていうメッセージを乗せた不思議な優しい風が京都方面から吹いてきて、ハッと気が付いたら舞い戻ってる予感がする」

「確かに父さんも、長年住んでる京都独特の力は感じることはあるな。出張で別の場所からここへ帰ってくると、妙に清々《すがすが》しい気分になる。自分の故郷に帰ってきたからほっとしてる、だけが理由やない、京都の風に身体を洗われる感覚があるな。父さんはユーレイなんか見えたことないし、オカルトとかスピリチュアル的なもんもよう分からんタイプやけどな。あんまり詳しくないけど、京都には平安京の時代から、東西南北に守り神がいるっていうやんか。あの神様たちがほんまに存在して京都を守ってるとまでは思わへんけど、なんや昔の人が言いたかったことは分かるわ。あれは多分、昔の人が編み出した上手《うま》い〝たとえ〟や。あえて言うならああいう神様に近いもんが京都を守ってるんや。都を作るときに風水を参考にしたから土地に力が宿った、ってことになってるけど実は逆で、もともと力の宿りやすい地形のこの場所が、風水の教えとうまくぴったり合ったんとちゃうんかなぁ。人の力以上のもんを感じるわ」

「私、幽霊とか見たことないよ。変なこわい夢はときどき見るけど」

「父さんも一回もないわ。霊やなくて、もっと土地に根付いてるもんや。地縛霊っていう言葉があるけど、京都にひっついてるのは〝地縛〟の方や」

「⑥父さんが分かってくれてよかった。今は破れ目みたいな穴が開いててそこからはなんとか抜け出せそうなんやけど、年々その穴がどんどん小さくなっていくのが分かるねん。もう急いで飛び出さな完全に閉じて、穴があったかどうかさえ分からなくなるほど継ぎ目なく、どんどん閉まっていく気がするんよ」

⑦凜の口調が段々熱を帯びてきたのとは反対に、父親は物憂《ものう》げな表情になった。

「凜の気持ちは分からんでもないけど、やっぱり諸手《もろて》を上げて賛成はで

「そこまでは思ってへんけど、もうちょっと冷静になってあんたは考える必要があるわ。東京うんぬんの前にまず就職試験に受かるかどうかに焦点を当てなさい。せっかく教授に口利きしてもらっても、トーキョートーキョー言うて足元が浮っついてたら、試験も落ちるで」

　確かに正論で言い返せない。まじめに就職試験のことを考えろと言われるのはもっともだが、そもそも受かっても東京行きを許してもらえるのだろうか。そのあたりクリアにならないと、すごく精神的に不安定なままの試験になる。

「分かった。とりあえず今は採用試験に向けての勉強をがんばる。でも受かったら、それからは自分の人生なんやから、好きにさせてもらうからな」

　両親は明らかにぐっと詰まり、動揺したそぶりを見せたが、

「勝手にしなさい」

　と母親が売り言葉に買い言葉のように吐き捨てる。

　でも母さんは私の夕ご飯さえもう作ってくれへんやん、と思わず叫びそうになるのを、なんとか押しとどめる。反論としてはあまりに子どもっぽい。というか、なんでいきなり夕飯のことで母を責めたくなったんだろう。そうか私、けっこう傷ついてたんや、ご飯作ってくれなくなったことに。家族なのに、母さんなのに、という思いがこの歳になっても残っていた。子どものころは当然のように手作りのご飯を食べさせてもらっていたから。逆を考えれば、私を自分たちの子どもとしてずっと一緒に家に住んでいた両親は、いきなり家を出ると私に切り出されて、どれほど傷つき動揺しているか。もう大人なのに、という反論はきっと無意味だ。④親と子の関係は年齢とは違う軸で成り立っているのだろう。

　凜は言い返さずに居間を飛び出した。腹が立つのと同時に不安が押し寄せてきた。教授が口利きをしてくれるといっても、企業の求める新入社員のラインに自分が全然達していなければ、確かに今回は残念ですが……となるだろう。上京のこともあるし、両親に応援してほしいとまでは願わなかったが、まさか試験に対して余計不安な気持ちにさせられるとまでは思わなかった。いつも何かを本気でやりたい、と自分が言い出したとき、「　⑤　」ともらしつつも最終的には味方してくれていた父が、今回に限っては母親より口数は少ないものの、明らかに最後まで自分の側に立つつもりが無さそうなのもこたえた。

　洗面台で顔を洗い、タオルで拭いていたら、いつの間にか後ろに父が立っているのが鏡に映っていた。

「三人で話してたらついついお母さんも凜も興奮してしまうやろ。やから今ここでちょっと聞きたいんやが、お父さんにはどうしても分からへんことがあるんや。お前はなんでそこまで東京へ行きたいんや？」

　確かに三人で話しているとケンカ腰になり、思っていたよりもどんどん話が過激な方向へ行くなとは思っていた。父と二人だけで話せるのは良いかもしれない。でもここは洗面所で、そばの洗濯機は稼働《かどう》中で、水の渦巻く音が響き渡っている。母がいないからってこんな場所で大事な話を始めるところが、いかにも父らしい。「もちろん、私が働きたいと思ってる企業っていうのは、関東圏に拠点が集中しているから、っていうのが第一の理由としてあるで。でもそやな、ほかに理由があるとすれば……。なんか、今を逃したら京都から一生出られへん気がしてて、そ

と思ってる」

「ほんまか？　②　の方が強いんちゃうか。その企業の本拠地がもし京都やったとしても行きたいんか？」

凜が言葉につまる。いつか突かれたら困ると思っていた弱点だ。教授にも就職先を相談したとき、いつも「できれば東京都内のメーカーを」と希望していた。

「やけど京都にも大阪にもいくつかええとこがあるやろ。会社の大きさも仕事内容もそんなに違うとは思えへん」

言葉が出てこずに涙が出た。自分でも説得力に欠ける言葉しか思いつけない。父の考えもあながち間違いではなく、同年代のなかには就職しなかった女の子もいるし、地元でちょっと勤めて辞めた子はとても多いし、結婚して専業主婦になった子たちも幸せそうにしている。時代錯誤というより、個人の生き方の差の部分が大きいので、うまく反論できないが、とにかく私は働きたいんだと訴えたい。

「あんた、この地域が嫌なんやったら、家族みんなで引っ越すさかい、はっきり言いや」

凜の涙を見て母がつらそうに言った。

「はあ？」

凜は涙を流しながら、東京と京都の話から、もっとミニマムな話に突然移り変わったことにびっくりして、目を白黒させた。

「あんた小さいころ、恐い夢ばっかり見てたとき、このへんは嫌やから引っ越したい、引っ越したいて言うてた時期あったやないの。まだここに苦手意識あるんやったら、この家も古うなってきたさかい、別の地域に新しいとこ買ってもええねんで。土地も家も売ったら良いお金になるから、引っ越しなんかなんぼでもできる」

「あんなん、子どものころ思ってただけやで」

遠い過去を引っ張り出してきた母のずれ具合に空恐ろしくなり、凜は勢いを殺《そ》がれた。家族全員で引っ越しても自分を東京へ行かせたくない母の思いが想像していた以上に重い。

「一体なんでそこまで京都から出したくないん？」

何度聞いても、遠すぎるとか人の住むところやないとか結婚して戻ってこない可能性があるという答えしか返ってこない。自分は京都の盆地から出たら溶けてゲル状になるか、または風に吹かれた途端白骨化して粉になり舞う体質であるのを、両親がいままでひた隠しにして育ててきたのかと段々思えてくるほどだった。京都から出ればなにか奥沢家の魔法が解かれてしまうのだろうか？　いや、そんなことはない。両親はただただ心配しているのだろう。どちらかと言えば、両親が③京都の魔法にかかっている。

「まあまあ、落ち着こうや。まだ採用試験に受かってもいないうちからモメる必要はないわ」

父がのんびりした口調で仲裁する。

「そりゃ口約束やから、必ずしも受かるとは限らないけど。これから普通に採用試験も面接も受けるんやし」

「そうやな。大きな企業なんやし、凜に受かる実力があるかどうか、まだ分からへんわ」

母親になぜか勝ち誇ったように言われて、いままでの大学院での努力をむげにされたようで凜はむっとした。

「まるで落ちればいい、みたいな言い草やな」

イ　言葉の上でも「先生」と呼ぶことはせず、「先生」との関係を不均衡なものにならないように意識している。

ウ　言葉の上では「先生」と呼ばないが、「先生」に強制された呼び方のため権力関係はより強固なものになっている。

エ　言葉の上では「先生」と呼んではいるが、「先生」が協力を求めたため両者は対等な関係となっている。

三　次の文章を読んで、後の問に答えなさい。

帰ってきた凜を居間で迎えたのは、表面上ほがらかに笑顔を作りながらも、荒れる娘と対峙《たいじ》する緊張感を体外に放っている両親の姿だった。

「まあ座りいや」

一方の凜は、親に何を言われるかびくついているのを必死に隠しつつ、自分の意志は曲げないつもりだと相手に伝わるよう、奥歯をがっちり噛《か》みしめた表情を崩さずに、対面のソファに腰かけた。

「とりあえずさ、凜はどんな仕事に就きたいの？」

「食品系の会社に業種をしぼってる。大学院で専門のバイオの知識を生かしたいから。食品系のメーカーは東京に集中してるねん」

うなずいた母親は腰とソファの間に挟んでいた鞄から、京都と大阪の企業案内をプリントアウトした紙を取り出してきた。

「京都でもええとこが近くにあるで。ネットでお母さん探してきたよ。ちょっと大手やし受かるの難しいやろけど、凜ちゃんやる気あるんやったら挑戦してみたら」

知らんけど、と今回は言わない母だった。ゼミの教授に勧められた企業を自分で調べていたときに検索に引っかかった企業だった。どちらも関西圏なので資料請求さえしなかったが。話を進める手際の良さから、①今日はあらかじめ自分がどう答えるか想定して両親は用意しているのだと気づき、凜は唸《うな》った。

「なんで受けたいって言った企業とはちゃうところを、わざわざ勧めるん」

「就職するんやったら、どこの会社に勤めるかよりどんな仕事をするかの方が重要やろ。凜ちゃんは東京に行きたい気持ちが強すぎて、肝心のどんな仕事をするかっていう点を考えるのがおろそかになってるんちゃうかと、お母さん思ってんねん。東京に住みたいから就職先を見つける、なんて動機が不純やろ」

「大阪とか京都ばっかり勤め先に勧める母さんたちも、動機が不純ちゃう」

居間に気まずい沈黙が降りた。一言も発していない父はじっとしているだけで、まだしゃべり出す気配はない。

「ただ二、三年おるだけで終わらへん可能性の方が高いやろ。就職したら何年勤めるか分からへんし、勤め先で出会った人と結婚して、その人が関東の人やったら引き続きあっちで住む可能性も出てくるし」

「たとえば私の夫になる人が転勤を言い渡されたらどうなるの」

「それはしょうがないやん、家族になった後やねんから」

「なんか理不尽やわ」

「凜はほんまにその菓子メーカーで働きたいんか」

父がようやく口を開く。

「当たり前やん、研究してる知識も生かせるし、全国のどこのお店でも売ってる大手のメーカーやし。自分にはもったいないほど良い就職先や悪化しているような気がする。とはいえ、うだうだしていても仕方がないことでもある。とにかく要求という言語行為を成立させて強制力を持たせるのはよくない、けれども教える者と教わる者という不均衡な関係を固定したくはない、というわけで、「そのほうがよければそれでもいいのですが、私としては『先生』呼びでなくてもいいというか、いえ、本当にどのように呼んでくださってもいいのですが……」などとむやみに言葉を連ねたり、あるいは何もうまく言えずに単に黙り込んだりと、なんとも**ホ**アイマイなことをして日々を過ごしている。

（三木那由他『言葉の展望台』）

問一 傍線部**イ**～**ホ**のカタカナを漢字に直しなさい。

問二 傍線部①「そういう考え」とはどういう考えか。**適当でない**ものを次の中から一つ選び、記号で答えなさい。

ア 教員と学生の関係であっても、教える者と教わる者の非対称的な関係にしたくない。

イ 私の方が情報やノウハウを持っているが、私と学生はともに哲学という営みに携わっている。

ウ 出版関係のひとは専門的な技能を持ち、私とともに学術の発展に協力しあっている。

エ 教員と学生は、教える者としての師匠と教わる者としての弟子という関係で慣例化している。

問三 傍線部②について。

〔Ⅰ〕「地上から離れがちだった哲学者たちの思考」とはどういうことか。それを説明した次の一文の空欄に当てはまる表現を、文中から三十字以内で抜き出しなさい。

言語を［　　　　　　］と考えていたこと。

〔Ⅱ〕「大地へと引きずりおろそうという試み」とはどういうことか。それを説明した次の一文の空欄に当てはまる表現を、文中から三十字以内で抜き出しなさい。

言語を［　　　　　　］と考えようとしたこと。

問四 傍線部③「依頼とは別の行為」とはどういう行為か。文中から十字以内で抜き出しなさい。

問五 傍線部④「間接言語行為」の例として**適当でない**ものを次の中から一つ選び、記号で答えなさい。

ア 「今ひま?」と声をかけたら、Aさんは「これから塾があるんだ」と答えた。

イ 「急がないと遅刻しない?」と言ったら、Bさんは急いで出かける準備をした。

ウ 「この部屋、なんだか寒くない?」と尋ねたら、Cさんが暖房をつけてくれた。

エ 「雪たくさん降ってる?」と聞いたら、Dさんは「ずいぶん積もってるよ」と答えた。

問六 傍線部⑤「学生がその通りにする」とあるが、その場合の言語行為の説明として適当なものを次の中から選び、記号で答えなさい。

ア 言葉の上では「先生」と呼ばないことで、本来の不均衡な関係を表面的には否定しようとしている。

言語行為を包括的に研究した古典的業績として、ケント・バックとロバート・M・ハーニッシュの『言語コミュニケーションと言語行為』という著作がある。それによると、依頼という言語行為においては、話し手は⑴聞き手にあることをしてほしいという願望と⑵話し手がそうした願望を持っているということを理由に聞き手に実際にそれをさせようという意図のふたつを表明しているとされている。

　私は例の学生に、「『先生』と呼ばれたくない」という願望を表明していたのだろうか？　そしてそうした願望を表明することで、「本人がそう望むなら……」と学生が呼び方を変えることを意図し、そうした意図があると表明したのだろうか？　学生が私の願望を叶えてあげたいと思ってくれた場合には叶えるようにするし、そうでなければそうしない、といったことを思いロエガいていたのだろうか？　その場合には、学生の側から「そちらはそう望むのだろうけれど、私は気が進まないので」と断られる可能性も想定しているはずだ。おそらく私は、「『先生』呼びはやめてください」と言うときに、（それを望んだかはともかく）もっと強いことをしていることになるはずであって、やはり私がしているのは依頼という言語行為だけではなさそうだ。

　『言語コミュニケーションと言語行為』の同じページをハナガめてみると、要求という言語行為についての説明に行き当たる。それによると、要求の場合には、話し手は⑴自分の発言が、自身が聞き手に対して持つ権威ゆえに、聞き手があることをするための十分な理由となるという信念と、⑵話し手がそうした発言をしたということを理由に聞き手に実際にそれをさせようという意図のふたつを表明しているとされる。

　私がそれを望むか否かにかかわらず、私は例の学生が私のもとを訪れてきたときに、私たちのあいだに慣例に従って不均衡な権力関係があるということ、そしてその学生がそれを認識しているということに気づいているはずだ。そして私は、その解消を望んでいて、だからこそまずは「先生」呼びをやめさせようとした。この権力関係から生まれる、一定の強制力とともに。「『先生』呼びはやめてください」と言うとき、私は直接的には依頼をしていながら、間接的にはそれよりも強制力の強い、要求という言語行為をすることになってしまうのではないだろうか？　そしてそれを見越しているからこそ、⑤学生がその通りにするだろうと確信できるのではないか？

　そうすると、奇妙なことになる。私は教える者と教わる者との不均衡な関係をできるだけ弱めたいのだった。しかし、それを弱めるために言う「『先生』呼びはやめてください」は、まさにその不均衡な関係を梃子《てこ》にして強制力を伴うようになりかねないのだった。言っていることとやっていることがちぐはぐだ。

　このちぐはぐに目をつぶって私が「やめてください」とニカカンにも言ったとしたら、例の学生はきっとその通りにするだろう。しかし、そのときに私が望んだ仕方で私たちのあいだの力の不均衡は弱められているのだろうか？　いやむしろ、私が要求をおこない、学生が従った結果、より強固なものになっているのではないか？　それなのに言葉のうえでだけ「先生」という呼び方が消え去り、不均衡な関係が強められつつも、表面的にはそれが見えづらくなるというだけではないだろうか？

　自己紹介の場面ひとつ取っても、どうにもこんなふうにあれこれと気になってしまって、ままならない。ただでさえもともと人見知りな性格（母によると、公園デビューでさえ怖がって失敗したらしい！）が、年々世界とどう関わっているのか、世界のありかたをどのように反映しているのか、といったことを考えていた。オースティンはそれに対し、「いや言語というのはそのような宙に浮いたものではなく、私たちの日々の活動のなかで、私たちの行為に結びついたものなのだ」と言ったのであり、要するにこれは、②地上から離れがちだった哲学者たちの思考を、その足を摑《つか》んで大地へと引きずりおろそうという試みなのだった。

ともあれ、言語行為というアイデアにおいては、例えば「今夜は雨が降る」という文は単に抽象的な記号体系に属す表現ではなく、私たちが予測をしたり、賭けをしたり、報告をしたりするために使われる、私たちの具体的な活動と結びついたものとされる。空を覆いつつある雨雲を見て「今夜は雨が降る」と言ったなら、私はきっと天気の移り行きを予測しているのだろうし、「賭けをしよう。今夜は星空か雨か？」と問われて「今夜は雨が降る」と応じたのなら、私はきっと賭けをしているのだろう。精度一〇〇%の天気予報マシーンから情報を得て「今夜は雨が降る」と言ったなら、私は予測をしているというより、これから起こるとわかっていることの報告をしているはずだ。言葉は人間の手を離れ、天空のイデア界に住まう何かではない。それは、私たちの行為と結びつき、私たちの日々の生活のなかに息づいている。言語行為論の基本的な発想は、こうしたものだ。

さて、私が「『先生』呼びはやめてください」と学生に言ったとしたら、私はどういう行為をしていることになるのだろう？　この言葉を見ると、それはすでに述べたように、お願いのために使われる表現であるように思える。言語行為論的には、「『先生』呼びはやめてください」という文には、依頼という言語行為と慣習的に結びついた形式（「ください」）が備わっている、といった言い方がなされる。ただ気になるのは、この状況で、私の行為は単純に依頼で終わるのかということだ。

一般的に、依頼というものについては、気が進まなければ断ることができる。私が恋人に「この手紙、ポストに出しておいてくれない？」と依頼をしても、それがわがままだと感じたなら恋人は「そのくらい自分でおやりよ」などと断るだろう。原稿依頼などもその手のもので、普通は依頼された側にそれを実行するかどうかの裁量が認められているはずだ。

私から学生に「『先生』呼びはやめてください」と言うとき、私はこれよりも大きな強制力をこの学生に及ぼしているように思える。私は、自分がそう言いさえすれば相手が基本的に断れないということを自覚している。そして、おそらくはその力を発揮しようとしている。これは③依頼とは別の行為だ。

言語行為論のなかでよく語られるテーマのひとつに、④間接言語行為というものがある。ある言語行為をすることによって別の言語行為をもするときに、そのふたつめの言語行為のほうを「間接言語行為」と呼ぶ。例えば私がカフェで「お砂糖ありますか？」と訊けば、これ自体は（疑問文を使っているという点に照らしても）質問という言語行為にイガイトウすることになるのだが、たいていの場合において、私の真の目的はそのお店に砂糖があるかどうかの情報を得ることではなく、砂糖を自分のところに持ってきてもらうということであるはずだ。私は、「お砂糖ありますか？」と言い、それによって直接的には質問をしているだけなのだが、間接的には依頼をしている。これが間接言語行為という現象の例だ。

員と学生の関係であっても、私が「先生」、すなわち師匠となって、弟子たる学生に教えを授けるといったものではなく、ともに哲学という営みに携わる仲間であり、ただ私のほうがこの営みに携わってきた時間が長い分、いくらかの情報やノウハウを蓄積しているからそれを共有している、くらいの関係でありたいのだ。また出版関係のひとにも「先生」と呼ばれることが多いのだが、出版に携わる人々に至っては私が持っていない専門的な技能を持って、ともに学術の発展に向けて協力しあっている関係なのであって、そこに教える者と教わる者の非対称な関係があると考えるのは、むしろ不思議な気もする。

それはいい。私が単に①そういう考えの持ち主であるというだけで、周りがそれに合わせる必要もない。もやもやしているのは、こういう考えの持ち主であるのに、「『先生』と呼ばないようにしてください」とうまく伝える方法がわからないためだ。

ひとりの学生が初めて私のもとを訪れる状況を考えてみよう。その学生は、おそらくたいていの場合は、まず私を「先生」と認識して、「先生」と呼び掛けるだろう。とすると、そこにはすでに教える者と教わる者の非対称な関係が何らかの仕方で前提されているように思える。そうでなければ、初めからその呼び方はしなかったはずだ。

もちろんそれはその学生がおかしなことをしたわけではなく、現在の少なくとも日本の大学、あるいはもっと限定すると私が見てきた限りでの大学の環境においては、そうした非対称な関係の存在がひとつの慣例となっているように思える。その学生は、単にその慣例に従って、私に普通に話しかけたにすぎない。

ただ、私は私で、その現在は慣例となっている非対称な関係を、私とその学生のあいだでは、どうにか解体できないか、そこまで行かずとも、せめていくらか弱められないか、と考えている。そんななかで私は自己紹介をし、自分の名前や立場を明らかにする。さて、その次に私はどうすべきなのだろうか？

すぐ思いつくのは、その場で「ところで『先生』呼びはやめてください」と言うことだろう。それを聞けば、その学生はきっと今後「先生」呼びを控えることになるはずだ。何せ、「先生」の言うことには従うしかないのだから……。

そう、このことにいつもひっかかるのだ。私がそのようなお願いをすれば、きっとそれはその学生との関係のもとでは、単にお願いであることを超えて、一定の強制力を持つ命令として機能してしまうのではないか、そしてそのような強制力を自身の発言に持たせてしまうのは、私がいままさに弱めたいと考えている教える者と教わる者との非対称な関係ゆえではないか、と。

言語行為（「発話行為」と呼ぶこともある）という考えかたがある。これはジョン・L・オースティンというイギリスの哲学者に由来するアイデアで、それによると、私たちが日常のコミュニケーションにおいて発言するときには、ただ単に何か抽象的な仕方で言語表現をその場に提示しているのではなく、発言をすること自体が、もっと積極的な力を伴った行為となっているとされる。

これは哲学者にとっては斬新な考えかただったのだが、それ以外のひとたちにとっては当たり前のことを言っているだけに聞こえるかもしれない。このアイデアが出てくる以前の哲学者たちは、言語を私たちの普段の活動から切り離された抽象的な記号体系と見なし、その記号体系が中の単なる一人にすぎない。自分以外の大勢の人間に比べて、自分は価値がゼロの人間、あるいはゼロではないにしても、どんどんゼロに近づいていく存在なのだ、という強迫観念に苦しめられることになるのである。

（オリヴィエ・レイ『統計の歴史』）

問一　傍線部**イ**～**ホ**について。カタカナは漢字に直し、漢字は読みをひらがなで記しなさい。

問二　傍線部①「新しい問題」とはどのようなことか。適当なものを次の中から選び、記号で答えなさい。

ア　個人が絶対的に特別な存在になったこと。

イ　個人が承認欲求を社会に向けるようになったこと。

ウ　人々が統計を批判的に捉えるようになったこと。

エ　人々が社会に対して公平性を求めるようになったこと。

問三　傍線部②「数を数えるのだ。重さを量ってはならない」とあるが、その根拠となっている一文を探し、最初の五字を抜き出しなさい。

問四　空欄 ③ ～ ⑤ に当てはまる語を次の中から選び、それぞれ記号で答えなさい。

ア　多様　イ　客観　ウ　優越　エ　無限　オ　公平

問五　傍線部⑥「社会における行為者」とは何か。文中の語句を用いて十字程度で答えなさい。

問六　傍線部⑦「その表現方法」とは何か。文中から一語で抜き出しなさい。

二　次の文章を読んで、後の問に答えなさい。

連載というものを始めることになった。以前にひとつ文章が載っただけで、小躍りしながら両親に、弟に、友人たちにＬＩＮＥを飛ばし、所属大学の事務員さんに見せて回った私である。「そんな立派な場所に呼んでいただいてよいのでしょうか……？」と恐縮しつつも、いそいそと引き受けて、改めて小躍りした。

　私は哲学者で、普段は大学で授業をしたり、論文や本を読んだり、あるいは書いたり、大学の会議に参加したり、書類をつくったり、書類の不備を指摘されて謝ったりして過ごしている（あまり知られていないかもしれないが、哲学者も事務仕事はする）。「哲学者」というと大げさに響くだろうが、大学、大学院で哲学について学び、いまも哲学という分野で研究しているひと、くらいの意味合いだ。そして、「哲学者」と聞くと世界や存在や善悪についてさぞや深遠な思考を巡らせているのだろうと期待するかたには申し訳ないが、私は言語やコミュニケーションという、もう少し身近な事柄を研究テーマにしている。

　この連載でも、言語やコミュニケーションに関して、ふと気になったことを紹介し、私の目線からそれを捉えてみたらどういうことになるのか、というような話をするつもりだ。

　さて、いま私は自己紹介をしたわけだ。自己紹介というものをするにあたって、最近少し悩んでいることがある。いや、「悩んでいる」は言い過ぎで、「もやもやしている」くらいだろうか。

　何かというと、「先生」という敬称についてだ。大学の教員になったのがつい数年前のことという身であるために、単に慣れていないのもあるのだろう。ただそれを抜きにしても、私はあまりほかのひとと、「先生」と「教えを受ける者」という関係をつくりたくはないと思っている。教と両立させるためには、ますます ⑤ 性が必要とされる。言いかえれば、各人の独自性を尊重するからこそ、評価が可能となる方法を取らざるを得なくなるのだ。そして全員を平等に扱えという要求に応えようとすれば、最終的にはすべての人を同等に扱う手段を取らざるを得ない（そしてその手段というのが、統計によって提供されるものだった）。つまり平等というのは、倫理的な面からだけではなく、実利的な面からも必要とされたということなのである。

実は、主体としての個人の位置づけが明確になっていくのは、人々の暮らしが地域的な共同体という形態から社会という形態に移行していく時期と重なっている。そして共同体というものは、そのままであり続けようとすれば、一定の規模以上になることはできないが、社会にはそうした限界がないため、どんどん大きくなり、人口を増やすことが可能だ。そしてこの社会の変化が、大規模な近代国家が形成される時に起こったことなのである。近代国家はこのようにして、それ以前の地域的な共同体の寄せ集めだった国家に取って代わったのだ。

こうしてできた大規模な個人社会においては、高級官僚による運営と役人による管理が必須であり、その実行のためにはどうしても統計を手段として用いることが必要になる。したがってここで強調しておきたいのは、統計が人間の世界で占めている地位というのは、圧倒的な科学の発展の結果生じたのではなく、むしろ人間が社会を形成する時の新しい手法によって生じたということである。数値による統計が躍進したのも、非常に重要なものになったのも、人間の活動の結果なのである。そして、統計がなぜそれほど重要なのかと言えば、おびただしい数の個人の行動が積み重なって社会の現状が形成されるのだが、統計はその実態を把握する手段を提供してくれるからだ。また、細分化されてしまった⑥「社会における行為者」と、膨大な数ゆえに大きな影響力を持つ大衆との橋渡しをしてくれるからでもある。さらに、個人の主体的な行動を数量化することで全体像を示すことができる。これらが、今日統計が私たちと切っても切れない関係にある理由である。

しかしながら、主観性を大切にする人々はそれを嫌がり、「統計は現実の微妙な差異を無視している」「状況の細部に無頓着だ」「主観が排されて個性がない」と文句を言う。人は、いっぽうでは統計に対して、事実を客観的かつ公平に叙述することを求め、もういっぽうでは、統計は感度が低く、計量可能なものしか対象にせず、そのために本質を見逃している、と非難するのだ。収集される情報の数が多いほど、調査対象はその特徴や行動との一体感が薄れ、超越した存在である自己と⑦その表現方法の間の溝がさらに深まると言うのである。

統計に対する反感の理由は他にもある。それは、多数の人間からなる世界が一人の個人の欲求を妨害しているということを、統計が絶えず思い出させるからだ。つまり、近代化は一人一人を解放することにより、皆を――何百万、何千万、何億という人々を――解放した。その個々人の行動が絡み合い、非常に堅固な世界ができあがった。それが社会なのだ。古い統治は消え去り、あるいはほとんど効力を失ったが、社会の制約も消え去ったわけではなく、それはただ形を変えたに過ぎない。そして大数《たいすう》の法則（数多くの試行を重ねると、事象の出現確率が一定値に近づくという法則）に従って、再び個人に降りかかってくるのだ。いくら自由になったとはいえ、個人は社会の制約に対して無力であり、大衆の

【国　語】（六〇分）〈満点：一〇〇点〉

一　次の文章を読んで、後の問に答えなさい。

人と数字全般との関係、特に、人と数値で表示される統計との関係には、相反する二つの面がある。つまり、社会全体としては**イ**貪欲に利用し続けたいという欲求があるが、個人としては**ロ**嫌悪感を拭い去ることができないということである。この両面性は、現代社会と個人の成り立ちに由来する。というのも、個人というのは誰でも、絶対的に特別な存在であるとみなされているからだ。人は卓越した尊厳を有することにより、大勢の中の単なる一人ではなく、唯一無二の一人の人間になるのだ。この唯一無二の考え方は、各人が神に対して個人的に向き合うということを通じて、キリスト教が**ハ**ツチカってきた考え方である。デンマークの哲学者セーレン・キェルケゴール（一八一三〜一八五五）はこのように言う。「完全に自分自身であろうとすること、個人であろうとすること、他の誰かと同じようにではなく、無限の努力と責務の中で、神の前にただ一人きりになること。それこそがキリスト教の英雄的精神である」。

キェルケゴールは、そうした英雄的精神が実際には稀なものであることを知っていたが、そうであるにもかかわらず、新しい時代の人々の意識には、それが理想として**ニ**スり込まれたわけである。神のあり方に疑義が生じようが人々はその理想を捨てず、共同生活や思考様式における宗教的な枠組みが崩壊しようが、個人のそれぞれの意識は周囲の世界を超越するという考え自体は変わらなかった。さらに、神の**ホ**ミチビきを失ったことにより、その考え方はむしろ急進化した。そしてそのことが①新しい問題を生み出した。というのも、独自性を認められたいという欲求がすべて社会に向いてしまったからだ。しかし、残念ながら社会というものは、もともとそうした欲求を満足させることはできないものなのだ。いったいどのようにしたら、社会が個人の絶対的な独自性を認めることができるというのだろうか？

社会が承認欲求を満たすことができないので、人々は社会に対して、今度はせめて自分たちが公平に扱われることを要求するようになった。しかし、独自性の承認を求めていたのに、今度は公平性を要求するとは、いったいどういうことなのだろうか？　この二つは、本来、同列に並べられない性質のものだ。公平に扱うというのであれば、個人の独自性については区別も差別もせず、一括《ひとくく》りの人間の集まりとして見なすしかないのだ。アレスの議員のトゥサン・ギロデがフランス革命が始まった一七八九年にこう言った。「頭数を数えよ。②数を数えるのだ。重さを量ってはならない」。数字に関する両面性というのは、この考え方から生じている。つまり、個人の独自性というものはそもそも同じ基準では計ることができない。そのことが社会を計算に向かわせているのである。人は頭数をそろえるために存在するのではないという基本原則が、数の支配を必要とし続けているということなのだ。頭数を数えるだけではないからこそ、数字が必要とされるのである。

社会というものは一体性を必要とする。だが、各個人の意識や特性は計測不可能であるため、公平を期そうとすれば客観的な基準に従わざるを得なくなる。すなわち、これまでの経験に基づいて現実の世界で個人の［③］性を重視し、その主体性を尊重しようとすれば、［④］性

MEMO

大切なことはメモしておこうネ！

2023年度

解　答　と　解　説

《2023年度の配点は解答欄に掲載してあります。》

＜数学解答＞

〔1〕 (1) 6個　(2) $a=2$，$b=5$　(3) ① $2\sqrt{7}$ cm　② $\dfrac{3\sqrt{7}}{14}$ cm　(4) ① $\dfrac{4}{9}$　② $\dfrac{1}{3}$　(5) $t=\dfrac{7}{2}$

〔2〕 (1) $-\dfrac{1}{2}$　(2) $\left(7,\ \dfrac{49}{4}\right)$　(3) $3\sqrt{2}$　(4) $60\sqrt{2}\,\pi$

〔3〕 (1) $\dfrac{5}{2}$ cm　(2) 体積 $\dfrac{500}{9}\pi$ cm^3　表面積 $\dfrac{200}{3}\pi$ cm^2　(3) $\dfrac{5}{8}$ cm

〔4〕 (1) 7：3　(2) $56\sqrt{3}$ cm^2　(3) 21：16　(4) 19：18

〔5〕 (1) $\dfrac{1}{5}$　(2) $\dfrac{1}{5}$　(3) $\dfrac{2}{15}$　(4) $\dfrac{2}{5}$

〇推定配点〇

〔1〕 各4点×7　〔2〕 各5点×4　〔3〕 各4点×4　〔4〕 各5点×4　〔5〕 各4点×4
計100点

＜数学解説＞

〔1〕 (数の性質，連立方程式，平面図形，確率，関数と図形)

重要 (1) 24の約数をkとすると，$k=1$，2，3，4，6，8，12，24　ここで，$a^2+4a+3=k$を満たす整数aを考える。この式を変形すると，$(a+2)^2=k+1$　右辺は平方数でなければならないので，このようなkの値は，$k=3$，8，24　このとき，$a+2=\pm2$，±3，±5より，$a=0$，-4，1，-5，3，-7の6個。

重要 (2) 太郎君の解いた連立方程式の第1式$3x-7y=16$…①の解x，yは，花子さんの解いた連立方程式の第2式$4\times4y+3x=-7$　$3x+16y=-7$の解…②である。②－①より，$23y=-23$　$y=-1$　これを①に代入して，$3x+7=16$　$x=3$　よって，太郎君の解は$x=3$，$y=-1$　花子さんの解は$x=-4$，$y=9$であるから，a，bの連立方程式は，$3a-b=1$…③，$-4b-9a=-38$　$9a+4b=38$…④　③×4＋④より，$21a=42$　$a=2$　これを③に代入して，$6-b=1$　$b=5$

重要 (3) ① 点Bから直線OAにひいた垂線をBHとすると，△OBHは内角が30°，60°，90°の直角三角形だから，$OH=\dfrac{1}{2}OB=3$，$BH=\sqrt{3}\,OH=3\sqrt{3}$　よって，$AB=\sqrt{AH^2+BH^2}=\sqrt{(3-2)^2+(3\sqrt{3})^2}=2\sqrt{7}$ (cm)

重要 ② △OADは内角が30°，60°，90°の直角三角形だから，$AD=\dfrac{\sqrt{3}}{2}OA=\sqrt{3}$　2組の角がそれぞれ等しいので，△ADE∽△ABD　AD：AB＝AE：AD　$AE=\dfrac{\sqrt{3}\times\sqrt{3}}{2\sqrt{7}}=\dfrac{3\sqrt{7}}{14}$ (cm)

重要 (4) ① 三角形になる確率は，$\dfrac{6\times5\times4}{6\times6\times6}=\dfrac{5}{9}$だから，求める確率は，$1-\dfrac{5}{9}=\dfrac{4}{9}$

重要 ② 直径に対する円周角は90°だから，2点1と4，2と5，3と6をそれぞれ結ぶ直径を斜辺とする直角三角形が4つずつ存在する。たとえば，3点1，2，4を結んでできる直角三角形の目の出方は，3×2×1＝6(通り)あるから，求める確率は，$\frac{3\times4\times6}{6\times6\times6}=\frac{1}{3}$

(5)　$y=-2x-1$と$y=x+2$からyを消去して，$x+2=-2x-1$　$x=-1$　よって，$\mathrm{A}(-1,\ 1)$　また，$\mathrm{P}(t,\ -2t-1)$，$\mathrm{Q}(2t,\ 2t+2)$　直線m上に点Pのy座標と等しい点Rをとると，$\mathrm{R}(-2t-3,\ -2t-1)$より，$\mathrm{PR}=t-(-2t-3)=3t+3=3(t+1)$　$\triangle\mathrm{APQ}=\triangle\mathrm{PQR}-\triangle\mathrm{PAR}=\frac{1}{2}\times3(t+1)\times\{2t+2-(-2t-1)\}-\frac{1}{2}\times3(t+1)\times\{1-(-2t-1)\}=\frac{3}{2}(t+1)(2t+1)$　よって，$\frac{3}{2}(t+1)(2t+1)=54$　$2t^2+3t-35=0$　解の公式を用いて，$t=\frac{-3\pm\sqrt{3^2-4\times2\times(-35)}}{2\times2}=\frac{-3\pm17}{4}=\frac{7}{2},\ -5$　$-1<2t$より，$t=\frac{7}{2}$

［2］(図形と関数・グラフの融合問題)

基本　(1)　$y=\frac{1}{4}x^2$に$x=-3,\ 1$をそれぞれ代入して，$y=\frac{9}{4},\ \frac{1}{4}$　よって，$\mathrm{A}\left(-3,\ \frac{9}{4}\right)$，$\mathrm{B}\left(1,\ \frac{1}{4}\right)$　よって，直線ABの傾きは，$\left(\frac{1}{4}-\frac{9}{4}\right)\div\{1-(-3)\}=-\frac{1}{2}$

重要　(2)　$\angle\mathrm{ABP}=90^\circ$より，直交する2直線の傾きの積は$-1$だから，直線BPの式を$y=2x+b$とすると，点Bを通るから，$\frac{1}{4}=2+b$　$b=-\frac{7}{4}$　よって，$y=2x-\frac{7}{4}$　$y=\frac{1}{4}x^2$と$y=2x-\frac{7}{4}$からyを消去して，$\frac{1}{4}x^2=2x-\frac{7}{4}$　$x^2-8x+7=0$　$(x-1)(x-7)=0$　$x=1,\ 7$　よって，$\mathrm{P}\left(7,\ \frac{49}{4}\right)$

重要　(3)　$\mathrm{AQ}=\mathrm{BP}=\sqrt{(7-1)^2+\left(\frac{49}{4}-\frac{1}{4}\right)^2}=6\sqrt{5}$　$\mathrm{QP}=\mathrm{AB}=\sqrt{(1+3)^2+\left(\frac{1}{4}-\frac{9}{4}\right)^2}=2\sqrt{5}$　$\angle\mathrm{AQP}=90^\circ$より，$\mathrm{AP}=\sqrt{(6\sqrt{5})^2+(2\sqrt{5})^2}=10\sqrt{2}$　$\triangle\mathrm{APQ}=\frac{1}{2}\times\mathrm{AQ}\times\mathrm{QP}=\frac{1}{2}\times\mathrm{AP}\times\mathrm{QH}$より，$\mathrm{QH}=\frac{6\sqrt{5}\times2\sqrt{5}}{10\sqrt{2}}=3\sqrt{2}$

基本　(4)　求める立体の体積は，$\frac{1}{3}\pi\times\mathrm{QH}^2\times\mathrm{AP}=\frac{1}{3}\pi\times(3\sqrt{2})^2\times10\sqrt{2}=60\sqrt{2}\pi$

［3］(空間図形の計量)

重要　(1)　円錐の頂点をP，母線をPQ，底面の円の中心をR，球Aと母線PQとの接点をCとする。$2\pi\times\mathrm{OC}=4\pi$より，$\mathrm{OC}=2$　△AOCに三平方の定理を用いて，$\mathrm{AC}=\sqrt{2^2+\left(\frac{3}{2}\right)^2}=\frac{5}{2}$　よって，球Aの半径は$\frac{5}{2}$(cm)

重要　(2)　CO//QRより，$\triangle\mathrm{PCO}\backsim\triangle\mathrm{PQR}$　PO：PR＝CO：QR＝2：5　よって，PR：OR＝5：(5－2)＝5：3より，$\mathrm{PR}=\frac{5}{3}\mathrm{OR}=\frac{5}{3}\times\left(\frac{5}{2}+\frac{3}{2}\right)=\frac{20}{3}$　したがって，円錐の体積は，$\frac{1}{3}\pi\times5^2\times\frac{20}{3}=\frac{500}{9}\pi$(cm^3)　また，$\mathrm{PQ}=\sqrt{5^2+\left(\frac{20}{3}\right)^2}=\frac{25}{3}$より，円錐の表面積は，$\pi\times\frac{25}{3}\times5+\pi\times5^2=\frac{200}{3}\pi$(cm^2)

基本　(3)　球Aと球Bとの接点をDとし，Dを通りRQに平行な直線と母線PQとの交点をEとすると，$\triangle\mathrm{PQR}\backsim\triangle\mathrm{PED}$　相似比は$\mathrm{PR}:\mathrm{PD}=\frac{20}{3}:\left(\frac{20}{3}-\frac{5}{2}\times2\right)=4:1$　よって，球Aと球Bの相似比

も4：1だから，球Bの半径は，$\frac{5}{2}\times\frac{1}{4}=\frac{5}{8}$(cm)

〔4〕（平面図形の計量）

基本　(1)　仮定より，AF//BE，FE//GIだから，四角形GNEFは平行四辺形で，NE＝GF＝$\frac{3}{5}$AF＝$\frac{3}{5}\times10=6$　また，BE＝2AF＝20　よって，BN：NE＝(20－6)：6＝7：3

重要　(2)　仮定より，AF//BE，AB//GHだから，四角形ABLGは平行四辺形で，∠HGI＝60°　GH＝GL＋LH＝AB＋BL＝10＋4＝14，GI＝GN＋NI＝FE＋NE＝10＋6＝16　点Hから線分GIにひいた垂線をHOとすると，HO＝$\frac{\sqrt{3}}{2}$GH＝$7\sqrt{3}$　よって，△GHI＝$\frac{1}{2}$×GI×HO＝$\frac{1}{2}\times16\times7\sqrt{3}=56\sqrt{3}$ (cm^2)

重要　(3)　△GLNは1辺の長さが10cmの正三角形だから，△GLN＝$\frac{\sqrt{3}}{4}\times10^2=25\sqrt{3}$　よって，△GLM＝$\frac{3}{5}$△GLN＝$15\sqrt{3}$より，△GHM＝$\frac{7}{5}$△GLM＝$21\sqrt{3}$　同様にして，△GMN＝$10\sqrt{3}$より，△GMI＝$\frac{8}{5}$△GMN＝$16\sqrt{3}$　したがって，HK：KI＝△GHM：△GMI＝21：16

重要　(4)　GK：MK＝△GHI：△MHI＝$56\sqrt{3}:(56\sqrt{3}-21\sqrt{3}-16\sqrt{3})$＝56：19　よって，GM：MK＝(56－19)：19＝37：19　ここで，点Mは正六角形の中心だから，GM＝JM　したがって，MK：KJ＝19：(37－19)＝19：18

〔5〕（確率）

基本　(1)　題意を満たすのは，2個続けて赤玉，白玉，青玉を取り出すときだから，求める確率は，$\frac{(2\times1)\times3}{6\times5}=\frac{1}{5}$

(2)　題意を満たすのは，たとえば，1個目が赤玉のとき，2個目，3個目に続けて白玉か青玉を取り出すときだから，その確率は，$\frac{(2\times2\times1)\times2}{6\times5\times4}=\frac{1}{15}$　1個目が白玉か青玉のときも同様であるから，求める確率は，$\frac{1}{15}+\frac{1}{15}+\frac{1}{15}=\frac{1}{5}$

(3)　題意を満たすのは，たとえば，1個目が赤玉のとき，2個目から4個目が白青青か青白白の順に取り出すときだから，その確率は，$\frac{(2\times2\times2\times1)\times2}{6\times5\times4\times3}=\frac{2}{45}$　1個目が白玉か青玉のときも同様であるから，求める確率は，$\frac{2}{45}+\frac{2}{45}+\frac{2}{45}=\frac{2}{15}$

重要　(4)　計5個の玉を取り出したときに作業が終了する確率(＊)を求めると，たとえば，1個目が赤玉のとき，2個目から5個目が白赤青青か青赤白白の順に取り出すときだから，その確率は，$\frac{(2\times2\times1\times2\times1)\times2}{6\times5\times4\times3\times2}=\frac{1}{45}$　1個目が白玉か青玉のときも同様であるから，(＊)の確率は，$\frac{1}{45}+\frac{1}{45}+\frac{1}{45}=\frac{1}{15}$　よって，(1)～(3)より，求める確率は，$1-\left(\frac{1}{5}+\frac{1}{5}+\frac{2}{15}+\frac{1}{15}\right)=\frac{2}{5}$

★ワンポイントアドバイス★

出題構成，難易度とも例年とほぼ同じであるが，計算力が要求され，時間内完答はむずかしいので，ミスのないようにできるところから解いていこう。

＜英語解答＞

【Ⅰ】 1 ア　2 ウ　3 エ　4 エ
【Ⅱ】 1 one of the most celebrated　2 were tired of it and decided
3 can be seen at several　4 can start by putting on
【Ⅲ】 問1 ウ　問2 イ　問3 should make it easier for climbers to reach
問4 ④ ask　⑤ depends　⑦ affect　問5 エ　問6 ア　問7 money
【Ⅳ】 1 2　2 4　3 3　4 1　5 2　6 3　7 2　8 2　9 4　10 2
11 1
【Ⅴ】 1 what　2 Either　3 brought　4 any other　5 safe return
【Ⅵ】 1 A イ　B カ　2 A オ　B カ
【Ⅶ】 (例) (My parents) bought me a nice bike.　他

○推定配点○
【Ⅰ】 各2点×4　【Ⅱ】 各4点×4　【Ⅲ】 問3・問7　各3点×2　他　各2点×7
【Ⅳ】 各3点×11　【Ⅴ】 各3点×5(4・5各完答)　【Ⅵ】 各2点×2(各完答)　【Ⅶ】 4点
計100点

＜英語解説＞

【Ⅰ】 (リスニング)

(全訳) トム　：やあ，サリー。何を読んでいるの？

サリー：こんにちは，トム。私は，新技術を使った自動販売機を開発した会社の記事を読んでいるの。飲み物を買うのに何も必要ない自動販売機があるって知っていた？

トム　：スマートフォンや電子マネーで買えるものは見たことがあるけど，そういうものが全く要らない販売機のことは聞いたことがないよ。どうやって動くんだい？

サリー：ええと，この記事によると，あなたの顔とパスコードがあればいいの。事前に登録しておかないといけないそうだけれど。

トム　：わあ！本当にすごいね！そういう販売機はどこにあるの？

サリー：工場や研究所のような，お財布やスマートフォンなどの私物を持ち込めない場所にあるそうよ。

トム　：なるほど。それはたぶん最新式の自動販売機だね。自動販売機はたくさんの便利な機能があって，ユニバーサルデザインで作られているよね。AED付きの自動販売機や，地震のような緊急時には無料で飲み物をもらえるものもあるよ。

サリー：ええ，お金を入れる穴が大きいものや，飲み物が真ん中から出てくるから，飲み物を取り出すために屈まなくて良いユニバーサルデザインの販売機を知っているわ。

トム　：うん，日本の技術の進歩はすごいね。自動販売機もずいぶん昔からあるよね？僕は古風な販売機が今人気だって聞いたよ。持ち主の古い自動販売機のコレクションをお客さんが使うことができる場所があって，テーマパークみたいなんだって。

サリー：私もそれを以前ソーシャルメディアで見たことがあるわ。ラーメンや熱いハンバーガーを作るみたいなものでしょう？おもちゃや熱いトーストも売っているの！

トム　：そう，その場所だよ。面白そうだよね。来週末，そこに行ってみない？すごい写真をたくさん撮って，インスタグラムに投稿できるよ！

サリー：いいわ。日本の最近の技術は驚くべきものだけど，私達はいつでも古き良き時代を楽しむ

 こともできるのね。

1　サリーが記事で読んでいるのは，どのような種類の自動販売機か？

ア　あなたの顔で飲み物を買うことができる種類

イ　AEDや緊急時のプログラムがある種類

ウ　スマートフォンで飲み物が買える種類

エ　ユニバーサルデザインの機能がある種類

2　サリーが記事で読んだ自動販売機は，どこで見つけることができるか？

ア　工場や大きい会社で

イ　テーマパークで

ウ　人々が私物を持ち込めない場所で

エ　ユニバーサルデザインの品物がある場所で

3　あなたが自動販売機から無料で飲み物を手に入れられるのはいつか？

ア　AEDがある時

イ　あなたの顔を見せる時

ウ　あなたがスマートフォンを使えない時

エ　緊急の時

4　サリーとトムは今週末どこへ行くだろうか？

ア　最新の自動販売機のある場所

イ　遊園地

ウ　ユニバーサルデザインの公園

エ　古風な自動販売機のコレクションのある場所

【Ⅱ】（リスニング）

（全訳）　アメリカで最も祝われる行事は何か？それは7月4日だ！独立記念日とも呼ばれている。独立宣言が1776年のその日に承認された。トーマス・ジェファーソンが主な書き手だった。

その頃，アメリカはイギリスに属していた。人々は不公平に扱われていると感じていた。1776年6月までに，アメリカ人はそのことに疲れ，独立宣言を書くことを決めた。1776年7月8日，フィラデルフィアで最初のお祝いが行われた。宣言が朗読され，市の鐘が鳴り，楽隊が演奏した。

数百年の後，その祝日はいまだに重要である。たくさんのコミュニティがパレードを行う。人々はアメリカの国旗を家に掲げる。建物は赤，白，青で飾られる。夜には，いくつかの公園で花火が見られる。それらもまた，アメリカの色で夜空を彩る。

さて，あなたはどうやって7月4日のアメリカの誇りを表現できるだろうか？赤，白，青色の服を着ることから始められる。素晴らしい花火を見るために公園に行ったり，家のテレビの前に座ったりもできる！

【Ⅲ】（長文読解問題・論説文：適語選択補充，語句整序，適語補充，指示語，内容把握）

（全訳）　タンザニア政府はキリマンジャロ山に高速インターネットサービスを開通させた。このサービスのおかげで登山者たちの安全が確保されると政府は言う。しかし，それはアフリカ最高峰の山を①登りながらの自撮り写真を投稿することが可能になるということだ。

19,300フィート(5,895メートル)のキリマンジャロ山はアフリカで最も高い山である。また山脈に属さない山としては世界最高峰でもある。キリマンジャロは火山活動によりできたため，タンザニアとケニア地域の広大な空き地に単に隆起しているだけなのである。

山はタンザニア北東部にあるタンザニア国立公園に属している。毎年およそ50,000人もの人がこの公園を訪れる。これらのほとんどの人々―約35,000人―がキリマンジャロ登山に挑んでいる。

しかしこのような高くて氷河に覆われた山を登るのは簡単ではない。登ろうとした人たちの3分の1は②あきらめざるを得なくなる。タンザニア情報通信大臣ナペ・ヌナウイエは，過去においては「これはインターネットなしでは…訪問者には少し危険だった」と言っていた。

新しいインターネットサービスは③登山者がより容易に山の頂上までたどり着けるようにするはずである。彼らはインターネットで地図を確認して道を探せるようになる。必要な時にはインターネットを使って④助けを求めることもできるようになる。

現在のところ，山の中腹より上までこの新サービスが使えるようになっている。年末までにはキリマンジャロ山の頂上でもインターネットを利用できるようなる予定だと政府は言う。

山にインターネットサービスを開通させる主な理由は安全面だと政府は言う。しかし，タンザニアは観光客に相当③頼っている。2019年はタンザニアの収益の17%を観光客が担っていた。

キリマンジャロを登山中に人々がソーシャルメディアに写真や動画を投稿すれば，このスポットはさらに観光客に人気となるのは間違いない。

政府が国民の代わりに観光客のためのインターネットに焦点を当てていることに⑥がっかりするタンザニアの人々もいる。2020年の研究によると，タンザニアに住む83%の人たちしか自分の住む地域で携帯電話を使うことができないのだ。

昨年，政府はキリマンジャロ山にケーブルカーを建設する7200万ドルの計画を決定した。そのアイディアは登山客ではない観光客が山を楽しむためのものだ。しかしこのプロジェクトは登山者とガイドの怒りを買った。

このプロジェクトが山の環境にどう⑦影響を与えるかを心配する人たちもいた。この先10年間ほどでキリマンジャロ山頂にある氷河は溶けてしまうかもしれないと科学者たちは既に指摘している。今のところ，ケーブルカープロジェクトはさほど進展しているようには見えない。

1987年にキリマンジャロ山は国連の世界遺産に登録された。⑧それは，ここが保護されるべき重要な場所だということを意味している。

出典：rewriting of NEWS FORKIDS.net

問1　work ones way で「苦労して～する」の意味。アフリカ最高峰の山を苦労して上に行くということはウ climb「登る」と同意。ア「検索する」　イ「下る」　エ「着く」

問2　直前の文で「高くて氷河に覆われている山を登るのは簡単ではない」とあるので，3分の1の挑戦者があきらめると繋げるのが自然。イ give up が正解。　ア「逃げる」　ウ「上がる」
エ「作り上げる，理解する」

重要　問3　(The new internet service) should make it easier for climbers to reach「その新しいインターネットサービスは登山者がより容易に山の頂上までたどり着けるようにするはずだ」　この文の〈主語 ＋ 動詞〉は The new internet service ＋ should make。〈make A＋B〉「AをBの状態にする」　Aに it，Bに easier を入れる。この it は形式目的語で文の最後にある to reach 以下の内容を指している。for climbers は続く to 不定詞の意味上の主語となるので「登山者が～にたどり着く」という関係。

問4　④ ask for ～ で「～を求める」　ask for help で「助けを求める」という意味。　⑤ depend on ～ で「～に頼る」　heavily は depend を修飾する副詞になる。　⑦「環境に影響を与える」という意味にするため affect を入れる。

問5　状況から考える。自分が住むエリアで携帯電話が使えるのは国の83%の人のみ。それにもかかわらず，政府がキリマンジャロ山を目当てにくる観光客の方に焦点を当てたら，国民はエ upset「がっかりする，残念に思う」が適当。　ア selfish「利己的な」　イ glad「喜ぶ」
ウ kind「親切な」

問6　that は直前の内容を表すので，前文の内容に当たるア「キリマンジャロ山は1987年に世界遺産に登録された」が正解。　イ「これからの10年でキリマンジャロ山は溶けるかもしれない」　ウ「キリマンジャロ山は簡単に登れる山ではない」　エ「キリマンジャロ山は全ての観光客が楽しめる場所だ」

問7　「政府は安全のためだけではなく，観光客からのお金のためにインターネットサービスを提供する」〈not only A but also B〉「AだけではなくBも」の形に注意。第7段落で，安全面が主な理由であるとする一方で，タンザニアの収益の17％を観光客が担っているとあるので，money from tourists とする。第7段落最終文に money がある。

重要【Ⅳ】（長文読解問題・物語文：内容把握）

（全訳）トーマス・ストレイヤー博士は制御室で彼のチームである科学者や技師たちを見回した。彼は落ち着こうとしたが，興奮と恐怖の両方の気持ちが彼にはあった。この数分が，どのようにして宇宙が始まったのかという秘密を解き明かすための長期研究のスタート地点となるのだ。

彼は窓の外の美しい青い夏空を見て深呼吸した。

「準備完了」と言い彼は1つ目のボタンを押した。コンピューターと機器に命が吹き込まれた。

「用意」と言い2つ目のボタンを押した。スイスの町や野原の地下深くにある巨大地下研究所に設置された巨大な荷電粒子を加速する装置のスイッチが入った。

「発射」と言い彼は12時ちょうどに最後のボタンを押した。

一瞬すべてが真っ黒になった。トーマスはショックのあまりに叫んだがその時は既に電気はついていた。このようなことは起こるはずではなかった。

「皆，システムを点検してくれ」と彼は命令を出したが，何か不具合があるようには見えなかった。荷電粒子を加速する装置は順調に動いていた。

「外を見て」と彼の助手が恐れをなしながら言った。

5分前の完璧な夏の日の代わりに，空は漆黒の夜空よりも暗くなっていた。太陽は消え星さえも一つもなくなっていた。

人々は叫び，泣きながら家族に電話をかけていた。トーマスはそれらの雑音を気に留めることはしなかった。彼は主コンピューターの前に座り彼の実験データを読み始めた。何が起こっているかの説明となるものは何もなかった。彼が出口に走っていくと彼のチームも後を追いかけ，全員研究所の建物の外に出た。

研究所の他の全員も外にいた。彼らは皆パニックになりながら携帯電話のスクリーンやライトを使って自分の行き先を照らしていた。彼らは巨大ホタルのように携帯電話を振っていた。車の中からヘッドライトで照らしている人たちもいた。彼らは皆が一緒に集まれるように暗闇の中に小さな明かりのエリアを作るため玄関まで車を運転していった。街灯が点いたとき，歓声を上げた人もいたがほとんどの人たちは依然として怯えていた。

そして，トーマスが実験を始めてから20分近く経った後，太陽が突然空に現れ黒い空は再び青に変わった。皆は笑い踊り始め，トーマスは安堵のため息をついた。

しかしその後，数時間後，本当の夜が訪れた時にはもう誰も祝ってはいなかった。月はいつも通りに出てきたが，そこに星は1つも見られなかった。

……………………………………………………………………………………

誰もトーマスの研究について知りたいとは思わなかった。彼らが気になっていたのは，何が起こったのかということだった。彼は全ての星を盗んだのだ－それが新聞の書いたことだったのだが。そして彼は裁判にかけられ星を盗んだ罪で告訴された。

「無罪だ」と彼は主張した。

「まぁ，ストレイヤー博士，もし星を盗んでいないのだとしたら」「あなたは何をしたのですか？」と検察側の弁護士が言った。

「私の実験は何もしなかったと思われます。機械は作動していました。それだけです」とトーマスが言った。

「空から星を奪うということは，あなたにとっては何でもないことのようですね？」裁判所の観客を見渡しながら弁護士が言った。「ここの誰も賛成しないでしょう。世界の誰も。」

「そういう意味ではありません」とトーマスが言った。「私にわかるのは，実験が始まった時，試験部屋で突然光子がなくなったということだけです。」

「何ですか？　光子？　ここにいる人たちは皆科学者ではありません。明快で簡単な英語で話してください，ストレイヤー博士！」

「光」トーマスが言った。「つまり，一瞬私たちの研究室に光がなくなりました。それから日中の光が普通の状態に戻るまでの間外も暗かったのを見ました。」

「ストレイヤー博士，普通？　きっちり16分40秒間太陽が消えたことを除けば？　そうですね，残りの日中はごく普通でした。一方夜はまったく普通ではありませんでしたよ。」

トーマスは悲しそうにうなずいた。「わかっていますが，信じてください。私がやったことで星の存在を消せる可能性はないんです。」

「では，あなたもあなたの実験も我々から星を奪ってはいない」と弁護士は言った。「あなたはそれをやり遂げた結果我々はもうこれ以上それを見ることはできなくなった。」

長い沈黙の後トーマスは「はい」とため息をついた。

弁護士は眉を上げげた。「異議はありますか？」

トーマスには誰もが理解し信じることができるような答えは一つも持っていなかった。彼には理論があったが，それが正しいと証明するには何年もかかる。

その代わりに，彼は自分が有罪であると認めた。

…………………………………………………………………………

裁判はこの悲惨な損失に関して罪を負わせる者を世界に与えはしたが，トーマスを何年も刑務所送りにしたところで何も変わらなかった。その代わりに，この象徴的な裁判の最後に，彼に象徴的な処罰を与えた。

トーマスはチリのとてつもなく大きな望遠鏡で働くことを命じられた。今では誰も夜空を見なかった。星を見るために高い山に登る観光客も誰もおらず，また空っぽの空の研究のためにお金を要求する科学者たちも誰もいなかった。夜空を横切るのは寂しい月と惑星だけだった。見上げることは人々を悲しく不幸な気持ちにさせた。

トーマスはこれは公正だと思っていた。彼は罰せられるべきであるし，天文学者として働くことは刑務所にいるのとほぼ同じだった。数年後，世界は彼のことなど忘れてしまった，というより少なくとも彼を放っておくことにした。毎晩彼は日が沈むのを見ていた。太陽は実際に地球の丸みの下に沈んでからきっちり8分20秒で水平線の下に消えた。物理学的法則は変わらなかった。光はこれまで同様同じ速さで伝わっていた。現実はさほど変化がなかった。もし光がある一定の速度で伝わるのなら，光のない状態も同じ速度で伝わるのではないかと彼は考えた。この彼の理論が正しいと示す方法はなかった。トーマスは1人であり，これを共有できる相手は誰もいなかった。

…………………………………………………………………………

チリの高山でトーマスは夜を観察し続けた。彼の巨大望遠鏡は空のある特定の一点をさしていた。そこは他の場所同様いつも空虚だったが。そして毎日日が沈むと幼少期に両親に歌ってもらった歌を思った。

星の明り，星の輝き
今夜見る一番星
できるといいな，できたらいいな
今夜のお願いかなうといいな

1,596回の暗黒の夜の間—4年半近く—夜空に変化はなかった。しかしそれでよかったのだ。これはトーマスの理論が間違っていないということを示していた。それを裏付けていたのだ。彼は自分が創り出した光の消失は波動のようなものであると想像していた。それは太陽を通りすぎ我々の銀河系の端の遥か先へと向かっていったのだ。一番近くの星を通り過ぎるのに1596晩かかり，その星の明かりが再び地球に到達するのに1596晩かかるのである。もちろん，もし闇の波動が存在するのであれば、だが。もし彼の計算が正しかったのであれば。もし間違っていたとしたら，星は本当に永遠に失われたことになる。

……………………………………………………………………………………

そしてさらに1596晩たったある晩，災難からほぼ9年経ち，トーマスは彼の望遠鏡で見上げると，ケンタウルス座α星が輝き返しているのを見た。
一番星。
彼は涙をぬぐい，願いをかけた。その後何十億人もの人たちの願いも続いた。

出典：rewriting of learnenglish.britishcouncil.org

1. 「トーマスの研究の目的は」 1 「宇宙が何でできているかを知るため」 2 「宇宙がどのように作られたかを理解するため」最初の段落最終文に一致。 3 「地球がどのように進化したかを調べるため」 4 「地球環境がどのように破壊されていったかを研究するため」
2. 「新聞はトーマスが…といった」 1 「特定の星を発見した」 2 「いくつかの星をより暗くした」 3 「すべての星をより明るく輝かせた」 4 「空から全ての星を奪った」第2セクション最初の段落第2文に一致。
3. 「弁護士は思った」 1 「空から星を奪ったことは大したことではなかった」 2 「トーマスが空から太陽を隠したことは公平ではなかった」 3 「空から全ての星を奪ったことは全ての人々にとって重大なことである」第2セクション Taking で始まる lawyer のセリフに一致。 4 「なぜトーマスが宇宙を変えたのかをほとんど全ての人たちが理解できた」
4. 「トーマスは弁護士に言った」 1 「彼は空から星を奪うようなことは何もしていない」 第2セクション Thomas nodded sadly で始まる部分のトーマスのセリフに一致。 2 「彼はおそらく星を消すことに成功した」 3 「星を輝かせることは何もしていない」 4 「星を隠すために何でもやりたかった」
5. 「トーマスの理論は」 1 「とても簡単だったので，誰もがすぐに理解できた」 2 「それが真実であると示すにはとても長い時間が必要だった」第2セクション最後から2つ目の段落に一致。
3 「多くの科学者に受け入れられ人気となった」 4 「誰もが彼に感謝することが明白になった」
6. 「裁判の後」 1 「トーマスは彼が間違ったことをしたという理由で刑務所に送られた」 2 「トーマスは空の星を見たいと思う人たちのためのガイドになった」 3 「トーマスはチリの天文学者として働くことを強制された」第3セクション第2段落第1文，第3段落第2文に一致。
4 「トーマスは奪われた宇宙を復元させるために一生懸命働かされた」
7. 「トーマスは考えた」 1 「光の消失を取り戻す方法はない」 2 「彼が創り出した暗闇は通常の光と同じ速度で伝わる」第3セクション最後から3文目に一致。 3 「彼の理論に関して彼が信じていたことは誰もが理解できた」 4 「彼は自然の真実を変えてしまったのでもう復元はできない」

8. 「トーマスがチリで日が沈むのを観察していた時，彼は…を思い出した」 1 「自分の友達と遊んだ時を」 2 「両親が歌ってくれた歌を」第4セクション第1段落最後に一致。 3 「自分が働いていた研究所を」 4 「太陽が消えた日のことを」

9. 「もしトーマスが信じていたことが正しければ」 1 「空に星は決して戻らないだろう」 2 「暗闇の波動は地球を永遠に覆い続けるだろう」 3 「1596日後に再び太陽が見られるだろう」 4 「いつか星の光は再び地球に到達するだろう」第4セクション最後から4文目に一致。

10. 「長い時間の後に人々がケンタウルス座α星を見た時」 1 「面倒で何をするのか考えなかった」 2 「幸運を祈った」最後の2文に一致。pray for luck「幸運を祈る」 3 「失った時間を思い出し悲しくなった」 4 「彼らは怯えて災害から逃れようとした」

11. 「暗闇が…を通り過ぎるのにほぼ4年半かかった」 1 「ケンタウルス座α星」第4セクション最後の段落最後から4文目に一致。この the nearest star が Alpha Centauri である。 2 「太陽」 3 「我々の銀河系の端」 4 「地球」

【Ⅴ】（言い換え問題：間接疑問文，慣用句，比較）

基本 1 「カナダには何人の人が住んでいるか知っていますか」→「カナダの人口を知っていますか」 how many と数を たずねる文から population「人口」は何かとたずねる文にするので空所には疑問詞 what を入れる。いずれの文も疑問詞以下は know の目的語となる間接疑問文。したがって平叙文の語順になっていることにも注意。

2 「両方の靴が好きだ」→「この2足の靴のどちらも気に入っている」 of に注目。either of ～ で「(2つの物のうち)～のどちらも，両方」で both と同意。pair of shoes で日本語の靴1足のこと。

3 「なぜここに来たの？」→「何があなたをここに来させたの？」〈bring ＋人＋場所〉は直訳すると「人を場所に持ってくる」となるが「人が場所に来る」という意味になる。〈What brought you ＋場所〉は場所に来た理由をたずねる時によく使われる表現。

重要 4 「兄はクラブの中で一番速く走る」→「兄はクラブの中の誰よりも速く走る」比較級を用いて最上級の意味を表す 表現〈A is ＋比較級＋ than any other ～〉を使う。

5 「彼らが無事に戻ったという知らせを聞いて本当に安心した」→「彼らの無事帰還の知らせを聞いて本当に安心した」空所前に their があることから空所に名詞が入るとわかる。return を動詞から名詞に変え，修飾語を副詞 safely から形容詞 safe に変える。

【Ⅵ】（語句整序問題：受け身，関係代名詞，不定詞）

1 How many people will be invited to Ken's birthday? 「何名の」と数をたずねるので How many ＋複数名詞で始める。「～に招待される」は be invited to ～ と受け身になる。これを未来形にすると will be invited to ～。「～」の部分に Ken's birthday party を入れればよい。

やや難 2 I was surprised because our teacher who was always telling us not to be late wasn't on time for (the lesson.) まず主節「私は驚いた」 I was surprised を作る。その後に because を入れ理由となる文を続ける。our teacher wasn't on time for the class で「先生は授業に間に合わなかった」。「遅刻するなといつも言う」の部分は関係代名詞 who を使い our teacher を修飾する文を作る。〈tell ＋人＋ to …〉で「人に…するように言う」。「しないように」は不定詞を否定にした not to ～ で表す。not to be late で「遅刻しないように」。「いつも…している」の部分は主節の過去時制に合わせて was always telling と過去進行形に。who was always telling us not to be late を our teacher の直後に入れればよい。our teacher から late までが動詞 wasn't に対する主語になる。

重要 **【Ⅶ】（英作文）**

（全訳）トム　：ジョン，お誕生日おめでとう！　どんなお誕生日だった？

ジョン：最高だったよ。両親が＿＿＿＿＿＿＿＿＿＿＿＿＿．本当に欲しかったからそれは僕の宝物になるよ。

トム　：よかったね！

（例）My parents bought me a nice bike.　My parents gave me a soccer ball.　など。

両親がくれたプレゼントの内容を具体的に書く。bought me ～，bought ～ for me，gave me ～，gave ～ to me といった表現が使える。時制は必ず過去形にすること。

★ワンポイントアドバイス★

長文は話の流れをよく考えながら読み通すようにしよう。わからない単語や表現があって正確な意味がわからない場合でも，前後の文脈から意味を推測して読み進めていこう。先に設問を見てから読むことで短い時間で正答にたどり着ける。

＜国語解答＞ 《学校からの正答の発表はありません。》

一　問一　イ　どんよく　　ロ　けんお　　ハ　培　　ニ　刷　　ホ　導　　問二　エ
問三　だが，各個　　問四　③　ウ　　④　オ　　⑤　イ　　問五　（例）主体的な行動をする個人。　　問六　統計

二　問一　イ　該当　　ロ　描　　ハ　眺　　ニ　果敢　　ホ　曖昧　　問二　エ
問三　［Ⅰ］　私たちの普段の活動から切り離された抽象的な記号体系　　［Ⅱ］　私たちの日々の活動のなかで，私たちの行為に結びついたもの　　問四　要求という言語行為
問五　エ　　問六　ウ

三　問一　食品系のメ　　問二　東京に行きたい気持ち　　問三　［Ⅰ］　最初　内へ内へと　最後　て離さない　［Ⅱ］　地縛　　問四　エ　　問五　ウ　　問六　父が当たり
問七　（例）凜は京都独特の力から逃れたがっているが，父親はその力を受け入れており，その違いがますますはっきりしてきたから。　　問八　ア

○推定配点○

一　問一　各2点×5　　問四・問六　各3点×4　　他　各4点×3
二　問一　各2点×5　　問三　各5点×2　　問四　4点　　他　各3点×3
三　問一・問二・問三［Ⅰ］　各4点×3　　問七　6点　　他　各3点×5　　計100点

＜国語解説＞

一　**（論説文―漢字の読み書き，内容吟味，文脈把握，脱語補充，指示語の問題）**

問一　イ　「貪欲」とは，物欲・金銭欲・食欲が強く，手に入れたものではなかなか満足せず，さらに欲しがること。また，新たな知識や技能を非常に熱心にとり入れようとするさま。
ロ　「嫌悪感」とは，人や物に対して感じる強い不快感を意味する。　ハ　「培う」とは，時間をかけて育てること，経験を積んでいくこと。　ニ　「刷り込む」とは，同じ動作の練習を重ね，その動きが確実にできるようにすること。また，考え方や知識をしっかりと覚えること。
ホ　「導く」とは，案内して目的の所に連れていく，正しい方向に指導する，物事がそうなるよ

うに働きかける，答えや結論を引き出すなどの意味がある。

問二　傍線部の後に，独自性を認められたいという欲求が社会に向いたものの，社会としては，もともとそのような欲求を満足させることはできないものとし，その結果，「人々は社会に対して，今度はせめて自分たちが公平に扱われることを要求するようになった。」と述べられている。

問三　傍線部で述べられている「数を数える」は公平性を示し，「重さを量る」事は独自性を表している。重さは，各個人によって異なるように，個人の独自性というものも同じ基準で計る事ができない。対して，数というものは，誰でも見てわかる基準があり，客観性を伴っているものである。この内容にあてはまるものを，文章の中から選ぶ。

問四　③　空欄後の「尊重」とは，人や人命，人権などを重んじ，優先的に考えること。また，人の意思，考えなどを重んじ，それに従ったり配慮したりすること。「個人の ③ 性を重視」と「主体性を尊重」することが並列にされているので，空欄には「尊重」と同様の意味を持つ選択肢を選ぶ。　④　文章の中で，本来，同列に並べる事のできない「公平性」と「独自性」を，どうすれば両立させる事ができるのかと述べている。　⑤　その方法として，空欄の前に「公平を期そうとすれば客観的な基準に従わざるを得な」いとある文に着目し，適切な選択肢を入れる。

問五　傍線部の後に，「膨大な数ゆえに大きな影響力を持つ大衆との橋渡し」とあることから，「行為者」と「大衆」は対をなしているものである。よって，「行為者」は「個人」を示している。また「社会」とは，「こうして」から始まる段落に「大規模な個人社会」とあるように，人々の生活が共同体から社会という形態に移行するにつれて，「主体としての個人の位置づけが明確になってい」ったとある。つまり，「社会における行為者」とは，ある一定の空間において，主体的に行動する各個人のことである。

問六　社会の中において，各個人を客観的な基準によって明確化するためには，「統計」が必要であると筆者は主張している。しかし，統計だけでは個人の独自性を蔑ろにし，細かな部分にまで至っていないという批判がある。傍線部の前にも，統計では「収集される情報の数が多いほど，調査対象はその特徴や行動との一体感が薄れ」るとあるように，自己との溝がますます深まる事になるとしている。

二　**（論説文—漢字の書き取り，脱文補充，内容吟味，文脈把握，指示語の問題）**

問一　イ　「該当」とは，ある条件・資格などに当てはまること。　ロ　「思い描く」とは，ものの姿・形などを心の中で想像してみること。　ハ　「眺める」とは，視野に入ってくるもの全体を見る，じっと見つめる，かたわらで成り行きを見る，物思いにふけりながら，見るともなくぼんやり見ること。　ニ　「果敢」とは，決断力に富み，物事を思いきってするさま。　ホ　「曖昧」とは，態度や物事がはっきりしないこと。また，怪しくて疑わしいこと。

問二　「何かというと」から始まる段落に，「先生」という敬称について「もやもやしている」と述べている。その理由として，「私はあまりほかのひとと，『先生』と『教えを受ける者』という関係をつくりたくはないと思っている。教員と学生の関係であっても，私が『先生』，すなわち師匠となって，弟子たる学生に教えを授けるといったものではなく，ともに哲学という営みに携わる仲間であり，ただ私のほうがこの営みに携わってきた時間が長い分，いくらかの情報やノウハウを蓄積しているからそれを共有している，くらいの関係でありたい」としている。よって，師弟関係における「先生」と「弟子」の意味では用いたくないとしているので，エは誤り。

問三　〔Ⅰ〕　ジョン・L・オースティンの唱える「言語行為」という概念を斬新であると筆者は表現している。その理由として，「これは哲学者にとって」から始まる段落に，「このアイデアが出てくる以前の哲学者たちは，言語を私たちの普段の活動から切り離された記号体系と見なし，その記号体系が世界とどう関わっているのか，世界のありかたをどのように反映しているのか，といったことを考えていた。」とある。〔Ⅱ〕ジョン・L・オースティンの唱える「言語行為」とは,「言語というのはそのような宙に浮いたものではなく,私たちの日々の活動のなかで,私たちの行為に結びついたもの」とした,実地的なものとして言語を考えるものである。

問四 「依頼」について,「一般的に」から始まる段落に,「気が進まなければ断ることができる。(中略)依頼された側にそれを実行するかどうかの裁量が認められているはず」のものとしている。これに対して,相手が基本的に断れないことを自覚して,大きな強制力を発揮する事は,「要求」になる事を「『言語コミュニケーションと言語行為』」から始まる段落で述べられている。

問五 「間接言語行為」とは,「直接的には質問をしているだけなのだが,間接的な依頼をしている」ことを示すように,「ある言語行為をすることによって別の言語行為をもする」ことである。よって,「雪たくさん降ってる?」と聞いたことに対し,そのまま「ずいぶん積もってる」と返答する事は,別の言語行為をしているとはいえないので,エが誤り。

問六 傍線部の「その通り」とは,「先生」呼びをやめさせる事である。なぜその事が確信できるかというと,「直接的には依頼をしていながら,間接的にはそれよりも強制力の強い,要求という言語行為をすることになってしまう」ことになると確信しているからである。

三 (小説文—文脈把握,脱文補充,心情,内容吟味,大意)

問一 「食品系の会社に業種をしぼってる。大学院で専門のバイオの知識を生かしたいから。食品系のメーカーは東京に集中してるねん」と返答する凜に対し,両親は京都の近くにも食品系のメーカーがあることをインターネットで調べ上げ,必ずしも東京にしか食品系のメーカーがないわけではないことを知っていたのである。

問二 空欄の後に,「その企業の本拠地がもし京都やったとしても行きたいんか?」とあることから,菓子メーカーで働きたいということよりも,東京で暮らしたいという願望が先んじているのでは,と父は疑っている様子を読み取る。

問三 〔Ⅰ〕凜は京都に対するイメージとして,「山に囲まれた景色のきれいなこの町が大好きやけど,同時に内へ内へとパワーが向かっていて,盆地に住んでる人たちをやさしいバリアで覆って離さない気がしてる」と述べている。だから,就職を機に京都を離れないと一生出ることができないと思い,息苦しく感じると考えている。〔Ⅱ〕凜が持つ京都のイメージに対して,父は反対することなく,「長年住んでる京都独特の力を感じることはあるな。出張で別の場所からここへ帰ってくると,妙に清々しい気分になる。自分の故郷に帰ってきたからほっとしてる,だけが理由やない,京都の風に身体を洗われる感覚がある」と述べ,また「もともと力の宿りやすい地形のこの場所が,風水の教えとぴったり合ったんとちゃうんかなぁ」として,この京都に付いているのは「地縛」であると結論づけている。

問四 議論の最中,母が,夕ご飯さえも作ってくれなくなったことを思い出し,それを反論の材料にしようとした。その理由を「そうか私,けっこう傷ついてたんや,ご飯作ってくれなくなったことに」と,自分は母の子どもであるにもかかわらず,ご飯を作ってくれなくなったことにショックを受けていたことを知る。同様に,両親は凜を子どもと思っていたにもかかわらず,「いきなり家を出ると私に切りだされ」,家族だったという思いが裏切られた気持ちになり,動揺しているだろうと凜は推測している。

問五 空欄の後に「もらしつつも最終的には味方してくれていた父」とあるので,議論を交わした末,一向に意見を曲げようとしない凜を評した言葉を発した後,父は味方になってくれていたのである。

問六 凜が持つ京都のイメージを話したところ,父は反論することなく,「確かに京都は,よく言えば守られてるし,悪く言えば囲まれてる土地や」と同調してくれたので,凜は驚いた様子が見られる一文を抜き出す。

重要 問七 「物憂げ」とは，気持ちがさっぱりしない。何となく心にわだかまりがある様子を表す。その理由は傍線部の後に，「凜の気持ちは分からんでもないけど，やっぱり諸手を上げて賛成はできひんわ。いまは出ていきたくてしょうがなくても，もういくらかすればこの土地の色んな部分が平気になってくると思うねん。(中略)いい意味で受け入れられるようになってくるさかいな」と，京都から逃れたいと思っている凜と，時間とともに京都という場所柄を受け入れることができると思っている父の様子を読み取る。

問八 父は凜が持つ京都のイメージを理解し，また議論の中，母は「この地域が嫌なんやったら，家族みんなで引っ越すさかい，はっきり言いや」「この家も古うなってきたさかい，別の地域に新しいとこ買ってもええねんで。(中略)引っ越しなんかなんぼでもできる」とたとえ京都から離れたとしても，家族での生活を続けたいと思っている。

★ワンポイントアドバイス★

問題文が長く，問題数も多いので，設問の要求していることを素早く的確につかみ解答する練習をしよう！

2022年度

★★★★★★★★★★★★★★★★★★★★★★★★

入　試　問　題

2022年度

立教新座高等学校入試問題

【数　学】（60分）〈満点：100点〉

【注意】 1　答はできるだけ簡単にし，根号のついた数は，根号内の数をできるだけ簡単にしなさい。また，円周率はπを用いなさい。

2　直定規，コンパスの貸借はいけません。

3　三角定規，分度器，計算機の使用はいけません。

〔１〕　以下の問いに答えなさい。

(1)　関数$y=ax^2$について，xの変域が$-6 \leqq x \leqq 3$のとき，yの変域は$0 \leqq y \leqq 24$です。また，xの変域が$b \leqq x \leqq 3$のとき，yの変域は$\dfrac{8}{3} \leqq y \leqq c$です。
このとき，定数a，b，cの値を求めなさい。

(2)　図のような立方体OABC－DEFGと，A，B，C，D，E，F，Gの文字が1つずつ書かれた7枚のカードが入った袋があります。この袋の中から同時に2枚のカードを取り出します。取り出したカードに書かれている文字と同じ文字の立方体の頂点を選び，その2点を通る直線をℓとします。次の確率を求めなさい。

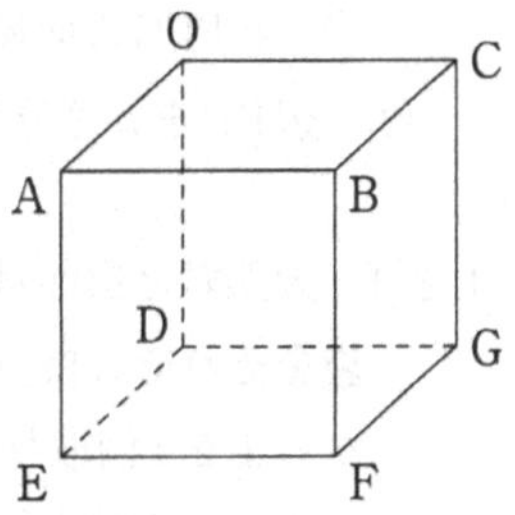

①　直線ℓと平面AEFBが垂直になる確率

②　直線ℓと直線OBがねじれの位置になる確率

(3)　底面の半径が6 cm，高さが8 cmの円錐の形をした容器の中に水が入っていて，図1のように，底面が水平になるように置きました。この容器に，図2のように球を入れたところ，水面の高さは容器の高さの半分になり，球は容器の側面および水面に接しました。図3は，図2を正面から見た図です。このとき，球の半径と容器の中に入っている水の体積を求めなさい。

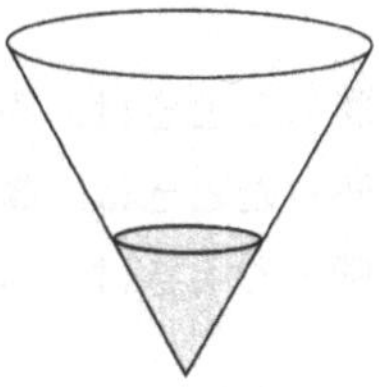
図1

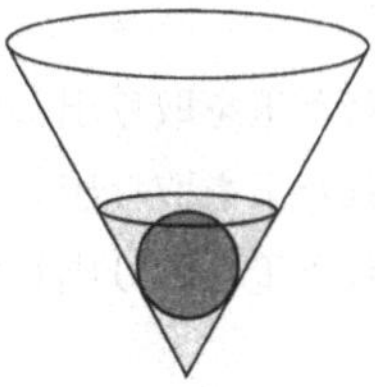
図2

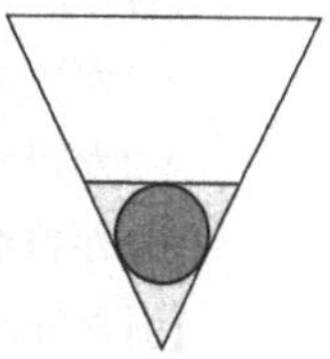
図3

(4)　正の数pがあり，その小数部分をbとします。例えば，$p=3.14$のとき，$b=0.14$です。ある正の数pが等式$p^2+b^2=44$を満たすとき，pの値を求めなさい。

〔２〕 図1のような平行四辺形ABCDがあり，辺CDを4等分した点のうち，頂点Dに最も近い点をEとします。また，辺BCをn等分し，そのn等分した点のうち，頂点Bに最も近い点をF，頂点Cに2番目に近い点をGとし，線分AGとEFの交点をPとします。図2は辺BCを4等分したものです。次の問いに答えなさい。ただし，nは4以上の整数とします。

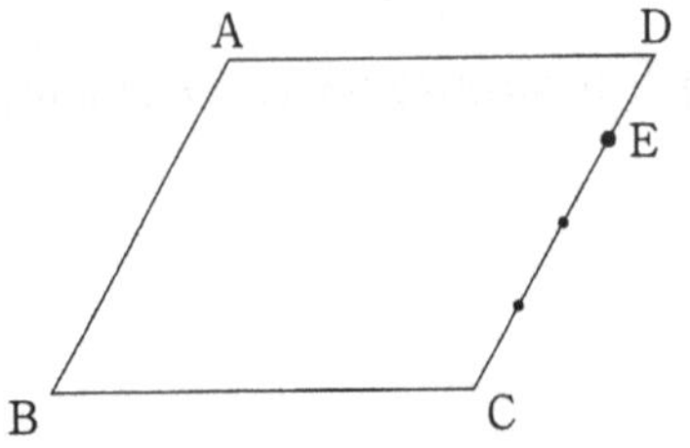

図1

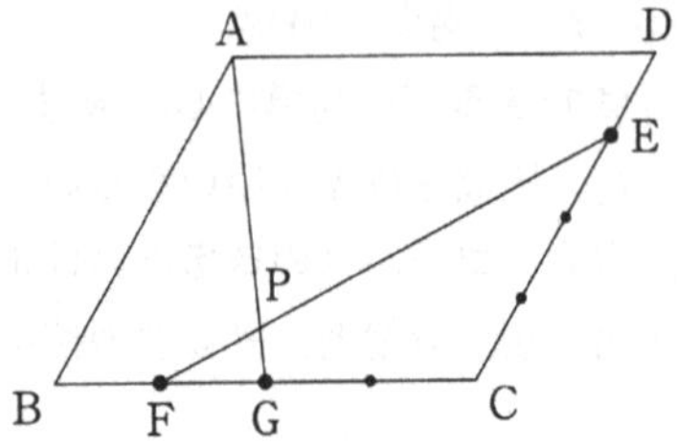

図2

⑴ 辺BCを4等分したときの図2について，

① AP：PGを求めなさい。

② FP：PEを求めなさい。

③ △PFGの面積と平行四辺形ABCDの面積の比を求めなさい。

⑵ 辺BCをn等分したとき，AP：PG＝13：7になりました。nを求めなさい。

〔３〕 太郎君と次郎君は，0，1，2，4の数字が書かれた玉が1個ずつ入っている袋をそれぞれ持っています。太郎君と次郎君はそれぞれ自分が持っている袋から玉を1個取り出して，玉に書かれた数字の大小で勝敗を決め，その勝敗によって点数を加えるゲームを繰り返し行います。太郎君と次郎君の初めの点数は2人とも0点とします。取り出した玉は自分が持っている袋に毎回もとに戻し，どの玉を取り出すことも同様に確からしいものとします。1回ごとの勝敗は，取り出した玉に書かれた数字の大きい方が勝ち，数字が同じときは引き分けとし，加える点数は以下の通りです。

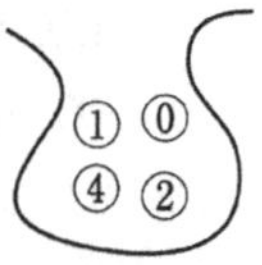

太郎

次郎

【勝ち】

・4が書かれた玉を取り出して勝ったときは，勝った人の点数に4点を加える。

・2が書かれた玉を取り出して勝ったときは，勝った人の点数に2点を加える。

・1が書かれた玉を取り出して勝ったときは，勝った人の点数に1点を加える。

【引き分け】

・引き分けたときは，お互いに0点を加え，これまでの合計点数は変わらない。

【負け】

・負けたときは，負けた人の点数に－1点を加える。

例えば，3回ゲームを行い，太郎君の勝敗が1回目は負け，2回目は引き分け，3回目は2が書かれた玉を取り出して勝ったとき，－1点，0点，2点を太郎君の点数に加えます。よって，3回目のゲームが終了したとき，太郎君の点数は1点となります。

次の確率を求めなさい。

⑴ 1回目のゲームが終了したとき，太郎君の点数が2点になる確率

⑵ 2回目のゲームが終了したとき，太郎君の点数が2点になる確率

(3) 3回目のゲームが終了したとき，太郎君の点数が2点になる確率

〔４〕 図のように，放物線$y=\frac{1}{4}x^2$…①，放物線$y=ax^2$…②，2直線ℓ，mがあります。
放物線①と直線ℓは2点A，Bで交わり，2点A，Bのx座標はそれぞれ-3，4です。
放物線②，直線ℓ，直線mは1点で交わります。その交点をCとすると，Cのy座標は6です。
放物線①と直線mは原点O，点Dで交わります。また，四角形ABDEがAB//EDの台形となるように，放物線①上に点Eをとります。次の問いに答えなさい。

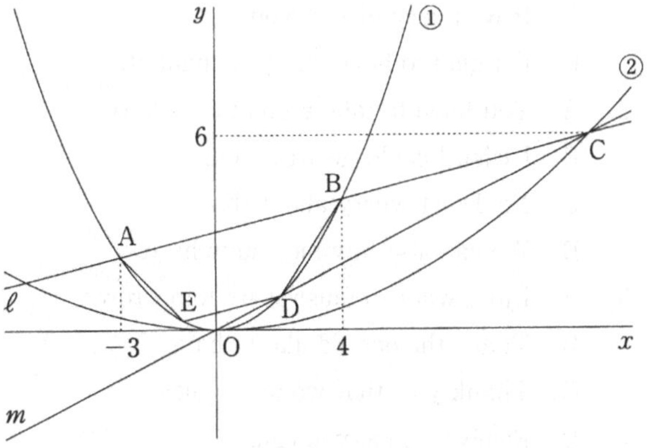

(1) 直線ℓの式を求めなさい。

(2) aの値を求めなさい。

(3) 台形ABDEの面積を求めなさい。

(4) 点Dを通り，台形ABDEの面積を2等分する直線をnとします。直線nとy軸との交点のy座標を求めなさい。

(5) (4)の直線nと直線ℓとの交点をFとします。△BDFを，y軸を回転の軸として1回転させてできる立体の体積を求めなさい。

〔５〕 図のように，各辺の長さがすべて12 cmの正四角錐O－ABCDがあります。辺OA，OB上にOE：EA＝2：1，OF：FB＝2：1となる点E，Fをとります。正方形ABCDの対角線の交点をG，四角形CDEFと線分OGの交点をHとします。次の問いに答えなさい。

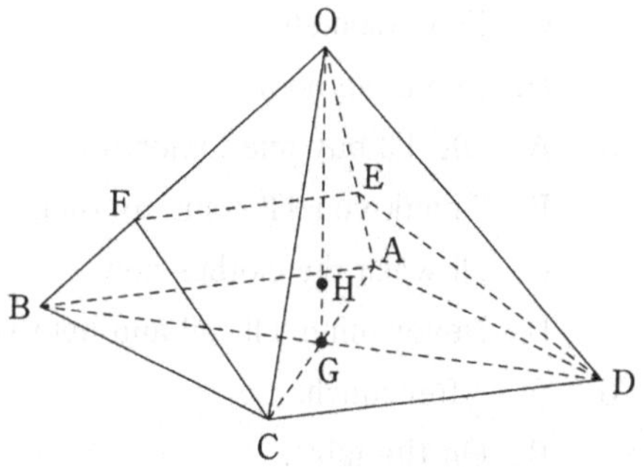

(1) 正四角錐O－ABCDの体積を求めなさい。

(2) OH：HGを求めなさい。

3点O，B，Dを通る平面をP，3点O，A，Cを通る平面をQ，4点C，D，E，Fを通る平面をRとします。この正四角錐を，3つの平面P，Q，Rで同時に切断したところ，8個の立体に分かれました。

(3) △OEFを1つの面とする立体の体積を求めなさい。

(4) △BCGを1つの面とする立体の体積を求めなさい。

(5) 8個の立体の表面積の和を求めなさい。

【英　語】（60分）〈満点：100点〉　**※リスニングテストの音声は弊社のHPにアクセスの上、音声データをダウンロードしてご利用ください。**

【Ⅰ】 リスニング問題（1）

これから放送で，6つの対話が流れます。その最後の文に対する応答として最も適切なものをそれぞれA～Dから1つ選び，記号で答えなさい。対話は**2回ずつ**流れます。

1　A．I'm sorry to hear that.
　B．Way to go! I'm really excited.
　C．It was very nice of you.
　D．I'm glad to hear that you made it.

2　A．You have to take a bus to get here.
　B．I wish I could go with you.
　C．No. Don't worry about that.
　D．We can also buy nice suits here.

3　A．I just want to finish it by tomorrow.
　B．That's the one I'd like to have.
　C．Thank you, that would be nice.
　D．Really? I hope you can.

4　A．About twenty minutes ago.
　B．Every fifteen minutes.
　C．Five kilometers.
　D．In half an hour.

5　A．OK. I'll buy one tomorrow.
　B．Thank you. I'll come by then.
　C．I'll wash the clothes now.
　D．Never mind. I'll call and help you later.

6　A．After lunch.
　B．On the table.
　C．Tomorrow afternoon.
　D．It was my brother's.

【Ⅱ】 リスニング問題（2）

これから放送で，3つの英単語の定義が流れます。それぞれの定義が表す英単語を書きなさい。英語は**1回のみ**流れます。

〈リスニング問題放送台本〉

1　A：I heard about the accident yesterday.
　B：Yeah, That was bad luck.
　A：Does your wrist (still) hurt?
　B：Yes, but now my elbow hurts too.

A. I'm sorry to hear that.

B. Way to go! I'm really excited.

C. It was very nice of you..

D. I'm glad to hear that you made it.

2. A：ABC restaurant, May I help you?

B：I'd like to make a reservation for Friday evening. There will be four of us. What time is available?

A：Is 7:00 OK?

B：Can we come in earlier?

A：Sure.

B：Do you require a jacket and tie?

A. You have to take a bus to get here.

B. I wish I could go with you.

C. No. Don't worry about that.

D. We can also have nice suits here.

3. A：Have you finished your English homework yet?

B：No, not yet. It's too difficult for me to understand.

A：Oh, is it. I can help you if you like.

A. I just want to finish it by tomorrow.

B. That's the one I'd like to have.

C. Thank you, that would be nice.

D. Really? I hope you can.

4. A：Excuse me. How can I get to the nearest station from here?

B：The best way is to take a bus.

A：How often do the buses run?

A. About twenty minutes ago.

B. Every fifteen minutes.

C. Five kilometers.

D. In half an hour.

5.（電話の呼び出し音）

A：Hello. City Library. How can I help you?

B：Hello. I'd like to know when you close today.

A：Well, it's Sunday today, so we are open until five.

A. OK. I'll buy one tomorrow.

B. Thank you. I'll come by then.

C. I'll wash the clothes now.

D. Never mind. I'll call and help you later.

6．A：What's the matter?

B：I'm afraid I've lost my favorite cap.

A：That's too bad. When did you see it last?

A. After lunch.

B. On the table.

C. Tomorrow afternoon.

D. It was my brother's.

【Ⅱ】

robot：this is a machine that can be made to work for humans. In books and movies, this often looks like people and can speak and behave like people

light：this is the thing which makes it possible for you to see things clearly. This comes from the sun during the day, but can also come from electricity.

wing：this is a flat thing on the side of a bird's body or on the side of a plane that helps it to fly.

【Ⅲ】 次の英文を読んで，各設問に答えなさい。

What does it mean to be happy?

If there's one thing that most people agree about, it's that they want to be happy. But it's surprisingly hard to ① pin down just what happiness is. It can be both a short moment of pleasure and a lasting sense of feeling good. It is strange that though it's so wanted everywhere, most of us very rarely say that we are happy if we're not specifically asked and even then it tends to make us stop and think a while, "Am I happy?" That, of course, does not mean at all that we are not happy, just that we do not think about it when we are happy.

In this ② consumer age, we are still thinking about happiness. The floods of self-help books, articles, TV programs, websites, courses and so on guide us towards the paradise of personal joy. We're all seeking those feel-good moments of joy because we're *worth it. But even if we search for it, we find it hard to achieve.

In terms of personal satisfaction, most people say they are happy in answer to surveys — but they seem to accept that there's something missing. In Western society, we enjoy material pleasures from good food to comfortable homes more freely than before, but most people seem to be less happy. Actually we only laugh one-third as often as we did 50 years ago. More and more people have *depression and in the Western world a huge number of people believe they are *psychologically ill-adjusted.

There is an old saying, "They were poor but they were happy." This has some truth in it. We feel that happiness is not really about all the material pleasures that consumer society can bring, though we try very hard to experience them. Some feel that we have become lost by this search for happiness.

It may be true that happiness won't come to people who look for it. John F. Schumaker, a psychologist, describes how a few decades ago, the small Himalayan nation of *Ladakh was a nation full of joy. Their culture produced respect for each other and nature, a hunger to share, and love of life. Their value system brought them love, *empathy, politeness, and environmental conservation. And then in 1980 it all changed as the country was hit by consumer *capitalism. Ladakh's new *Development Commissioner announced: "If Ladakh is more developed, there will be more people (③)." They succeeded in developing but the people of Ladakh now experience crime, difficulties in human relationships, depression, and pollution.

Of course, none of this should be a surprise. Over 2,500 years ago, the Greek *philosophers debated what happiness is and very few supported simple material pleasures. Most of them were called *Eudaimons*. *Eudaimon* is a word that cannot easily be translated but it means something like * 'well-spirited'. It's about a sense of well-being, of a life of high quality, of being full of good luck. It was, according to *Aristotle, about the good life in all senses of the word — a life that was materially satisfied and full of good things, including loving families, being successful in terms of achievements, and mental health.

When I think of the moments in life that I remember most lovingly, it must be the moments of greatest happiness. It's not experiences of material pleasures alone that I keep in mind for a long time. But when I was surrounded by the love of friends, when I finished a creative work, when a kind action made someone happy, when I made a great catch in a softball game, and when I noticed a moment of beauty such as the sun shining on the water. Of course, there are times of material pleasures there, too, but all these moments have another, deeper emotional importance as well as total physical satisfaction. I have a feeling that in these moments I wasn't actually seeking happiness at all. Happiness is a butterfly which is difficult to catch, the smell of a flower on the wind, caught almost *accidentally.

出典：*John Farndon "What does it mean to be happy?"* Do You Think You're Clever? (Revised)

*注　worth　～に値する　depression　うつ病　psychologically ill－adjusted　心理学的にうまく順応できない
Ladakh　ラダック（インド北部の地方州）　empathy　共感　capitalism　資本主義
Development Commissioner　開発担当長官　philosopher　哲学者　well-spirited　良い魂の状態で
Aristotle　アリストテレス（古代ギリシャの哲学者）　accidentally　偶然に

問1　下線部①の表す意味に最も近いものを1つ選び，記号で答えなさい。

ア　raise　イ　mean　ウ　turn　エ　decide

問2　下線部②の文中での意味を表すものを1つ選び，記号で答えなさい。

ア　age of younger users　イ　age of many rich people
ウ　age of endless buying　エ　age of customer research

問3　空欄③に入る適切なものを1つ選び，記号で答えなさい。

ア　who want more things　イ　who respect each other
ウ　who care about the environment　エ　who love to share feelings

問4　以下の英語に対応する適切なものをそれぞれ1つ選び，記号で答えなさい。

1　Choose the item which does **NOT** agree with the content in paragraph 1 and 2.

ア　Most people hope to be happy.
イ　If you ask yourself what happiness is, it means you're not happy at the time.
ウ　Humans think they should be happy.

エ　If you try to find happiness, it is very difficult to catch.

2　In paragraph 2, the writer would like to say that ...

ア　we often think about happiness when we don't have much material wealth to make us happy.

イ　when you buy things that bring you joy, you are able to achieve happiness.

ウ　though we are seeking happiness in this modern world, happiness is not easy to find.

エ　if you use such things as self-help books, TV programs, and websites, you will come to lose a sense of happiness in the future.

3　In paragraph 3, the writer would like to say that ...

ア　as surveys show, most people see the present situation as the height of happiness.

イ　many people have things that bring us pleasure, but they alone don't satisfy our needs for happiness.

ウ　people don't laugh as often as we did 50 years ago, and this means we need to build more comfortable homes.

エ　they only look for material pleasures because the number of people with mental problems has increased.

4　In paragraph 4, "this search for happiness" is closest in meaning to ...

ア　collecting good old memories when we were poor.

イ　looking for something lost in our mind a long time ago.

ウ　seeking true happiness that old philosophers talked about.

エ　trying to find joy in material pleasures.

5　Why are the people of Ladakh experiencing negative changes in their society now?

ア　Because the Development Commissioner has announced so.

イ　Because the value system in their society has changed.

ウ　Because they have become poorer than before.

エ　Because they have started to search for happiness.

6　In paragraph 6, choose the idea which *Eudaimons* would **NOT** like.

ア　Loving your family has a good effect on your spirit.

イ　Passing an entrance exam is a good thing.

ウ　It is important to have a balanced meal to keep your family healthy.

エ　Technology is the only thing that makes you happy.

7　In paragraph 6 and 7, the writer would like to say that ...

ア　happiness doesn't always come with material wealth, but it can be found in our memories.

イ　Aristotle was right because he regarded the world as the place that would bring pleasures.

ウ　emotional pleasures and material pleasures are equally important as both can lead to happiness.

エ　happiness is so difficult to find that we should keep the memory of material pleasures in the past.

【Ⅳ】 次の英文を読んで，各設問に答えなさい。

There's an Alien on the Internet

Andy's best friend is Joey, but they've never actually met. He met him on the Internet. He learned all the things about the solar system from Joey, so it made his *Star Wars* games fun. Joey doesn't go to school. He chooses to get his education at home. *I wish that Joey would come to our school here in Portland*, thought Andy.

Last week Andy's teacher, Mrs. Becker, put a big circle on the blackboard and said it was a pizza.

"Andy," she said, "if we divide the pizza, would you like one-third or one-tenth?" Ten is the bigger number, so that's what he picked.

Kevin started waving his hand in the air and shouted that he chose one-third. Mrs. Becker drew lines on the circle and then, Kevin showed that his piece of the pizza was bigger than Andy's. "① Andy's gonna get hungry," Kevin joked.

Then the whole class was laughing. ② *I wish that the recess bell would ring*, thought Andy.

Mrs. Becker's loud and strong voice made the room quiet. "Andy, do you see how the more you divide the whole pizza, the smaller the pieces become?"

"Yes, Mrs. Becker," Andy lied. The recess bell didn't ring for another half hour, and by then Mrs. Becker gave twenty problems in the class math book. Each problem had two *fractions with an empty circle between the fractions. The students were supposed to put a sign, > (*greater than*), or < (*less than*), in each circle. Looking at all those fractions and circles made Andy dizzy. He decided he had a fifty-fifty chance of guessing which one is right, but he often guessed wrong.

After school, when Andy got online with Joey, he typed: "I failed my math quiz today. I don't understand fractions and how to tell which is bigger."

Joey typed back: "Here's a good trick." Then he went to his drawing board and showed Andy how.

The next week, when Mrs. Becker gave a fractions test, Andy was the only kid who got 100 percent. The class didn't think Andy was so stupid anymore, thanks to Joey.

One day Andy said they should trade pictures in the mail. Andy sent his picture; he was in his baseball uniform with his bat over his shoulder like he was going to hit a home run. Then, when Andy asked Joey if he received his picture yet, Joey answered, "Your picture came, and it's impressive. Thanks!"

"Great!" Andy replied. "Then I should be getting yours soon." But Joey's picture never came.

It was strange. No photo and no comment from Joey. He just changed the subject. Then one day when they were talking about stars and aliens, Andy asked him, "Do you think there are aliens *in disguise on earth?" ③ It seemed like a long time before the screen lit up with his reply.

"Can you keep a secret?"

"I guess," Andy answered.

"Promise? It's really important!"

"Sure. I promise."

"I'm an alien from another planet. That's why I can't send you a photograph. My image can't be caught on film."

Andy sat there, while he was staring at the computer, in shock. He thought, "*Was this one of Joey's jokes? Then why didn't he send a picture? Is this why he knows so much more than other kids about spaceships and outer space? Why is he not so open about himself?*"

At dinner, Dad announced, "Good news! My *transfer request was accepted. We'll move to the head office in Denver at the end of this month. The company has found us a home. It's close to a good school for Andy and large enough for Grandma to live with us." Andy's mom was happy because her mother lived in Denver and recently broke her leg, so she wanted Grandma to live with them. But Andy just felt confused.

That night in bed, Andy thought about being a new kid in a new school. *I remember how I felt when we moved here. It was hard to make new friends. The other kids treated me differently for a while until they got to know me.*

The next morning, as Andy was sitting at the kitchen table and eating breakfast, his mom was watching a show on TV. A newscaster was interviewing a lady in Florida. "Tell me about the role the Internet plays in Joey's life," the newscaster asked.

"Well, it has allowed him a freedom he's never known before. He is not only able to have access to information from his wheelchair, but most importantly, he has made new friends."

The newscaster then asked, "Tell us about your Internet friends, Joey."

The camera shifted to the kid in a wheelchair, who was sitting in front of his computer. He was a little thin with disabled legs. His head hung to one side, and when he answered, his words were hard to understand. He had to make a big effort to say them. "When other kids see me, they just see that I'm different. It's hard for me to talk and be understood. But when I'm on the Internet, they think I'm just another kid because they can't see me. I've been making friends with lots of different people," Joey explained.

All day at school, Andy's mind was full of mixed thoughts. He wondered: *His Internet friend, Joey; Joey the alien; Joey the kid on TV; making new friends in Denver; Grandma.* As soon as he got home, he ran to his computer and switched it on.

He decided: *It doesn't matter where Joey came from — another planet or Florida. It doesn't matter what Joey looks like. I know who Joey is. Joey is my friend.*

Andy typed into the computer: "Joey, guess what? We're moving to Denver. ④ Boy, I am so glad to have a friend who goes with me everywhere I go."

出典：*Joanne Peterson "There's an Alien on the Internet"* Chicken Soup for the Kid's Soul (Revised)

*注　fractions　分数　　in disguise　変装した　　transfer　異動，転勤

問 1　以下の問に答えなさい。

1　Why did Kevin say, ① **Andy's gonna get hungry**?

ア　Because he wanted to make fun of Andy's mistake.

イ　Because Andy started moving his hand and shouting.

ウ　Because he thought Andy couldn't get his piece of pizza.

エ　Because Andy already ate the pizza he chose.

2　Why did Andy answer "one-tenth" to the teacher's question?

ア　Because he wanted to divide the pizza among his ten classmates.

イ　Because Kevin answered one-third first, Andy chose the other.

ウ　Because he thought one-third is smaller than one-tenth.

エ　Because there were more than three classmates in his class.

3　Why did Andy think ② ***I wish that the recess bell would ring***?

ア　Because he easily finished solving all the problems.

イ　Because he felt embarrassed when his classmates laughed at him.

ウ　Because he wanted to play with other kids.

エ　Because he wanted to have lunch soon.

4　How are the problems done in the math book?

ア　Draw 20 circles between fractions.

イ　Line up 20 fractions in order.

ウ　Do a guessing game that makes them dizzy.

エ　Tell which fraction is bigger in each problem.

5　What does Andy look like in his picture?

ア　Andy has his team's uniform on and his name plate.

イ　Andy has his bat which he hit a home run with.

ウ　Andy looks like he can hit a home run.

エ　Andy is in his school uniform with his classmates.

6　下線部③**It seemed like a long time before the screen lit up with his reply**.について次の質問に答えなさい。

Why did it take so long for Joey to answer Andy's alien question?

ア　Joey couldn't find a good answer to Andy's question right away.

イ　Joey's computer broke down.

ウ　Joey was taking a picture of himself.

エ　It took time for Joey to get messages from earth.

7　次の質問に対して**あてはまらない**ものをすべて選びなさい。

What were the roles the Internet played in Joey's life?

ア　A tool to get a lot of information.

イ　A tool to connect with friends.

ウ　A tool to make his condition better.

エ　A tool to make him different from others.

8　下線部④**Boy, I am so glad to have a friend who goes with me everywhere I go**.からAndyのどのような気持ちが読み取れるか。次の書き出しに続くものを選びなさい。

Andy felt happy because he would be able to ...

ア　always be with his best friend.

イ　make new friends at a new school.

ウ　start his new life in a city he would first visit.

エ　live with his grandmother again.

問2　本文の内容と**異なるもの**を3つ選び，番号順に答えなさい。

1)　Andy has not met Joey directly.

2)　Joey studies at his house instead of going to his local school.

3)　Andy chose the smaller piece of pizza for the math quiz by Mrs. Becker.

4)　Joey's picture came at last but his image was not clear and difficult for Andy to see.

5)　Joey knows much more about outer space than other kids.

6)　Andy's family planned to live with his grandmother.

7)　When Dad announced his move to Denver, every member of Andy's family was happy.

8)　Andy was worried if he could get along with new friends when he heard about them moving to Denver.

9)　Andy knew Joey came from another planet from the beginning.

10)　Andy decided he didn't mind what Joey looked like after he watched him on TV.

【V】 日本語の意味に合うように〔　　〕内の語句を並べかえて意味の通る英語にしなさい。解答の際はAとBに入るものを記号で答えなさい。ただし，文頭に来る語も小文字で示してあります。

1　私の家までの行き方を示している地図はここにあります。

〔ア shows / イ the map / ウ here / エ to / オ the way / カ is / キ which〕my house.

______ ___A___ ______ ______ ___B___ ______ ______ my house.

2　私がずっと探していた傘はこれです。

〔ア is / イ been / ウ umbrella / エ this / オ looking / カ I / キ the / ク have〕for.

______ ___A___ ______ ______ ___B___ ______ ______ ______ for.

3　私は川端康成の著書を3冊持っています。

〔ア have / イ written / ウ I / エ books / オ by / カ three〕Kawabata Yasunari.

______ ___A___ ______ ______ ___B___ ______ Kawabata Yasunari.

【VI】 次の会話が成り立つように空所に入る語句をア～エより1つ選び，記号で答えなさい。

1　A：When ____________________ Hokkaido?

B：Two years ago.

ア　have you visited　　イ　were you visited　　ウ　did you visit　　エ　do you visit

2　A：I ____________________ my brother does.

B：You mean your brother has more CDs than you do.

ア　have as many CDs as　　イ　don't have as many CDs as

ウ　have more CDs than　　エ　don't have less CDs than

3　A：If I ____________________ his address, I would write a letter.

B：He said he moved. I don't know his address, either.

ア　know　　イ　have known　　ウ　knew　　エ　knowing

【Ⅶ】 会話の流れに合うように空欄に入る英語を自分で考えて書きなさい。

1　ハナとティムが趣味について話しています。

Hana：What do you like to do in your free time?

Tim：Well, I like exercising. I like going to the gym. And sometimes, I enjoy reading books.

Hana：I also enjoy reading books when I have time.

Tim：But these days, I often listen to books instead. I listen to audiobooks.

Hana：Oh, do you?

Tim：Yeah, I like listening to audiobooks.

Hana：Why?

Tim：Because [　　　　　　　　　　　　.]

Hana：So, you mean you can do two things together.

Tim：Right. It is called "Multitasking." I love multitasking.

2　ケンジとジョンが昨日の出来事について話をしています。

Kenji：Hi, John. What's up?

John：Hey, Kenji. I went to a movie with Aya yesterday.

Kenji：That sounds fun. How was the movie? Did you enjoy it?

John：Not really. I had an argument with her.

Kenji：I'm sorry to hear that. What [　　　　　　　　　　　　?]

John：Well, the movie was OK, but I said the main actor Bob Depp wasn't cool. But she was a big fan of him.

Kenji：Oh, you didn't know that she was a fan? She is always talking about him with her friends.

John：Oh no, I didn't know that.

各種の出版物、小説や詩、絵画、写真、映画をはじめとする創作物、過去に戦争や事故などの惨事が生じた土地をめぐるダークツーリズム、政治、教育など、日々の暮らしから国家の水準まで、多様な過去の捉え返しや表現がなされている。

また、日本では、歴史の見方について国家が少なからぬ役割を果たしている。教科書検定という仕組みがあり、なにを日本の歴史として教育することを認めるか、という共同の記憶について、その歴史教育を受ける人びとの歴史観についてコントロールを利かせており、これまでも論争の火種となってきた。

ここではそのゼヒ(ニ)ではなく、教育内容を通じて、共有すべき記憶が選定されているという事実に目を向けておこう。私たちの記憶のありかたについて考える際、社会というエコロジーを考慮する必要があるのはこのためである。

（山本貴光『記憶のデザイン』）

（注）＊ジェノサイド……集団殺戮《さつりく》。

問一　傍線部**イ**～**ニ**のカタカナを漢字に直しなさい。

問二　空欄 A ・ B に当てはまる語を次の中から選び、それぞれ記号で答えなさい。

ア　だが　イ　だから　ウ　また　エ　つまり

問三　傍線部①「私たちはそうした虚構を共有している」とあるが、「虚構」の説明として適当なものを次の中から選び、記号で答えなさい。

ア　皆が知っているわけではないが、この世界のどこかにあるもの。

イ　普段は隠されている、言葉の上で創造されただけのもの。

ウ　記憶の上にのみ存在するという、実在が危ぶまれるもの。

エ　目には見えないが、存在するものとして扱われているもの。

問四　傍線部②とあるが、筆者が「記憶にかんする社会のエコロジーを考え」ようとするのはなぜか。文中の表現を用いて答えなさい。

問五　傍線部③「例えば『平家物語』という物語が伝存している」とあるが、「『平家物語』」は何の例か。文中の語句を用いて十字以内で答えなさい。

問六　傍線部④「倦むことなく」とはどういう意味か。適当なものを次の中から選び、記号で答えなさい。

ア　飽きることなく　イ　休むことなく

ウ　諦めることなく　エ　疲れることなく

いだでこそ成り立っているという次第も納得がゆくだろう。以下では、そうした②記憶にかんする社会のエコロジーを考えるいくつかの例を検討してみよう。

『記憶の暗殺者たち』という本がある。書き手はフランスの歴史家ピエール・ヴィダル＝ナケ。

この書名が雄弁に語っているように、過去の記憶を葬り去ろうとする人びとがいる。いわゆる歴史修正主義者だ。この本では、第二次世界大戦中のドイツで行われたユダヤ人に対する*ジェノサイドをなかったことにしようとする者たちへの批判が行われている。

過去の歴史をめぐっては、日本でも争いが絶えない。特に先の戦争での日本軍による南京大虐殺や従軍慰安婦の問題については、いまもなお歴史修正主義的な見方が後を絶たない。戦争責任を巡っても意見が分かれている。

そこでは、過去の出来事に関わる史料やその学術的な解釈について、どの程度学んで理解しているか、いないかという各人の記憶の状態に加えて、過去がどのようなものであって欲しいかという願望も混ざりこむため、話はさらにややこしくなる。

過ぎ去った過去の出来事は、それを経験した人たちが存命であれば、その人たちの記憶のなかに、経験した人たちがもはや地上に残っていなければ、ただその痕跡だけがある。

③例えば『平家物語』という物語が伝存している。いくつかの写本があり、なかには書き写した人が分かっているものもある。だが、いつどこで誰がつくったのか分かっていない。

同じ過去の出来事を記述しても、人によって必ずしも一致しないのは、残された材料（史料や遺物など）が限られているのに加えて、それに対する解釈も人によって違うからだ。

また、歴史を記す者が人間である以上、有限の時間、有限の量の文字で記す。例えば、現在の情報環境では、昨日一日の出来事について、ネット上に厖大《ぼうだい》な記録やイトウコウがある。しかし、だからといってそれを全て寄せ集めてみたところで、世界の一日を完全に記述できるわけではない。そもそも何を記せば完全な記述になるのかさえ分からないわけだが。

使える材料、使える紙幅、書き手の知識や歴史観などの組み合わせによって、歴史が記述される。事の次第からして厖大な省略が生じることになる。だから過去は誰にも正確には分からない、という意味ではない。いつも私たちは、そのような条件の下で、それでも過去の出来事について探究し、こうであっただろうという像を提示し、検討の末に可能であれば合意するわけである。

後日、関連する新たな史料が出現したり、新たな見方が提示されたりすれば、何度でも④倦《う》むことなくこのプロセスを繰り返す。不完全ながら、ここまでは分かったと言えるという領域と、ここから先は分からないという領域を確認し直し続ける。歴史を探究する学問に歴史学がある。歴史学とは、そのつど終わりなき近似を目指す営みである。それは人びとのあいだで過去の記憶をいかに共有するかという試みでもある。

これは歴史学に限らない。日常人びとが交わす会話、戦没者をロツイトウし平和を祈念する日のような記念日の制定、儀式やハモヨオし、記念碑や記念館などのモニュメント、メディアによる報道、批評を含む

エ　自分以外の人が排除されていないかどうか、絶え間なくチェックすること。

三　次の文章を読んで、後の問に答えなさい。

記憶といえば、個人のものと思われがちである。［A］実際には、私たちは家族や友人、学校や職場やネットの知人たち、あるいは様々な他人とのあいだで記憶を共有している。同じ出来事を経験した者同士なら、そのときの記憶も共有している。ただし必ずしも一致するわけではなく、それぞれの人によって食い違いもある。

［B］、人びとが記憶を共有するからこそ成り立つものもある。これは歴史家のユヴァル・ノア・ハラリが『サピエンス全史』で挙げていた例だが、会社というものは、この世界のどこかに「これが筑摩書房です」という有形のモノとしてあるわけではない。

例えば、建物や仕事場の机やコンピュータといった会社の備品が会社なのではない。そこにいる社長が会社なのでもない。株主が会社なのでもない。会社とは、それらの人のあいだで取り結ばれた契約によって、そのようなものがある、と設定されたなにものかなのだ。法律で認められた、そういってよければ言葉の上で創造された存在である。ハラリの言い方を借りれば、①私たちはそうした虚構を共有しているということになる。

ここでの私たちの関心に照らして言い換えれば、国家や法律や企業その他、人間がつくる組織は、人びとの頭のなか、記憶の上にのみ存在するものだと言えるだろう。といっても、それは幻想であって、意味のないものだ、ということではない。まったく逆で、むしろモノとしては存在していないのにもかかわらず、人間たちは共同して、そのような各種の組織や仕組みを存在するものとして扱い、運用している。これなども社会的な記憶のあり方と見ることができる。実際にそんなことは起きないだろうけれど、明日世界中の人びとの記憶から、日本という国にかんする記憶が消えたらどうか。それでも日本という国は存在していると言えるだろうか。

言語や歴史なども、個々人が勝手につくりだすものではない。言語は、長い時間をかけてその言語を使う人びとが、つくってきた語彙や表現を受け継いでいる。私たちが使う言葉は、そのほとんどが、過去に誰かがつくったものだ。また、言葉は他人に通じてこそ意味がある。他人に読まれたくない秘密の日記を書くために、自分専用の言語をつくるというケースは考えられるが、日常的には他人と共有してなんぼである。これなども、言葉とその意味や使い方についての記憶を、他人と共有している社会の記憶として捉えることができるだろう。

また、過去の歴史についても、いつなにが起きたのかという記録や遺物があり、それを誰かが観察・分析・記録して、「このようなことがあった」と記述してこそ、私たちもそれを学び、検討し、知ることができる。例えば、一八六七（慶應三）年に徳川慶喜が政権を朝廷に返して、大政奉還が成立した、という歴史の事実を、その目で見た人はすでにこの世にいない。当時の記録や遺物などの史料が伝える出来事とそれに対する解釈を、知識として私たちは自分の長期記憶に入れることで、そのような歴史を認識するわけだ。歴史もまた、社会的な記憶の一例である。

このように考えると、私たちの記憶は、そもそも他の人たちとのあ

排除された後、同じ場所には花が植えられ、緑を大切にという看板がかかげられていたが、どう考えても［C］には厳しい処置だった。他者を排除していくと、誰にもやさしくない都市になる。

　最後に岡本太郎の《坐《すわ》ることを拒否する椅子》（一九六三）をとりあげよう。彼は巨大な壁画や屋外彫刻のように、公共空間に設置され、誰も所有しないアートを推進したが、これは題名通り、座面が丸かったり、ハート型だったり、顔がついているなど、座りにくい陶製の椅子である。もちろん、これは他者の排除を狙ったわけではない。生ぬるく快適に生きると人間が飼いならされてダメになるから、山の中の切り株のような椅子をつくり、大衆社会に送り込んだものだ。いわば反語的なメッセージである。座るな、ではなく、それでも果敢に［D］、と訴えるものだ。一方、彼は、弱者である病人や高齢者は座りやすい椅子を使うべきだと述べたという。当然、岡本の時代に排除アートは存在しなかった。「坐ることを拒否する椅子」は、モダニズムの機能主義に対する批判でもある。一方で排除アートは「～させない」という機能を担わされた造形だ。まずはわれわれが街に出かけ、他者の視点をもって、知らないうちに増えている排除アートを発見・体験し、都市の不寛容を知ることから、意識を変えていく必要がある。

（五十嵐太郎「排除アートと過防備都市の誕生。不寛容をめぐるアートとデザイン」）

（注）＊プロダクト……製品。

＊アフォード……与える。提供する。

問一　傍線部①「その意図」とはどのようなことか。解答欄の形式に合うように、文中から二十字以内で抜き出しなさい。

問二　空欄［A］・［B］に当てはまる語を次の中から選び、それぞれ記号で答えなさい。

ア　つまり　　イ　なぜなら　　ウ　もっとも

エ　しかし　　オ　だから　　カ　そして

問三　傍線部②について。この「風潮」によってどのような弊害があるか説明しなさい。

問四　空欄［Ⅰ］～［Ⅳ］について。「アーティスト」が当てはまる場合はア、「デザイナー」が当てはまる場合はイをそれぞれ答えなさい。

問五　空欄［C］に当てはまる漢字一字を答えなさい。

問六　空欄［D］に当てはまる表現を次の中から選び、記号で答えなさい。

ア　座らざるをえない　　イ　座ることを拒否しろ

ウ　座ってみろ　　エ　座れるはずがない

問七　筆者が最も強く主張していることを次の中から選び、記号で答えなさい。

ア　誰に対しても優しい都市になるように、排除アートを使わないようにすること。

イ　ホームレスの立場に立って、都市に隠されている排除アートを作りかえること。

ウ　何気ないものにも気を配って、排除アートの存在に対して自覚的になること。

機能はもつ。そもそも公共の空間は、さまざまな行為を許す自由な場なのだが、その可能性を部分的につぶすことに貢献している。とすれば、排除アートは、作者が表現を行うアートではなく、ネガティブな機能をもつデザインなのだ。

実際、「排除アート」にあたる英語としては、やはり「Art」という言葉は使われておらず、「Hostile architecture（敵対的な建築）」や「Defensive urban design（防御的なアーバン・デザイン）」などが使われているという。筆者も表現としてのアートではなく、目的をもつデザインだと思うのだが、「アート」と呼ぶことが定着したのは、日本におけるアートの受容と関係があるかもしれない。②なんだかよくわからない、不思議なかたちをしたものを、とりあえず「アート」と呼ぶという風潮だ。例えば、今年オープンしたミヤシタパークには、通路に不定形のフォルムをもったベンチ、間仕切りはないが、途中に二つのリブが入るメッシュ状のベンチ、細い座板と細い天板をV字型の側面でつないだベンチ＋椅子が存在するが、いずれも長居したくない、あるいは寝そべることが難しいデザインである。が、これらを紹介しているネットのレポートなどを読むかぎり、「アートがたくさん！」という風に、目に楽しいオブジェ的なベンチとして受容されているようだ。座りにくいベンチが、アートという美名のもとにカモフラージュされている。

排除アートを都市空間に設置されるパブリック・アートと比較しよう。戦後日本で増殖した裸婦像であろうと、抽象的な彫刻であろうと、パブリック・アートは、必ず作家の名前やタイトルを記したプレートが付いている。それに対し、排除アートは、制作者の名前がどこにも記されていない。すなわち、誰かがデザインしたものではあるが、［Ⅰ］の作品ではない、ということだ。かといって量産されるプロダクトでもなく、場所にあわせた一品物が少なくない。実際、ベンチのメーカーのホームページでも、機能を説明しづらい排除アートらしきものは販売していない。なるほど、［Ⅱ］の名前は意識されないが、同じものが複数つくられるプロダクトとも違い、環境を読み込んだ造形がなされる状況は、建築と似ていよう。とはいえ、［Ⅲ］の作品が、結果的に排除アートとして利用されることもありうる。開発者側が、戦略的に作品の位置やサイズを決めて、パブリック・アートの制作を依頼する場合だ。また物理的な排除機能がなくとも、目立つ場所に居づらいという雰囲気も醸成するだろう。ゆえに、他者の排除に貢献したくないならば、［Ⅳ］は慎重にならざるをえない。

排除アートは、言葉によって禁止を命令しないが、なんとなく無意識のうちに行動が制限される、いわゆる環境型の権力である。現在、ＳＤＧｓやバリアフリーの目標が高らかにうたわれているが、実際に都市で進行しているのは、真逆の事態ではないか。ホームレスが使いにくいベンチは、実は一般人にとっても座りにくいベンチでもある。そして排除アートは、われわれが使えるはずだった場所を奪う。本来、広場や公園などの公共空間は、有料で入場するテーマパークと違い、未定義の部分があり、様々な可能性に開かれている。それをあらかじめつぶすのが、排除アートなのだ。いまや騒ぐ子供がうるさいということで、公園さえ迷惑施設とされているが、下手をすれば、将来、遊ぶ機能を失ったオブジェで埋めつくされるのかもしれない。アートだけではない。愛知万博の直前、公園のホームレスが強制的にたときはニュースにとりあげられたが、いまや監視カメラが遍在するのは、当たり前の風景になった。いち早く、マイク・デイヴィスの『要塞都市LA』（青土社、二〇〇一、村山敏勝・日比野啓原訳、原著一九九〇）も、セキュリティが最優先される都市の状況を指摘し、アメリカの公園において定期的に放水装置を作動させることで、浮浪者が居座れないようにするといった対策が施されていることを報告している。

　ベンチの真ん中に不自然な間仕切りをつけた排除系ベンチが目立つようになったのも、このころだった。言うまでもなく、ベンチは座るためにデザインされた*プロダクトである。だが、通常は細長いことによって、その上で寝そべることも可能だ。これは本来、意図されていなかった機能かもしれないが、ホームレスにとっては地面の上で寝ないですむ台として活用できる。そこで座るという役割だけを残して、寝そべることを不可能にしたのが、間仕切り付きのベンチなのだ。当時、ベンチをよく観察すると、間仕切りは明らかに後から付加されたものが多く、行政や管理者の公共空間に対する考え方の変化が可視化されていた。すなわち、誰もが自由に使えるはずの公共空間が、特定の層に対しては厳しい態度で臨み、排除をいとわないものに変容している。おそらく、通常の生活をしている人は、間仕切りがついたことを深く考えなければ、その意図は意識されないだろう。言葉で「〜禁止」と、はっきり書いていないからだ。［Ａ］、排除される側にとって、そのメッセージは明快である。

　排除系ベンチは「進化」し、最初から間仕切りを備えたプロダクトが登場した。ベンチのメーカーのホームページを調べると、こうした製品は様々に存在することが確認できる。背もたれがなく、座板が丸みを帯びたベンチは、さらに座るという機能だけに特化される。運動ができる健康増進ベンチという名前で、きわめて不自然な造形を正当化するものも認められた。もちろん、製品の説明にホームレスを排除するためとは書かれていない（はっきりと目的を記していれば、炎上案件だろう）。ともあれ、間仕切りが存在していれば、本来寝そべることは可能だが、それを拒否していることを想起させる。が、極端に座板が細かったり、座板の代わりに線状の部材を並べるようなプロダクトは、間仕切りが必要ない。最初からそこで寝そべることができるかもしれないという選択肢をあらかじめ奪う。だが、ベンチはベンチである以上、座るという機能は残る。ベンチはアートではなく、デザインされたプロダクトだからだ。これをさらに「進化」させると、排除アートになるだろう。

　［Ｂ］、アートはデザインと違い、直接的な機能が求められないからだ。青山のビル前でドーナツのような物体を初めて見たとき、次のステージに到達したと感じたことがある。全然、既存のベンチには似ていない。ただし、ほどよい高さなので、そこで座るという行為を*アフォードするだろう。実際、数人が腰掛けていた。が、リング状に湾曲し、丸味を帯びているために、まったく平らな面がない。なるほど、これは座ることは可能なオブジェだが、もはや最初から寝そべるという行為をまったく想像させない。しかし、座ることさえ拒否する排除アートも存在する。公共の場所を物理的に占拠し、なんら身体のふるまいを働きかけない造形ならば、それが可能だ。これを機能なき純粋なアートと呼ぶべきなのか？いや「〜させない」という否定形の

頂上を仰ぎ、富士山に訊いてみる。あなた、日本一の山だそうですけど、こんな友だち、あなたにいますか？

富士山が初めて寂しげに微笑んだ気がして、急に愛《いと》しくなる。この美しい富士が束の間の姿だというのなら、ああきれいだなあ、と素直に思いながら眺めたほうがいい。

⑤ゴールはもうすぐそこだ。足は不思議なほど軽い。生まれて初めて、いつか富士山に登れそうな気がしていた。

（伊与原　新「新参者の富士」）

問一　傍線部**イ**〜**ホ**のカタカナを漢字に直しなさい。

問二　傍線部①とあるが、美希は瑞穂の言葉をどのように解釈しているか。解答欄の形式に合うように二十字以内で答えなさい。

問三　二重傍線部A「せせら笑う」・B「嘲った」のように感じるのはなぜか。その前提となる一続きの二文を文中から探し、最初の五字を抜き出しなさい。

問四　傍線部②「山頂」とは何か。文中から二つ、七字と十九字で抜き出しなさい。

問五　空欄［③］に当てはまる語を答えなさい。

問六　傍線部④「振り回されて腹が立つこともある」とあるが、どのようなことがあったか。一続きの二文を文中から探し、最初の五字を抜き出しなさい。

問七　傍線部⑤「ゴール」とはどこか。文中から十一字で抜き出しなさい。

二　次の文章を読んで、後の問に答えなさい。

近年、排除アートが増えているというニュースが散見される。路上、あるいは公共空間において、特定の機能を持たない、作品らしきものが、その場所を占拠することによって、ホームレスが滞在できないようにするものだ。もっとも、こうした現象は最近始まったわけではない。一六年前、すでに筆者は『過防備都市』（中公新書ラクレ、二〇〇四）を上梓《じょうし》した際、都市のフィールドワークを通じて、排除アートというべき物体が登場していることを確認した。有名な作品（？）としては、一九九六年に新宿西口の地下街でホームレスを排除した後に設置された先端を斜めにカットした円筒状のオブジェ群や、京王井の頭線渋谷駅の改札前において小さな突起物が散りばめられた台状のオブジェなどが挙げられるだろう。都築響一も、『ART iT』二号（アートイット、二〇〇四）において、こうしたオブジェに対し、「ホームレス排除アート」、もしくは「ギザギザハートの現代美術」と命名している。

何も考えなければ、歩行者の目を楽しませるアートに見えるかもしれない。ときには動物を型取り、愛らしい相貌をもつケースさえあるから厄介で、ほのぼのとしたニュースとして紹介されることもある。しかし、①その意図に気づくと、都市は悪意に満ちている。排除される側の視点から観察したとき、われわれを囲む公共空間はまるで違う姿をむきだしにするはずだ。私見によれば、一九九〇年代後半から、他者への不寛容とセキュリティ意識の増大に伴い、監視カメラが普及するのと平行しながら、こうした排除アートは出現した。ハイテク監視とローテクで物理的な装置である。二一世紀の初頭、路上に増えだしる。「何か面白いものでもあるんですか？」

「え？」男性が驚いて振り返る。「ああ、溶岩ですよ」

見れば確かに、傾いた板状の岩が何枚か重なっている。

「溶岩って、富士山のですか？」美希が言った。

「いえ、小御岳火山の」

「小御岳？　さっきの小御嶽神社の？」

美希が持ち前の無遠慮さで聞き出したところによると、男性は地元の大学で火山の研究をしている教授だという。ドローンを使っていたのは、火山の細かな地形を上空から撮影するためだそうだ。

教授は、北斜面の五合目付近を引きで撮った画像をタブレットで見せながら、解説してくれた。

「――ほらここ。斜面にポコッと小さな肩みたいなのがあるでしょ。小御岳火山の頭が飛び出てるんですよ。今我々は、ちょうどその上にいる。すぐそこのスバルライン終点も神社も、この肩の上に作られたわけです」

「そういうことかあ。だからさっき、ここが山頂だって」

納得顔の美希の横から、今度はわたしが訊《き》く。

「つまり、小御岳火山は、富士山の中腹にできた小さな火山ってことですか？」

「いえいえ、逆ですよ」教授は微笑《ほほえ》んだ。「小御岳火山が先。富士山の下にはね、より古い火山がいくつも埋まっているんです。まず先小御岳火山というのがあって、二十万年前頃から、その上に小御岳火山ができた。十万年前には小御岳の山腹で古富士火山が噴火を始める。今の富士山が生まれ始めたのは、一万数千年前。ごく最近です」

「最近、ですか」

「日本海が開いて日本列島の原型ができたのは千五百万年前。日本アルプスの山山が隆起を始めたのが二、三百万年前ですからね。富士山なんて、まったくの新参者ですよ」

聞こえました？　わたしは山頂のほうをちらりと見て、言ってやる。あなた、新参者ですって。少し胸がすっとした。

「ですから、数万年前に旧石器人がこの辺にいたとしたら、全然違う景色を見ていたはずです。逆にいうと、今の美しい富士は、ほんの束の間の姿ということになる」

そのあと美希が頼み込み、さっき撮っていた空撮動画を見せてもらった。画面の隅にほんの数秒だけ、手を振る美希とわたしの姿が小さく映っていた。

わたしはほんのちっぽけで、疲れて肩を落としていたけれど、ちゃんと山に立っていた。旧石器人が見ていた〝富士山〟のてっぺんに。

教授と別れてまた歩き出すと、美希が言った。

「来年の目標、富士山登頂にしようよ。美希&瑞穂の共同目標」

「――できるかな」

「いいんだよ。目標なんてのはね、達成できてもできなくても、人生に影響しないようなものにしときゃいいの。そうしとくべきなの、あたしたち人生の新参者は」

「新参者って、来年三十だけど」

「人生百年時代だよ。三十なんて、新参者同然じゃん。仕事だってまだこれから。結婚に至っては、まだまだまだこれから」

「まだが多いよ」思わず笑みがこぼれる。「でも――ほんとそうかもね」

き合っている。
「ねえ、あれ――」美希がささやいて、男性の足もとを指差した。
「ドローンじゃない？」
「ほんとだ」四本足にプロペラがついたシルバーの機体が置かれている。「富士山の空撮でもしてるのかな」
その横を通り過ぎたあと、美希が言った。「さっきの男の人、ここが山頂だ、みたいなこと言ってなかった？」
「言ってた。どういう意味だろね」
三十分ほど歩き、泉ヶ滝というところで分岐を右に進む。道が細くなり、急に斜度が上がった。途端に息も上がる。
わたしは体力がない。子どもの頃から、人よりもずっと。ハショウモウすると、心まですぐ弱る。だから、お［③］もとで育ちながら、富士山に登ろうなどとは考えたこともない。
そもそもわたしは、ずっとこの山が苦手だった。そのニカンペキな美しさと威容でいつもこちらを見下ろし、わたしのひ弱さを笑っている富士山が。
頭痛がしてきた。高山病だろうか。前を元気に歩いていた美希が、山頂側の空を指差して「あ！」と声を上げる。
「ドローンだ！　さっきの人のじゃない？」
はるか上空を飛ぶ小さな機械に「おーい」と手を振る美希を見ながら、あらためて不思議な子だと思う。
わたしは県内の大学を出たあと、東京でホチュウケン飲料メーカーに就職した。美希はその同期だ。
今思えば、メーカーなど初めからやめておくべきだった。最初に配属されたマーケティング部はまだよかったが、四年目で営業部に異動になると、営業目標を達成するための激務とプレッシャーに耐えられなくなった。頻繁に体調を崩して上司に叱られ、先輩に嫌味を言われて、ストレスでまた寝込む。ひどい悪循環だ。
最後には異常な眠気で出社できなくなり、軽いうつ病と診断されて、退職。異動して一年ともたなかった。ワンルームマンションを引き払い、静岡に帰る新幹線から見えた富士山が、わたしをB嘲った。
ふっふっふ。やっぱりね――。
退職を決めたとき、同僚たちはいかにも思いやり深そうな顔をしながら離れていったが、美希だけは違った。「そっかあ。じゃあ、今度東京に出てきたときでいいからさあ」と、わたしと次の食事の約束をしようとしたのだ。
あれから三年。美希とはしょっちゅう電話やメールのやり取りをし、たまに上京すると必ず食事をする。④振り回されて腹が立つこともあるが、一緒にいて誰よりラクなのは、その文句をストレートに言えるからだと思う。
ぜえぜえ言いながらさらに三十分歩き、何とか六合目に着いた。山中湖を見下ろしながらコンビニで買ってきたおにぎりを食べているうちに、頭痛は消えてくれた。
帰りは少しコースを変え、途中まで吉田ルートを下りてから、スタート地点の富士スバルライン五合目へ向かう。
泉ヶ滝の分岐まであと少しというところに、ドローンの男性がいた。今度は一眼レフで山道脇の崖の写真を撮っている。
美希が立ち止まった。まさか、と思っている間に男性に声をかけ

【国 語】（六〇分）〈満点：一〇〇点〉

一 次の文章を読んで、後の問に答えなさい。

ツアーの団体に混じって小御嶽《こみたけ》神社で参拝を済ませたあと、境内の脇にある展望台に上ってみた。広大な緑の裾野の先に、山中湖と富士吉田市街が見える。

「絶景だねえ。これが瑞穂の故郷かあ」美希がまた言った。

「だから、違うって。こっちは山梨側だって言ってるでしょ。うちは静岡。富士宮。反対側だよ」

①「またそうやって張り合っちゃって」美希はおどけて真顔を作る。

「富士山はみんなのものだよ。大昔から」

「誰もそんな話してないよ。だいたい、うちの地元が見たいなら、新幹線で新富士下車だよって言ったじゃん」

「だって、新宿からだとこっちのほうがラクだったんだもん」美希に悪びれる様子はない。

会うのは半年ぶりだが、この子は相変わらずだ。昨夜になって急に、待ち合わせ場所を新富士駅から河口湖駅に変更してほしいと言ってきた。おかげでこっちは四十分も余計に車を走らせる羽目になったのだ。

展望台を下り、色とりどりの大型バスがひしめく五合目ロータリーまで戻る。九月に入り、登山シーズンはもう終わりを迎えようとしているが、観光客、とくに外国人の多さは想像以上だった。

「あ！ ほら、見えたよ！」美希が頂上のほうを指差した。さっきまでかかっていた雲がきれいに取れている。

「ああ……よかったね」

「何その常連感」美希が口をとがらせた。「こっちは初富士山なんだから、もうちょっとテンション合わせてきて」

「わたしだって十年ぶりだよ。五合目まで来たの」

その言葉に、富士山が笑ったように見えた。

ふっふっふ。確かに珍しいですねえ、こんなそばまで来るなんて。しかも、リュックなんか背負って。もしかして、登ってくる気ですか——。

登りません、とわたしは心の中で答える。登山気分を味わいたいと美希が言うので、六合目までトレッキングするのに付き合うだけだ。

富士山がまたAせせら笑う。

登らないんですか。まあ、多少は根性が要りますからねえ。何たって私、日本一の山ですから。ふっふっふ——。

山頂まで入れた自撮りに夢中の美希を、「もう行こう」と急《せ》かした。大きなザックを背負ったグループのあとについていく。たぶんそっちが登山口だろう。

舗装こそされていないが、道は広く平らに整備されている。両手にストックをイニギった登山者たち。Tシャツにサンダルロバきのカップル。土産物の紙袋を提げた外国人観光客。行き交う人々は様々だ。

山腹を横切る平坦な道を五分ほど行くと、路肩に中年男性がしゃがみ込み、タブレットを操作していた。その画面を横から老夫婦がのぞきこんでいる。

「——ですから、ちょうどこのあたりがですね」男性は周囲の地面を示して言った。「②山頂になるんですよ」

「へえ、ここが」「面白いわねえ」と老夫婦は感心したようにうなず

MEMO

大切なことはメモしておこうネ！

2022年度

解　答　と　解　説

《2022年度の配点は解答欄に掲載してあります。》

＜数学解答＞

〔1〕 (1) $a=\frac{2}{3}$，$b=2$，$c=6$　(2) ① $\frac{1}{7}$　② $\frac{13}{21}$

(3) 球の半径 $\frac{3}{2}$cm，水の体積 $\frac{15}{2}\pi$ cm^3　(4) $p=3+\sqrt{13}$

〔2〕 (1) ① 5：1　② 2：7　③ 1：48　(2) $n=10$

〔3〕 (1) $\frac{1}{8}$　(2) $\frac{17}{256}$　(3) $\frac{63}{512}$

〔4〕 (1) $y=\frac{1}{4}x+3$　(2) $a=\frac{1}{24}$　(3) $\frac{25}{2}$　(4) $\frac{13}{6}$　(5) $\frac{190}{9}\pi$

〔5〕 (1) $288\sqrt{2}$ cm^3　(2) 4：1　(3) $\frac{128\sqrt{2}}{5}$cm^3　(4) $\frac{168\sqrt{2}}{5}$cm^3

(5) $432+264\sqrt{3}$ cm^2

○推定配点○

〔1〕 (3) 各3点×2　他 各4点×4　〔2〕 各5点×4　〔3〕 各6点×3　〔4〕 各4点×5

〔5〕 各4点×5　計100点

＜数学解説＞

〔1〕 (関数，確率，空間図形，数の性質)

基本 (1) $y=ax^2$に$x=-6$，$y=24$を代入して，$24=a\times(-6)^2$　$a=\frac{2}{3}$　$y=\frac{2}{3}x^2$に$x=b$，$y=\frac{8}{3}$を代入して，$\frac{8}{3}=\frac{2}{3}b^2$　$b^2=4$　$b>0$より，$b=2$　$y=\frac{2}{3}x^2$に$x=3$，$y=c$を代入して，$c=\frac{2}{3}\times3^2=6$

(2) カードの取り出し方の総数は，$7\times6\div2=21$(通り)

基本 ① 題意を満たすのは，直線ℓが直線BC，DE，FGのときの3通りだから，求める確率は，$\frac{3}{21}=\frac{1}{7}$

重要 ② 直線ℓと直線OBがねじれの位置にならないのは，直線ℓが直線AB，AC，BC，BD，BE，BF，BG，DFのときの8通りだから，求める確率は，$1-\frac{8}{21}=\frac{13}{21}$

重要 (3) 右の図のように，O，A，B，C，Dをとる。$\text{AC}=8\times\frac{1}{2}=4$，$\text{BC}=6\times\frac{1}{2}=3$より，$\text{AB}=\sqrt{4^2+3^2}=5$　球の半径OC＝OD＝$r$cmとすると，2組の角がそれぞれ等しいので，△ABC∽△AOD　AB：AO＝BC：OD　$5:(4-r)=3:r$　$5r=12-3r$　$r=\frac{3}{2}$(cm)　水の体積は，$\frac{1}{3}\pi\times3^2\times4-\frac{4}{3}\pi\times\left(\frac{3}{2}\right)^3=12\pi-\frac{9}{2}\pi=\frac{15}{2}\pi$ (cm^3)

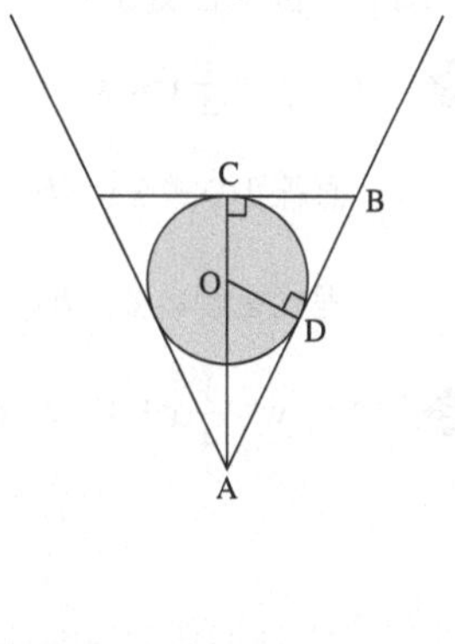

(4)　$0<b<1$より，$0<b^2<1$だから，$43<p^2<44$　よって，$6<p<7$だから，$p=6+b$と表せる。$p^2+b^2=44$に代入して，$(6+b)^2+b^2=44$　$b^2+6b=4$　$(b+3)^2=4+9$　$b+3=\pm\sqrt{13}$　$b=-3\pm\sqrt{13}$　$0<b<1$より，$b=-3+\sqrt{13}$　よって，$p=6-3+\sqrt{13}=3+\sqrt{13}$

〔2〕（平面図形の計量）

重要　(1)　直線ADとFEとの交点をQとする。

①　平行線と比の定理より，DQ：FC＝DE：CE＝1：3　よって，AP：PG＝AQ：FG＝(4＋1)：1＝5：1

②　FP：PQ＝GP：PA＝1：5＝2：10　FE：EQ＝CE：ED＝3：1＝9：3　よって，FP：PE＝2：(10－3)＝2：7

③　△PFG：△AFG＝PG：AG＝1：(1＋5)＝1：6　△AFG：△ABC＝FG：BC＝1：4　よって，△PFGの面積をSとすると，平行四辺形ABCDの面積は，2△ABC＝2×4△AFG＝8×6△PFG＝48S　よって，1：48

(2)　BC＝nとすると，BF：FG：GC＝1：$(n-3)$：2　DQ：FC＝1：3より，DQ＝$\frac{1}{3}(n-1)$　よって，AQ：FG＝AP：PG＝13：7より，$\left\{n+\frac{1}{3}(n-1)\right\}:(n-3)=13:7$　$\frac{7}{3}(4n-1)=13(n-3)$　$28n-7=39n-117$　$-11n=-110$　$n=10$

〔3〕（確率）

基本　(1)　1回に取り出す玉の数字の組み合わせの総数は，4×4＝16(通り)　題意を満たすのは，太郎君の玉の数字が2で，次郎君の玉の数字が0か1のときだから，求める確率は，$\frac{2}{16}=\frac{1}{8}$

(2)　2回のゲームの玉の数字の組み合わせの総数は，16×16＝256(通り)　題意を満たすのは，①1回は引き分け，1回は2が書かれた玉を取り出して勝ったとき，(4×2)×2＝16(通り)　②2回とも1が書かれた玉を取り出して勝ったとき，1×1＝1(通り)　よって，求める確率は，$\frac{16+1}{256}=\frac{17}{256}$

(3)　3回のゲームの玉の数字の組み合わせの総数は，16×16×16＝4096(通り)　題意を満たすのは，①1回は引き分け，2回は1が書かれた玉を取り出して勝ったとき…(4×1×1)×3＝12(通り)
②1回は2が書かれた玉を取り出して勝ち，2回は引き分けのとき…(2×4×4)×3＝96(通り)
③1回は4が書かれた玉を取り出して勝ち，2回は負けるとき…0，1，2の数字が書かれた玉を取り出して負ける場合はそれぞれ3，2，1(通り)の計6通りあるから，(3×6×6)×3＝324(通り)
④1回は1が書かれた玉を取り出して勝ち，1回は2が書かれた玉を取り出して勝ち，1回は負けるとき…(1×2×6)×(3×2×1)＝72(通り)　よって，求める確率は，$\frac{12+96+324+72}{4096}=\frac{63}{512}$

〔4〕（図形と関数・グラフの融合問題）

基本　(1)　$y=\frac{1}{4}x^2$に$x=-3$，4をそれぞれ代入して，$y=\frac{9}{4}$，4　よって，$\mathrm{A}\left(-3,\ \frac{9}{4}\right)$，B(4，4)　直線$\ell$の式を$y=bx+c$とすると，2点A，Bを通るから，$\frac{9}{4}=-3b+c$，$4=4b+c$　この連立方程式を解いて，$b=\frac{1}{4}$，$c=3$　したがって，$y=\frac{1}{4}x+3$

基本　(2)　$y=\frac{1}{4}x+3$に$y=6$を代入して，$6=\frac{1}{4}x+3$　$x=12$　よって，C(12，6)　$y=ax^2$は点Cを

通るから，$6=a\times 12^2$　$a=\frac{1}{24}$

重要　(3)　2点O，Cを通るから，直線mの式は$y=\frac{1}{2}x$　$y=\frac{1}{4}x^2$と$y=\frac{1}{2}x$からyを消去して，$\frac{1}{4}x^2=\frac{1}{2}x$　$x^2-2x=0$　$x(x-2)=0$　$x=0,\ 2$　よって，D$(2,\ 1)$　直線DEの式を$y=\frac{1}{4}x+d$とすると，点Dを通るから，$1=\frac{1}{2}+d$　$d=\frac{1}{2}$　$y=\frac{1}{4}x^2$と$y=\frac{1}{4}x+\frac{1}{2}$から$y$を消去して，$\frac{1}{4}x^2=\frac{1}{4}x+\frac{1}{2}$　$x^2-x-2=0$　$(x+1)(x-2)=0$　$x=-1,\ 2$　よって，E$\left(-1,\ \frac{1}{4}\right)$　P$(0,\ 3)$，Q$\left(0,\ \frac{1}{2}\right)$とすると，PQ$=3-\frac{1}{2}=\frac{5}{2}$　台形ABDE＝△ABD＋△ADE＝△ABQ＋△PDE＝$\frac{1}{2}\times\frac{5}{2}\times(4+3)+\frac{1}{2}\times\frac{5}{2}\times(2+1)=\frac{25}{2}$

重要　(4)　直線nと線分ABとの交点をRとする。AB：DE＝7：3より，AR：RB＝2：5のとき，四角形AEDRと△DBRの面積は等しくなり，題意を満たす。このときの点Rのx座標は-1だから，$y=\frac{1}{4}x+3$に$x=-1$を代入して，$y=\frac{11}{4}$　よって，R$\left(-1,\ \frac{11}{4}\right)$　直線nの式を$y=ex+f$とすると，2点D，Rを通るから，$1=2e+f$，$\frac{11}{4}=-e+f$　この連立方程式を解いて，$e=-\frac{7}{12}$，$f=\frac{13}{6}$　よって，直線nとy軸との交点のy座標は$\frac{13}{6}$

重要　(5)　直線nとy軸との交点をSとすると，S$\left(0,\ \frac{13}{6}\right)$　求める立体は，四角形BDSPをy軸を回転の軸として1回転させてできる立体Xである。直線BDの式は$y=\frac{3}{2}x-2$となるから，T$(0,\ -2)$とすると，立体Xの体積は△BTPと△DTSを回転させてできる立体の体積の差に等しく，$\frac{1}{3}\pi\times 4^2\times(3+2)-\frac{1}{3}\pi\times 2^2\times\left(\frac{13}{6}+2\right)=\frac{190}{9}\pi$

［5］（空間図形の計量）

基本　(1)　△OBDは直角二等辺三角形だから，OG＝BG＝$\frac{1}{2}$BD＝$\frac{1}{2}\times 12\sqrt{2}=6\sqrt{2}$　よって，正四角錐O－ABCDの体積は，$\frac{1}{3}\times 12^2\times 6\sqrt{2}=288\sqrt{2}$(cm^3)

重要　(2)　Hは線分OGとDFとの交点である。GI//DFとなる点Iを線分OB上にとると，平行線と比の定理より，BI：IF＝BG：GD＝1：1　よって，OH：HG＝OF：FI＝OF：$\frac{1}{2}$FB＝2：$\frac{1}{2}\times 1$＝4：1

重要　(3)　求める立体は三角錐O－EFHである。FE//CDより，FH：HD＝FE：CD＝2：3　三角錐O－EFHの体積を[O－EFH]と表すとする。[O－EFH]：[O－DEF]＝△EFH：△DEF＝FH：FD＝2：(2＋3)＝2：5　△OEFと△OABは相似で，相似比は2：3だから，[O－DEF]：[O－ABD]＝△OEF：△OAB＝2^2：3^2＝4：9　よって，[O－EFH]＝$\frac{2}{5}$[O－DEF]＝$\frac{2}{5}\times\frac{4}{9}$[O－ABD]＝$\frac{8}{45}\times\frac{1}{2}\times 288\sqrt{2}=\frac{128\sqrt{2}}{5}$(cm^3)

重要　(4)　求める立体は四角錐C－BGHFである。四角形BGHFの面積は，△OBG－△OFH＝$\frac{1}{2}\times(6\sqrt{2})^2\times\left(1-\frac{2}{3}\times\frac{4}{5}\right)=\frac{84}{5}$　よって，[C－BGHF]＝$\frac{1}{3}\times\frac{84}{5}\times$CG＝$\frac{28}{5}\times 6\sqrt{2}=\frac{168\sqrt{2}}{5}$(cm^3)

(5) 求める表面積の和は，正四角錐O－ABCDの表面積と，切断面である△OBDと△OACと台形CDEFの面積の和の2倍との和に等しい。1辺aの正三角形の面積は$\frac{\sqrt{3}}{4}a^2$で表せるから，正四角錐O－ABCDの表面積は，$12^2+\frac{\sqrt{3}}{4}\times12^2\times4=144+144\sqrt{3}$　△OBD＝△OAC＝$\frac{1}{2}\times12^2=72$
台形CDEFにおいて，EF＝$\frac{2}{3}\times12=8$，DE＝$\sqrt{(6\sqrt{3})^2+(6-4)^2}=4\sqrt{7}$　EからCDにひいた垂線をEJとすると，DJ＝$(12-8)\div2=2$より，EJ＝$\sqrt{(4\sqrt{7})^2-2^2}=6\sqrt{3}$　よって，台形CDEFの面積は，$\frac{1}{2}\times(8+12)\times6\sqrt{3}=60\sqrt{3}$　したがって，$144+144\sqrt{3}+(72+72+60\sqrt{3})\times2=432+264\sqrt{3}$ (cm^2)

★ワンポイントアドバイス★

出題構成，難易度とも変わらないが，例年以上に計算力が必要であった。時間内完答は難しいので，ミスのないようにできるところから解いていこう。

＜英語解答＞

【Ⅰ】 1 A　2 C　3 C　4 B　5 B　6 A
【Ⅱ】 1 robot　2 light　3 wing
【Ⅲ】 問1 エ　問2 ウ　問3 ア　問4 1 イ　2 ウ　3 イ　4 エ　5 イ　6 エ　7 ア
【Ⅳ】 問1 1 ア　2 ウ　3 イ　4 エ　5 ウ　6 ア　7 ウ，エ　8 ア
問2 4，7，9
【Ⅴ】 (A，Bの順) 1 カ，ア　2 ア，カ　3 ア，イ
【Ⅵ】 1 ウ　2 イ　3 ウ
【Ⅶ】 1 (Because) I can read and exercise at the same time.
2 (What) was the problem

○推定配点○
【Ⅲ】，【Ⅳ】 各3点×22　他 各2点×17(【Ⅳ】問1の7，【Ⅴ】は各完答)　計100点

＜英語解説＞

【Ⅰ】 (リスニング)

(全訳) 1 A：私は昨日事故のことを聞いたわ。
B：うん，運が悪かったよ。
A：あなたの手首はまだ痛むの？
B：うん，でも今は肘も痛いんだ。
A. それはお気の毒に。
B. やったね！本当に興奮するわ。
C. それはご親切に。
D. あなたがやり遂げたと聞いて嬉しいわ。

2　A：ABCレストランです，どんなご用件でしょうか？
　B：金曜日の夜の予約をお願いします。4人です。何時が空いていますか？
　A：7:00はいかがですか？
　B：早めに入れますか？
　A：もちろんです。
　B：ジャケットとタイは必要ですか？
　A.　ここに来るためにはバスに乗る必要があります。
　B.　私もあなたと行けたらいいのに。
　C.　いいえ，それについては心配しないで下さい。
　D.　ここでは素敵なスーツを買うこともできます。

3　A：英語の宿題はもう終わった？
　B：いいや，まだだよ。僕には難し過ぎてわからないんだ。
　A：まあ，そうなの。もし良ければ，お手伝いするわよ。
　A.　明日までに終わらせたいんだ。
　B.　それは僕が欲しいものだよ。
　C.　ありがとう，助かるよ。
　D.　本当？君がそうできるといいな。

4　A：すみません。ここから最寄りの駅までどうやって行けばいいですか？
　B：一番いいのはバスに乗ることです。
　A：バスはどれくらいの頻度で来ますか？
　A.　だいたい20分前です。
　B.　15分おきです
　C.　5キロメートルです。
　D.　30分です。

5　A：もしもし。市立図書館です。どんなご用件でしょうか？
　B：もしもし。今日は何時に閉まるのか知りたいのですが。
　A：ええと，今日は日曜日なので，5時まで開館しています。
　A.　わかりました。明日買います。
　B.　ありがとう。それまでに行きます。
　C.　私は今服を洗濯します。
　D.　気にしないで。後で電話してお手伝いします。

6　A：どうしたの？
　B：お気に入りの帽子をなくしたみたいだ。
　A：お気の毒に。最後にそれを見たのはいつ？
　A.　昼食後だよ。
　B.　テーブルの上だよ。
　C.　明日の午後だよ。
　D.　それは僕の兄のものだった。

【Ⅱ】（リスニング）

（全訳）ロボット：これは人間のために働くように作られた機械です。本や映画の中では，これはしばしば見た目が人に似ていて，人のように話したり行動したりできます。

光　　　：これはあなたが物をはっきり見られるようにするものです。これは昼間太陽から来ますが，電気から来ることもできます。

翼　　：これは鳥の体の側面，または飛行機の側面にある平らなもので，飛ぶのを助けます。

【Ⅲ】（長文読解問題・説明文：語句解釈，内容吟味）

（全訳）　幸せになるとはどういう意味か？

ほとんどの人が同意することが1つあるとすれば，それは彼らが幸せになりたいということだ。しかし，幸福とは何かを①突き止めるのは驚くほど難しい。それは，短い喜びの瞬間であると同時に，長続きする気持ちの良さでもある。それはどこにおいても求められているのに，特に聞かれなければ幸せだと言うことはめったになく，そのときにおいても，立ち止まって「私は幸せだろうか？」としばらく考えさせてしまうのは不思議である。それは私たちが幸せではないという意味ではなく，幸せなときにはそれについて考えないということだ。

この②消費者時代において，私たちはまだ幸せについて考えている。自助本，記事，テレビ番組，ウェブサイト，講座などの洪水は，個人的な喜びの楽園に向かって私たちを導く。私たちは皆，それに価するので，心地よい喜びの瞬間を求めてる。しかし，それを探しても，私たちはそれを達成するのは難しいと思うのだ。

個人的な満足度については，ほとんどの人がアンケートに答えて自分たちは幸せだと言う―しかし，何か足りないものがあることを受け入れているようだ。西洋社会では，おいしいものから快適な家まで，これまで以上に自由に物質的な楽しみを楽しんでいるが，ほとんどの人はあまり幸せではないようだ。実際，私たちは50年前の3分の1の頻度でしか笑っていない。ますます多くの人々がうつ病を患っており，西洋の世界では，非常に多くの人々が彼らが心理学的にうまく順応できないと信じている。

「貧しかったけれど幸せだった」という古くからのことわざがあるが，これにはいくらか真実がある。私たちは幸福とは，消費社会がもたらす物質的な喜びのすべてではないと感じているが，それを体験するために一生懸命努力している。この幸福の探求によって私たちが迷子になっていると感じる人もいる。

幸福を求める人には幸福がもたらされないのは事実かもしれない。心理学者のジョン・F・シューメイカーは，数十年前，ヒマラヤの小さな国，ラダックが喜びに満ちた国であったことを説明している。彼らの文化は，お互いと自然への敬意，共有したいという欲求，そして人生への愛を生み出した。彼らの価値観は彼らに愛，共感，礼儀正しさ，そして環境保全をもたらした。そして1980年には，国が消費者資本主義に見舞われたため，すべてが変わった。ラダックの新しい開発担当長官は次のように発表した。「ラダックがより開発されれば，③より多くのものを欲する人々が増えるだろう。」彼らは発展に成功したが，ラダックの人々は今や犯罪，人間関係の困難，うつ病，そして汚染を経験している。

もちろん，これは驚くべきことではない。2,500年以上前，ギリシャの哲学者たちは幸福とは何かについて議論し，単純な物質的な喜びを支持する人はほとんどいなかった。それらのほとんどはエウダイモニアと呼ばれていた。エウダイモニアは簡単に翻訳できない言葉だが，「良い魂の状態で」のような意味だ。それは幸福感，高品質の生活，幸運に満ちていることについてである。アリストテレスによれば，それはあらゆる意味での良い人生についてだった―家族を愛すること，成果の面で成功すること，メンタルヘルスなど，物質的に満足し，良いことでいっぱいの人生である。

私が最も愛情を込めて覚えている人生の瞬間を考えるとき，それは最大の幸せの瞬間でなければならない。私が長い間心に留めているのは，物質的な喜びだけの経験ではない。しかし，私が友人の愛に囲まれたとき，私が創造的な仕事を終えたとき，親切な行動が誰かを幸せにしたとき，ソフトボールの試合ですごいキャッチをしたときや，水面に輝く太陽などの美しさの瞬間に気づいたときにだ。もちろん，物質的な喜びの時もあるが，これらの瞬間には，別の，より深い感情的な重要性と，完全な肉体的満足がある。私はこれらの瞬間に私は実際に全く幸福を求めてはいなかったという感覚がある。幸福とは捕まえにくい蝶，あるいは，ほぼ偶然に捕らえられる風に乗った花の匂いなのである。

やや難 問1　pin down は「(事実などを)突き止める」という意味を表すので，エが答え。ア「上げる」，イ「意味する」，ウ「回す」，エ「決める」

問2　consumer age とは，直後に並べられている例のような物などを大量に，際限なく求め続けるような時代のことを表すので，ウが答え。ア「より若いユーザーの時代」，イ「多くの裕福な人々の時代」，ウ「際限なく買う時代」，エ「消費者調査の時代」

問3　ラダックが消費者資本主義に影響されたときの様子にふさわしいものを選ぶ。消費者資本主義においては，多くの物を求め続けることになるので，アが答え。ア「より多くのものを欲する」，イ「互いを尊敬する」，ウ「環境に注意する」，エ「感情を共有することを愛する」

問4　1「第1段落及び第2段落の内容と一致しない項目を選べ。」 ア 「ほとんどの人が幸福になりたいと思っている。」 第1段落の第1文の内容に合うので，正しい。 イ 「あなたが幸福とは何かを自問するならば，それはあなたがその時に幸せではないことを意味する。」 第1段落に「それは私たちが幸せではないという意味ではなく」とあるので，答え。 ウ 「人間は自分が幸福になるべきだと思う。」 第2段落の第3文の内容に合うので，正しい。 エ 「幸福を見つけようとすると，捕まえるのがとても難しい。」 第2段落の最後の文の内容に合うので，正しい。

2「第2段落で，筆者は______ということを言いたい。」 ア 「私たちは，私たちを幸福にするための物質的な富があまりないときに，幸福について考えることがよくある」「物質的な富」があれば「幸福」になれるとは言っていないので，誤り。 イ 「喜びをもたらすものを買うと，幸せを手に入れることができる」「喜びをもたらすもの」があれば「幸福」になれるとは言っていないので，誤り。 ウ 「私たちはこの現代の世界で幸せを求めているが，幸せを見つけるのは簡単ではない」 第2段落の最後の文の内容に合うので，正しい。 エ 「もしあなたが自助本やテレビ番組，ウェブサイトなどを使うと，将来は幸せ感を失ってしまう」 文中に書かれていない内容なので，誤り。

3「第3段落で，筆者は______ということを言いたい。」 ア 「調査が示すように。ほとんどの人は，現在の状況を幸福の多さだとして見ている」 文中に書かれていない内容なので，誤り。
イ 「多くの人が自分に喜びをもたらすものを持っているが，それだけでは私たちの幸せのニーズを満たさない」「自由に物質的な楽しみを楽しんでいるが，ほとんどの人はあまり幸せではない」とあるので，答え。 ウ 「人々は50年前ほど笑うことはないので，もっと快適な家庭を築く必要がある」「もっと快適な家庭」とは言っていないので，誤り。 エ 「精神的な問題を抱える人が増えているので，彼らは物質的な喜びを探すだけである」「物質的な喜びを探す」とは言っていないので，誤り。

4「第4段落において，『この幸福の探求』は______に最も近い意味である。」 ア 「貧しかった頃の古き良き思い出を集めること」 文中に書かれていない内容なので，誤り。 イ 「ずっと前に私たちの心の中で失われた何かを探すこと」「物質的な喜び」と関係がないので，誤り。
ウ 「昔の哲学者が語った真の幸福を求めること」「物質的な喜び」と関係がないので，誤り。
エ 「物質的な喜びに喜びを見いだそうとすること」 直前に，「物質的な喜び」を体験するために一生懸命努力しているとあるので，答え。

5「なぜラダックの人々は今，彼らの社会において否定的な変化を経験しているのか。」 ア 「担当長官がそう発表したから。」 文中に書かれていない内容なので，誤り。 イ 「社会の価値観が変わったから。」「国が消費者資本主義に見舞われたため，すべてが変わった」という内容に合うので，答え。　ウ 「彼らは以前より貧しくなったから。」 文中に書かれていない内容なので，誤り。　エ 「彼らは幸せを探し始めたから。」 否定的な変化を経験した結果起こったことなので，誤り。

6 「第6段落で，エウダイモニアが好まない考え方を選べ。」 ア 「家族を愛することはあなたの精神に良い影響を与える。」「家族を愛すること」とあるので，正しい。　イ 「入試に合格するのは良いことだ。」「成果の面で成功すること」とあるので，正しい。　ウ 「家族の健康を維持するためには，バランスの取れた食事をとることが重要だ。」「高品質の生活」に当てはまるので，正しい。　エ 「テクノロジーはあなたを幸せにする唯一のものだ。」「単純な物質的な喜びを支持する人はほとんどいなかった」とあるので，答え。

7 「第6段落と第7段落で，筆者は＿＿＿ということを言いたい。」 ア 「幸福は必ずしも物質的な富を伴うとは限らないが，それは私たちの記憶の中に見つけることができる」「私が最も愛情を込めて覚えている人生の瞬間を考えるとき，それは最大の幸せの瞬間でなければならない」とあるので，答え。　イ 「アリストテレスは，世界を喜びをもたらす場所と見なしていたので正しかった」 文中に書かれていない内容なので，誤り。　ウ 「感情的な喜びと物質的な喜びは，どちらも幸せにつながる可能性があるため，等しく重要である」 文中に書かれていない内容なので，誤り。　エ 「幸福を見つけるのは非常に難しいので，過去の物質的な喜びの記憶を保持する必要がある」「物質的な喜び」とは言っていないので，誤り。

【Ⅳ】（長文読解問題・物語文：内容吟味）

（全訳） インターネット上にエイリアンがいる

アンディの親友はジョーイだ。しかし，彼らは実際に会ったことがない。彼はインターネットで彼に会った。彼はジョーイから太陽系についてのすべてのことを学んだので，それは彼のスターウォーズゲームを面白くした。ジョーイは学校に行かない。彼は自宅で教育を受けることを選択したのだ。ジョーイがここポートランドにあるぼくたちの学校に来てくれることを願っている，とアンディは考えた。

先週，アンディの先生であるベッカー先生は黒板に大きな円を描き，それはピザだと言った。「アンディ」と彼女は言った。「ピザを分けるとしたら，3分の1にしますか，それとも10分の1にしますか？」10は大きい数字なので，彼が選んだのはそれだった。

ケビンが空中で手を振り始め，3分の1を選ぶと叫んだ。ベッカー先生が円に線を引いた後，ケビンは彼のピザがアンディのものよりも大きいことを示した。「①アンディはお腹がすくぞ」とケビンは冗談を言った。

そしてクラス全員が笑った。アンディは，②休憩のベルが鳴ればいいのに，とアンディは思った。

ベッカー先生の大きくて強い声が部屋を静かにした。「アンディ，ピザ全体を分割すればするほど，ひとつが小さくなるのがわかりますか？」

「はい，ベッカー先生」とアンディは嘘をついた。休憩のベルがさらに30分間鳴らなかったので，ベッカー先生はクラスの数学の本から20の問題を出した。各問題には2つの分数があり，分数の間に空の円があった。生徒は，各円に＞(より大きい)または＜(より小さい)の記号を付けることになっていた。これらの分数と円をすべて見ると，アンディは目がくらむようになった。どちらが正しいかを考えるのに半々のチャンスがあると彼は思ったが，彼はしばしば間違った推測をした。

放課後，アンディがジョーイとオンラインをしたとき，彼は次のように入力した。「今日ぼくは数学のクイズで間違えたよ。分数や，どちらが大きいかを判断する方法がわからないんだ。」

ジョーイは打ち返した：「ここに良い作戦があるよ。」それから彼は彼の製図板に行き，アンディにその方法を示した。

翌週，ベッカー先生が分数のテストを行ったとき，アンディは100パーセントを得た唯一の子供だった。ジョーイのおかげで，クラスはアンディがもうそんなに愚かだとは思わなかった。

ある日，アンディはメールで写真を交換するべきだと言った。アンディは彼の写真を送った。彼は本塁打を打つつもりだったように彼の肩に彼のバットを持ち，野球のユニフォームを着ていた。それから，アンディがジョーイに彼の写真を受け取ったかどうか尋ねたとき，ジョーイは「写真が届いたし，とても印象的だったよ。ありがとう！」と答えた。

「素晴らしい！」アンディは答えた。しかし，ジョーイの写真は決して来なかった。

不思議だった。ジョーイからの写真もコメントもなかった。彼はただ話題を変えた。それからある日，彼らが星やエイリアンについて話していたとき，アンディは彼に「地球上に変装したエイリアンがいると思うかい？」と尋ねた。

③画面が彼の答えを浮かべるまで長い時間がたったようだった。

「秘密にしてくれる？」

「そうだね」とアンディは答えた。

「約束する？　本当に大事なことなんだ！」

「もちろん。約束するよ。」

「ぼくは別の惑星から来たエイリアンなんだ。だから写真は送れないんだ。ぼくの姿はフィルムにとらえられないから。」

アンディはコンピューターを見つめている間，ショックでそこに座っていた。彼は「これはジョーイのジョークだったのか？　それならなぜ彼は写真を送らなかったのか？　これが彼が宇宙船や宇宙空間について他の子供たちよりも多くを知っている理由なのか？　なぜ彼は自分自身についてそれほどオープンではないのか？」と思った。

お父さんは夕食時に，「朗報だよ。私の異動が受け付けられたんだ。今月末にデンバーの本社に移転するよ。会社はぼくたちの家を見つけた。アンディの良い学校に近いんだ。おばあちゃんがぼくたちと一緒に暮らすのに十分な大きさだ。」アンディのお母さんは，母親がデンバーに住んでいて，最近足を骨折したので，おばあちゃんに一緒に住んでもらいたいと思っていたため，うれしかった。しかしアンディは混乱しただけだった。

その夜，ベッドで，アンディは新しい学校で新しい子供になることを考えた。ここに引っ越したときの気持ちを覚えている。新しい友達を作るのは大変だった。他の子たちは，ぼくを知るまでしばらくの間，ぼくを違ったやり方で扱った。

翌朝，アンディが台所のテーブルに座って朝食を食べていたとき，彼のお母さんはテレビで番組を見ていた。ニュースキャスターがフロリダの女性にインタビューしていた。「ジョーイの人生でインターネットが果たす役割について教えてください」とニュースキャスターは尋ねた。

「ええと，それは彼が前には知らなかった自由を許してくれました。彼は車椅子から情報にアクセスできるだけでなく，最も重要なことに，彼は新しい友達を作りました。」

その後，ニュースキャスターは「インターネットの友達，ジョーイについて教えてください」と尋ねた。

コンピューターの前に座っていた車椅子の子供にカメラが移った。彼は少し痩せていて，足が不自由だった。彼の頭は片側に傾いていて，彼が答えたとき彼の言葉は理解しにくかった。彼はそれらを言うために大きな努力をしなければならなかった。「他の子供たちがぼくを見るとき，彼らはぼくが違うのを見るだけです。ぼくが話したり理解したりするのは難しいです。しかし，ぼくがインターネットに接続しているとき，彼らはぼくを見ることができないので，彼らはぼくをただの別の子供だと思っています。たくさんの人と友達になりました」とジョーイは説明した。

学校で一日中，アンディの心は複雑な考えでいっぱいだった。彼は疑問に思った：彼のインターネットの友人，ジョーイ。エイリアンのジョーイ。テレビの子供ジョーイ。デンバーで新しい友達を作る。おばあちゃん。家に帰るとすぐに，彼は自分のコンピューターに駆け寄り，電源を入れた。

彼は次のように決めた：ジョーイがどこから来たのかは関係ない—別の惑星であろうがフロリダであろうが。ジョーイがどのように見えるかは関係ない。ぼくはジョーイが誰であるか知っている。ジョーイはぼくの友達だ。

アンディはコンピューターに入力した。「ジョーイ，何だと思う？　デンバーに引っ越すんだ。④ああ，どこへ行っても一緒に行ってくれる友達ができてとてもうれしいよ。」

問1　1 「ケビンはなぜ『アンディはお腹がすくぞ』と言ったのか。」 ア 「アンディの過ちをからかいたかったから。」 アンディは分数を理解しておらず，ケビンはそれをからかったので，答え。イ 「アンディは手を動かし叫び始めたから。」 ケビンがしたことなので，誤り。　ウ 「彼はアンディがピザのひとつを得られないと思ったから。」 ピザの大きさが問題なので，誤り。
エ 「アンディはすでに選んだピザを食べたから。」 現実に食べられたわけではないので，誤り。

2 「アンディは先生の質問になぜ『10分の1』と答えたのか。」 ア 「彼は10人のクラスメートとピザを分けたかったから。」 アンディが考えたことではないので，誤り。　イ 「ケビンがまず3分の1と答え，アンディが別のものを選んだから。」 ケビンは先に答えていないので，誤り。
ウ 「彼は3分の1は10分の1より小さいと思ったから。」「10は大きい数字なので」とあるので，答え。　エ 「彼のクラスには3人以上のクラスメートがいたから。」 文中に書かれていない内容なので，誤り。

3 「アンディはなぜ休憩のベルが鳴ればいいのに，と思ったのか。」 ア 「彼はすべての問題を容易に解くことができたから。」 文中に書かれていない内容なので，誤り。　イ 「クラスメートたちが彼を笑ったとき，彼は困ったから。」 アンディは間違えたことを笑われたので，答え。
ウ 「彼は他の子供たちと遊びたかったから。」 文中に書かれていない内容なので，誤り。
エ 「彼はすぐに昼食を食べたかったから。」 文中に書かれていない内容なので，誤り。

4 「数学の本の問題はどのようにしてなされたか。」 ア 「分数の間に20の円を描く。」 文中に書かれていない内容なので，誤り。　イ 「順番に20の分数を並べる。」 文中に書かれていない内容なので，誤り。　ウ 「生徒たちをくらくらさせる推測ゲームをする。」 文中に書かれていない内容なので，誤り。　エ 「それぞれの問題でどちらの分数が大きいかを言う。」「生徒は，各円に＞(より大きい)または＜(より小さい)の記号を付ける」という内容に合うので，答え。

5 「アンディは彼の写真の中でどのように見えるか。」 ア 「アンディはチームのユニフォームと名前のプレートを身につけている。」「名前のプレート」はないので，誤り。　イ 「アンディはホームランを打ったバットを持っている。」 ホームランを打ってはいないので，誤り。
ウ 「アンディはホームランを打てるかのように見える。」「本塁打を打つつもりだったように彼の肩に彼のバットを持ち」とあるので，答え。　エ 「アンディはクラスメートと一緒に学校の制服を着ている。」 クラスメートはいないので，誤り。

6 「アンディのエイリアンの質問にジョーイが答えるのに長い時間がかかったのはなぜか。」
ア 「ジョーイはアンディの質問にすぐよい答えを見つけられなかったから。」 ジョーイはアンディに，自分について話すべきか考えていたと思われるので，答え。　イ 「ジョーイのコンピューターが壊れた。」 文中に書かれていない内容なので，誤り。　ウ 「ジョーイは自分の写真について考えていた。」 写真についてだけ考えていたとは思われないので，誤り。　エ 「ジョーイが地球からメッセージを送るのに時間がかかった。」 文中に書かれていない内容なので，誤り。

7 「ジョーイの生活においてインターネットが果たした役割は何だったか。」 ア 「多くの情報を得るための道具」 情報にアクセスすると言っているので，正しい。 イ 「友達とつながるための道具」 友達を作ることができたと言っているので，正しい。 ウ 「自分の状態をよくするための道具」 体の状態には関係がないので，答え。 エ 「自分を他の子供たちと違うようにさせるための道具」 他の子供たちと違うようにはいたくないので，答え。

8 「アンディは彼が______ので，うれしく感じた。」 ア 「いつも親友と一緒にいられる」 アンディはデンバーに引っ越してもジョーイと話せることをうれしく思ったので，答え。 イ 「新しい学校で新しい友達を作れる」 アンディが考えたことではないので，誤り。 ウ 「初めて訪れる都市で新しい生活を始められる」 アンディはデンバーに行くことを喜んでいないので，誤り。 エ 「再び祖母と暮らせる」 アンディは祖母については考えていないので，誤り。

重要 問2 1 「アンディはジョーイと直接会ったことがない。」「彼らは実際に会ったことがない」とあるので，正しい。 2 「ジョーイは地元の学校に行くかわりに家で勉強をする。」「ジョーイは学校に行かない。彼は自宅で教育を受けることを選択した」とあるので，正しい。 3 「アンディはベッカー先生の数学のクイズで，小さいほうのピザのひとつを選んだ。」 アンディが間違えた場面の内容に合うので，正しい。 4 「ジョーイの写真はとうとう来たが，彼の姿ははっきりしておらず，アンディが見るのは難しかった。」 ジョーイの写真は来なかったので，答え。

5 「ジョーイは他の子供たちより宇宙についてよく知っている。」「彼が宇宙船や宇宙空間について他の子供たちよりも多くを知っている」とあるので，正しい。 6 「アンディの家族は祖母と一緒に暮らすことを計画した。」 父親の言葉の内容に合うので，正しい。 7 「父親がデンバーへの引っ越しについて言ったとき，アンディの家族の誰もが幸せだった。」 アンディは幸せではなかったので，答え。 8 「アンディは，デンバーに引っ越すことについて聞いたとき，新しい友達とうまくやっていけるか心配した。」 父親の言葉を聞いたときのアンディの様子に合うので，正しい。 9 「アンディは，ジョーイが他の惑星から来たことを初めから知っていた。」 文中に書かれていない内容なので，答え。 10 「アンディは，テレビを見た後，ジョーイがどのように見えても気にしないことに決めた。」 最後から2つ目の段落の内容に合うので，正しい。

【Ⅴ】（語句整序問題：関係代名詞，現在完了，分詞）

1 Here is the map which shows the way to (my house.) 〈here is (are) ~〉は「ここに~がある」という意味を表す。

2 This is the umbrella I have been looking (for.) I 以下が umbrella を修飾しているので，目的格の関係代名詞が使われているが，省略されている。また，現在完了の進行形は〈have + been + ~ing〉という形で表す。

基本 3 I have three books written by (Kawabata Yasunari.) 「~された」という意味を表して，直前にある名詞を修飾するときには，過去分詞の形容詞的用法を使う。

【Ⅵ】（会話文問題：語句補充）

1 A「いつ北海道を______。」 B「2年前です。」 答えの文から過去の出来事をたずねていることがわかるので，ウが答え。

2 A「私は兄______。」 B「つまり，あなたの兄はあなたより多くのCDを持っているのですね。」 答えの文から「私は兄ほど多くのCDを持っていない」という意味の文になるとわかるので，イが答え。

3 A「もし私が彼の住所を______，私は手紙を書くのに。」 B「彼は引っ越すと言っていました。私も彼の住所を知りません。」 主節に would が使われていることから仮定法過去の文だとわかるので，ウが答え。

【Ⅶ】（会話文問題：英作文）

1 ハナ　：ひまなときには何をするのが好きですか。
ティム：ええと，運動するのが好きです。ジムに行くのが好きです。そして時々本を読んで楽しみます。
ハナ　：私も時間があるときに本を読んで楽しみます。
ティム：でも最近，私は代わりによく本を聞きます。私はオーディオブックを聞きます。
ハナ　：ああ，そうですか。
ティム：はい，私はオーディオブックを聞くのが好きです。
ハナ　：なぜですか。
ティム：＿＿＿＿＿＿＿＿＿＿だからです。
ハナ　：では，同時に2つのことができるのですね。
ティム：そうです。それは「マルチ・タスキング」と呼ばれます。私はマルチ・タスキングが好きです。
「同時に2つのことができる」ということを説明する文を書く。

2 ケンジ：やあ，ジョン。最近どう？
ジョン：やあ，ケンジ。ぼくは昨日アヤと映画に行きました。
ケンジ：それは楽しそうですね。映画はどうでしたか。楽しみましたか。
ジョン：実はそうではないです。ぼくは彼女と口論しました。
ケンジ：それは残念です。何が＿＿＿＿＿＿＿＿＿＿？
ジョン：ええと，映画はよかったですが，主役のボブ・デップがかっこよくないと言いました。でも彼女は彼の大ファンでした。
ケンジ：ああ，彼女がファンだと知らなかったのですね。彼女はいつも友達と彼について話しています。
ジョン：ああ，そう，ぼくはそれを知りませんでした。
何が問題であったかをたずねる文を書く。

★ワンポイントアドバイス★

【Ⅵ】の3には仮定法過去が使われているが，これは現在の事実とは異なる仮定を表す表現であることを理解しておこう。それは反実仮想と呼ばれ，言外には，現在の事実と異なるので実現できないことを表す思いが表現されている。

＜国語解答＞

一　問一　イ　握(った)　ロ　履(き)　ハ　消耗　ニ　完璧　ホ　中堅
問二　(例)　(瑞穂は)山梨側より静岡側の方が，景色がよい(と主張している。)
問三　そもそもわ　問四　・小御岳火山の頭　・旧石器人が見ていた〝富士山〟のてっぺん　問五　膝[ひざ]　問六　昨夜になっ　問七　富士スバルライン五合目

二　問一　ホームレスが滞在できないようにする(という意図。)　問二　A　エ　B　イ
問三　(例)　座りにくいベンチがアートとして受容されて，さまざまな行為の可能性をつぶ

してしまう。　問四　Ⅰ　ア　Ⅱ　イ　Ⅲ　ア　Ⅳ　ア　問五　人　問六　ウ
問七　ウ

三　問一　イ　投稿　ロ　追悼　ハ　催(し)　ニ　是非　問二　A　ア　B　ウ
問三　エ　問四　(例)　教育内容を通じて，共有すべき記憶が選定されているから。
問五　(例)　過去の出来事の痕跡　問六　ア

○推定配点○
一　問一・問四・問五　各2点×8　他　各5点×4　二　問二　各2点×2　問四　各1点×4
他　各5点×5　三　問一・問二・問六　各2点×8　他　各5点×3　計100点

＜国語解説＞

一　(小説―情景・心情，文脈把握，脱文・脱語補充，漢字の読み書き，ことわざ・慣用句)

問一　イ　音読みは「アク」で，「握手」「掌握」などの熟語がある。　ロ　音読みは「リ」で，「草履」「履修」などの熟語がある。　ハ　体力などを使い果たすこと。「耗」を使った熟語には，他に「摩耗」などがある。　ニ　欠点がまったくないこと。「璧」は玉のように美しく立派なものの意味で，他に「双璧」などの熟語がある。　ホ　規模が中くらいなこと。他に，社会や組織の中心となって活動する人などの意味もある。

やや難　問二　解答欄の形式から，瑞穂が主張しているのはどのようなことなのかを考える。傍線部①の「張り合っちゃって」という美希の言葉を踏まえた上で，前の瑞穂の言葉に着目する。「だから，違うって。こっちは山梨側だって言ってるでしょ。うちは静岡。富士宮。反対側だよ」から，瑞穂が「張り合っ」ているのは，山梨側に対して静岡側の方が良いということだとわかる。美希の「絶景だねえ」を受けていることから，景色がよいと加えてまとめる。

問三　「せせら笑う」も「嘲笑する」も相手を見下して笑う様子を表す。前後の文脈から「わたし」が富士山に見下されていると感じる理由を読み取る。「そもそも」で始まる段落の「そもそもわたしは，ずっとこの山が苦手だった。そのカンペキな美しさと威容でいつもこちらを見下し，わたしのひ弱さを笑っている富士山が。」と富士山に対する「わたし」の心情を描写している部分に注目する。

問四　男性が「頂上」と言っているのは，「山腹を横切る平坦な道」の途中である。この富士山の山腹にある目立たない山頂について述べている部分を探すと，「教授は」で始まる段落に「――ほらここ。斜面にポコッと小さな肩みたいなのがあるでしょ。小御岳火山の頭が飛び出てるんですよ」とある。ここから，七字の部分を抜き出す。また，男性は，今の富士山よりも二十万年前頃の「小御岳火山が先」だったと言っている。「わたしはほんの」で始まる段落の「わたしは……ちゃんと山に立っていた。旧石器人が見ていた〝富士山〟のてっぺんに」からも適当な十九字の部分を抜き出す。

問五　「お［③］もと」は，天皇や将軍など貴人のいる所という意味からできた言葉で，ここでは「富士山」のすぐ近くという意味で用いられている。

基本　問六　瑞穂が美希に対して「振り回されて腹が立」った出来事を述べている部分を探す。「会うのは」で始まる段落に「昨夜になって急に……変更してほしいと言ってきた。おかげでこっちは四十分も余計に車を走らせる羽目になったのだ。」と，瑞穂が美希について言っている。

重要　問七　「帰りは」で始まる段落に「帰りは少しコースを変え……スタート地点の富士スバルライン五合目へ向かう」とあるように，瑞穂と美希が向かっていたのは，車を駐車してある「富士スバルライン五合目」である。前の「来年の目標，富士山登頂にしようよ」という美希の言葉などか

ら，「ゴール」は，富士山の頂上ではないことを確認する。

二 **（論説文―大意・要旨，文脈把握，指示語の問題，接続語の問題，脱文・脱語補充）**

問一　まず，「その」が指示するものを読み取る。同じ段落の「何も考えなければ，歩行者の目を楽しませるアートに見える」ものであることから，冒頭の段落の「排除アート」を指示しているとわかる。「意図」というのであるから，「排除アート」が何をしようとしているものであるかを探すと，冒頭の段落に「路上，あるいは公共空間において……ホームレスが滞在できないようにするものだ」とあるのに気づく。ここから，適当な部分を抜き出す。

問二　A 「通常の生活をしている人は……その意図は意識されないだろう」という前に対して，後で「排除される側にとって，そのメッセージは明快である」と相反する内容を述べているので，逆接の意味を表す語が当てはまる。　B 「デザインされたプロダクト」を「さらに『進化』させると，排除アートになる」という前に対して，後で「アートはデザインと違い，直接的な機能が求められないからだ」と理由を述べているので，理由の意味を表す語が当てはまる。

やや難　問三 「弊害」は，害になる悪いこと。日本で「なんだかよくわからない，不思議なかたちをしたものを，とりあえず『アート』」と呼ぶという風潮」によって生じる悪いことを述べている部分を探す。直前の段落に「公共の場所」にある「座ることさえ拒否する排除アート」について，「これを機能なき純粋なアートと呼ぶべきなのか？」「そもそも公共の空間は，さまざまな行為を許す自由な場なのだが，その可能性を部分的につぶすことに貢献している」とある。ここから，座る事を拒否するベンチがアートとして受容されて，さまざまな行為の可能性を部分的につぶしてしまうことが，「とりあえず『アート』」と呼ぶという風潮」の「弊害」だとわかる。この内容を簡潔にまとめる。

やや難　問四　同じ段落の内容から「パブリック・アート」には「必ず作家の名前やタイトル」が記されるのに対して，「排除アート」には「制作者の名前がどこにも記されていない」ことを確認する。Ⅰの直前の文「排除アートは，制作者の名前がどこにも記されていない」から「Ⅰの作品ではない」という文脈から，Ⅰに当てはまるのは「アーティスト」。Ⅱの直後に「名前は意識されない」とあるので，Ⅱに当てはまるのは「デザイナー」。Ⅲの直後に「結果的に排除アートとして利用される」とあるので，本来なら「排除アート」の制作者ではない「アーティスト」がⅢに当てはまる。「アーティスト」の作品が「排除アートとして利用されることもありうる」というのであるから，Ⅳの前後「他者の排除に貢献したくないならば」「慎重にならざるをえない」のは，「アーティスト」だとわかる。

問五　同じ文の「公園のホームレスが強制的に排除された後，同じ場所には花が植えられ」に着目する。ここから，「緑を大切に」する一方で，何には「厳しい処置」だったのかを考える。

問六　岡本太郎の《坐ることを拒否する椅子》が訴える「反語的なメッセージ」とは，どのようなものか。同じ段落の「生ぬるく快適に生きると人間が飼いならされてダメになる」という考えや，Dの直前に，強い決断力をもって思い切って物事をするという意味の「果敢に」とあることから，座れるものなら座ってみろ，という表現が当てはまる。

重要　問七　最終段落の「まずはわれわれが街に出かけ，他者の視点をもって，知らないうちに増えている排除アートを発見・体験し，都市の不寛容を知ることから，意識を変えていく必要がある」という筆者の主張から，ウが読み取れる。筆者は，アの「排除アートを使わない」とまでは言っていない。イの「排除アートを作りかえる」，エの「自分以外の人が排除されていないかどうか」「絶え間なくチェックする」という主張は，本文からは読み取れない。

三 （論説文―大意・要旨，内容吟味，文脈把握，接続語の問題，脱文・脱語補充，漢字の読み書き，語句の意味）

問一　イ　新聞や雑誌などに原稿を送ること。　ロ　死者をしのんで，悲しみにひたること。「悼」の訓読みは「いた(む)」。　ハ　音読みは「サイ」で，「開催」「催促」などの熟語がある。
　ニ　物事のよしあしを論じること。「是」を使った熟語は，他に「是正」などがある。

問二　A 「記憶といえば，個人のものと思われがちである」という前に対して，後で「実際には……様々な他人とのあいだで記憶を共有している」と相反する内容を述べているので，逆接の意味を表す語が当てはまる。　B 「私たちは……様々な他人とのあいだで記憶を共有している」という直前の段落の内容に，後で「人びとが記憶を共有するからこそ成り立つものもある」と付け加えているので，添加の意味を表す語が当てはまる。

問三　直後の段落の冒頭の文に「言い換えれば」とあるので，この後の内容に着目すると，「人間がつくる組織は，人びとの頭のなか，記憶の上にのみ存在するものだと言える」とあり，その後に「といっても，それは幻想であって，意味のないものだ，ということではない。まったく逆で……存在するものとして扱い，運用している」とある。この内容を述べているエが適当。ウの「実在が危ぶまれる」とあるウは適当ではない。アとイについては，本文で述べていない。

やや難　問四　「エコロジー」とは，生態学のこと。「社会のエコロジー」をキーワードに本文を探すと，最終段落に「私たちの記憶のあり方について考える際，社会というエコロジーを考慮する必要があるのはこのためである」とある。「このためである」というのであるから，筆者が「記憶に関する社会のエコロジーを考え」ようとする理由は，この前の「教育内容を通じて，共有すべき記憶が選定されているという事実」だとわかる。この表現を用いて，理由を述べる「～から。」で結んでまとめる。

問五　傍線部③に「例えば」とあるので，直前の段落の内容に着目する。「過ぎ去った過去の出来事」のうち，「経験した人たちがもはや地上に残っていなければ，ただその痕跡だけがある」とあり，『平家物語』はこの「痕跡」の例である。何の「痕跡」なのかを加えてまとめる。

問六　「倦む」は，同じ状態が長く続いて飽きること。

★ワンポイントアドバイス★

抜き出しだけではなく，本文中の表現を用いた上で自分の言葉を補って答える出題が目立つ。ふだんから，理由や具体例を意識した読み方を心がけよう。

MEMO

大切なことはメモしておこうネ！

2021年度

入　試　問　題

2021年度

2021年度

立教新座高等学校入試問題

【数　学】（60分）〈満点：100点〉

【注意】1　答はできるだけ簡単にし，根号のついた数は，根号内の数をできるだけ簡単にしなさい。また，円周率はπを用いなさい。

2　直定規，コンパスの貸借はいけません。

3　三角定規，分度器，計算機の使用はいけません。

〔１〕 以下の問いに答えなさい。

(1)　2つの2次方程式$x^2+(5-2a)x-10a=0$，$x^2-ax-a-1=0$について，次の問いに答えなさい。

①　$a=-6$のとき，2つの2次方程式は共通の解をただ1つもちます。共通の解を求めなさい。

②　$x^2+(5-2a)x-10a$を因数分解しなさい。

③　2つの2次方程式が共通の解をただ1つもつとき，aの値をすべて求めなさい。

(2)　右の図は，ある高校の生徒40人の握力の記録を，15 kg以上20 kg未満を階級の1つとして，階級の幅5 kgのヒストグラムで表したものです。次の問いに答えなさい。

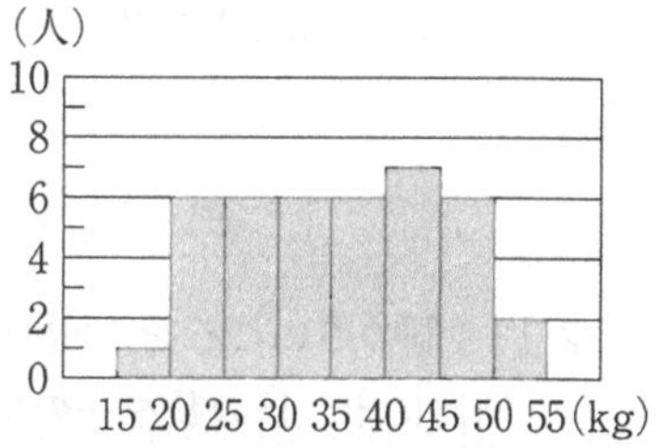

①　右のヒストグラムから，中央値が含まれる階級を答えなさい。

②　同じ記録を，階級の幅を4 kgに変えたヒストグラムで表すと，次の(ア)～(エ)のいずれかになりました。その記号を答えなさい。

(ア)

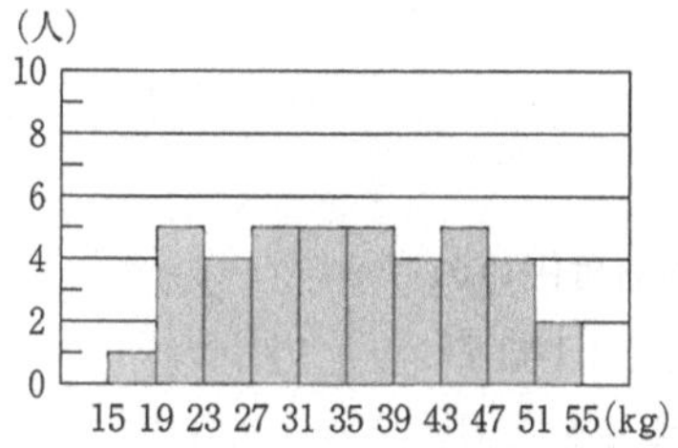

(イ)

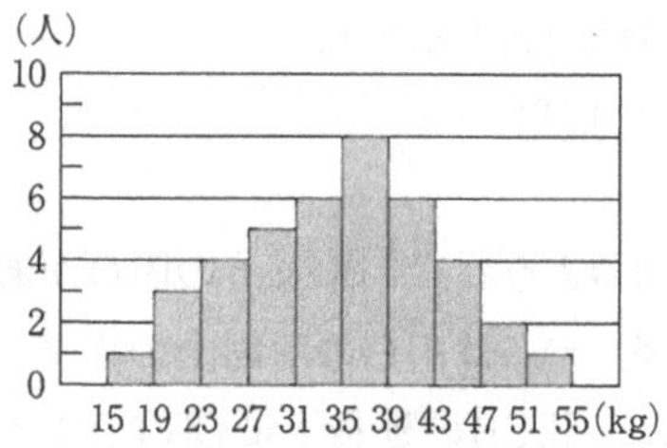

(ウ)

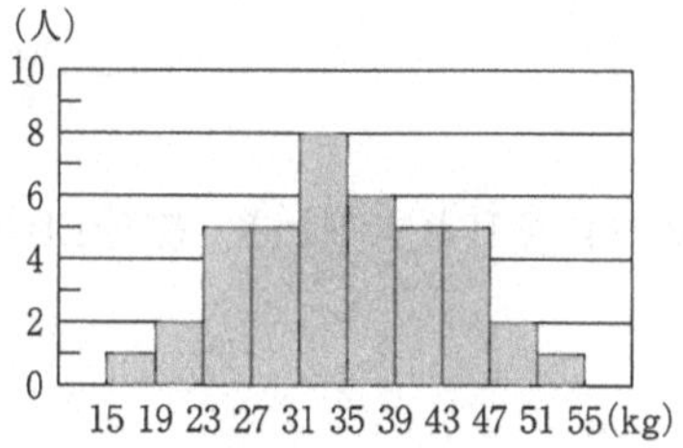

(エ)

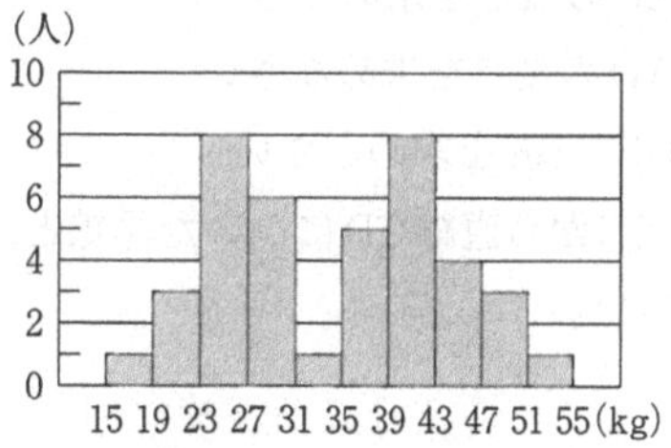

(3) 図のように，正方形ABCDの辺BC上の点をP，辺CD上の点をQとしたとき，△APQは正三角形となりました。正三角形APQの面積が$6\sqrt{3}$ cm^{2}であるとき，正三角形APQの1辺の長さと，正方形ABCDの1辺の長さをそれぞれ求めなさい。

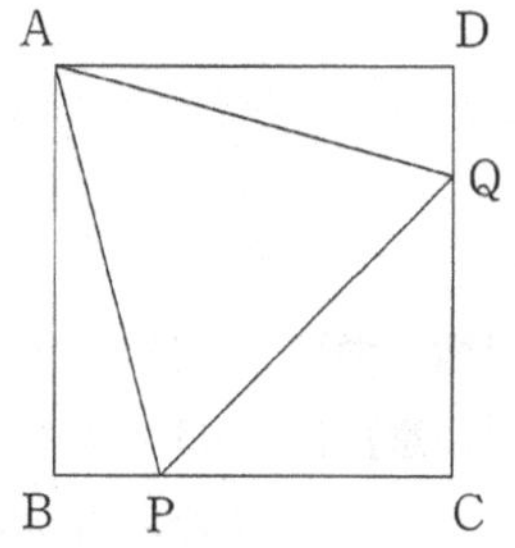

(4) 2直線ℓ，mをそれぞれ$y=ax+2$，$y=bx-b\,(b>1)$とします。直線ℓとy軸との交点をA，直線mとx軸との交点をBとするとき，次の問いに答えなさい。

① 点Bの座標を求めなさい。

② 図において，aの値が-2から1まで変化するとき，直線ℓの通過する部分のうち，xの値が0以上の部分をSとします。さらに，同じ図において，bの値がpから3まで変化するとき，直線mの通過する部分をTとします。このとき，SとTの重なった部分の面積が$\dfrac{27}{4}$となるようなpの値を求めなさい。ただし，$p<3$とします。

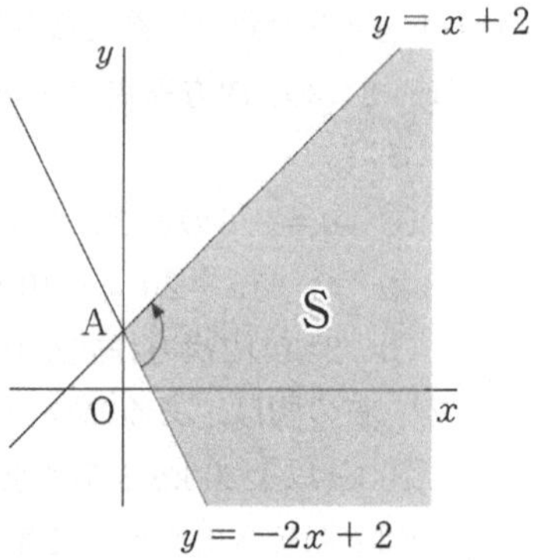

〔 2 〕 1個のさいころを3回投げて，1回目に出た目の数を百の位，2回目に出た目の数を十の位，3回目に出た目の数を一の位の数とする3けたの整数をつくるとき，次のような整数ができる確率を求めなさい。

(1) 450以上

(2) 4の倍数

(3) 各位の数の和が15

(4) 3の倍数

〔 3 〕 図のように，半径3 cmの円Oがあります。弦ABは円Oの直径，点Cは円Oの円周上の点で，AC：BC＝$\sqrt{2}$：1です。また，弦CBの延長上にCB：BD＝4：3となる点Dをとり，直線ADと円Oの交点をEとします。次の問いに答えなさい。

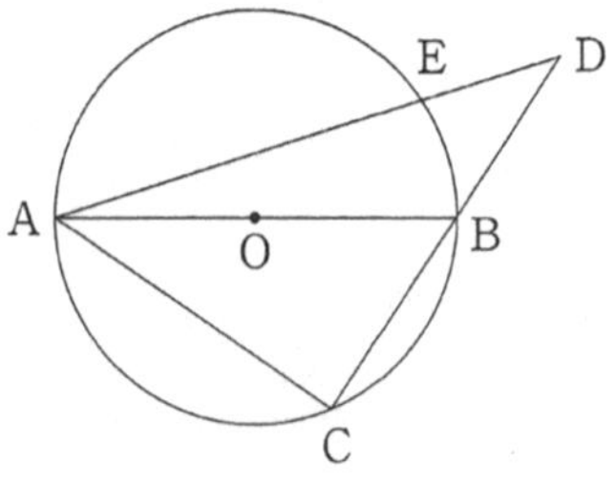

(1) ACの長さを求めなさい。

(2) ADの長さを求めなさい。

(3) DB：DEを求めなさい。

(4) 点Eから直線CDにひいた垂線と，直線CDとの交点をHとするとき，線分EHの長さを求めなさい。

〔 **4** 〕 図1のように，底面の半径が3 cm，母線の長さが5 cmの円錐の中に半径の等しい2つの球P，Qがあります。2つの球P，Qは互いに接し，円錐の底面と側面に接しているとき，次の問いに答えなさい。ただし，2つの球の中心と，円錐の頂点と，円錐の底面の中心は同じ平面上にあるものとします。

(1) 球Pの半径を求めなさい。

(2) 円錐の体積は，球Pの体積の何倍ですか。

(3) 球Pと円錐の側面が接する点をAとします。点Aを通り，円錐の底面に平行な平面で球Pを切断するとき，球Pの切断面の面積を求めなさい。

(4) 図1の円錐の中に，球Pと半径が異なる球Rを図2のように入れます。3つの球は互いに接し，球Rは円錐の側面に接しています。3つの球の中心と，円錐の頂点が同じ平面上にあるとき，球Rの半径を求めなさい。

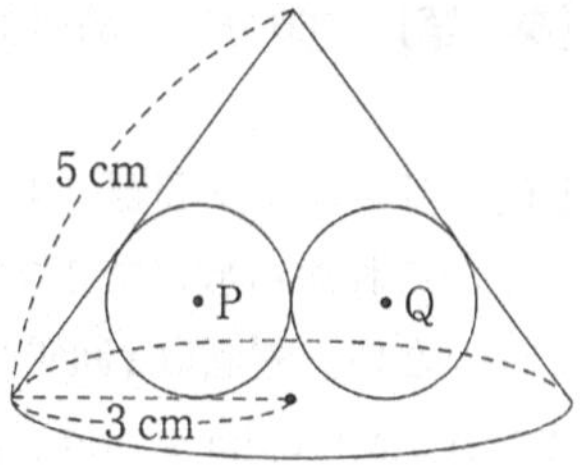

図1

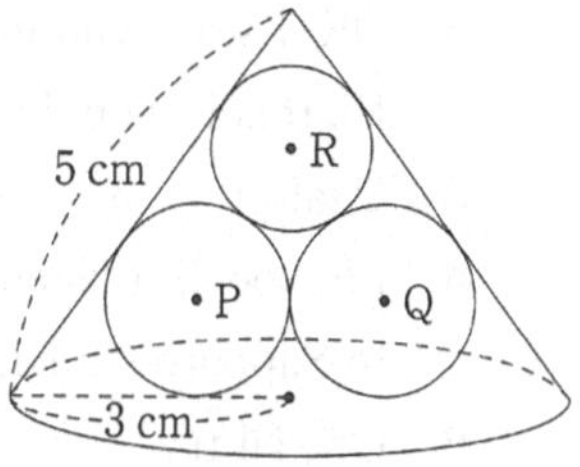

図2

〔 **5** 〕 図のように，放物線$y=2x^2$と直線ℓが2点A，Bで交わっていて，点A，Bのx座標はそれぞれ$-\dfrac{3}{2}$，1です。また，直線$x=t$と，放物線，直線ℓとの交点をそれぞれP，Qとします。次の問いに答えなさい。ただし，$t>1$とします。

(1) 直線ℓの式を求めなさい。

(2) $t=4$のとき，△PABの面積を求めなさい。

(3) 直線OBとPQの交点をSとし，直線OPとℓの交点をTとします。PS：SQ＝11：3となるとき，次の問いに答えなさい。

① tの値を求めなさい。

② OT：TPを求めなさい。

③ 四角形PTBSの面積を求めなさい。

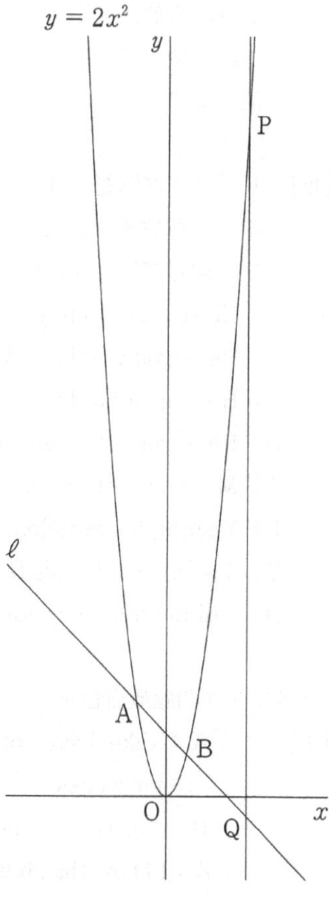

【英　語】（60分）〈満点：100点〉　**※リスニングテストの音声は弊社のHPにアクセスの上、音声データをダウンロードしてご利用ください。**

【Ⅰ】 リスニング問題（1）

これから放送で2つの対話が流れます。（　　）内に入る英語を聞き取り，解答欄に書きなさい。対話は2回ずつ流れます。

1　A：Mike, have you gone to see a doctor yet?（　　1　　）your knee for weeks.

B：Not yet. I've been busy practicing for the soccer game.

A：I know that, but there may be some trouble with your knee. If you wait, it may become serious.

B：I know, mom, but（　　2　　）. There's a big game tomorrow. I'll try to go this week.

A：OK. I want you to go as soon as it ends.

2　A：Hi, this is Tim. Is everything ready for your flight?

B：Yeah,（　　3　　）, as scheduled. I can't wait to see you.

A：Me, too. But listen, I'm sorry to tell you that（　　4　　）at the airport. So could you come to Sapporo station by yourself? I'll meet you there in the evening.

B：OK. I'll try.

【Ⅱ】 リスニング問題（2）

これから放送で2つの対話が流れます。それぞれの最後の文に対する応答として適切なものを，対話の後に流れるA～Dより1つ選び，記号で答えなさい。対話と選択肢はそれぞれ2回ずつ流れます。

【Ⅲ】 リスニング問題（3）

これから放送で2つの対話とそれぞれに対する質問が流れます。質問の答えを選択肢から1つ選び，記号で答えなさい。対話と質問は2回ずつ流れます。

1　A）He is going to buy some food for Alice.

B）He is going to help Alice write her report.

C）He is going to finish his science report with Alice.

D）He is going to meet Alice tomorrow.

2　A）Meeting with Emma and other friends.

B）Visiting his grandparents in a mountain area.

C）Traveling with his family.

D）Skiing with his classmates.

〈リスニング問題放送台本〉

【Ⅰ】 1　A：Mike, have you gone to see a doctor yet? You've been complaining about your knee for weeks.

B：Not yet. I've been busy practicing for the soccer game.

A：I know that, but there may be some trouble with your knee. If you wait, it may become serious.

B：I know, mom, but the tournament hasn't finished yet. There's a big game tomorrow. I'll try to go this week.

A：OK. I want you to go as soon as it ends.

2　A：Hi, this is Tim. Is everything ready for your flight?

B：Yeah, I'm leaving for Sapporo tomorrow, as scheduled. I can't wait to see you.

A：Me, too. But listen, I'm sorry to tell you that I can't pick you up at the airport. So could you come to Sapporo station by yourself? I'll meet you there in the evening.

B：OK. I'll try.

【Ⅱ】 1．A：Dad, I want a new dress to wear for Mary's wedding!

B：Don't worry. The wedding is going to be held online, so you don't need to dress up.

A：　A）But even so, I'd like a new dress to wear.

B）But I'm free tomorrow.

C）I have a better dress to wear.

D）I can go with you.

2．A：Oh, what's that? Is it a cat-shaped cushion?

B：No. It's actually my bag, it's an eco-bag. When you fold it up, it becomes a little cat's face.

A：That is so cute! Nowadays, we definitely need eco-bags. I'd like one like that.

B：　A）Me, too.

B）I found this at the shopping mall yesterday.

C）Nobody has an eco-bag.

D）Me, neither.

【Ⅲ】 1　W：Hey Johnny, have you finished the science report? I haven't started it yet.

M：Hi Alice! Of course I've already finished it because we have to hand it in tomorrow!

W：Tomorrow! Wait, you said you finished it? So you're free today...Hey Johnny.

M：Alright Alice, I'll help you if you buy me lunch now!

Question：What will Johnny do?

2　W：Jason, your birthday is this weekend, right?

M：Yes, you have a good memory, Emma!

W：Well, you invited me and other classmates to a nice birthday party last year and I remember it was a snowy day. So the snow outside reminds me of your birthday!

M：Yeah, my birthday is mostly snowy these years. This year, my parents and I are going to have a weekend ski trip instead of having a party with school friends.

Question：What is Jason's birthday plan this year?

【Ⅳ】 次の英文を読んで，各設問に答えなさい。

I was 13 years old when I fell in love with programming. My school just became one of the first in the country to get a computer. The machine was huge and slow, and it didn't even have a screen — but I was ① <u>hooked</u>. My friends and I spent hours creating new programs.

That introduction to computer science changed the course of my life. I recently visited a high school that hopes to do the same for young people in New York. The Academy for Software Engineering — or AFSE — is a public high school located in *Manhattan. Since the opening in 2012, it has had a very amazing *curriculum that uses computer science ideas to help students to get ready for college. All students learn the basics of computer science during their first two years. When they become *juniors, ② <u>they choose to specialize in either programming or design</u>. However, not every student that graduates from AFSE will become a programmer or a software engineer. So they also take a full course of non-specialized classes (like English and social studies).

Students who want to enter public schools in New York City apply for a *lottery system. Any student can apply to attend AFSE, and their *attendance records and grades ③ <u>[chances / have / to / no / their / relation]</u> of getting picked. So there are various types of students from all over the city.

I had the opportunity to sit in one of the design classes. The teacher divided the students into small groups and asked them to create a holder for their headphones. By using *modeling software and a 3D printer, they had to design a project that considered function, toughness and user friendliness. Each team had a different approach. Some were working on a tool that attached their headphones to the edge of the table, and others chose to work on a stand that would sit on the desk. I was ④ <u>blown away</u> by how well-thought-out each design was.

The school's unique curriculum is particularly having a good effect to some students who struggled in *middle school. English language learners and students with disabilities seem to be satisfied at AFSE, since computer science focuses more on numbers and less on language skills. These students can study more easily because even non-specialized classes are based on computer science concepts — for example, a history teacher might ask a student to design a webpage about the War of 1812 instead of preparing an oral presentation.

The school has fewer than 500 kids, so class sizes are small, and students get lots of personal attention. Everyone receives a personally designed graduation plan. Teachers can log in to a shared information site that follows how a particular student is progressing. When that student becomes a *senior, the school uses the site for the student to identify gaps so the student can finish off areas that aren't quite complete. This site is used not only at AFSE but across a network of schools in New York called New Visions for Public Schools.

As *freshmen, students are also supported by an advisor who can help them to adjust to high school and eventually start thinking about plans for after graduation. These advisors [A] a connecting role with family and make sure that every single student is known well by an adult at the school. It's an impressive system that helps ensure ⑤ <u>no one falls through the cracks</u>. This sort of personalized attention is exactly what people have in mind when they talk about smaller high schools.

I think everyone can have an advantage from learning the basics of computer science. *Wherever you go in life, it is useful to ask these following three questions: [B]

Computer science helped to shape the way I think about the world. I hope it does the same for the students I met at the Academy for Software Engineering.

出典：*GatesNotes* https://www.gatesnotes.com（Revised）

＊注　Manhattan　ニューヨーク州の地区　curriculum　教育課程　junior　三年生　lottery system　抽選システム
attendance record　出席記録　modeling software　コンピュータソフトウェアの一種
middle school　中等学校　senior　四年生　freshmen　一年生　wherever　どこに〜しようとも

問1　下線部①と最も近い意味となる語を下から1つ選び，記号で答えなさい。

ア　disappointed　イ　hit　ウ　excited　エ　surprised

問2　下線部②と最も近い意味となる文を下から1つ選び，記号で答えなさい。

ア　all students are required to become a programmer or a software designer.

イ　programming and design classes are both required to graduate from the school.

ウ　special programs of programming and design are scheduled during the year.

エ　some students choose programming and the rest of the students choose design courses.

問3　下線部③を意味が通るように並べかえなさい。

問4　下線部④と最も近い意味となる語を下から1つ選び，記号で答えなさい。

ア　impressed　イ　flown　ウ　exploded　エ　centered

問5　次の質問に対する答えを文中から抜き出し，英語で答えなさい。

Why are English language learners and students with disabilities comfortable in this school?

Because computer science ＿＿＿＿＿＿＿＿＿＿＿＿＿＿＿＿.

問6　次の質問に対する答えを下から1つ選び，記号で答えなさい。

Why do teachers use the shared information site when a student becomes a senior?

ア　To check the students' mental condition.

イ　To prepare an oral presentation.

ウ　To help students to understand their progress.

エ　To support the students to enter AFSE.

問7　［ A ］に入る語を下から1つ選び，記号で答えなさい。

ア　put　イ　set　ウ　do　エ　play

問8　下線部⑤と最も近い意味となるものを下から1つ選び，記号で答えなさい。

ア　no one is taken care of by the staff　イ　no one is left behind

ウ　no one enjoys attending lessons　エ　no one receives extra lessons

問9　［ B ］に**入らない文**を下から1つ選び，記号で答えなさい。

ア　How do you accomplish a task?

イ　Can you find a pattern?

ウ　What data do you need?

エ　Can you build a computer?

【V】　次の英文を読んで，各設問に答えなさい。

Pete belonged to Fred and Jane. He was the happiest puppy in the world, and there was nothing he liked better than playing a game with them. He enjoyed the two trying to catch him, and it was fun for him to run after a ball. Of course, he loved to go for a walk with both of them.

So you can guess that the children loved him very much. Mommy thought he was a nice little dog, too — and so did Daddy, until one day Pete started digging in the garden!

"Hey, get out of my garden!" shouted Daddy. "You're damaging all the seeds I planted."

Pete stopped — but as soon as Daddy turned around, he was digging again!

Pete suddenly discovered that it was good fun to bury the bones he couldn't eat! Then when he felt hungry, he could dig them up and bite them again. But because he didn't have a very good memory, he couldn't always remember where he buried his bones, so he had to dig many places until at last he found them.

Daddy didn't like him digging everywhere, because it was Daddy's garden. Daddy planted the seeds and various kinds of flowers. Daddy loved the garden and spent all of his free time there. So when Pete dug everything up, Daddy got very angry!

Then there came a terrible week. Pete dug up the garden every day! He dug up the seeds Daddy planted the day before and the flowers that just came up. Worst of all, Pete thought he buried a bone under Daddy's best roses! So he even dug up the roses!

Daddy got angrier and angrier, and at last he said a terrible thing.

"Pete must go. I'm not going to spend all of my free time working to make the garden nice, just because Pete digs it all up every five minutes. If you children can't teach him to be good, I will give him to the postman. I know he wants a dog."

Jane and Fred were so shocked. How could Daddy think of giving their own puppy away to the postman? They loved him with all of their hearts because he was the nicest puppy in the world. They couldn't think of life without him.

"Please, Daddy, don't do that," said Jane, and her eyes were full of tears. "He doesn't mean to dig up your seeds."

"I don't care if he means to or not," said Daddy angrily. "He does it just the same. Anyway, he goes to the postman next week if he does any more damage."

Jane and Fred did their best to make Pete behave — but one evening when they went out to play with a friend, Pete dug a huge hole in the middle of Daddy's flowers which were just coming up.

"Give him to the postman on Monday," he said. "I'm tired of him, and I'm not going to waste my time doing things that Pete damages the very next minute."

The children knew it was no good saying anything. When Daddy spoke like that, he meant the thing that he said. But how unhappy they were! How wet their pillows were that night! They loved Pete so much! They wished he didn't dig up Daddy's garden. But it was too late. He did it too many times so now he had to go away.

Sunday came. Daddy took Mommy and the two children out for a bus ride to see the beautiful country view. Pete was left behind. So, in his doggy mind he thought, "Ha! A good time for digging! Now where's that bone I buried two days ago?"

He ran into the garden. He found a nice corner under a big old tree, and then he began to dig. He felt sure the bone was there. He was going to dig until he found it, anyway, even if he dug a hole as big as a house.

He *scraped and *snuffled again and again. Ah! Here was the bone at last! Scrape, scrape, scrape.

What a large bone! Pete didn't remember that it was so large when he buried it. He thought that it grew after he buried it.

Pete scraped and dug more, but he couldn't get that bone up. It was too big and too heavy. So he sat down for a rest until Daddy and the children came home.

"That dog was digging again!" cried Daddy. He ran up to the old tree, and Pete ran away. Daddy looked into the hole, and then he looked again.

"Is it one of Pete's bones?" asked Jane. She felt sorry that the puppy behaved badly again. "Oh, Daddy! It's not a bone! It's a funny old box! Look, Pete has got one end out — but it was too big for him to get right out! I expect he thought it was a big bone!"

"What is it?" asked Fred, excitedly. "Quick, Daddy, get it up!"

Daddy was excited, too. What could the box be? He began to dig it up. At last he and Fred lifted it up on to the grass — and then Jane cried out in surprise.

"Oh! It's got our name on it — look — it says 'PAGET'. That's our name, isn't it, Daddy? You're Mr. Paget and Mommy's Mrs. Paget. Why is it on this old box?"

"My dears," said Daddy, still excited, "I believe it must be the box of jewelry belonging to your great-grandmother. She lived in this same house. They were stolen and never found again. Probably the person who stole it buried it in the garden, and never had the chance to get it again."

Well, Daddy was right! In the box, there were many wonderful necklaces and rings that were once Great-grandmother's. Daddy said he would keep some for Mommy and Jane, and sell the others, and they would get a lot of money.

How the children clapped their hands! How Mommy cried out for joy to see the pretty things! What excitement to find treasure like that, hidden for so many years!

Pete found it by mistake, but nobody thought about it.

Pete heard the excitement and he joined in by putting his little nose around the door and saying "Bow wow!" in a small, quiet voice, because he thought Daddy was still angry with him.

But Daddy wasn't. Pete really did some good with his digging this time, so there was no scolding for him, only smiles and lots of biscuits.

"You won't give him to the postman now, will you, Daddy?" asked Jane, hugging the puppy tightly.

"No," said Daddy. "He's not a bad puppy. And besides, if he digs up the garden any more, we can ask a gardener to fix the damage, with all of the money that will come from this jewelry!"

"Bow wow!" barked Pete, happily. And surprisingly, he never in his life dug in the garden again! Jane said he was digging for the treasure all the time, so he stopped digging when he found it. Mommy said he dug enough and decided to be a grown-up dog. What do you think?

出典："The Dog Who Would Go Digging" *Summertime Stories* (Revised)

*注　scrape　引っ掻いて掘る　　snuffle　くんくん臭いをかぐ

問1 本文の内容に合うように，質問の答え，あるいは書き出しに続く英語をそれぞれ1つ選び，記号で答えなさい。

1 Which is **NOT** true about the thing Pete liked to do?

ア To run from Fred and Jane.

イ To catch a ball Fred and Jane threw.

ウ To go out for a walk with Fred and Jane.

エ To go to bed with Fred and Jane.

2 Why did Pete dig many places in Daddy's garden?

ア Because he didn't have a good ability to remember things.

イ Because he was taught to bury the bones that he couldn't eat.

ウ Because he enjoyed having a game with Fred and Jane in the garden.

エ Because he liked to find the bones Fred and Jane threw away after meal.

3 Pete will be given to the postman if ...

ア the children cannot behave well.

イ the children cannot stay with Pete all the time.

ウ Pete cannot stop digging in the garden.

エ Pete cannot play with the children.

4 Why did the children think "it was no good saying anything"?

ア Because they didn't want Pete to be given to the postman.

イ Because they were always scared to say a word to their Daddy.

ウ Because they were so unhappy that it was very difficult to think of what to say.

エ Because they knew that Daddy wouldn't change his mind once he spoke like that.

5 "How wet their pillows were that night!" means ...

ア Fred and Jane were so sad and cried in bed that night.

イ Fred and Jane gave their pillows to Pete as a gift that night.

ウ Fred and Jane brought Pete to their beds to sleep together that night.

エ Fred and Jane had a quarrel over their pillows all through that night.

6 The thing that Pete thought a large bone was actually ...

ア a bone he buried two days ago.

イ a bone grown up bigger than it was before.

ウ a lot of jewelry of their grandmother's.

エ a heavy, old box with the family's name.

7 Why was the treasure in the garden?

ア Because Daddy wanted to make it a surprise.

イ Because Pete found it and buried it again.

ウ Because their great-grandmother wanted to hide it.

エ Because someone buried it after he stole it.

8 In the end, ...

ア Daddy was very happy to get jewelry but he was still angry with Pete.

イ　Pete still continued to dig Daddy's garden to find treasures.

ウ　Daddy asked the gardener to fix his garden.

エ　Pete never damaged Daddy's garden again.

問 2　本文中の波線部を下のように書きかえたとき，空所に入る適語を英語で答えなさい。

Jane and Fred (　A　) to make Pete a good dog but he didn't (　B　) to their order.

【Ⅵ】　各組の空所には同じ発音で，つづりが異なる英語が入ります。(　＊　) 内に入る語を答えなさい。

1
- Alex (　　　) the entrance exam of the high school this year.
- In the (　＊　), Mr. Maeda was a professional soccer player.

2
- What day of the (　　　) is it today?
- James is still (　＊　) after he came home from the hospital.

3
- You, Chris, and (　　　) are all fifteen years old.
- Ms. Yamada has an (　＊　) for paintings.

【Ⅶ】　1は二文がほぼ同じ意味になるように空所に適語を入れなさい。2は二文の空所に共通に入る語を答えなさい。

1
- Tom made his speech better than any other classmate.
- Tom was the (　　　)(　　　) in his class.

2
- Is this the (　　　) way to the station?
- You'll find the supermarket if you turn (　　　) there.

【Ⅷ】　日本語の意味に合うように〔　　〕内の語句を並べかえて意味の通る英語にしなさい。解答の際はAとBに入るものを記号で答えなさい。ただし，文頭に来る語も小文字で示してあります。

1　そのチケットは，がんばっているだれかにあげたらどうかな。

〔ア about　イ giving　ウ hard　エ how　オ someone　カ the ticket　キ to　ク working〕?

＿＿＿ ＿＿＿ ＿＿＿ ＿A＿ ＿＿＿ ＿B＿ ＿＿＿ ＿＿＿?

2　アメリカのテレビ番組が多数あるので，私たちはアメリカ英語に耳慣れています。

There are so〔ア American English　イ American TV shows　ウ are used　エ hearing　オ many　カ that　キ to　ク we〕.

There are so ＿＿＿ ＿＿＿ ＿A＿ ＿＿＿ ＿＿＿ ＿B＿ ＿＿＿ ＿＿＿.

3　どちらの時計を着けたらいいか，教えてくださいますか。

〔ア could　イ me　ウ tell　エ to　オ watch　カ wear　キ which　ク you〕?

＿＿＿ ＿＿＿ ＿＿＿ ＿A＿ ＿＿＿ ＿＿＿ ＿B＿ ＿＿＿?

【Ⅸ】　次の質問に対して自身の考えを英語で書きなさい。その際，**理由を2つ**述べ，**40語以上50語程度で**書くこと。解答欄の1つのマスに1語を入れること。コンマ，ピリオド等は語数に含みません。

Where do you want to go on your next trip, a foreign country or a place in Japan?

記入例）

I'm	having	a	salad	and	sandwiches	for	lunch,	too.

問一 空欄 A ～ E に当てはまる語を次の中から選び、それぞれ記号で答えなさい。

ア いつしか　イ かえって　ウ けっして
エ ことに　オ ようやく　カ さながら
キ もはや

問二 傍線部①について。なぜ「この時計が長く先生のそばを離れないと思うと」、生徒たちは「心からうれしそうに喜」べるのか。その理由を説明しなさい。

問三 傍線部②「こうして彼は、あのさびしい田舎の小学校にいた時分、頭に描いた希望の半分を達しました」とあるが、残り半分の「希望」が達成されたことを端的に表している一文を探し、最初の五字を抜き出しなさい。

問四 傍線部③「これに暇をやってもわるくはあるまい」とあるが、このように考えた「彼」の心情として適当なものを次の中から選び、記号で答えなさい。

ア 生徒からの思いを振り切ろうとする気持ち。
イ 過去を捨てて心機一転しようとする気持ち。
ウ 長く使った時計に心から感謝しようとする気持ち。
エ 大事にしてきた時計に見切りをつけようとする気持ち。

問五 傍線部④「みんなが声をたてて笑いました」とあるが、なぜ笑ったのか。適当なものを次の中から選び、記号で答えなさい。

ア 今時、ごく旧式で大きい型の時計を持っていたことをおかしく思ったから。
イ 時計が正確だと言ったのに、急に恐縮してしまった様子をおかしく思ったから。
ウ 旧式で大きい型の時計が正確であるはずはないと、男の主張をおかしく思ったから。
エ 誰もが何かしら自分の時計に不満があることがわかって、おかしく思ったから。

問六 傍線部⑤「ああ、おれは、いままでほんとうに、社会のために、どんなことをしておったか?」とあるが、なぜ「彼」はこのように思ったのか。適当なものを次の中から選び、記号で答えなさい。

ア 「いい人間」とは出世した人間のことだと考え、わが身のことばかりを考えて行動していた今までの自分に気付いたから。
イ 教え子たちには勉強するように伝えていたのに、自分は出世のことばかり考え、勉強していなかったことに気付いたから。
ウ 教え子たちの純情さにふれることで、重役になった後、周囲の人間に対し尊大なふるまいをしていた自分に気付いたから。
エ 都会で純真さを忘れ、教え子たちの真心がこもった時計を売るという、無慈悲な行動をしてしまったことに気付いたから。

労働をしていました時分に、やっとの思いで、露店でこの時計を求めたのでした。その日から、この時計は、今日まで苦労を私といっしょにしてきました。私は、この時計を売ったり、交換したりすることはできませんが、あなたが愛してくださるなら、あなたに差しあげます」といって、男は、この時計を重役に進呈しました。重役は、時計に対する奇遇と、この男の話に少なからず感動しましたが、彼は、ただちに、そのことを口に出していうほどの卒直《そっちょく》さをもっていませんでした。彼は、［D］、驚きの色をかくしながら、

「露店で買ったという、この時計は、狂わないかね」と、たずねました。

すると、男は、誇り顔に、重役を見つめて、

「一分も狂いません。おそらく、一秒も狂わないかもしれません。標準時に、毎日、きちんと合っています」と、答えました。

これを聞いて、この会社の中で、不思議に感じなかったものはありませんが、［E］重役は、あの村の子供たちが、自分のために贈ってくれた時計がそんなに正確なものであったかと、真に驚いたのでありました。

彼は、男の進呈した時計をもらって、自分の家へ帰りました。彼は、もしもこれが、昔、自身の持っていた時計でなかったら、けっして、この時計をもらわなかったにちがいありません。

その日、彼は、終日、その時計を前において、じっとながめていました。いままで忘れていた、過去のいろいろのことが、ありありと目に浮かんできました。そして、じっと見ているうちに、この時計の鈍い光の中から、自分の苦学時代がよみがえり、また、あの男の物語った、あの男の過去が幻となって、目に映るような気がしました。彼は、涙ぐましい気さえされて、眠る時分には、これをまくらもとにおいて、そのカチカチと秒を刻む音を聞きながら、いつになく安らかな眠りにはいったのでした。

彼は、風がすきまから吹き込んで、破れた障子のブウブウと鳴る寒村の小学校の教壇に立っているのでした。彼は、若く、そして、よれよれになった袴をはいています。しかし、熱心に、児童の顔を見守っていました。

「みなさん、大きくなったら、どんな人になろうと思いますか」

彼は、生徒らに向かって、こういう問いを出したのでした。すると、あちらにも、こちらにも、かわいらしい手が上がって、先生! 先生! と、争って呼ぶ声が聞こえたのでした。彼は、その中の一人を指すと、その子は立って、

「いい人間になります」と、答えた。

彼は、その子供に向かって、

「いい人間って、どんな人ですか?」と、たずねた。その子供は躊躇《ちゅうちょ》なく、りんごのようにほおをほてらして、

「世の中のために働く人になります」と、答えた。

彼は、子供の純情さに、覚えず感動した。同時に、夢から彼はさめたのであります。はね起きて床《とこ》の上にすわりました。そこで、すぐに十数年の昔になった、あの時分のことを思い出したのです。

⑤「ああ、おれは、いままでほんとうに、社会のために、どんなことをしておったか?」と、こう彼は思った。なお、カチカチいっている時計の音は、しばらくの間、無邪気な子供らの笑い声に聞こえていました。

（小川未明「小さい針の音」）

がありました。しかし、この時計にかぎって、そんなことはないはずだと思っているので、当座、彼は、社にくると、給仕に気象台へ電話をかけさせて、時間を問い合わせたものです。給仕は、彼の顔を見ると、またかといわぬばかりの目つきをしました。しかし、後になっては、どうしても三分間遅れるということを確かめると、それでも自分の時計は正確だ、標準時のほうがまちがっているとはいわれなくなって、彼はどうしたら真に正確な時計が得られるかと、茫然《ぼうぜん》いすにもたれながら、べつに自分はすることもないので、そんなことを妄想していたのであります。

ある日、みんなの仕事の休み時間に、彼はポケットから、プラチナの時計を取り出して、どうして遅れるのだろうということを、ため息といっしょにだれに向かっていうとなく、歎《たん》じたのでありました。

これを聞いていた人たちは、口々に合いづちを打って、

「私どもの時計は、どうせ安物ですが、七分も進みます」と一人がいうと、また、一人は、

「私のは振り止まりがする……」といって、みんなを笑わせました。

「七分ならいいが、僕のは、十分も遅れる」と、あちらでいったものもあります。

このとき、やはり、彼らの中の一人で、

「僕の時計は、感心に正確です」と、いったものがありました。

重役は、プラチナの時計を握ったまま、こういったものの方をながめました。しかし、彼の目は、どこやらに侮蔑を含んでいました。

(標準時に合わせば、やはり狂っているのだ)と、心の中で笑ったからです。

このとき、彼は、それを言葉には表さずに、ものやさしく、

「どれ、君の時計を、ちょっと見せたまえ」といいました。

自分の時計を正確だといった男は、急に、恐縮してしまいました。

「私のは、ごく旧式で、大きい型のです」といって、頭をかくと、④みんなが声をたてて笑いました。

その男は、べつに、臆するところなく、自分の時計を重役の前に持っていって、テーブルの上においたのであります。

彼は、男の差し出した時計を手に取ってながめていました。そして、ふいに、裏側のへこみに目を止めると、驚きのためにその顔色は変わったのでした。

しかし、彼のこの微妙な心理の推移を、そばの人々がわかろうはずがありません。ただ、あまり重役が熱心に、つまらない時計を凝視しているのを不思議に思ったくらいでありました。

「君、僕のこのプラチナの時計と交換しようじゃないか」と、重役はいいました。

みんなは、重役が冗談をいうにしては、あまりまじめなので、どうしたことかと一図《いちず》に笑うこともできなかったのです。

「ほんとうに、君、交換してくれないか」と、今度は、重役のほうから頼むようにいいました。

みんなは、相手の男が、喜んで交換するものと思いました。なかには、一種うらやましそうな目つきをさえして、このようすをながめていたものもあります。

男は、さもその当時のことを思い出すように、しんみりとした調子で、

「この時計は、私にとっては忘れられない記念の品であります。私が

た。幸いに彼は、それに合格することができたのであります。

②こうして彼は、あのさびしい田舎の小学校にいた時分、頭に描いた希望の半分を達しました。その後、彼は、ある役所に勤めました。それから、もっといい下宿に移りました。毎日、彼は、朝出かける前に、時計のねじを巻くことを忘れませんでした。小学校の生徒の贈った時計は、いつも彼の身体からはなれなかったのであります。彼は、前の下宿にいる時分、ある日のこと、ちょっとしたはずみに、時計を落として机の角で、時計の裏側に小さなへこみを作ったのであるが、その後は毎日、ねじを巻くたびに、この傷は、彼の目にとまるのでした。

「惜しいことをしたもんだ」と、はじめは、そのたびごとに、傷痕《きずあと》を指さきで、なでていったのです。しかし、いつ忘れるということもなく、だんだんそのことが気にかからぬようになりました。

数年の後、彼は、いままで勤めていた役所から、ある会社に移りました。しかもいい位置にすわるようになりました。

彼の服装は、いままでとは変わらなければなりませんでした。服装ばかりでなく、いっさいが変わらなければなりませんでした。彼は、旧型の大きな安時計を下げて、会社にいくことを気恥ずかしく感じました。

「ずいぶん長くこの時計も役にたったものだ。もうしかし、③これに暇をやってもわるくはあるまい。これほど使えばたくさんというものだ」と、彼は思いました。

彼は、その時計を古道具屋に売りました。そして、小さな新型の時計を求めました。さすがに新しい時計を求めて、時計屋から外に出て、にぎやかな往来を歩いたときは、彼は、昔、自分の教師をしていたあのさびしい田舎の小学校と、そのあたりの景色を思い出して、目に描かずにはいられなかったのでした。

けれど、彼にとって、いま、昔のみすぼらしい自分のことを考えることは、むしろ苦痛でありました。ほんとうに、そのことはくだらない。自らなにも厭世《えんせい》的にならなくともよさそうなものだ。すべて過去というものは、陰気なことでうまっていると、彼は思ったのであります。

さらに数年の後には、彼は、会社でもっともはばのきく重役でありました。だれが今日のようすを見るもので、その昔、青年時代を、田舎の小学校で、よれよれになった袴《はかま》をはいて、鼻たらし子供を教えていた、あのみすぼらしかった姿を想像するものがありましょう。

彼は、大きな、いかめしいいすにふんぞりかえっていました。頭髪はきれいに分けて、口ひげを短く刈り、金縁の眼鏡をかけています。そして、最新流行ふうの洋服を着て、プラチナの時計のくさりが、ガラス窓からはいる、灰色の空の光線に鈍い光を反射していました。

彼は、あの大きな旧型の時計を売ってから、その後いくたび時計を取り換えたでありましょう。

最近まで持っていた金時計は、彼が、ある夜のこと、ねじをすこし強く巻いたかと思うと、ぜんまいが切れてしまいました。さっそく、修繕はさしたものの、[C]、その故障の起こった時計をいつまでも持っている気にはなれなかったのです。

それで、彼は、プラチナの時計にそれを換えたのでありました。高価なプラチナの時計は、いま彼の持っている時計でありますが、やはり完全の機械ではないとみえて、標準時より一日に三分間おくれるのでありました。

彼には、なにより自分が、完全な最良な時計を持たないという不満

イ　逆説的な表現を随所に用いることで、読み手に注意深く読むことをうながし、独創性を強調している。

ウ　具体例は取り上げず、一貫して抽象的な説明を続けることで、主張の展開を格調高いものにしている。

エ　想定される疑問や反論に言及したり、補足の説明をしたりすることで、主張に説得力を与えている。

三　次の文章を読んで、後の問に答えなさい。

ある田舎の小学校に、一人の青年の教師がありました。その青年は、真実に小さな子供たちを教えたのであります。

二年、三年と、青年は、そのさびしい変化のとぼしい田舎にいるうちに、［A］、都へ出て勉強をして、もっと出世をしたいと考えました。それで、ある日のこと、自分の平常《へいぜい》教えていた生徒たちを、自分の前に集めて、

「私は、もっと勉強をしたいと思いますから、せっかくみなさんと親しくなって、毎日、この学校へきていっしょに暮らしましたが、お別れをしなければなりません。どうか、みなさんも勉強をして、大きくなって、みんないい人間になってください」といいました。

これを聞いていた子供たちは、目に涙をためて、うなだれていました。みんなは、このしんせつな先生に別れるのを、心から悲しく思ったのであります。

生徒たちは、みんな寄り集まって、先生になにか記念品をさしあげたいということを相談しました。なにをあげたらいいだろう？　すると、「先生は、まだ懐中時計を持っていなされない」と、一人がいいました。みんなは、先生のことは、なんでもよく知っていたからです。なるほど、そうだった。永く私たちを記念してもらうために、先生に時計を買ってあげよう、ということになりました。

みんなは、先生にあげるのだといって、喜んで、いくらかずつの金を出し合いました。そして代表された数人が、町へいって、一個の時計を求めてまいりました。生徒らは、代表者が求めてきた時計を一度ずつ、そのかわいらしい小さな手にとってながめました。そして、①この時計が長く先生のそばを離れないと思うと、心からうれしそうに喜びました。

年の若い先生は、みんなからのこの真心のこもった時計をもらって、どんなに喜ばしく思ったでありましょう。厚く礼をいって、彼は、このさびしい、都から遠く離れた村を、都に向かって、みんなに別れをつげて出発したのでありました。

彼は、都会に出ました。多年教師をしていて、積んでおいた金で、下宿屋の窓の下で勉強をしました。春、夏、秋、冬は、そこでたったのであります。それにつけて、彼は机の上においてあった時計が、たゆまず、休まずに、カチカチと時をきざんでいるのを見ながら、自分のいた、さびしい田舎のことを思い出しました。

「あの子供たちは、大きくなったろう。そして、やはり、あちらに林が見え、こちらに山が見える学校で、毎日勉強をしていることだろう……」と思うと、目の前に、かわいらしい、目のくるくるした顔がいくつも浮かび出てみえたのであります。

彼は、［B］、それに鼓舞されたように、勉強をつづけました。そして、この社会に出る関門であった、むずかしい試験を受けたのでし

ことでも、同じ判断があてはまる」という主張——を含んでいる。

ただし、それはあくまで要求であって、自然法則が、たとえば、重力加速度が地球上のどこでもあてはまるようには、他の可能性を排除することができない。いいかえれば、別の人間が同じ事態を別様に受け止める可能性を排除できない。だから、「倫理はひとによって違う」ともいわれる。

だが、この表現は粗忽《そこつ》である。反対の判断を下したふたりのどちらも自分の考えが相手にもあてはまると思っている点を看過しているからだ。ある特定の生き方を奉じているひとは他人にも同じ生き方を勧めるだろう。普遍妥当性要求のために、見解の相違は深刻な対立になりやすい。それゆえ、前述のように、各人が選択する生き方・考え方で同じ信条の人びとのあいだであてはまる倫理の次元と社会の構成員全員にあてはまる自他の選択の自由（この場合には信仰の自由）を尊重する道徳の次元とが区別される。

その道徳すら脅かされうる。たとえば、ある人種の絶滅が正しいと考える人間は今後も出現するかもしれない。しかも、その人間はそれを自分の生き方、倫理だと主張するかもしれない。しかし、その人間が自分の考えを主張することを許されているのは、道徳が他のひとと等しくその人間にも信条の自由や言論の自由を認めているからだ。それなのに、彼の考えの中身は自他に平等に権利を与える道徳を否定している。それゆえ、彼の考えは自分の立場を掘り崩す自己矛盾を犯している。だから、その主張を倫理として認めることはできない。

（品川哲彦『倫理学入門』）

問一 傍線部**イ**～**ホ**について。カタカナは漢字に直し、漢字は読みをひらがなで記しなさい。

問二 空欄 A ～ D について。「道徳」が当てはまる場合はア、「倫理」が当てはまる場合はイをそれぞれ答えなさい。

問三 空欄 ① に当てはまる漢字一字を答えなさい。

問四 傍線部②「他人の生き方への抑圧につながる」とあるが、ここでの「他人」を具体的に表している箇所を、文中から十字で抜き出しなさい。

問五 傍線部③「普遍妥当性要求」について、本文の内容に合致しているものを次の中から選び、記号で答えなさい。

ア そもそも社会で生きている限り、事実の価値づけは他人と変わらないので、普遍妥当性要求は発生しない。

イ 普遍的な倫理と呼べるものは存在せず、人によって異なる倫理を尊重すべきなのだが、普遍妥当性要求がそれを難しくする。

ウ 普遍妥当性要求は理想であって常に成立するとは限らないので、自分は自分であるとして他人は関係ないという立場をとることになる。

エ 他人と自分の倫理はそれぞれ異なるので、普遍妥当性要求によって互いの生き方を調整しながら生きることになる。

問六 本文の表現に関する説明として適当なものを次の中から選び、記号で答えなさい。

ア 外国語を話題にすることで、外国と比較したときに日本文化が特殊であることを読み手に示している。

を同時に含んでいるときには「倫理的」および「倫理」という表記で一貫することにしよう。

倫理は、「何々すべきだ／しなくてはならない／してもよい／してはならない」といった規範を含んだ判断や、「何々するのはよい／悪い」という価値を含んだ判断で言い表わされる。価値の表現は「卑怯《ひきょう》だ」「高潔だ」など多種多様だが、「よい」「悪い」で代表させておく。

他方、規範や価値を含む判断とは別に、「何々がある」「何々は何々である」という種類の判断がある。この種の判断はさらに二種類に分かれる。

そのひとつは、世界のなかにあるもの（「国際司法裁判所は国際紛争を法的に解決する機関である」）、あったもの（「カンブリア紀には三葉虫がいた」）、将来あるだろうもの（「永続的に使える人工臓器」）、世界のなかに起きていること（「平均気温が上昇しつつある」）、起きたこと（「一九三六年に二・二六事件が起きた」）、将来起こるだろうこと（「二〇五〇年、日本の人口は一億人を割るだろう」）を伝える判断である。

これらの判断については、判断の内容が現実のものやできごとと一致していることが観察や経験によって確証されれば、その判断は真である。どれほど複雑な推論や複雑な装置を介してであれ、究極的には目で見、手で触れるなど五感の働きで真偽が確証できる。こうした判断から成り立つ学問は実証科学と呼ばれる。自然科学のすべてと社会科学の多くの分野やその下位領域がここに属す。

もうひとつの種類は、「$x^2+1=0$には実数解はない。虚数iを用いてはじめて解を得る」というふうに、その学問の前提となるとりきめと論理規則だけでその真偽が決まる判断である。数学や幾何学や論理学はこうした判断から成り立っている。

倫理的判断は「がある」「である」のどちらの種類とも違う。論理的整合性だけにもとづく判断でもなければ、世界の現実を伝えもしない。というのは、倫理的判断は現実を伝えるのでなく、現実を創り出そうとする判断だからである。人間の行為によって世界をその判断が推奨するかたちに変えていこう、あるいはその判断が警告しているふうに世界がならないように抑止しようと呼びかけているのである。

「すべきだ／しなくてはならない／してもよい／してはならない」が呼びかけであることは明らかだ。これに比べて、「よい／悪い」は一見そうみえないかもしれない。「約六五〇万人のユダヤ人を殺害したホロコーストは世界史上まれにみる悪行である」という判断は「ナチズムは約六五〇万人のユダヤ人を殺害した」という判断と同じく過去のできごとを事実として伝えているように思われるかもしれない。だが、「悪行」という語は判断する主体がその事実をどのように受けとめ、価値づけているかを表わしている。

しかも、それはその場かぎりの感情的反応ではない。善悪の判断を下すにはそれに応じた理由がある。その理由が「特定の人種に属しているというだけで人間を殺してはならない」というものであるとすれば、ホロコーストについて上の判断を下したひとは同じ理由があてはまる別のできごと（たとえば、ルワンダのツチ族虐殺）を、それぞれの事態の特殊性に留意しながらも、同様に悪行と呼ぶだろう。同じ論拠が成り立つすべての事態に同じ評価を下す。倫理的判断は③普遍妥当性要求――すなわち、「同様の事態なら、いつでもどこでも誰がする近代化とは、価値観を共有する者たちから成る共同体が価値観の異なる人びとに開かれてゆく過程である。現代の多くの国々は母語が異なる移民を受け容《い》れている。こうした価値多元社会では、誰でも自分がよいと思う生き方を追求してよいし、本人が選んだ生き方を尊重すべきだという考えが社会に共通の規範として認められている。この規範は［A］に属す。

これにたいして、多様な生き方の選択肢とその選択肢のなかから自分の生き方を実際に選ぶことは――自分が生まれ育った共同体のなかで身につけた生き方を選ぶ場合もあれば、あるいはそれに反発して社会のなかで見聞した別の生き方を選ぶ場合もある――［B］に属す。たとえば、「私はカトリックの教えにしたがって生きる」という決断は［C］に属し、「他のひとは別の宗教を信じてよいし、何の宗教も信じなくてもよい」という態度は［D］に属す。

先に道徳を世間のきまりと呼んだが、世間という語は共同体を連想させるかもしれない。正確にいえば社会のきまりである。だから、「［①］に入れば［①］に従え」や「長いものには巻かれろ」という教えは、同質性を好む共同体のなかで摩擦なく生きていくための実用的な知恵ではあっても、自分で考えることを放棄しているから上記の意味での倫理ではないし、[②]他人の生き方への抑圧につながる点で上記の意味での道徳でもない。

すると、こうした教えがいまだに力をもち、ギリシア語やラテン語に由来する区別がもともとない日本では、倫理も道徳も結局は「既存の慣習に順応せよ」という命令にすぎないのではないか。その点の検討は大切である。とはいえ、そういう疑念をもつことのできたひとは、これまで説明されてきたことを理解したからこそそう問うたわけだ。その説明は日本語でなされた。だから、倫理と道徳の違いや近代社会の価値多元主義を日本語で思い描くこともできるはずである。

さて、以上のように倫理と道徳は使い分けられるのだが、他方で、倫理と道徳はほぼ同じ意味でも使われている。というのも、よいひととは、力点が置かれる程度の差はあれ、二つの要素を[ニ]カねそなえたひとのことだからである。

たとえば、本人が選んだ生き方のせいで他人の不利益や危害を招くひとは、よいひとだとはとてもいえない。逆に、すべきことをきちんと果たしていても、その行為が正しいとか相手のためになると自分で判断してそうしたのではなく、他人の指示や非難や賞賛に動かされてしたのなら、よいひととはいいがたい。そういうひとは間違った対応はしなくても、故障していない機械をあてにする程度にしか信頼できない。

優れた哲学者たちもそう考えていた。古代と近代それぞれを代表する哲学者を例に引こう。アリストテレス（紀元前三八四―紀元前三二二）はなすべきことを無意識にではなく、みずから選択し、しかもそれがよいことと思うから行ない、そのうえいつでもふさわしいふるまいのできる構えのできたひとが善き人間であると説き、イマヌエル・カント（一七二四―一八〇四）は、なすべきことをそれがなすべきであるから行なうことを道徳性と呼んで、なすべきことをしているにしてもそれ以外の理由で行なう適法性から区別している。

以下、「倫理的かつ道徳的」といちいち記すのも[ホ]ワズラわしいので、とくに両者の違いを注意しなくてはならない場合を除いて、両者

二　次の文章を読んで、後の問に答えなさい。

「よいひと」とはどんなひとをいうのだろうか。

　たいていの人間に期待できそうなことはきちんとしてくれるひと。そういうひとは信頼できる。よいひとと呼んでよい。他人のためになるが誰もがするとはかぎらないことに尽力するひと。それならますますそうだ。こういうひとはむしろ、立派なひと、尊敬すべきひとと呼べそうだ。そういうひとが大勢いれば助かるし、よいひと自身も他のよいひとに助けられ、みながその恩恵に浴する。だから、以上のタイプのよいひととは、私たちが一緒に生きていくのに役立つひとのことである。

　ところで、私たちは別のタイプのひとも立派に思い、尊敬する。たとえば、自己（イ）タンレンを怠らぬアスリート、創作に没頭する芸術家、つねに工夫を凝らす職人、などなど。自分の生き方をみずから選びとって（ロ）精進している点に、私たちは感心する。

　道徳と倫理は同じ意味で使われる場合もあれば、使い分けられる場合もある。使い分けられるときのその違いは大まかにいって「よいひと」の意味のこの二つの要素に対応している。道徳とは、私たちが一緒に生きていくために守るべき行為規範の体系である。私たちの共同生活の破綻を防いだり（たとえば、「ひとを傷つけてはいけない」）、共同生活をいっそう有意義にしたり（たとえば、「ひとには親切にすべし」）する教えがそこに含まれている。

　これにたいして、倫理は本人の生き方の選択に関わる。先に挙げたアスリートや芸術家の例にかぎらず、誰もが自分の人生を選んでいる。だから、倫理に含まれる教え（たとえば、「自分の能力を伸ばすべし」「自分の一生を大切にせよ」）もどのひとにもあてはまる。

「道徳と倫理のそういう使い分けは初耳だ」といわれるかもしれない。もっともだ。その違いはラテン語の mos とギリシア語の ethos に由来する。どちらも慣習を意味するが、ethos のほうは気高い性格という意味も含意する。「道徳」という日本語はラテン語起源の、英語でいえば moral の訳語にあてられる。「倫理」という日本語はギリシア語起源の、英語でいえば ethic の訳語にあてられる。

　だから、日本語の道徳と倫理という語に上のような区別はもともとないけれども、ラテン語とギリシア語のこの語源を反映させて、世間のきまりを（ハ）遵守する生き方を道徳的、矜持《きょうじ》ある生き方を倫理的と呼び分けることができる。

　上の説明では、世間のきまりに自分が従うか否かの倫理的決断が自由にできるように聞こえるかもしれない。その点を強調する思想もある。自分で自分の生き方を選ぶ決断を称揚する実存主義がそれであり、ひとえに自己に誠実であることを重視する。

　けれども、私たちはたいてい生まれ育ってきた環境に影響されて自分の生き方を選んでいる。すると、生き方の選択に関わる倫理と世間のきまりという意味の道徳は、結局、同じことに帰着するのか。いやそうではない。道徳について説明したときに用いた「私たちが一緒に生きていく」という語句に注意しよう。日常に使う言語、生まれ育つなかで身につける習俗や文化の伝統、さらには宗教がほぼ一緒のひとたちからなる結びつきを共同体と呼ぶ。これにたいして、文化や伝統や宗教が違っていてもその違いから相手を否定することなく一緒に生きていけるようにする結びつきを社会と呼ぼう。

タイトルだった。

　ある男がインディアンから土地を買うことになった。見渡す限りの広大な大地だ。酋長《しゅうちょう》は「太陽が昇ったときに出発し、日没までに帰ってくる。歩けるだけ歩いて3箇所に目印の杭《くい》を打つ。その四辺で囲んだ土地がお前の土地だ。ただし、日没に間に合わなければ金は没収する」と言う。

　男は次の日、勇んで丘の上からインディアンに見送られ、日の出とともに出発した。昼前に最初の杭を打ち、直角に方向を変える。2本目の杭を打とうとすると、ちょっと先にコウサクに適した湿地帯が広がっていた。男は歩幅を広めて、湿地帯の向こう側まで廻ることにする。大分疲れてやっと3本目の杭を打とうとすると、今度は最高の牧草地が現れた。男はますます歩みを速めてこの牧草地を廻った。日は傾きかけている。男は焦り走った。やっと丘のふもとまで辿り着いたとき、太陽は半分沈んでしまっていた。ふと丘の上を見上げると酋長が大きく手招きをしている。そうだ、丘の上にはまだ陽があるのだ。男は最後の力をふりしぼって丘を駆け上がった。

「間に合った」と男は思った。やっと土地を手に入れたのだ。幸福感にヒタって男は死んだ。酋長はこの男を不憫《ふびん》に思って、自分の手に入れた土地に穴を掘って埋めてやった。この男には、自分の身体が入る広さの土地だけが必要だったのだ。

　鴨長明には方丈が必要だった。世界の資本は1マイル四方のマンハッタン島で足りた。インディアンから土地を買った男には、墓穴だけが必要だった。⑧果たしてあなたには、どれだけの土地が必要だろうか。

（杉本博司『苔のむすまで』）

問一　傍線部**イ**～**ホ**について。カタカナは漢字に直し、漢字は読みをひらがなで記しなさい。

問二　空欄 ① に当てはまる時代を次の中から選び、記号で答えなさい。

ア　奈良　　イ　平安　　ウ　鎌倉　　エ　室町　　オ　戦国

問三　傍線部②「現し心」の意味として適当なものを次の中から選び、記号で答えなさい。

ア　慈悲　　イ　正気　　ウ　夢心地　　エ　恐怖心　　オ　覚悟

問四　傍線部③「長明は我が身の不幸をバネとして、ある種の悟りに至ったのだ」とは具体的にどういうことか。その内容を表している一文を探し、最初の五字を抜き出しなさい。

問五　傍線部④「執」とは何か。漢字二字の熟語で答えなさい。

問六　傍線部⑤「観念」とはどういうことか。適当なものを次の中から選び、記号で答えなさい。

ア　この世の望みを全てあきらめること。

イ　天地の広大さに思いをはせること。

ウ　死後の世界に思いをめぐらせること。

エ　死を覚悟して心静かに生きること。

問七　傍線部⑥「逆浦島になった気がした」とはどういうことか、分かりやすく説明しなさい。

問八　空欄 ⑦ に当てはまる漢字一字を答えなさい。

問九　傍線部⑧「果たしてあなたには、どれだけの土地が必要だろうか」という問いに対して、筆者はどのような答えを想定しているか答えなさい。

はだいぶ深閑としてくる。イケイリュウというほどでもない小川に沿って登って行くと、川沿いに四畳半ほどの石畳が目に入る。傍らに石碑があり「鴨長明方丈跡」とある。「方丈記」の中に、長明自らがこの場所を描写した箇所がある。

「その所のさまをいはば、南に懸樋《かけひ》あり。岩を立てて、水を溜めたり。林の木ちかければ、爪木《つまぎ》をひろふに乏しからず。名をと山といふ。まさきのかづら、跡埋《うづ》めり。谷しげけれど、西晴れたり。⑤観念のたより、なきにしもあらず。春は藤波を見る。紫雲のごとくして、西方に匂ふ。夏は郭公《ほととぎす》を聞く。語らふごとに、死出の山路を契る。秋はひぐらしの声、耳に満てり。うつせみの世をかなしむほど聞こゆ。冬は雪をあはれぶ。積り消ゆるさま、罪障にたとへつべし」

まず生きて行くために、必要な清らかな水がある。周りのロ雑木林で薪《たきぎ》にする爪木をひろうのに不自由はない。谷はつる草などが道を埋めるほどに茂っているが、西の方は開けて、西方浄土を観想することもできないことではない。春は藤の花が匂い、夏は郭公が鳴いて死出の旅路へ発つ時は、案内をしてくれると約束してくれる。秋はひぐらしの声、はかないこの世を悲しむほどに聞く。冬は雪、自分の心の迷いのように積もっては消えていく。

長明がここに住んでから800年余り。周りを見渡してもその通りで、石碑がある他は何の違いもない。私は、⑥逆浦島になった気がした。

ワールド・トレード・センターの建っていたマンハッタン島は、1626年にオランダ西インド会社総督ピーター・ミヌイットが、インディアンとの交渉によって、物品と交換したということになっている。交換された品物は、布地、やかん、ビーズ、短剣であった。当時のインディアンが、土地の所有意識を持っていたかどうかは疑わしい。オランダ人はここをニューアムステルダムと名づけ、今のウォール街の辺りが、インディアンの襲撃を防ぐための城壁になっていた。当時の人口約300人。その後、1664年の英蘭戦争の結果、統治権がイギリスに移り、この地はニューヨークと呼ばれるようになり現在に至る。

この島が大きく変貌をハトげるのは20世紀に入ってからである。たった1マイル四方ほどの土地に、世界中の資本が集まってしまったのだ。資本は商品を生むための血液である。私は今ではアーティストだが、大学時代は経済学部の学生だった。マルクスの資本論はこうはじまる。

「資本主義的生産様式の社会の富は、商品の集積として現れる」。そして商品には使用価値と交換価値があり、この交換価値を測るために貨幣が生まれた。このように、資本論は価値論からはじまる。どうして1枚の紙キレが1万円の価値を持つのか。一体、価値とは何なのか。私にとっては ⑦ から鱗の落ちるような本だった。その後、共産主義は実験に失敗し、この本もすっかり評判を落としてしまった。しかし、権力はいつの時代でも理想を悪用するものなのだ。ソクラテスは「悪法も法なり」と言って毒杯を呑《の》んだ。マルクスは晩年「私はマルキストではない」と言っていた。どんな理想も裏切られる運命にあるのだ。

〈中略〉

インディアンから土地を買う話を、もうひとつ思い出した。中学の国語の教科書で読んだ話で「人にはどれだけの土地がいるか」という

【国　語】（六〇分）〈満点：一〇〇点〉

一　次の文章を読んで、後の問に答えなさい。

現代芸術家である筆者は、二〇〇一年九月一一日の同時多発テロをマンハッタンにある自らのスタジオで目撃することになった。以下の文章はその経験に基づいたエッセーである。

私は気がつくと、あの［　①　］末期の乱世を、生の実況放送のような文章で描き出した「方丈記」を思い出していた。

「火もとは、樋口富の小路とかや、舞人を宿せる仮屋より出で来たりけるとなん。吹き迷ふ風に、とかく移りゆくほどに、扇をひろげたるがごとく末広になりぬ。遠き家は煙に咽《むせ》び、近きあたりはひたすら焔《ほの》ほを地に吹きつけたり。空には灰を吹き立てたれば、火の光に映じて、あまねく紅なる中に、風に堪へず、吹き切られたる焔《ほのほ》、飛ぶが如くして一二町を越えつゝ移りゆく。その中の人、②現《うつ》し心あらむや。或は煙に咽びて倒れ伏し、或は焔にまぎれてたちまちに死ぬ」（『日本古典文学大系・方丈記　徒然草』岩波書店より）

これは安元3年4月28日の夜、都の3分の1を焼失した大火の模様を伝える鴨長明によるレポートである。

長明は、名門と言える下鴨神社の社司の子として生まれ、自分も社司として任命されることを当然のこととして育った。またこの人は、多才な文化人でもあった。ところがその才能が、ちょっとしたことで裏目に出てしまう。長明は琴の名手だった。しかし和歌には和歌の家、蹴鞠《けまり》には蹴鞠の家があるように、琴には琴の家がある。ある日、宮中で門外不出の琴の秘曲が奏でられた。同席していた長明は、1回聴いただけでその曲を暗記してしまった。そしてあろうことか、ある夜、友の前でこの曲を披露してしまったのだ。噂は洩《も》れ伝わり、長明は訴えられることになる。こんなことから長明は、宮廷文化人サロンから追放同然の扱いを受けてしまう。

長明は好むと好まざるとに関わらず、世を捨てるという身の処し方を余儀なくされるが、そうなってしまえばしまったで、今度はそれを楽しもうという、逆説発想転換に及ぶこととなる。そしてその生き様が、名作「方丈記」を生むこととなるのだ。かの有名な冒頭部分。

「ゆく河の流れは絶えずして、しかも、もとの水にあらず。よどみに浮ぶうたかたは、かつ消えかつ結びて、久しくとゞまりたる例《ためし》なし。世の中にある人と栖《すみか》と、またかくのごとし」

ここには、日本文化のエッセンス「もののあわれ」と仏教的な諦観《ていかん》が短い文章の中に見事に凝縮されている。③長明は我が身の不幸をバネとして、ある種の悟りに至ったのだ。

長明は自分が生きていくためには、方丈（四畳半）の広さの仮小屋さえあればよい、「旅人の一夜の宿をつくり、老いたる蚕《かいこ》の繭《まゆ》を営むがごとし」と言う。心にかなわぬことがあれば、小屋をたたんで他の場所に移りゆく。財産があれば盗賊の難に遭うし、官禄《かんろく》があれば人がその地位を狙う。私にはもとより妻子もなければ何もない。「何に付けてか④執《しふ》を留めん」という、なかなかにいさぎよい思い切りである。

10年ほど前に私は、鴨長明の方丈跡を探し訪ねたことがある。京都の醍醐寺より南に下ると、日野富子の出生の地である日野という里がある。里はずれに、齢を重ねた公営住宅が並び、その裏手から山に入って行く。しばらくすると、現代文明の痕跡は見えなくなり、辺り

MEMO

大切なことはメモしておこうネ！

2021年度

解 答 と 解 説

《2021年度の配点は解答欄に掲載してあります。》

＜数学解答＞

〔1〕 (1) ① $x=-5$ ② $(x+5)(x-2a)$ ③ $a=-6,\ -\dfrac{1}{2},\ 1$

(2) ① 35kg以上40kg未満 ② エ (3) 正三角形 $2\sqrt{6}$cm，正方形 $3+\sqrt{3}$cm

(4) ① B(1，0) ② $p=\dfrac{3}{2}$

〔2〕 (1) $\dfrac{7}{18}$ (2) $\dfrac{1}{4}$ (3) $\dfrac{5}{108}$ (4) $\dfrac{1}{3}$

〔3〕 (1) $2\sqrt{6}$cm (2) $\dfrac{9\sqrt{3}}{2}$cm (3) 9：7 (4) $\dfrac{14\sqrt{6}}{27}$cm

〔4〕 (1) 1cm (2) 9倍 (3) $\dfrac{16}{25}\pi$ cm^2 (4) $\dfrac{27-9\sqrt{5}}{8}$cm

〔5〕 (1) $y=-x+3$ (2) $\dfrac{165}{4}$ (3) ① $t=\dfrac{11}{2}$ ② 1：21 ③ 135

○推定配点○

〔1〕 (1)，(2)① 各3点×4 他 各4点×5 〔2〕 各4点×4 〔3〕 各4点×4

〔4〕 各4点×4 〔5〕 各4点×5 計100点

＜数学解説＞

〔1〕 (二次方程式，資料の整理，平面図形，関数と図形)

(1) $x^2+(5-2a)x-10a=0$…(ⅰ) $x^2-ax-a-1=0$…(ⅱ)

基本 ① $a=-6$を(ⅰ)に代入して，$x^2+17x+60=0$ $(x+5)(x+12)=0$ $x=-5,\ -12$ $a=-6$を(ⅱ)に代入して，$x^2+6x+5=0$ $(x+1)(x+5)=0$ $x=-1,\ -5$ よって，共通の解は，$x=-5$

基本 ② $x^2+(5-2a)x-10a=x(x+5)-2a(x+5)=(x+5)(x-2a)$

③ (ⅰ)の解は，②より，$x=-5,\ 2a$ (ⅱ)の解は，$x^2-ax-a-1=(x+1)(x-1)-a(x+1)=(x+1)(x-1-a)$より，$x=-1,\ 1+a$ 共通な解が$x=-5$のとき，$1+a=-5$ $a=-6$ 共通な解が$x=-1$のとき，$2a=-1$ $a=-\dfrac{1}{2}$ 共通な解が$2a=1+a$のとき，$a=1$

基本 (2) ① 資料数が40の中央値は，記録を低い順に並べたときの20番目と21番目の平均である。ヒストグラムより，度数の合計は，1＋6＋6＋6＝19，19＋6＝25だから，20番目と21番目ともに35kg以上40kg未満の階級に含まれる。

② 階級の幅5kgのヒストグラムにおいて，35kg未満の度数の合計は19であるから，35kg未満の度数の合計が，1＋5＋4＋5＋5＝20の(ア)と，1＋2＋5＋5＋8＝21の(ウ)は不適。また，階級の幅5kgのヒストグラムにおいて，35kg以上40kg未満の階級の度数は6であるから，階級の幅4kgのヒストグラムにおいて，35kg以上39kg未満の階級の度数が8の(イ)は不適。よって，適するのは(エ)

重要 (3) 1辺の長さがaの正三角形の面積は，$\dfrac{\sqrt{3}}{4}a^2$で表されるから，$\dfrac{\sqrt{3}}{4}a^2=6\sqrt{3}$ $a^2=24$ $a>0$

より，$a=2\sqrt{6}$(cm)　△ABPと△ADQにおいて，AP＝AQ，∠ABP＝∠ADQ＝90°，AB＝AD　直角三角形の斜辺と他の1辺がそれぞれ等しいから，△ABP≡△ADQ　よって，BP＝DQより，CP＝CQだから，△CPQは直角二等辺三角形となり，$CP=\frac{1}{\sqrt{2}}PQ=\frac{2\sqrt{6}}{\sqrt{2}}=2\sqrt{3}$　AB＝$x$cmとすると，△ABPに三平方の定理を用いて，$x^2+(x-2\sqrt{3})^2=(2\sqrt{6})^2$　$x^2+x^2-4\sqrt{3}x+12=24$　$x^2-2\sqrt{3}x=6$　$(x-\sqrt{3})^2=6+3$　$x-\sqrt{3}=\pm3$　$x=\sqrt{3}\pm3$　$x>2\sqrt{3}$より，$x=3+\sqrt{3}$(cm)

基本　(4)　①　$y=bx-b$に$y=0$を代入して，$0=bx-b$　$bx=b$　$x=1$　よって，B(1，0)

②　直線$y=x+2$と$y=3x-3$との交点をCとすると，この連立方程式を解いて，Cの座標は，$\left(\frac{5}{2}, \frac{9}{2}\right)$　直線$y=x+2$と$y=px-p$ $(1<p<3)$との交点をDとすると，この連立方程式を解いて，Dの座標は，$\left(\frac{p+2}{p-1}, \frac{3p}{p-1}\right)$　よって，SとTの重なった部分は△BCDである。また，直線$y=x+2$とx軸との交点をEとすると，E$(-2, 0)$　$\triangle BCD=\triangle BDE-\triangle BCE=\frac{1}{2}\times\{1-(-2)\}\times\frac{3p}{p-1}-\frac{1}{2}\times\{1-(-2)\}\times\frac{9}{2}=\frac{9p}{2(p-1)}-\frac{27}{4}$　よって，$\frac{9p}{2(p-1)}-\frac{27}{4}=\frac{27}{4}$　$\frac{9p}{2(p-1)}=\frac{27}{2}$　$p=3(p-1)$　$-2p=-3$　$p=\frac{3}{2}$

［2］（確率）

基本　(1)　さいころの目の出方の総数は，$6^3=216$(通り)　450以上の数は，451～456，461～466がそれぞれ6通り，5□□，6□□がそれぞれ6×6＝36(通り)あるから，求める確率は，$\frac{6\times2+36\times2}{216}=\frac{7}{18}$

重要　(2)　4の倍数は，下2けたが12，16，24，32，36，44，52，56，64の9通りあり，それぞれに対して百の位が1～6の6通りあるから，求める確率は，$\frac{9\times6}{216}=\frac{1}{4}$

基本　(3)　各位の数の和が15となる数の組み合わせは，(6，6，3)，(6，5，4)，(5，5，5)で，それぞれ3通り，3×2×1＝6(通り)，1通りあるから，求める確率は，$\frac{3+6+1}{216}=\frac{5}{108}$

(4)　各位の数の和が3となる数の組み合わせは，(1，1，1)の1通り。各位の数の和が6となる数の組み合わせは，(4，1，1)，(3，2，1)，(2，2，2)で，それぞれ3，6，1通りずつの計10通り。各位の数の和が9となる数の組み合わせは，(6，2，1)，(5，3，1)，(5，2，2)，(4，4，1)，(4，3，2)，(3，3，3)で，それぞれ6，6，3，3，6，1通りずつの計25通り。各位の数の和が12となる数の組み合わせは，(6，5，1)，(6，4，2)，(6，3，3)，(5，5，2)，(5，4，3)，(4，4，4)で，それぞれ6，6，3，3，6，1通りずつの計25通り。各位の数の和が15となる数の組み合わせは，(3)より，計10通り。各位の数の和が18となる数の組み合わせは，(6，6，6)の1通り。以上より，求める確率は，$\frac{1+10+25+25+10+1}{216}=\frac{1}{3}$

［3］（平面図形の計量）

基本　(1)　ABは直径だから，∠ACB＝90°　$\sqrt{(\sqrt{2})^2+1^2}=\sqrt{3}$より，AB：AC：BC＝$\sqrt{3}$：$\sqrt{2}$：1　AB＝3×2＝6より，$AC=\frac{\sqrt{2}}{\sqrt{3}}\times6=2\sqrt{6}$(cm)

(2)　$BC=\frac{1}{\sqrt{3}}\times6=2\sqrt{3}$より，$CD=\frac{4+3}{4}BC=\frac{7}{4}\times2\sqrt{3}=\frac{7\sqrt{3}}{2}$　よって，$AD=\sqrt{(2\sqrt{6})^2+\left(\frac{7\sqrt{3}}{2}\right)^2}=\sqrt{\frac{243}{4}}=\frac{9\sqrt{3}}{2}$(cm)

重要 (3)　△ACDと△BEDにおいて，ABは直径だから，∠AEB＝90°より，∠ACD＝∠BED＝90°…①　共通だから，∠ADC＝∠BDE…②　①，②より，2組の角がそれぞれ等しいので，△ACD∽△BED　よって，DB：DE＝DA：DC＝$\frac{9\sqrt{3}}{2}$：$\frac{7\sqrt{3}}{2}$＝9：7

重要 (4)　BD＝$\frac{3}{4}$BC＝$\frac{3}{4}\times2\sqrt{3}=\frac{3\sqrt{3}}{2}$より，DE＝$\frac{7}{9}\times\frac{3\sqrt{3}}{2}=\frac{7\sqrt{3}}{6}$　∠EHD＝90°より，△ACD∽△EHD　AC：EH＝AD：ED　よって，EH＝$2\sqrt{6}\times\frac{7\sqrt{3}}{6}\div\frac{9\sqrt{3}}{2}=\frac{14\sqrt{6}}{27}$(cm)

［4］（空間図形の計量）

重要 (1)　底面の円の中心をO，円周上の点をB，円錐の頂点をCとする。OC＝$\sqrt{5^2-3^2}=4$　△OBCに内接する円Pの半径を$r$cmとすると，△OBC＝△PBO＋△POC＋△PCB　$\frac{1}{2}\times3\times4=\frac{1}{2}\times3\times r+\frac{1}{2}\times4\times r+\frac{1}{2}\times5\times r$　$6=6r$　$r=1$　よって，球Pの半径は1cm

基本 (2)　$\left(\frac{1}{3}\pi\times3^2\times4\right)\div\left(\frac{4}{3}\pi\times1^3\right)=9$(倍)

重要 (3)　円Pと線分OBとの接点をDとする。OD＝1より，BA＝BD＝3－1＝2　Aから線分OBにひいた垂線をAEとすると，△ABE∽△CBO　AE：CO＝AB：CB　AE＝$\frac{4\times2}{5}=\frac{8}{5}$　切断面の円の中心をFとすると，△ABE∽△APF　AB：AP＝AE：AF　AF＝$1\times\frac{8}{5}\div2=\frac{4}{5}$　よって，球Pの切断面の面積は，$\pi\times\left(\frac{4}{5}\right)^2=\frac{16}{25}\pi$(cm²)

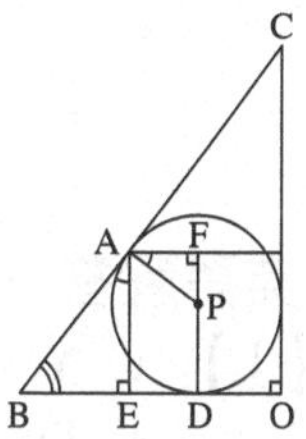

重要 (4)　3つの球の中心と円錐の頂点が同じ平面上にある平面において，円Rと線分BCとの接点をG，Rから線分PAにひいた垂線をRHとする。円Rの半径を$x$cmとすると，△CRG∽△CBO　CG：CO＝RG：BO　CG＝$\frac{4\times x}{3}=\frac{4}{3}x$　よって，RH＝GA＝$5-2-\frac{4}{3}x=3-\frac{4}{3}x$　△PRHにおいて，$PR^2=PH^2+RH^2$　$(x+1)^2=(1-x)^2+\left(3-\frac{4}{3}x\right)^2$　$x^2+2x+1=1-2x+x^2+9-8x+\frac{16}{9}x^2$　$16x^2-108x+81=0$　$x=\frac{-(-108)\pm\sqrt{(-108)^2-4\times16\times81}}{2\times16}=\frac{108\pm\sqrt{6480}}{32}=\frac{27\pm9\sqrt{5}}{8}$　$x<1$より，$x=\frac{27-9\sqrt{5}}{8}$(cm)

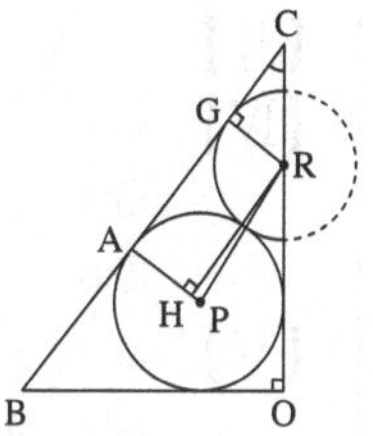

［5］（図形と関数・グラフの融合問題）

基本 (1)　$y=2x^2$に$x=-\frac{3}{2}$，1をそれぞれ代入して，$y=\frac{9}{2}$，2　よって，A$\left(-\frac{3}{2},\ \frac{9}{2}\right)$，B(1，2)　直線$\ell$の式を$y=ax+b$とすると，2点A，Bを通るから，$\frac{9}{2}=-\frac{3}{2}a+b$，$2=a+b$　この連立方程式を解いて，$a=-1$，$b=3$　したがって，$y=-x+3$

(2)　$y=2x^2$に$x=4$を代入して，$y=32$　$y=-x+3$に$x=4$を代入して，$y=-1$　よって，PQ＝32－(－1)＝33　△PAB＝△PAQ－△PBQ＝$\frac{1}{2}\times33\times\left\{4-\left(-\frac{3}{2}\right)\right\}-\frac{1}{2}\times33\times(4-1)=\frac{363}{4}-\frac{99}{2}=\frac{165}{4}$

(3)　①　P(t，$2t^2$)，Q(t，$-t+3$)　直線OBの式は$y=2x$だから，S(t，$2t$)　PS：SQ＝11：3

より，$(2t^2-2t):\{2t-(-t+3)\}=11:3$　$6t^2-6t=33t-33$　$2t^2-13t+11=0$　$t=\dfrac{-(-13)\pm\sqrt{(-13)^2-4\times2\times11}}{2\times2}=\dfrac{13\pm9}{4}=\dfrac{11}{2}$，1　$t>1$より，$t=\dfrac{11}{2}$

重要　② 直線ℓとy軸との交点をUとすると，U(0, 3)　$t=\dfrac{11}{2}$のとき，$PQ=2\times\left(\dfrac{11}{2}\right)^2-\left(-\dfrac{11}{2}+3\right)=63$　平行線と比の定理より，OT：TP＝OU：PQ＝3：63＝1：21

重要　③ 四角形PTBSの面積は，△OPSと△OTBの面積の差に等しい。OT：OP＝1：22，OB：OS＝$1:\dfrac{11}{2}=2:11$より，$\dfrac{\triangle OTB}{\triangle OPS}=\dfrac{OT}{OP}\times\dfrac{OB}{OS}=\dfrac{1}{22}\times\dfrac{2}{11}=\dfrac{1}{121}$　よって，四角形PTBSの面積は，$\left(1-\dfrac{1}{121}\right)\triangle OPS=\dfrac{120}{121}\times\dfrac{1}{2}\times\left\{2\times\left(\dfrac{11}{2}\right)^2-2\times\dfrac{11}{2}\right\}\times\dfrac{11}{2}=\dfrac{30}{11}\times\dfrac{99}{2}=135$

★ワンポイントアドバイス★

出題構成，難易度とも変わらないが，ボリュームがあり，計算力が問われる。時間配分を考えながら，できるところから解いていくようにしよう。

＜英語解答＞

【Ⅰ】 1　You've been complaining about　2　the tournament hasn't finished yet
3　I'm leaving for Sapporo tomorrow　4　I can't pick you up

【Ⅱ】 1　A　2　B　【Ⅲ】 1　B　2　C

【Ⅳ】 問1　ウ　問2　エ　問3　have no relation to their chances　問4　ア
問5　(～ science) focuses more on numbers and less on language skills.
問6　ウ　問7　エ　問8　イ　問9　エ

【Ⅴ】 問1　1　エ　2　ア　3　ウ　4　エ　5　ア　6　エ　7　エ　8　エ
問2　A　tried　B　listen

【Ⅵ】 1　past　2　weak　3　eye

【Ⅶ】 1　best speaker　2　right

【Ⅷ】 (A，Bの順)　1　カ，オ　2　カ，キ　3　イ，エ

【Ⅸ】 (例)　I want to go a famous and beautiful place in Japan. The first reason is because I want to know more about Japan. And the second reason is because I am very busy, and I don't want to spend many days in travelling.

○推定配点○

【Ⅰ】～【Ⅲ】 各2点×8　【Ⅳ】 各3点×9　【Ⅴ】 各3点×10　【Ⅵ】 各3点×3
【Ⅶ】 各2点×2　【Ⅷ】 各3点×3(各完答)　【Ⅸ】 5点　計100点

＜英語解説＞

【Ⅰ】 (リスニング)

(全訳)　1. A：マイク，もうお医者さんに行った？あなたは膝のことで何週間も文句を言っているわ。

B：まだだよ。サッカーの試合のための練習で忙しかったんだ。

A：それは知ってるわ，でもあなたの膝に何か問題があるかもしれない。待っていたら，ひどくなるかもしれないわ。

B：わかってるよ，お母さん，でもトーナメントはまだ終わっていないんだ。明日は大きな試合があるんだよ。今週行ってみるよ。

A：いいわ。それが終わったら，できるだけ早く行って欲しいわ。

2. A：やあ，ティムだよ。君のフライトの準備はできている？

B：ええ，予定通り明日札幌に出発するの。あなたに会うのが待ちきれないわ。

A：僕もだよ。でもね，申し訳ないけど空港で君を拾うことができないんだ。だから，一人で札幌駅まで来てくれる？夜にそこで会おう。

B：わかったわ。やってみる。

【Ⅱ】（リスニング）

（全訳） 1. A：お父さん，私メアリーの結婚式で着る新しいドレスが欲しい！

B：心配いらないよ。結婚式はオンラインで行われるから，着飾る必要は無いよ。

A：A） そうだとしても，私は新しいドレスが欲しいわ。

B） でも，私は明日暇よ。

C） 私はもっといいドレスを持っているわ。

D） 私はあなたと一緒に行けるわ。

2. A：おや，これは何？猫の形のクッション？

B：いいえ，実は私のバッグなの，エコバッグよ。たたむと子猫の顔になるの。

A：とてもかわいいね！最近は，本当にエコバッグが必要だよね。僕もこういうのが欲しいな。

B：A） 私もそうよ。

B） 昨日ショッピングモールで見つけたの。

C） 誰もエコバッグを持っていないわ。

D） 私も違うわ。

【Ⅲ】（リスニング）

（全訳） 1 女性：あらジョニー，科学のレポートは終わった？私はまだ始めていないの。

男性：やあアリス！明日提出しないといけないのだから，もちろん終わったよ！

女性：明日！待って，あなたは終わったって言った？だったら，あなたは今日暇よね…ねえ，ジョニー。

男性：わかったよ，アリス，今ランチをごちそうしてくれるなら，君を手伝ってあげるよ！

質問：ジョニーは何をするか？

A） 彼はアリスのために食べ物を買う。

B） 彼はアリスがレポートを書くのを手伝う。

C） 彼はアリスと一緒に彼の科学のレポートを終わらせる。

D） 彼は明日アリスと会う。

2 女性：ジェイソン，あなたの誕生日は今週末よね？

男性：うん，よく覚えているね，エマ！

女性：ええと，去年あなたは素敵な誕生日パーティーに私や他のクラスメートを招待してくれて，その日は雪だったのを覚えているわ。だから，外の雪であなたの誕生日のことを思い出したの。

男性：うん，僕の誕生日はここ数年雪が降ることが多いんだ。今年，僕の両親と僕は学校の友達とパーティーをする代わりに，週末スキー旅行に行くつもりだよ。

質問：今年のジェイソンの誕生日の計画は何か？

A）　エマや他の友達と会う。

B）　山岳地帯の祖父母を訪ねる。

C）　家族と旅行をする。

D）　クラスメートとスキーをする。

【Ⅳ】（長文読解問題・説明文：語句解釈，内容吟味，語句整序，英問英答，語句補充）

（全訳）　私がプログラミングに恋をしたのは13歳のときでした。私の学校はちょうどコンピュータを取得する，国で最初の一つになりました。マシンは巨大で遅く，画面さえありませんでした―しかし，私は①夢中になりました。友人と私は新しいプログラムを作成するのに何時間も費やしました。

そのコンピュータサイエンスへの導入は，私の人生の流れを変えました。私は最近，ニューヨークにある，若者のために同じことをすることを願う高校を訪れました。ソフトウェア工学アカデミー―またはAFSE―マンハッタンにある公立高校です。2012年のオープン以来，コンピュータサイエンスのアイデアを使用して学生が大学の準備をするのに役立つ非常に素晴らしい教育課程を持っています。すべての学生は，最初の2年間でコンピュータサイエンスの基礎を学びます。3年生になると，②彼らはプログラミングあるいはデザインのどちらかを専攻することを選択します。しかし，AFSEを卒業するすべての学生がプログラマーやソフトウェアエンジニアになるわけではありません。それで彼らはまた，非専門のクラス(英語や社会科など)の全コースを受講します。

ニューヨーク市の公立学校に入学したい生徒は，抽選システムを受けます。どの生徒もAFSEへ入るのを申請でき，彼らの出席記録や成績は③選ばれる可能性とは関係ありません。だから，市内各地から様々なタイプの学生がいます。

私はデザインクラスの1つに参加する機会がありました。先生は生徒を小グループに分け，ヘッドフォン用のホルダーを作るように言いました。モデリングソフトウェアと3Dプリンタを使用して，機能，丈夫さ，使い勝手の良さを考慮したプロジェクトを設計する必要がありました。各チームは異なるアプローチを持っていました。ヘッドホンをテーブルの端に取り付けるツールに取り組んでいる人もいれば，机の上に置くスタンドの作業をすることを選んだ人もいました。私は各デザインがどれほどよく考えられているかに④ひどく感心しました。

学校のユニークな教育課程は，特に中等学校で苦労した一部の学生に良い効果を持っています。コンピュータサイエンスは数字に焦点を当て，語学力に焦点を当てないので，英語学習者や障害を持つ学生はAFSEで満足しているようです。これらの学生は，専門外のクラスでさえコンピュータサイエンスの概念に基づいているため，より簡単に勉強することができます―例えば，歴史教師は，口頭でのプレゼンテーションを準備するのではなく，1812年の戦争に関するウェブページを設計するように学生に依頼するかもしれません。

学校の若者は500人未満なので，クラスのサイズは小さく，生徒は個人に向けた関心をより多く得ることができます。誰もが個人用に設計された卒業への計画を受け取ります。教師は，特定の生徒がどれほど成長しているかを追う共有情報サイトにログインできます。その生徒が4年生になると，学校は生徒が不足する部分を認識するためにサイトを使用して，生徒が完全でない領域を終わらせることができるようにします。このサイトは，AFSEだけでなく，公立学校のための新しいビジョンと呼ばれるニューヨークの学校のネットワーク全体で使用されています。

1年生のとき，生徒たちはまた，高校に慣れたり，最終的に卒業後の計画を考えたりするのを助けるアドバイザーによって支えられます。これらのアドバイザーは，家族と連絡を保つ役割をA果たし，すべての個々の学生が学校の中にいる大人によく知られることを確かにします。これは，

⑤誰も無視されることがないようにするのに役立つ素晴らしいシステムです。この種の個に向けた注意は，人々がより小さな高校について話すときに念頭に置いているものです。

コンピュータサイエンスの基礎を学ぶことで，誰もが優位に立つことができると思います。あなたが人生でどこに行っても，これら3つの質問をすることは有用です。Bタスクを実行するにはどうすればよいか，パターンを見つけられるか，どんなデータが必要か。

コンピュータサイエンスは，私の世界に対する考え方を形作るのに役立ちました。私はそれが，ソフトウェア工学アカデミーで出会った学生のために同じことをしてくれるのを願っています。

問1　be hooked で「夢中になる」という意味になる。アは「失望する」，イは「打たれる」，ウは「興奮する」，エは「驚く」という意味。

問2　下線部②は，ソフトウェア工学アカデミーの生徒は3年生になると，プログラミングあるいはデザインのどちらかを専攻することを選ぶ，という意味。エは「ある生徒たちはプログラミングを選び，残りの生徒たちはデザインのコースを選ぶ。」という意味なので，正解。アは「すべての生徒たちは，プログラマーかソフトウェアデザイナーになることを求められる」という意味で，非専門のクラスを選ぶ者もいるので，誤り。イは「学校を卒業するにはプログラミングとデザインのクラスの両方が求められる」という意味で，選択するという内容がないので，誤り。ウは「プログラミングとデザインの特別なプログラムが年間用意されている」という意味で，これも選択するという内容がないので，誤り。

問3　have relation to ～ で「～に関係がある」という意味。relation に no がついているので，「～に関係がない」という意味になる。

問4　be blown away で「ひどく感心する」という意味になる。アは「感銘を受ける」，イは「流される」，ウは「破壊される」，エは「落ち着いて」という意味。

問5　「英語学習者や障害を持つ学生は，なぜ学校で快適に感じるか。」という質問。直後にその理由が書かれている。専門外のクラスでさえコンピュータサイエンスの概念に基づいているため，より簡単に勉強することができるからだとある。

問6　「生徒が4年生になる時，先生たちはなぜ共有情報サイトを使うか。」という質問。第6段落の第2文～第4文にサイトがどのように役立つかが書かれている。教師は，特定の生徒がどれほど成長しているかを知ったり，生徒が不足する部分を認識するためにサイトを使用して，生徒が完全でない領域を終わらせることができるからだとあるので，ウが正解。ア「生徒たちの精神状態をチェックするため。」，イ「口頭でのプレゼンテーションの準備をするため。」，ウ「生徒たちが自分の成長を理解するのを助けるため。」，エ「生徒たちがAFSEに入るのを助けるため。」

問7　play a role で「役割を果たす」という意味になる。

問8　下線部⑤の fall through the cracks は「無視される」という意味。ここでは，1年生が孤立しないように気を遣っていることが書かれているので，イが正解。ア「誰もスタッフから面倒を見てもらえない」，イ「誰も置いてきぼりにされない」，ウ「誰も授業に出席するのを楽しまない」，エ「誰も課外授業を受けない」

重要　問9　入らない文を選ぶことに注意する。ここではコンピュータサイエンスの基礎を学ぶことが人生においてどのように役立つかを説明している。ア～ウは，コンピュータサイエンスの基礎から学んだ方法論が，種々の人生の問題解決に役立つことを表しているので，正解。エは「あなたはコンピューターを組み立てられますか」という意味で，そのような実際的な技術について言っているわけではないので，誤り。

【Ⅴ】（長文読解問題・物語文：内容吟味，語句補充）

（全訳）　ピートはフレッドとジェーンのものでした。彼は世界で最も幸せな子犬で，彼らと一緒にゲームをするよりも好きなものは何もありませんでした。彼は2人が自分をつかまえようとするのを楽しみ，ボールを追いかけるのも楽しく思いました。もちろん，彼は2人と散歩に行くのが大好きでした。

だから，あなたは子供たちが彼をとても愛していたことを想像できます。ママも彼は素敵な小さな犬だと思っていました—そして，パパも同様でしたが，それはある日ピートが庭で掘り始めるまででした！

「おい，庭から出て行け」とパパは叫びました。「お前は私が植えたすべての種を傷つけているんだ。」

ピートは止めましたが，パパが向こうを向くとすぐに彼は再び掘っていました！

ピートは突然，食べられない骨を埋めるのが楽しいということを発見しました！　それで，彼は空腹を感じたとき，彼はそれらを掘り起こし，再びそれらを噛むことができました。しかし，彼はあまり良い記憶力を持たなかったので，骨を埋めた場所をいつも思い出すことができず，ついに彼がそれらを見つけるまで多くの場所を掘らなければなりませんでした。

パパの庭だったので，パパは彼がどこでも掘るのが気に入りませんでした。パパは種や様々な種類の花を植えました。パパは庭を愛し，そこで彼の自由な時間のすべてを過ごしました。だから，ピートがすべてを掘り起こしたとき，パパは非常に怒りました！

その後，ひどい一週間が来ました。ピートは毎日庭を掘り起こしました！　彼はパパが前日に植えた種とちょうど芽を出していた花を掘り起こしました。何より悪かったのは，ピートがパパの最高のバラの下に骨を埋めたと思ったことでした！

パパはひどく怒って，ついに恐ろしいことを言いました。

「ピートは去るべきだ。ピートが5分ごとに掘り起こすからといって，私は庭を素敵にするために私の自由な時間のすべてを費やすつもりはない。お前たち子どもが彼に良くなるよう教えることができないなら，私は彼を郵便屋さんにあげよう。私は彼が犬を欲しがっていることを知っているよ。」

ジェーンとフレッドはとてもショックを受けました。パパが郵便屋さんに自分たちの子犬を与えるなど，どうして考えられたのでしょう？　彼は世界で最も素敵な子犬だったので，彼らは心の中で彼を愛していました。彼らは彼なしの人生を考えることができませんでした。

「お願い，パパ，そんなことしないで」とジェーンは言い，彼女の目は涙でいっぱいでした。「彼はパパの種を掘り起こすつもりじゃないわ。」

「彼がどうするつもりかなど気にしない。」とパパは怒って言いました。「彼は同じことをするんだ。とにかく，これ以上の被害をもたらすなら，来週郵便屋さんのところに行くんだ。」

ジェーンとフレッドはピートが正しく振舞うように最善を尽くしましたが，ある晩，友人と遊びに行ったとき，ピートはちょうど芽生えつつあったパパの花の真ん中に巨大な穴を掘りました。

「月曜日に郵便屋さんに彼を与えなさい」と彼は言いました。「私は彼にうんざりだし，ピートがすぐにだめにすることに私の時間を無駄にするつもりはない。」

子供たちは何を言ってもむだだということを知っていました。パパがそのように言うとき，彼は必ずそうするつもりでした。しかし，彼らはどれほど不幸だったか！　その夜，彼らの枕はどれほど濡れたことか！　彼らはピートをとても愛していました！　彼らは彼がパパの庭を掘り起こさないでほしいと思いました。しかし，それは遅すぎました。彼は何度もそれをしたので，今は立ち去らなければなりませんでした。

日曜日が来ました。パパは美しい田舎の景色を見るために，ママと2人の子供たちをバスに乗せました。ピートは取り残されました。だから，彼は犬の心の中で，「やった！　掘るのに良い時間だ！　さあ，ぼくが2日前に埋めた骨はどこかな？」

彼は庭に駆け込みました。彼は大きな古い木の下に素敵な角地を見つけ，掘り始めました。彼は骨がそこにあると確信しました。彼は家と同じくらい大きな穴を掘るとしても，とにかくそれを見つけるまで掘るつもりでした。

彼は何度も何度も引っ掻いて掘り，くんくん匂いをかぎました。ああ！　ついに骨がここにありました！　引っ掻いて掘って，引っ掻いて掘って，引っ掻いて掘って。

なんて大きな骨なんだろう。ピートはそれを埋めたとき，それがこれほど大きかったことを覚えていませんでした。彼は埋めた後にそれが成長したのだと思いました。

ピートはさらに引っ掻いて掘りましたが，その骨を取り上げることができませんでした。それは大きすぎて重すぎました。そこで，彼はパパと子供たちが家に帰るまで休息のために座りました。

「あの犬はまた掘っていた！」とパパは叫びました。彼は古い木に駆け寄り，ピートは逃げました。パパは穴をのぞき込んだ後，もう一度見ました。

「それはピートの骨の一つなの？」とジェーンは尋ねました。彼女は子犬が再びひどい振る舞いをしたことを残念に思いました。「ああ，パパ！　骨じゃない！　それは面白そうな古い箱ですよ！　見て，ピートは一つの端を取り出したのよ—でも，それは彼が掘り出すには大きすぎたのよ！　彼はそれが大きな骨だと思ったのよ！」

「それは何なの？」とフレッドは興奮して尋ねました。「早く，パパ，それを出して！」

パパも興奮していました。箱は何でしょうか？　彼はそれを掘り起こし始めました。ついに彼とフレッドはそれを草の上に持ち上げ，ジェーンは驚いて叫びました。

「ああ！　それには私たちの名前があるわ—見て—それには「PAGET」とあるよ。パパ，それは私たちの名前ね。あなたはパジェ氏でママはパジェ夫人よ。なぜこの古い箱の上に名前があるの？」

「お前」とパパはまだ興奮したままで言いました，「私はそれはお前の曽祖母の宝石箱だと思うよ。彼女はこの同じ家に住んでいたんだ。それらは盗まれて，二度と見つからなかった。おそらく盗んだ人は庭に埋め，二度と手に入れる機会がなかったのだろう。」

パパの言ったことは本当でした！　箱の中には，かつて曽祖母のものだった素晴らしいネックレスや指輪がたくさんありました。パパは，ママとジェーンのためにいくつかを残して，他のを売ろう，そうすればたくさんのお金が手に入ると言いました。

子どもたちはどれほど手を叩いたでしょう！　ママはそのかわいいものを見てどれほど喜びの声をあげたでしょう！　何年もの間隠されていた，そのような宝物を見つけるのは，どれほど興奮することでしょう！

ピートは間違ってそれを見つけましたが，誰もそれについて考えませんでした。

ピートは興奮を聞いて，パパがまだ怒っていると思ったので，ドアの周りに小さな鼻をつけ，小さくて静かな声で「ワンワン！」と言って参加しました。

しかし，パパはそうではありませんでした。ピートは今回，彼の掘り出し物で本当に良いことをしたので，彼を叱ることはなく，微笑みとたくさんのビスケットをあげました。

「パパ，もう郵便屋さんに渡さないでしょ」とジェーンは子犬をしっかりと抱きしめた。

「そうだね」とパパは言いました。「彼は悪い子犬ではないね。また，彼がこれ以上庭を掘り起こすなら，私たちはこの宝石が生み出すお金全部で，こわれたところを直すよう庭師に依頼することができるよ！」

「ワンワン！」とピートは幸せそうに吠えました。そして驚くべきことに，彼は生きている間，再び庭を掘ることはありませんでした！　ジェーンは，彼はいつも宝物を掘っていたので，見つけたときに掘るのをやめたのだと言いました。ママは，彼が十分に掘って，大人の犬になることを決めたのよと言いました。あなたはどう思いますか。

問1　1「ピートが好きなことについて，当てはまらないものはどれか？」エの内容は文中に書かれていないので，誤り。　ア　フレッドとジェーンから逃げること。　イ　フレッドとジェーンが投げたボールをつかむこと。　ウ　フレッドとジェーンと一緒に散歩に出かけること。　エ　フレッドとジェーンと一緒に寝ること。

2「なぜピートはパパの庭で多くの場所を掘ったのか？」ピートはあまり良い記憶力を持たなかったので，骨を埋めた場所をいつも思い出すことができなかったとあるので，アが正解。イ～エの内容はいずれも文中に書かれていないので，誤り。　ア　彼は物事を覚える良い能力を持っていなかったから。　イ　食べられない骨を埋めよう教えられたから。　ウ　庭でフレッドとジェーンとゲームを楽しんだから。　エ　フレッドとジェーンが食後に捨てた骨を見つけるのが好きだったから。

3「もし…なら，ピートは郵便屋さんに与えられるだろう。」ピートがいつも庭を掘るので，庭を大切に思うパパはひどく怒り，庭を掘るのを止めなかったら郵便屋さんにあげてしまうと言ったので，ウが正解。ウ以外の内容はいずれも文中に書かれていないので，誤り。　ア　子どもたちはよい振る舞いをできない　イ　子どもはいつもピートと一緒にいることができない　ウ　ピートが庭で掘るのを止めることができない　エ　ピートが子どもたちと遊ぶことができない

4「なぜ子供たちは『何を言ってもむだだ』と思ったのか。」パパは何かを言うとき，彼は必ずそうするつもりであることを知っていたとあるので，エが正解。アは子どもたちはピートと一緒にいることを望んでいたので，誤り。イとウは文中に書かれていないので，誤り。　ア　彼らはピートが郵便配達人に与えられることを望んでいなかったから。　イ　彼らはいつもパパに言葉を言うのが怖かったから。　ウ　彼らはとても不幸だったので，何を言うか考えるのは非常に難しかったから。　エ　彼らはパパが何かを言ったら心を変えないことを知っていたから。

5「『その夜，彼らの枕はどれほど濡れたことか！』は…ことを意味する」ピートは郵便屋さんにあげることが決まってしまったので，フレッドとジェーンは夜に泣いてすごしたことを表すので，アが正解。イ～エの内容はいずれも文中に書かれていないので，誤り。　ア　その夜，フレッドとジェーンはとても悲しくてベッドで泣いた　イ　フレッドとジェーンはその夜，贈り物としてピートに枕を渡した　ウ　フレッドとジェーンはその夜，一緒に寝るためにピートをベッドに連れてきた　エ　フレッドとジェーンはその夜ずっと枕の上でけんかした

6「ピートが大きな骨だと思っていたものは，実際には…だった。」「PAGET」という家族の名前がついた大きな箱だったので，エが正解。アとイの内容はいずれも文中に書かれていないので，誤り。ウは箱の中に入っていたものなので，誤り。　ア　彼が2日前に埋葬した骨　イ　以前よりも大きく成長した骨　ウ　彼らの曽祖母の宝石　エ　家族の名前がついた重く，古い箱

7「なぜその宝物は庭にあったのか。」パパは宝石箱について，誰かが盗み，盗んだ人は庭に埋めて，二度と手に入れる機会がなかったのだろうと言っているので，エが正解。ア～ウの内容はいずれも文中に書かれていないので，誤り。　ア　パパがそれをサプライズにしたかったから。　イ　ピートがそれを見つけて，再び埋めたから。　ウ　彼らの曽祖母がそれを隠したかったから。　エ　誰かがそれを盗んだ後に埋めたから。

8「結局…」最後の部分に，ピートは庭を掘ることをしなくなったとあるので，エが正解。アとイの内容はいずれも文中に書かれていないので，誤り。ウは，パパができることを言っただけで，実行したとは書かれていないので，誤り。　ア　父親は宝石を手に入れてとても幸せだったが，ピートにはまだ腹を立てていた。　イ　ピートはまだ宝物を見つけるためにパパの庭を掘り続けた。　ウ　パパは庭師に庭を直すように頼んだ。　エ　ピートは二度とパパの庭を傷つけなかっ

た。

重要 問2 波線部は「ジェーンとフレッドはピートが正しく振舞うように最善を尽くしましたが，ある晩，友人と遊びに行ったとき，ピートはちょうど芽生えつつあったパパの花の真ん中に巨大な穴を掘りました。」という意味。この文を「ジェーンとフレッドはピートをよい犬にすることを（ A ）したが，彼は彼らの命令を（ B ）。」とする。「最善を尽くした」を「～しようとした」とるので，try を使う。また，ピートは彼らの命令に従わなかったので，listen を使って，「言うことを聞かなかった」とする。

【Ⅵ】（語彙問題：同音異語）

1 「アレックスは今年高校の入学試験に合格した。」「過去には，前田氏はプロのサッカー選手だった。」

2 「今日は何曜日ですか。」「ジェームズは病院から帰宅した後まだ弱々しい。」

3 「君，クリスそして私はみな15歳です。」「山田氏は絵画の目がある。」

【Ⅶ】（語句補充問題：比較，形容詞，副詞）

1 「トムは他のどのクラスメートより上手にスピーチをした。」「トムはクラスで一番のスピーカー（話者）だった。」〈～ er than any other …〉で「他のどんな…よりも～」という意味を表し，最上級で書き換えることができる。

基本 2 「これは駅へ行く正しい道ですか。」「そこで右に曲がればスーパーマーケットがあります。」right には「正しい」と「右」という意味がある。

【Ⅷ】（語句整序問題：動名詞，分詞，関係代名詞，助動詞，不定詞）

1 How about giving the ticket to someone working hard(?) 〈how about ～ ing〉は「～するのはどうですか」という意味を表す。working hard は someone を修飾している。

2 （There are so）many American TV shows that we are used to hearing American English(.) 〈so ～ that …〉で「とても～なので…」という意味になる。〈be used to ～ing〉で「～に慣れている」という意味を表す。

3 Could you tell me which watch to wear(?) 不定詞の形容詞的用法は「～するべき」という意味を表す。

【Ⅸ】（英作文問題）

「あなたは次の旅行でどこへ行きたいですか，外国ですか，日本にある場所ですか？」という質問。「理由を2つ述べる」や「40語以上50語程度で書く」などの条件を守って書くことに注意する。行った場所で何をしたいかということや，興味を持ったきっかけなどを書くとよい。

★ワンポイントアドバイス★

【Ⅷ】の2には〈be used to ～ing〉がある。似たものとして〈used to ～〉があり，これは「かつてよく～したものだ」という意味になる。(例) He used to come to my house to talk with me.「彼は話をしによく私の家に来たものだ。」

<国語解答>

一　問一　イ　渓流　　ロ　ぞうきばやし　　ハ　遂(げる)　　ニ　耕作　　ホ　(浸)って
問二　イ　　問三　イ　　問四　長明は好む　　問五　執着　　問六　ウ
問七　(例)　昔とは変わってしまった風景に立ち尽くした浦島太郎とは逆に，長明が住んだ800年前から変わらない景色を前にして呆然としたということ。　　問八　目
問九　(例)　人間の欲望は限りないが，身の丈にあった土地の広さがあればよい。

二　問一　イ　鍛錬[鍛練]　　ロ　しょうじん　　ハ　じゅんしゅ　　ニ　兼(ね)
ホ　煩(わしい)　　問二　A　ア　　B　イ　　C　イ　　D　ア　　問三　郷
問四　価値観の異なる人びと　　問五　イ　　問六　エ

三　問一　A　ア　　B　カ　　C　キ　　D　イ　　E　エ
問二　(例)　自分たちのことを長くおぼえていてもらえると思ったから。
問三　さらに数年　　問四　エ　　問五　ウ　　問六　ア

○推定配点○
一　問一・問二・問五・問八　各2点×8　　問七・問九　各6点×2　　他　各4点×3
二　問一・問三　各2点×6　　問二　各1点×4　　他　各4点×3
三　問一　各2点×5　　問二　6点　　他　各4点×4　　計100点

<国語解説>

一　(随筆―主題・表題，文脈把握，脱文・脱語補充，漢字の読み書き，語句の意味，ことわざ・慣用句，文学史)

問一　イ　谷川の流れ。「渓」を使った熟語には，他に「渓谷」「雪渓」などがある。　ロ　さまざまな木が入りまじって生えている林。「雑」を「ゾウ」と読む熟語には，他に「雑炊」などがある。　ハ　音読みは「スイ」で，「遂行」「完遂」などの熟語がある。　ニ　田畑を耕して穀物や野菜などを作ること。「耕」の訓読みは「たがや(す)」。　ホ　音読みは「シン」で，「浸食」「浸透」などの熟語がある。

問二　「方丈記」は，鎌倉時代初期に鴨長明によって書かれた随筆。鎌倉時代初期の作品であることから，描かれていたのは平安「末期の乱世」だとわかる。

問三　「現し心」は，確かな心，正気という意味。「方丈記」文章で，大火事の「中の人」にあるかどうか，と言っていることからも意味を推察することができる。

問四　傍線部③の内容から，不幸なできごとをきっかけに悟りを開いたという長明の生涯を具体的に述べている部分を探す。「長明は好むと」で始まる段落の「長明は好むと好まざるとに関わらず，世を捨てるという身の処し方を余儀なくされるが，そうなってしまえばしまったで，今度はそれを楽しもうという，逆説発想転換に及ぶこととなる」に着目する。

問五　傍線部④を含む「何に付けてか執を留めん」は，何について執を留めるだろうか，いや，執を留めるものなど何もない，という意味になる。同じ段落の「自分が生きていくためには，方丈(四畳半)の広さの仮小屋さえあればよい……私にはもとより妻子もなければ何もない」という長明の様子は，何事にもとらわれていないものである。ここから，「執」を用いた，物事にとらわれて離れないという意味を表す熟語を考える。

やや難　問六　傍線部⑤を含む「西晴れたり。観念のたより，なきにしもならず」は，直後の段落で「西の方は開けて，西方浄土を観想することもできないことではない」と説明されている。「西方浄土」は，死後の世界である極楽浄土を意味することから判断する。

やや難 問七　浦島太郎の話は，太郎が竜宮城から帰って昔とは変わってしまった風景に立ち尽くしたというものである。同じ段落の「長明がここに住んでから800年余り。周りを見渡してもその通りで……何の違いもない」状況を「逆浦島」と表現している。浦島太郎の話を簡潔に述べた後，それとは逆に，変わらない景色を前にして呆然としていたということ，などとまとめる。

問八 「⑦から鱗が落ちる」で，あることがきっかけとなってそれまで分らなかったことが急にわかるようになるという意味を表す漢字一字が当てはまる。

重要 問九　直前の「鴨長明には方丈が必要だった。世界の資本は1マイル四方のマンハッタン島で足りた。インディアンから土地を買った男には，墓穴だけが必要だった」が意味するところを読み解く。筆者は，人間の欲望は限りないが身の丈にあった土地の広さがあればよい，という答えを想定しているとわかる。

二　**(論説文―内容吟味，文脈把握，脱文・脱語補充，漢字の読み書き，ことわざ・慣用句)**

問一　イ　厳しい練習を重ねて心身や技芸をきたえること。「鍛」の訓読みは「きた(える)」。
ロ　一つの事に心を打ち込んで励むこと。「精」を「ショウ」と読む熟語には，他に「不精」がある。　ハ　法律や規則をよく守ること。「遵」を使った熟語には，他に「遵法」などがある。
ニ　音読みは「ケン」で，「兼業」「兼務」などの熟語がある。　ホ　音読みは「ハン」「ボン」で，それぞれ「煩雑」「煩悩」などの熟語がある。

問二 「道徳」と「倫理」について，「けれども」で始まる段落に「生き方の選択に関わる倫理」「世間のきまりという意味の道徳」と端的に説明している。Aは，直前の文に「誰でも自分がよいと思う生き方を追求してよいし，本人が選んだ生き方を尊重すべきだという考えが社会に共通の規範として認められている」とあるので，「社会の共通の規範」に通じる「道徳」が当てはまる。Bは，同じ文に「自分の生き方を実際に選ぶ」とあるので，「倫理」が当てはまる。Cの直前の「私はカトリックの教えにしたがって生きる」は，生き方の選択に関わるので「倫理」が当てはまる。Dの直前の「他のひとは別の宗教を信じてよいし，何の宗教を信じなくてもよい」は，世間のきまりに通じるので「道徳」が当てはまる。

基本 問三 「①に入れば①に従え」で，その土地に住むならそこの習慣に従うべきだ，という意味になる漢字一字が当てはまる。読みは「ごう(にいれば)ごう(にしたがえ)」。

問四　傍線部②の「他人の生き方への抑圧につながる」は，同じ段落の「①に入れば①に従え」「長いものにはまかれろ」という「社会のきまり」に従う生き方の道徳的な問題点について述べたものである。「具体的に」とあるので，この「他人」はどのような人であるのかを，十字という指定字数をヒントに探す。「近代化とは」で始まる段落に「近代化とは，価値観を共有する者たちから成る共同体が価値観の異なる人びとに開かれてゆく過程」という叙述があり，ここから適当な箇所を抜き出す。

重要 問五　傍線部③の「普遍妥当性要求」について，直後の文で「同様の事態なら，いつでもどこでも誰がすることでも，同じ判断があてはまる」と説明している。直後の段落で「ただし，それはあくまで要求であって……別の人間が同じ事態を別様に受け止める可能性を排除できない」と説明を加えている。さらに，その後の「だが」で始まる段落で「ある特定の生き方を奉じているひとは他人にも同じ生き方を勧めるだろう。普遍妥当性要求のために，見解の相違は深刻な対立になりやすい」とあり，この内容を言い換えているイが合致している。この「普遍妥当性要求のために，見解の相違は深刻な対立になりやすい」に，ア，ウ，エの内容はそぐわない。

問六　本文中の段落の冒頭「『道徳と倫理のそういう使い分けは初耳だ』といわれるかもしれない。」「上の説明では……聞こえるかもしれない」などの表現は，読者の疑問や反論を想定した上で，筆者の考えを主張するものである。この内容を述べているエが適当。ラテン語とギリシア語について言及しているが日本文化の特殊性と比較するものではないので，アは適当ではない。イは，読み手の注意を喚起し，独創性を強調しているとは読み取れない。「よいひと」や哲学者，倫理的判断に関する具体例を挙げているので，ウも適当ではない。

三　**（小説―情景・心情，内容吟味，文脈把握，脱文・脱語補充）**

問一　A 「田舎にいるうちに」「都へ出て……もっと出世をしたいと考えました」という文脈なので，いつのまにか，という意味を表す語が当てはまる。　B　後の「……ように」に呼応するのは，まるでという意味の「さながら」。　C 「修繕はさしたものの……なれなかったのです」という文脈には，今となってはもう，という意味を表す語が当てはまる。　D 「少なからず感動し」たにもかかわらず，「驚きの色をかくし」たというのであるから，予想とは逆に，という意味を表す語が当てはまる。　E 「この会社の中で，不思議に感じ」た者の中で，重役が「真に驚いた」というのであるから，特に，という意味を表す語が当てはまる。

問二 「これを聞いていた」で始まる段落に「子供たちは……このしんせつな先生に別れるのを，心から悲しく思ったのであります」とあるように，子供たちは「先生」を慕い別れを惜しみ金を出し合って時計を買ったのである。傍線部①の「この時計が長く先生のそばから離れない」という表現からも，時計を先生が持っていれば自分たちのことを長くおぼえていてもらえると思ったからだという子供たちが喜んだ理由が読み取れる。

問三 「彼」が「田舎の小学校にいた時分，頭に描いた希望」について，具体的に述べている部分を探す。「二年，三年」で始まる段落「都へ出て勉強をして，もっと出世をしたいと考えました」が，具体的な希望に当たる。傍線部②までで「都会へ出て勉強をし」たいという希望は達成されているので，後の「もっと出世をしたい」という希望が達成されたことがわかる一文を探す。「彼」は会社を移り「いい位置にすわるようにな」った後，「さらに数年の後には，彼は，会社でもっともはばのきく重役でありました」とある。より「出世」したことがわかる一文を抜き出す。

問四　直後の文「これほど使えばたくさんというものだ」からは，時計にもういいと見切りをつける気持ちが読み取れる。この心情を述べているエが適当。服装とともに時計を変えようとしているので，アの「生徒からの思い」や，イの「過去を捨てて」は，適当ではない。また，「わるくはあるまい」などの表現から，ウの「心から感謝しようとする気持ち」も読み取れない。

やや難　問五 「彼」は高価なプラチナ時計なのに遅れると嘆き，居合わせた人々が合いづちを打つなか，一人の男が自分の時計は「感心に正確です」と言った場面である。「彼の目は，どこやらに侮蔑を含んでいました。（標準時に合わせば，やはり狂っているのだ）と，心の中で笑ったからです」という「彼」の心情に着目する。高価なプラチナの時計でさえ狂うと言っているのに，「ごく旧式で，大きい型の」時計が正確であるはずがないと「男」も「みんな」も思ったのである。アは，旧式の時計を持っていたことを笑ったのではない。イは，男が恐縮する様子を笑ったのではない。エも，男の言葉を聞いて笑っているので適当ではない。

重要　問六　この前の場面で「彼」は自分の過去を振り返った夢を見ている。その中で，「彼」が子供たちに「いい人間って，どんな人ですか？」とたずね，子供たちは「世の中のために働く人になります」と答えている。子供たちの純情さを思い出した「彼」は，「いい人間」とは出世した人間だと考えてきたわが身を振り返ったのである。イの「勉強していなかった」はそぐわない。「彼」の反省は，ウの「尊大なふるまい」やエの「時計を売るという，無慈悲な行動」に対するものではない。

★ワンポイントアドバイス★

現代文を中心に，随筆，論説文，小説と文種は幅広い。ただし，本文の中に古文も含まれているので注意が必要だ。普段から積極的に幅広い内容の文章に触れておくことを心がけよう。

MEMO

大切なことはメモしておこうネ！

2020年度

入 試 問 題

2020年度

立教新座高等学校入試問題

【数　学】（60分）〈満点：100点〉

【注意】 1　答えはできるだけ簡単にし，根号のついた数は，根号内の数をできるだけ簡単にしなさい。また，円周率はπを用いなさい。

2　三角定規，分度器，計算機の使用はいけません。

〔1〕　以下の問いに答えなさい。

(1)　2次方程式$(x-\sqrt{2})^2+6(x-\sqrt{2})+7=0$を解きなさい。

(2)　次の図において，円周上の点は円周を12等分した点です。$\angle x$，$\angle y$の大きさをそれぞれ求めなさい。

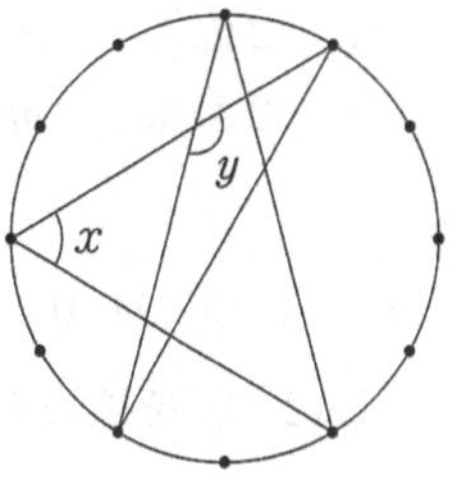

(3)　次の図は，自然数をある規則に従って書き並べたものです。図の中の

のように上下に隣り合う2つの自然数の組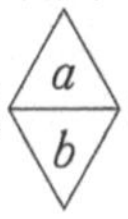

について，次の問いに答えなさい。ただし，$a<b$とします。

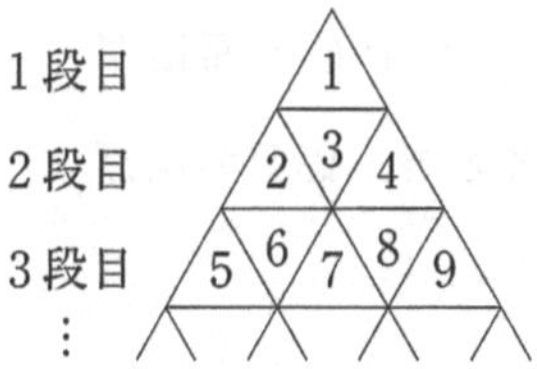

①　$ab=875$となるa，bをそれぞれ求めなさい。

②　aが8段目にあるとき，$ab=3780$となるa，bをそれぞれ求めなさい。

(4)　次の図において，影のついた部分の図形を，直線ℓを軸として１回転させてできる立体の体積を求めなさい。

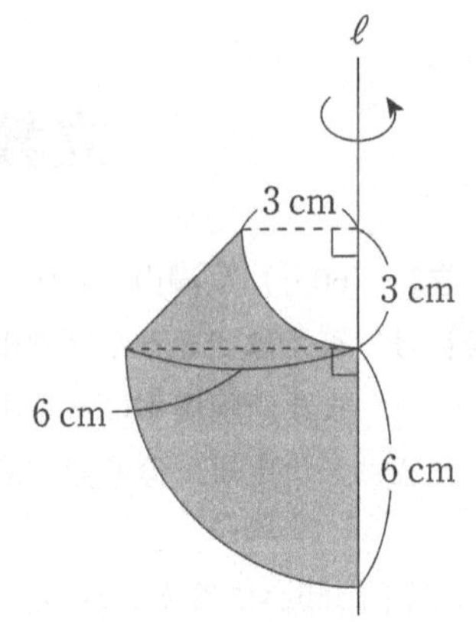

(5)　大小２個のさいころを投げ，出た目の数をそれぞれa，bとします。
直線ℓの式を$y=ax-1$，直線mの式を$y=-bx+5$とするとき，次の問いに答えなさい。

①　２直線ℓ，mの交点のx座標が整数になる確率を求めなさい。

②　２直線ℓ，mとy軸で囲まれた部分の面積が整数になる確率を求めなさい。

(6)　４点Ｏ(０，０)，Ａ(６，０)，$\mathrm{B}\left(\frac{16}{3},\ 4\right)$，Ｃ(2，6)を頂点とする四角形ＯＡＢＣがあります。
次の問いに答えなさい。

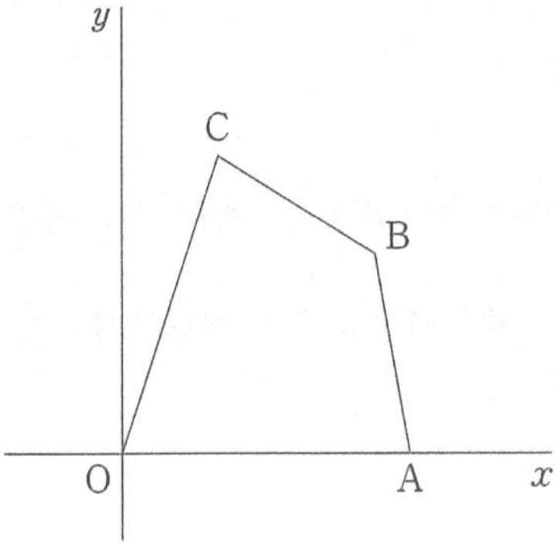

①　点Ｂを通り，直線ＡＣに平行な直線の式を求めなさい。

②　点Ｐは辺ＡＢ上にあります。△ＯＰＣの面積が四角形ＯＡＢＣの面積の$\frac{5}{8}$となるとき，点Ｐの座標を求めなさい。

〔２〕　１個のさいころを４回続けて投げるとき，次の確率を求めなさい。

(1)　１回目，２回目，３回目，４回目の順に，出る目が大きくなる。

(2)　すべて異なる目が出る。

(3)　１の目と２の目がそれぞれ２回ずつ出る。

(4)　１回だけ異なる目が出る。

〔3〕 AB = 3 cm，BC = 6 cm，∠ABC = 90° の直角三角形ABCがあります。図1のように，辺BC上に点Pをとり，辺BCと線分PQが垂直になるように，辺AC上に点Qをとります。次に，図2のように，この三角形を線分PQを折り目として折り返しました。このとき，点Cが移る点をRとします。また，線分QRと辺ABとの交点をSとします。次の問いに答えなさい。ただし，線分BPの長さは3 cm未満とします。

(1) 図2について，次の問いに答えなさい。

① 線分BPの長さが1.5cmのとき，△ASQと四角形BPQSの面積の比を求めなさい。

② △ASQと四角形BPQSの面積が等しくなるとき，線分BPの長さを求めなさい。

図1

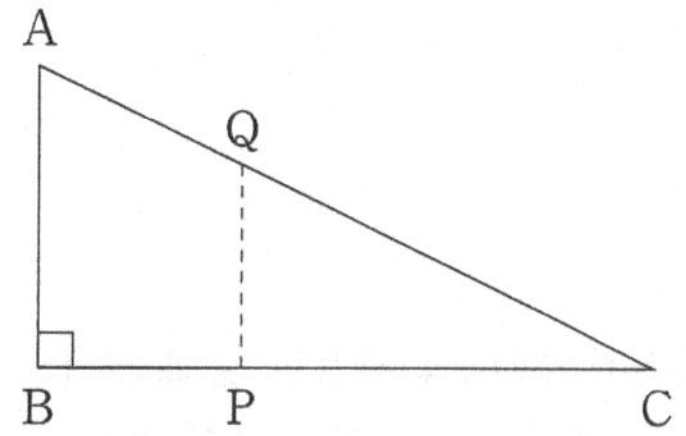

図2

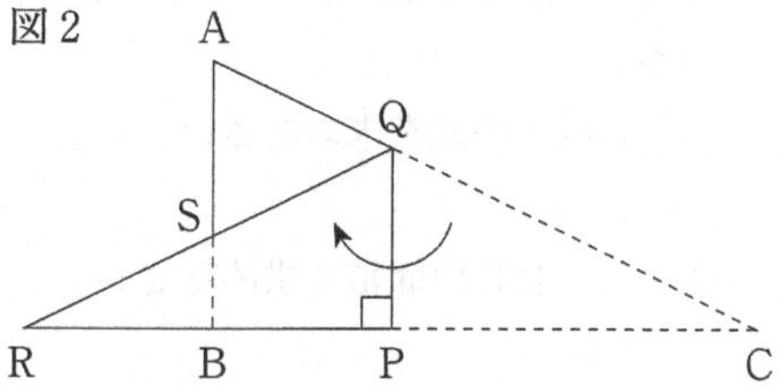

(2) 図3のように,線分BPの中点をTとし，線分BPと線分TUが垂直になるように，線分AQ上に点Uをとります。次に，図4のように，図3の図形を線分TUを折り目として折り返しました。図4について，次の問いに答えなさい。

① 線分BTの長さが1 cmのとき，影のついた部分の面積の和を求めなさい。

② 影のついた部分の面積の和が1 cm^{2}のとき，線分BTの長さを求めなさい。

図3

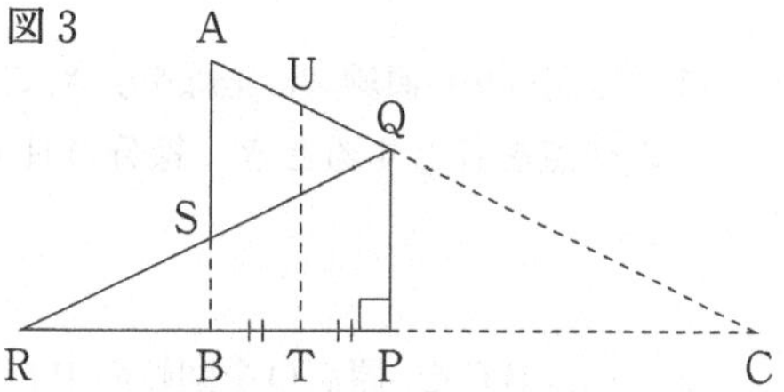

図4

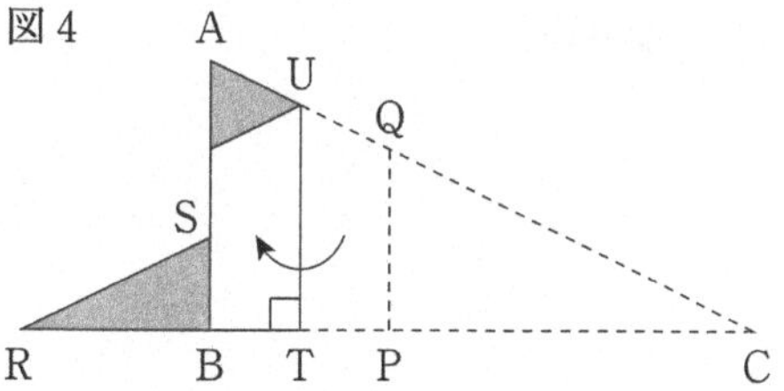

〔4〕 円錐を底面に平行な平面で切断したとき，円錐の頂点を含まない方の立体を「円錐台」といいます。上の面の円の半径が4 cm，下の面の円の半径が6 cmの円錐台の中に球Oがあります。球Oは，図のように，円錐台の上の面，下の面，および側面と，それぞれ接しています。このとき，次の問いに答えなさい。

(1) 球Oの半径を求めなさい。

(2) 円錐台の表面積を求めなさい。

(3) 球Oと円錐台の体積の比を求めなさい。

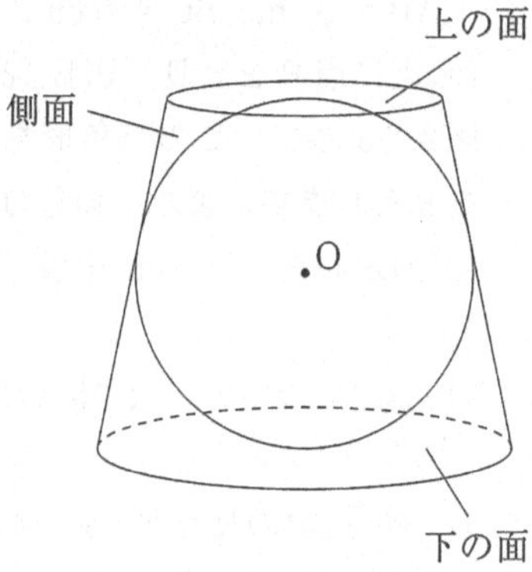

〔5〕 図のように，2直線①，②は点Aで交わり，放物線$y = ax^2$は点Aを通るものとします。また，直線①と放物線との交点のうち点A以外の点をB，直線②とx軸との交点をCとします。点Aの座標を(2，2)，点B，Cのx座標をそれぞれ－4，－2とするとき，次の問いに答えなさい。

(1) 直線①の式を求めなさい。

(2) △ABCの面積を求めなさい。

(3) 直線①とy軸との交点をDとするき，点Dを通り，△ABCの面積を2等分する直線の式を求めなさい。

(4) 原点Oから直線②に垂線を引き，この垂線と直線②との交点をHとするとき，線分OHの長さを求めなさい。

(5) △ABCを，原点Oを回転の中心として360°回転移動させたとき，△ABCが通過した部分の面積を求めなさい。

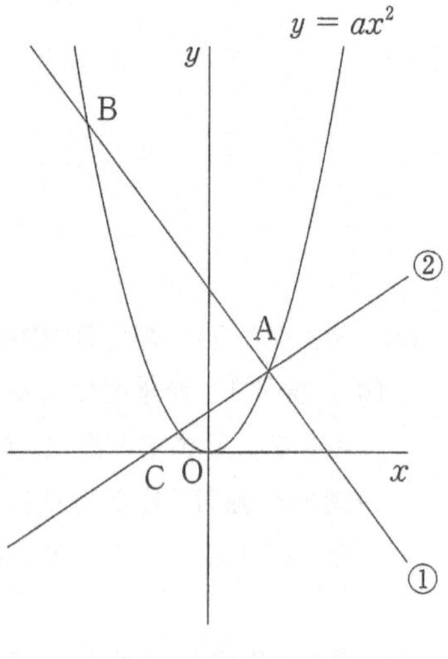

【英　語】（60分）〈満点：100点〉　　**※リスニングテストの音声は弊社のHPにアクセスの上、音声データをダウンロードしてご利用ください。**

【Ⅰ】　リスニング問題（1）

これから放送で，対話が2つ流れます。対話を聞き，その最後の文に対する応答として適切なものをそれぞれア～エから1つ選び，記号で答えなさい。対話は2回ずつ流れます。

1　ア　Maybe not.
　　イ　Yes, he is.
　　ウ　No problem, I know him.
　　エ　My father's name is James.

2　ア　That's right. I'm good at making chocolate cakes.
　　イ　OK. Shall we go to that best chocolate cake store?
　　ウ　Yes, I really had enough of that chocolate cake now.
　　エ　All right. How about sharing the chocolate cake?

【Ⅱ】　リスニング問題（2）

これから放送で，3つの説明文と1つの対話が流れます。それぞれの後に質問と選択肢が流れます。質問の答えをそれぞれＡ～Ｄから1つ選び，記号で答えなさい。英文と質問は2回ずつ流れます。

【Ⅲ】　リスニング問題（3）

これから放送で，ある物を説明する英語が2つ流れます。それぞれの説明があらわす英語を書きなさい。

英文は1回のみ流れます。

〈リスニング問題放送台本〉

【Ⅰ】　1 A ：Did you see the new movie?
　　B ：The one that George Smith directed?
　　A ：Yes, I can't remember the title but I saw it last week with James.
　　B ：Really? I saw the same movie with James two days ago. He never said that he saw the movie.
　　A ：Hmm…that's funny. Are we talking about the same James?

　2 A ：That was a delicious dinner. Thank you for taking me here.
　　B ：You're welcome. Would you like some dessert? How about a piece of cake?
　　A ：Well, I'm quite full now…
　　B ：Oh, come on! The chocolate cakes here are the best!

【Ⅱ】 1 Listen all students. I have an announcement. We are going to have a school festival this weekend, and we are expecting many visitors. Because we don't have enough parking space, please tell your parents and friends that they need to use public transportation. There is no school bus running that day.

Question: What did the speaker ask the students to do?

A) To take the school bus to school.

B) To tell their families to use public services to come to school.

C) To enjoy the festival.

D) To park the cars in the school parking.

2 Cascade Mountain is located in the Rocky Mountains in Canada. It was named in 1858 by James Hector. It is 2,998m high, so if you go on the top of the mountain and raise your hand, it will be 3,000m above the sea level. It will take you 3 to 4 hours to go up, and 2 to 3 hours to go down. There are some steep places, so you need to wear good mountain boots.

Question: Which is true about the mountain?

A) It was found in 1858.

B) It is higher than 3,000m.

C) You need 5 to 7 hours in total to go up and down the mountain.

D) It's not so tough so you can climb it with your mountain bike.

3 Have you ever heard of Greta Thunberg? She is a Swedish girl aged 16, and is fighting for a better environmental world. She is holding a strike against climate changes on Fridays. She started this act all by herself, but now hundreds of people have come together to join this act. In September 2019, she made a speech at the United Nations Climate Action Summit in New York.

Question: Which is true about the story?

A) When Greta started the strike, she was alone.

B) Greta joined a strike which teachers started.

C) Greta wanted the climate in school to change.

D) Greta was invited to the United Nations to hold a strike.

4 A : What are you going to do this summer?

B : I'm looking for a part time job that I can do for this summer.
I need some money because I'm going to study abroad this winter.

A : I heard the convenience store near the station is looking for people who can work for this summer.

B : Really? I didn't know that. I'll go check the store this afternoon.

Question: What will the man do this winter?

A) He will get a job at the convenience store.

B) He will go to a foreign country to study.

C) He will go to the convenience store to find a job.

D) He will look for a job in a foreign country.

【Ⅲ】 1. This is a box that many people can get in at once, and it carries the people up and down in a building.

2. This is a long narrow piece of cloth that you wear around your neck.

【Ⅳ】 次の英文を読んで，各設問に答えなさい。

As Tokyo celebrated the start of the one-year countdown to the 2020 Olympic and Paralympic Games with various events last week, traffic control tests on a very big scale were held to (1) traffic jams on *the metropolitan expressways which will serve as the main ① <u>means</u> for transporting athletes and Olympic staff.

Along with measures to keep athletes and visitors from Tokyo's severe summer heat, steps to decrease the traffic jams will be the key to success and smooth operation of the games. Construction of event places and also finding volunteers to assist visitors must be done within one year.

In its long hisotry, the Olympics have never been held in the center of a big metropolitan area with the large population and active economy of today's Tokyo. Unlike in some past games, there will be no such facility as an Olympic park that has a lot of game sites. Instead, they will be (2) all over the Kanto areas.

To make sure of the effective operation of the games, smooth transportation of athletes and staff will hold the key to success. Plans for controlling traffic during the games will be needed. We will also need efforts to (3) the cooperation and understanding of the people and businesses that will *be inconvenienced by the necessary traffic controls.

For the 1964 Tokyo Olympics, the metropolitan expressway network played the key role in the transportation of athletes and staff. Similarly, the metropolitan expressways in and around the capital are (4) to be the main roads for thousands of cars and buses carrying athletes and staff in the 2020 Games. The problem is that the usual traffic jams of the metropolitan expressway may become twice as serious with the addition of thousands more cars and buses for the games ② <u>[steps / taken / to / no / if / are]</u> reduce the traffic.

The traffic control tests started on Wednesday, and tried to cut the number of cars and buses coming into the metropolitan expressway. The tests were done by closing dozens of entrances to the network and greatly reducing the number of *toll gates which were open to traffic coming from other expressways into Tokyo. Plans to reduce the traffic on regular streets in central Tokyo were done by shortening the timing of green traffic lights on *the Kan-nana ring road.

Reports show that due to such controls, traffic jams in some of the key sections of the metropolitan expressways were reduced by 70 to 80 percent when they were (5) with those of the same day a year ago. During the games next year, the organizers hope to reduce the weekday traffic on the expressways by 30 percent — to a level observed on an average weekend day. However, the tests also showed that traffic coming into Tokyo on the Tomei and Tohoku expressways in sections connecting to the metropolitan expressway reached up to 15 km. Organizers are also considering introducing a "road pricing" system to *adjust expressway tolls that depend on the time of day to decrease traffic.

Large-scale traffic controls in big urban areas have been introduced in the past, including during *the Group of 20 summit (G20) in Osaka at the end of June. But while the G20 lasted four days, the Olympic and Paralympic Games will run for about a month in total, and the impact on local people of traffic controls for such events will be much greater.

Careful plans for traffic control need to be created from the result of the latest tests for the smooth operatrion of the Tokyo 2020 Olympics.

出典：*Japan Times 2019* (Revised)

＊注　the metropolitan expressways 首都高速道路　　be inconvenienced 不便を強いられる
toll(s)　通行料，料金　　the Kan-nana ring road　環状七号線(首都圏中心部を円状に走る幹線道路)
adjust　調整する　　the Group of 20 summit　主要20ヵ国・地域首脳会議

問1　下線部①の語と同じ意味で使われているものを下から1つ選び，記号で答えなさい。

ア　It means that traffic control will be the serious problem for us.
イ　It was mean of him to tell you a lie.
ウ　He was so mean with his money.
エ　Language is not the only means of communication.

問2　本文中の(　1　)～(　5　)に入る語を下から選び，必要に応じて形を変えて答えなさい。

compare/expect/prevent/spread/win

問3　下線部②を意味が通るように並べかえなさい。

問4　本文の内容に合うように，以下の質問の答えをそれぞれ1つ選び，記号で答えなさい。

1　What will be necessary for the Olympic Games to succeed?
ア　Controlling traffic for smooth operation.
イ　Planning games that will make people excited.
ウ　Celebrating the construction of event places.
エ　Gathering as many cars or buses as possible in order to transport athletes.

2　Which was NOT done as the traffic control tests?
ア　To open fewer toll gates.
イ　To count the number of cars coming out of Tokyo.
ウ　To close lots of entrances to the network.
エ　To change the timing of the traffic lights.

3　How much traffic do the Olynmpic organizers hope to have on weekdays during the Olympic Games?
ア　They hope to have 70% of the usual weekday traffic.
イ　They hope to have 30% of the usual weekday traffic.
ウ　They hope to have 20% of the usual weekday traffic.
エ　They hope to have 0% of the usual weekday traffic.

4　What is the difference in traffic controls explained in this story between the Group of 20 summit in Osaka and the 2020 Olympic and Paralympic Games?
ア　The cost for the success of the event.
イ　The number of people coming from other countries for the event.

ウ　The population of each city.

エ　The length of the event.

【V】 次の英文を読んで，設問に答えなさい。

～以下は西暦2157年，Margieという女の子を主人公としたSF物語です。～

Margie was surprised and shouted,“Tommy,what is it in your hand? I've never seen something like that before.”

It was a very old book. Their grandfather once said that when he was a little boy his grandfather told him that there was a time when all stories were printed on paper.

Margie and Tommy turned the yellow and dirty pages. It was very funny to read words that remained there instead of moving in the way they should do on a screen, you know. And then, when they turned back to the page before, it had the same words on it that the page had when they read it the first time.

“Wow.” said Tommy. “What a waste! When you finish reading the book, you just throw it away. I guess. Our television screen must have a million books on it and it's good for a lot more. I won't throw it away.”

“Same with mine.” said Margie. She was eleven and didn't have as many *telebooks as Tommy had. He was thirteen. She said, “Where did you find it?”

“In the *attic.”

Margie asked, “What's it about?” Tommy replied, “School.”

Margie was in doubt. “School? What's there to write about school? I hate school.” Margie always hated school, but now she hated it more than ever. The mechanical teacher was giving her test after test in geography and she was doing worse and worse until her mother finally decided to ask for a repair.

The person who came to repair was a round little man with a red face and he carried a whole box of tools. He smiled at Margie and gave her an apple. Then he *took the teacher apart. Margie hoped he didn't know how to put it together again, but he knew how to do it all right, and, after an hour or so, the mechanical teacher was there again. It was large, black, and ugly, with a big screen, and on it, all the lessons were shown and the questions were asked. That wasn't so bad. The part Margie hated most was the *slot, and in there, she had to put homework and test papers.

The repair man smiled after he finished and said to her mother. “It's not because of your little girl. I think the geography part was out of order and worked too quickly. Those things happen sometimes. I've slowed it up to a regular ten-year level. Actually, her progress is better than average.” Then he said good-bye to Margie.

Margie was disappointed. She was hoping he would take the teacher away. They once took Tommy's teacher away for nearly a month because the history section disappeared completely.

So she said to Tommy. “Why would anyone like to write about school?”

Tommy looked at her with very *superior eyes. “Because it's not our kind of school, stupid. This is the old kind of school that they had hundreds and hundreds of years ago.” He added proudly, and said the word carefully, "Centuries ago."

Margie was hurt. "Well, I don't know what kind of school they had all that time ago." She read the book over his shoulder for a while, and then said. "Anyway, they had a teacher."

"Sure they had a teacher, but it wasn't a regular teacher. It was a man."

"A man? How can a man be a teacher?"

"Well, he just told the boys and girls things and gave them homework and asked them questions."

"A man isn't smart enough."

"Sure he is. Our father knows as much as my teacher."

"He can't. A man can't know as much as a teacher."

"He knows almost as much, for sure."

Margie wasn't ready to argue that. She said, "I don't want a strange man in my house to teach me."

Tommy screamed with laughter. "You don't know much. Margie. The teachers didn't live in the house. They had a special building and all the children went there."

"And all the children learned the same thing?"

"Sure, if they were the same age."

"But Mother says a teacher has to be able to fit the mind of each boy and girl it teaches and that each child has to be taught differently."

"They didn't do it that way then. If you don't like it, you don't have to read the book."

"I didn't say I didn't like it." Margie said quickly. She wanted to read about those funny schools.

They weren't even half-finished when their mother called. "Margie, Tommy! School!"

Margie went into the schoolroom. It was right next to her bedroom, and the mechanical teacher was on and waiting for her. It was always on at the same time every day except Saturday and Sunday.

The screen started to say: "Today's mathematics lesson is …

Margie sat with a sigh. She was thinking about the old schools they had when her grandfather's grandfather was a little boy. All the children from the whole neighborhood came laughing and shouting in the schoolyard, sat together in the schoolroom, and went home together at the end of the day. They learned the same things, so [　　　　　　　　　　].

Margie was thinking about how the children loved it in the old days. She was thinking about the fun they had.

出典：*http://visual-memory.co.uk/daniel/funtheyhad.html*（Revised）

＊注　telebooks　電子書籍のようなもの　　attic　屋根裏部屋　　take ～ apart　～を分解する
slot　挿入口　　superior　見下したような

問　本文の内容に合うように，以下の質問の答えをそれぞれ１つ選び，記号で答えなさい。

1　Why was Margie surprised when Tommy had a very old book in his hand?

ア　Because it was Margie's book.

イ Because Margie saw a paper book for the first time.

ウ Because Tommy took their grandfather's book secretly.

エ Because Tommy didn't like school very much.

2 Why did Tommy say, "When you finish reading the book, you just throw it away"?

Because he thought ...

ア the paper book was used for reading only once.

イ the pages of the paper book were easily destroyed.

ウ paper recycling was not invented many years ago.

エ his television screen had a million books and it was very heavy.

3 What happened when Margie wasn't able to do well in the tests of geography?

ア Her mother decided to tell Margie to change how to study geography.

イ A person with a box took the teacher away, and put a new teacher there.

ウ Margie's mother decided to ask for a repair of the mechanical teacher.

エ The repair man made the geography part easier because Margie was bad at it.

4 Why didn't Margie like school?

Because …

ア there was nothing to write about school.

イ she knew little about geography and the teacher got angry.

ウ the teacher kept giving her geography tests and her grades were going down.

エ her school didn't have paper books.

5 What was the problem of the mechanical teacher before the repair man fixed it?

ア It was running at a faster pace and Margie was getting lower scores.

イ The order of the geography lesson suited the level of Margie.

ウ The machine didn't give geography lessons, but instead, it gave history lessons.

エ Margie used the machine too quickly, and it broke down.

6 What was a teacher to Margie?

ア A teacher was a strange man who came to a child's home to teach.

イ A teacher was a man who was as smart as her father.

ウ A teacher went to a special building and taught all children the same thing.

エ A teacher was at each child's home and taught each of them differently.

7 How was Margie's schoolroom?

ア It was very near her house, and mechanical teachers taught children there.

イ It was a room in her house, and Margie went there every day except Saturday and Sunday.

ウ It was in her bedroom, and there were lessons from Monday to Friday.

エ It was in the neighborhood, and her mother sent her to lessons on Saturday and Sunday.

8 Which is correct for the blank [　　　　　] ?

ア they could help one another on the homework and talk about it

イ they were ables to turn in their homework in the mechanical slot

ウ　they had different homework to do for each of them

エ　they could choose their homework on their own

【Ⅵ】 次の各組の文がほぼ同じ意味になるように，(　　　)内に適語を入れなさい。

1
The monkey used a stick to get a banana.
The monkey got a banana (　　　)(　　　) a stick.

2
Tom never came late for the class.
Tom was always in (　　　)(　　　) the class.

【Ⅶ】 日本語に合うように，〔　　〕内の語句を並べかえて意味の通る英語にしなさい。解答の際は，AとBに入るものを記号で答えなさい。ただし，文頭に来る語も小文字で示してあります。

1　彼らはまちがいを避けるために，たくさんの会議をおこなった。

They〔ア　a mistake　イ　avoid　ウ　had　エ　in　オ　lots of　カ　making　キ　meetings　ク　order　ケ　to〕.

They ____ ____ __A__ ____ ____ __B__ ____ ____ ____.

2　東京から仙台までどれくらいあるか知っていますか。

〔ア　do　イ　far　ウ　how　エ　it　オ　is　カ　know　キ　you〕from Tokyo to Sendai?

____ __A__ ____ ____ ____ __B__ ____from Tokyo to Sendai?

3　このプログラムは私達の学校に導入される予定です。

This program〔ア　be　イ　going　ウ　into　エ　introduced　オ　is　カ　to〕our school.

This program ____ ____ __A__ ____ __B__ ____ our school.

4　１ヶ月以上もほとんど雨が降っていません。

〔ア　for　イ　had　ウ　have　エ　little　オ　more　カ　rain　キ　than　ク　we〕one month.

____ ____ __A__ ____ __B__ ____ ____ ____ one month.

【Ⅷ】 与えられた日本語に合うように，下線部に英語を書きなさい。

1　家で眠らずに勉強し続けることはトムには不可能だ。

It is ______________________ at home.

2　日差しの中を歩いたので，ボブは何か冷たい飲み物を欲しがった。

Bob ______________________ in the sun.

3　肉をよく食べる人は健康だと言う人もいる。

Some people ______________________ are healthy.

問二　傍線部①「テレビを見ていた」とあるが、「僕」はなぜテレビ見ようと思ったのか。五十字以内で説明しなさい。

問三　傍線部②「デンマークは世界で一番暮らしやすい国だと僕は信じている」のはなぜか。適当なものを次の中から選び、記号で答えなさい。

ア　食にこだわらないことと、マフィアや汚職が存在しないことの関連性を、人々が素直に認めているから。

イ　食にこだわりがないにもかかわらず、下手なグルメ番組をつくったりするようなおおらかさが人々にあるから。

ウ　食にこだわりがないことで、グルメや調理器具の権利をめぐる争いや汚職が起こらないと考えているから。

エ　食にこだわらないことと、支配欲や金銭欲がそれほど強くないことが、関係していると考えているから。

問四　空欄 ③ に当てはまる語を、文中から漢字二字で抜き出しなさい。

問五　傍線部④「僕はなんだかいらだってきた」のはなぜか。その理由を説明しなさい。

問六　傍線部⑤「観客が集まり始めた時の大道芸人みたいに気分は、うなぎ登り」とあるが、「僕」のこの時の気持ちの説明として適当なものを次の中から選び、記号で答えなさい。

ア　この女性の笑顔に惹《ひ》きつけられ、胸が高鳴っている。

イ　自分の興味をひく言語に出会い、興奮している。

ウ　この女性に会えるのだと確信し、はしゃいでいる。

エ　自分より人工語に詳しい女性が現れ、驚嘆している。

問七　傍線部⑥「空中にある複数の文法を吸い込んで、それを体内で溶かして、甘い息にして口から吐き出す」とはどういうことか。十五字以内で端的に答えなさい。

分でつくっちゃったんです。スカンジナビアの人なら聞けばだいたい意味が理解できる人工語です。」

「英語ではだめなんですか。」

「最近は英語ができると強制的にアメリカに送られてしまうことがあります。それが恐いんです。わたしは持病があるので、保険制度の未発達な国では暮らせません。」

「あなたは、いつまでもデンマークにとどまりたいと思っていますか。」

「はい。この国が海に沈んでしまわない限りは。」

思いっきり怠惰に過ごそうと思っていた日曜日なのに、心臓はドラムの早打ち。⑤観客が集まり始めた時の大道芸人みたいに気分は、うなぎ登り。テレビの画面の下の方に「Ｈｉｒｕｋｏ，Ｊ.」と名前が出た。

随分変わった音の組み合わせだな。母音三つか。エンリコという名前はイタリアにあるが、男の名前だし。そう言えば、ハンガリーにあったな。エニクーという女性の名前が。彼女の国は、歴史的にハンガリーと繋がっていたのかも知れない。僕の頭の草原の中を、いろいろな思いが馬に乗ったフン族のように駆け巡る。

「あなたは今、オーデンセでどんな仕事をなさっているのですか。」

「メルヘン・センターで語り部をしています。昔の話を子どもたちにします。」

「でも、あなたはまだお若い。昔の話をする熟年の語り部の印象はありませんね。」

「昨日あったものが完全に消えたら、昨日だって遠い昔です。」

彼女の顔は⑥空中にある複数の文法を吸い込んで、それを体内で溶かして、甘い息にして口から吐き出す。聞いている側は、不思議な文章が文法的に正しいのか正しくないのか判断する機能が停止して、水の中を泳いでいるみたいになる。これからの時代は、液体文法と気体文法が固体文法にとってかわるのかも知れない。僕はどうしてもこの女性に会ってみたい。会うだけでなく、できれば近くにいて、この人がどこへ歩いていくのか見極めたい。こんな気持ちになったのは初めてだった。放送局に電話したのも初めてだ。問い合わせ電話の番号があることは知っていたが、まさか自分がその番号にかけることになるとは思わなかった。

「もしもし。コペンハーゲン大学の言語学科の院生なんですが、今テレビに出ているＨｉｒｕｋｏさんにお会いすることはできないでしょうか。移民言語学の研究のためにぜひ協力していただきたいんです。これは国家プロジェクトなんです」

と言ってみた。相手は全く警戒せずに、すぐに僕の希望を受け入れてくれた。

「番組が終わったら、会う気があるか本人に訊いてみます。お名前と研究室の正式な名前をお知らせください。番組が終わってからですので、ちょっと時間がかかりますが、こちらから電話で連絡します。」

受話器を置いて、テレビの前に戻ると、ゲストの話を聞く第一部は終わっていて、第二部は、ローマ帝国、オスマン帝国、元朝など、今はもう存在しない帝国について専門家三人が長々と解説していた。

（多和田葉子『地球にちりばめられて』）

問一　傍線部の**イ**〜**ホ**のカタカナを漢字に直しなさい。

ビアに住んでいた男性、旧ソ連に住んでいた女性などが次々出てきて、カメラの前で発言した。

④僕はなんだかいらだってきた。彼らはまるで、自分の国がなくなったことを自慢しているように聞こえる。国がなくなったから、自分たちは、特別な人間だと主張しているみたいだ。僕らだって昔のデンマーク王国に暮らしているわけじゃないんだから、彼らとそれほど違わないんじゃないのか。祖先はグリーンランドを含む雄大な王国で暮らしていたのに、僕はヨーロッパの端っこにある小さな国の住人になってしまっている。もちろん僕が生まれてからそうなったわけではないけれど、僕は自分の国を失った第二世代だと言うことはできないか。

〈中略〉

そんなことをあれこれ考えていると、急に全く違った種類の顔が大写しになり、僕は思わずソファーを降りて、テレビの真ん前にすわった。昔「雨の降らない宇宙」というアニメが流行《はや》ったが、主人公の女の子がこんな顔をしていた。彼女が生まれ育ったのは、中国大陸とポリネシアの間に浮かぶ列島らしい。一年の予定でヨーロッパに留学し、あと二ヶ月で帰国という時に、自分の国が消えてしまって、家に帰ることができなくなってしまったそうだ。それ以来、家族にも友達にも会っていない。僕はそれを聞いてレモン汁が口に流れ込んだようになり、思わずつばをのんだが、本人は淡々と語り続ける。彼女の顔の表情はまるで白夜の空みたいで、明るいのに暗い。僕を何よりひきつけたのは、彼女の話している言語だった。それは普通に聞いて理解できる言語だが、デンマーク語ではない。もっと歯切れのいい言葉だ。初めの数秒はノルウェー語かなと思ったが、それも違う。むしろスウェーデン語に近いが、スウェーデン語そのものではないことは確かだ。そのままじっと画面に大写しにされた彼女の口元を見つめていると、なんだか自分が接吻《せっぷん》の機会でも狙っているようで恥ずかしくなり、一度目をそらしてから、あらためて見ると、アイスランド出身のビョークという歌手の若い頃と少し顔が似ている。彼女が話しているのは、もしかしたらアイスランドの言葉なのだろうか。出身地は島だと言っていた。アイスランドも島だ。でも位置的にはどうだろう。いくら地球の温暖化がひどくなって、溶けた氷が大洋に新しい海流をつくりだしていても、アイスランドが中国大陸とポリネシアの間まで流されていったという話は聞いてない。一体何語なんだ、この言語。番組司会者も同じことを考えていたようで、

「ところであなたが流暢にお話になっているのは何語ですか」

と訊《き》くと、彼女は初めて笑顔を見せて、こう答えた。

「これは実は、手作り言語なんです。帰るところがなくなり、イェーテボリでの留学期間は延長できなかったので、トロンハイムに行きました。一年間、奨学金をもらいました。ところが、あっという間に春夏秋冬が過ぎてしまい、困っていたところ、オーデンセで仕事が見つかったので、また引っ越しました。最近の移民はほとんど流浪の民になっています。絶対受け入れないという国はなくなりましたが、ずっと暮らせる国もなくなりました。わたしの経験した国は、たった三つです。でも三つの言語を短期間で勉強して、混乱しないように使うのは大変です。脳の中にはそれほど広い場所がありません。だから、自

貧しい流行歌、一、二度使ったら飽きてしまいそうな台所器具を売ろうとする宣伝番組。その時僕がたまたまぶつかったのは、レストラン巡りの番組だった。

②デンマークは世界で一番暮らしやすい国だと僕は信じているが、それは食べ物にこだわらないからではないかと思う。美味しさをムキになって追いかけるようなグルメの国には必ずマフィアがいたり、汚職があったりする。デンマークならではの政治のニセイケツさと暴力の少なさは、食べ物にそれほど関心がないおかげであることを素直に認めて、下手なグルメ番組などつくらなければいいのに、何を間違えたのか「全国で一番おいしいホットドックを求めて歩く」という退屈な番組をやっていた。僕はうとうとしていたようで、コマーシャルが終わって次の番組が始まったことにも気づかなかった。目をひらくとスタジオに数人のゲストがホマネかれていて、司会者がなにやら興奮した口調でしゃべりまくっている。自分が生まれ育った国がすでに存在しない人たちばかりを集めて話を聞く、という主旨の番組だということがだんだん分かってきた。

カメラはまず、コペンハーゲン大学で政治言語学を教えているドイツ人女性を大きく映し出した。彼女が生まれ育った「ドイツ民主共和国」という国はもう存在しない。みんなに「東ドイツ」と呼ばれていたあの国だ。番組司会者は首をかしげて質問した。

「二つの国が一つになっただけの話であって、消えた国はないのではないですか。」

「いいえ、わたしの暮らしていた国はなくなったんです。」

「でもそれをいうなら、西ドイツという国も消えたと言えませんか。どうして東ドイツだけが消えたとおっしゃるんですか。」

女性は、息を吸い込んで、マイクの中で何かが割れる音がするくらい大きな声でしゃべり出した。ボリュームを小さくしておいてよかった。

「西の人は統一後もそれまでと同じ生活を続けましたが、わたしたち東の人間の生活は激しく変化しました。学校の教材も、物の値段も、テレビ番組も、労働条件も、休日も、全部、西ドイツに合わせて変わりました。だから、わたしたちは自分の生まれ育った国で③になったようなものです。それに、わたしたち東の歴史学者は、これまでやってきた理論は無価値であると言い渡され、職を追われたのです。」

だらだらと時間を過ごすにはあまりにも重すぎる話題なので、チャンネルを変えようと思ったが、リモコンがいつの間にか手元から消えている。さっきバスルームに持って行って、そのまま洗面台の上に忘れてきた可能性がある。トイレに入っている間に家族がチャンネルを変えてしまわないようにリモコンを持って用を足しに行くのは、子どもの頃についた癖だ。特に自分が見たい番組があったというよりは、勝手にチャンネルを変えてしまう父に腹をたてて母が皿を床に叩きつけるのが恐ろしかったのだ。母は特に見たい番組があったわけではなく、夫に「いないも同然」の扱いを受けたことに腹を立てたのだった。両親が離婚したのは僕が十五歳の時で、一人暮らしを始めてからもうかなり年月が過ぎたのに今でもリモコンを持ってトイレに行く自分が情けない。

ソファーから起き上がってリモコンを取りに行くのは億劫《おっくう》だが、この番組を見続ける気にもなれない。迷っているうちに、旧ユーゴスラ

問三　傍線部①「パラドクス」の意味として適当なものを次の中から選び、記号で答えなさい。

ア　皮肉　　イ　誤解　　ウ　反語

エ　逆説　　オ　混乱

問四　傍線部②について。「人参」とは何を意味するか。文中から三十字以内で探し、最初と最後の五字を抜き出しなさい。

問五　空欄③に当てはまる漢字一字を答えなさい。

問六　傍線部④「風景の目ききの能力」を身につけるためには何が必要か。文中から抜き出しなさい。

問七　次のア～オそれぞれについて、本文の内容に当てはまるものには○、当てはまらないものには×をつけなさい。

ア　地域に環境資源が存在することで、その地域のコミュニティは崩壊してしまう。

イ　環境問題は資源をめぐる問題だけでなく、地域の盛衰にも関わってくる問題である。

ウ　地域が資源利用に同意すれば、その事業からの税収はほとんど地域にもたらされる。

エ　風景学は環境など人間生活全般を考えるのであり、個人の楽しみを追求するのではない。

オ　風景を観察し、そこで起きる出来事の本質を見分ける力を磨くことが大切である。

三　次の文章を読んで、後の問に答えなさい。

僕はその日、①昼間からソファーに横になってクッションを抱いて、音を小さくしてテレビを見ていた。雨の音が心を和ませてくれる。特に僕の家の前は石畳の歩道の向こうが小さな公園になっているので、雨が石に当たる爽快な音と土に吸われる柔らかい音がちょうどいい具合に混ざりあって、いつまで耳を傾けていても飽きない。

雨が降っているから外に出ないというわけじゃない。水路に沿ってぶらぶら歩いていって途中でコーヒーを飲むのも楽しいし、昔のレコードを売っている店に立ち寄ったり、広場に出て、けばけばしい色のソーセージをはさんだホットドックのスタンドに集まっている人たちの中に割り込んで、知っている顔を捜すのも楽しい。でも今日はとことん無意味なことをしながら、だらだらと過ごしたかった。ソファーの上で頭の位置をずらし、窓ガラスを通して、雲にイオオわれたコペンハーゲンの空を見ると、その奥にある銀色がそのまま胸の奥で光り始めた。

何もしないでいるのは結構むずかしい。何もしないでいることに耐えられなくなると、いつもならインターネットに逃げるのだが、今日はディスプレイの放つ光を思い出しただけでロケンオ感を覚えた。人を無理矢理、明るい舞台に引き出すようなあの光。スポットライトがまぶしくて何も見えない華やかな舞台の上で僕は虚構のスターになる。馬鹿馬鹿しい。そのくらいなら、テレビをつけた方がましだ。こちらが見られているという感じがないのでソファーに寝そべって、一方的に出演者の顔をハナガめていられる。全く笑えないお笑い番組、語彙のそれを好む者はそれを楽しむ者に如かず」という聖人のことばが、これほどあてはまる学問もあるまいと思っている。

（中村良夫『風景学入門』）

この文章で中村は、風景と教養との関係を明確に述べている。それは、教養が風景を見分ける能力、「目きき」の力となるということである。教養によって見える風景が違ってくるのは、風景を見る目が違ってくるからである。さらに、風景への愛着をはぐくむことによって、自分の生きる意味を問うことができるという。中村は、本当の学問のよろこびはそこにあると考えている。しかも、この学問は、たんに知るだけの学問ではない。その学問を好み、さらに楽しむことのできる学問である。ただ、中村の「楽しむ」は、決して風景の魅力を個人として楽しむということではない。中村の風景学へのスタートが土木技術者であったことからも分かるように、風景学は、「人間の生活環境をととのえるための技術的知識体系の一環として構想された」ものでもあった。人間の生活環境をよりよいものにするという、行動する学問でもある。行動とともに楽しむことのできる学問、それが中村のいう風景学であったと思う。

中村は、風景との付き合い方について、つぎのようにも述べている。

人間は、自己をとりまく環境に対する愛惜と共感を研ぎすましつつ、その結果、自分が何者であるかを悟らされ、自己と環境の同時的倫理変容をとげてきた、といってよい。

現代の生態学的危機に対処するにあたって、自己は環境の恩沢によって初めて光り輝くという倫理的態度が環境制御に果たしてきた役割を再認識したい。環境形成にあたって、風景への愛着という環境に対する「共感」に根ざした倫理的気概が示されれば、それがわたしたちの生活様式を導き、ひいては環境を浪費することが避けられるかもしれない。（前掲書）

一人ひとりの人生は生まれてから死ぬまで風景とともにある。風景はその自己の一部といってもよい。ただ、風景がどのようなものとして立ち現れるかは、風景が立ち現れる人の自己が風景にどのように向かうかという、いわば態度にかかっている。この風景への態度のなかに、風景をどのようなものとして見ることができるかという能力、④風景の目ききの能力が潜んでいる。それだけではない。風景は人間の行為の選択によって現れる姿、相貌を変えてゆく。言い換えれば、風景がどのように変わってゆくかは、わたしたちの選択にかかっている。その意味で、わたしたちはわたしたちの見る風景に責任を負っているのである。

（桑子敏雄『何のための「教養」か』）

（注）※近代テクノソフィア…科学技術。
※フロネーシス…行為の選択を行う思慮深さ。

問一　傍線部イ〜ホのカタカナを漢字に直しなさい。

問二　空欄[A]〜[C]に当てはまる語を次の中から選び、それぞれ記号で答えなさい。

ア　しかし　　イ　たとえば　　ウ　では
エ　あるいは　　オ　なぜなら

よく注意する必要がある。薪や水車による水力利用が地域社会のニゲンカクなルールのもとで活用されてきた近代以前とは異なり、近代テクノソフィアによる技術と資本による経営が介入すると、地域は地域の資源をみずからマネジメントすることができなくなり、事業主体からの補償金やあるいは税収による地域経済への貢献を期待するようになる。こうして地域は地域外の力への依存体質を深めてゆく。

かりに再生可能エネルギーの利益が地域に落ちるとしても、その配分をめぐって生じるリスクに地域はつねに対応しなければならない。汗水たらして得た利益と違い、コモンズの資源は、地域にもともとホチクセキされていたものであり、そうした資源をめぐって人びとの間で起きる取り合いは、しばしば地域内に悲惨な対立・紛争を引き起こすからである。［B］、その利益だけで地域が潤うことができるようになると、それに依存したまま発展への努力を怠るようになる。

地球環境問題は、グローバル・コモンズの問題だけでなく、ローカル・コモンズの問題とも深くつながっている。それは地域の衰退とも連動する問題である。原発が経済的な発展を望めない中小自治体の、かつ人口が疎《まばら》らで豊かな水の得られる美しい海岸部で建設されたことは、そのような地域の問題と直結している。さらに、立地への協力によってつぎ込まれる資金は、地域の人びとの努力によって獲得されたものではない。こうした富をめぐる地域の内紛は、地域そのものを引き裂き、崩壊させてゆく。事業者がしばしば口にする②「人参をぶらさげる」というのは、地域の依存体質を徹底するための戦略である。

「コモンズの悲劇」は、人類が一緒に生きていかなければならない空間としての地球というコモンズの問題であるとともに、地域社会のコモンズの問題とも直結していると考えるべきである。

［C］、「コモンズの悲劇」を回避するためにはどうしたらよいのだろうか。「資源の呪い」を解くにはどうすればよいのか。わたしたちは、このような問題の解決のために知恵と思慮深さを求めなければならない。

「コモンズの悲劇」を回避し、「資源の呪い」を解く知こそ、現代に生きるわたしたちのもつべき「現代の*フロネーシス」である。

「コモンズの悲劇」も「資源の呪い」も、人間の行為と地球環境の間で生じている。悲劇と呪いをどう見抜くかもわたしたち自身の選択であるから、わたしたちは、目の前に広がる風景の中にその兆候を察知しなければならない。風景をよく観察し、そこで起きている出来事の本質を推理しなければならないのである。

そこで、風景学の創始者・中村良夫の『風景学入門』という本を紹介しよう。中村は、もともと土木技術者であったが、日本で初めての高速道路建設に携わった。彼は、名神高速道路の部分開通のとき、道路の優美な曲線の誕生に感動する一方で、それが山野の形相《すがた》をがらりと変えてしまうのを見て［③］筋の寒くなるのを覚えたと語っている。この経験から、中村は、景観工学から風景学へと学問研究を展開することになった。風景学について、中村はつぎのように述べている。

風景学は、人間の生活環境をととのえるための技術的知識体系の一環として構想された。だが、同時に、風景を目ききする教養を磨き、風景への愛着を通じて生きる意味を問う、という学問のよろこびがそこにある。「それを知る者はそれを好む者に如《し》かず、

ア　相対　イ　客観　ウ　具体
エ　絶対　オ　主観　カ　抽象

問六　本文中からは次の一文が省かれている。どこに補うのが適当か。その直前の文の終わりの七字を、句読点も含めて抜き出しなさい。

この違いが「物音がする」と「音がする」との違いに出てきている。

二　次の文章を読んで、後の問に答えなさい。

「コモンズの悲劇」とは、共有地、ひいては共有資源をめぐる合理的な獲得競争が結果として資源の枯渇や汚染をもたらすという、ギャレット・ハーディンによって示された考え方である。この「結果として」というところが重要であって、これは人類の選択の意図する目標としたものではないということを意味している。

資源をめぐっては、「コモンズの悲劇」とならんで、もう一つ大きな問題がある。資源の豊かな地域は、その資源ゆえにイハンエイから取り残されるという①「資源の呪い」のパラドクスである。

これらの問題が生じやすい地域は、日本の場合、伝統的入会《いりあい》管理によって維持されてきた山野であることも多く、伝統的なローカル・コモンズ管理と*近代テクノソフィアによるエネルギー技術およびこの技術と結びついた大規模資本との軋轢《あつれき》が生じている。入会地は地域が共同で管理し、その資源を共有、利用してきた伝統的な空間であって、そこにエネルギー技術と企業経営の論理が突然介入してくると、そこに眠っていた資源をめぐって種々の対立が起きるのである。

Ａ、巨大地熱発電プラントの建設が入会空間に計画されるとき、事業者は入会管理の論理、すなわち、伝統的な社会システムについて十分な理解をもってないことも多い。入会管理は、多数決による意思決定はとらず、全員一致のロテッソクを守るところがほとんどである。事業者は、そこに近代の民主主義の多数決原理をもちこみ、地域に異なった意見がある場合には、多数派工作を行って、地域を分断してしまう。こうなると、地域は、引き裂かれてしまい、コミュニティの崩壊をも引き起こす。そうなると、地域は発展から取り残されてしまう。

かりに地域が資源利用に同意し、エネルギー産出施設の建設を承認したとしても、その利益のほとんどは事業者のものとなる。事業者からの税収は地域の自治体にもたらされるが、ハギセイになった地域だけをこの税収で潤すことはできず、その地域を含む自治体全体に対して平等に配分しなければならない。エネルギーをめぐっては、ダム建設による水力発電においても、原発においても、同様の問題が引き起こされてきた。地域にエネルギー資源が存在していたため、かえってその地域は発展から取り残されてしまうという事態が起きたのである。

こうした「資源の豊かな地域ほど経済発展から取り残され、民主主義が育たず、開発からも取り残される」という事態が「資源の呪い」である。リチャード・アウティがこの概念を提示したとき、当初考えられていたのは、枯渇する可能性のある石油や石炭資源をもつ途上国の直面するパラドクスであった。

この「資源の呪い」は、わが国の地方にも当てはまる。また、化石資源だけではなく、再生可能エネルギーでも同じだということには、鳴き声を気づかせる地となる広がりの気配が見えてくる。

「もの音がする」は、芭蕉のカエルの句と同じ効果をもたらしている。音を響かせるだけの或る落ち着いた状況と気配がそこにあることが、「もの音がする」という言い方の底にある。「もの音がする」は、音の方ではなくて、「もの音」を生み出すものの気配があることを伝えている。

こうした気配の感覚は、もの音だけが与えてくれるのではない。ある種の香り、におい、風のそよぎ、空気の動きや、視覚的・嗅覚的なゆったりした緩い動きも同様である。社寺や教会では行事の際に、香を焚き、護摩を焚く。香は緩い空気の流れをつくり出し、何かが現れるにふさわしい特別の場をつくり出す。香る空気のゆるやかな流れは、永遠の中から姿をあらわしてくる神や仏の気配を期待させる。つくり出された広がりは、隠れている何ものかの姿を感じさせる準備をする。香や護摩は、まだ見えては来ないが、隠されている全体の先ぶれであり、切片であり、人はそこから寺の鐘の音の響きわたるようなひろがりを、ひとつのイメージとして捉えてゆく。

隠れたものの部分がつくり出すイメージは、静かで密やかであって、それはフロイトの言う「不気味なもの」の概念と通底している。われわれは宗教的な儀式の香の中に、ある種の不気味さを感じることがある。輪郭のはっきりしない、或る場を先駆的につくり出す「もの音」は、広がりを感じさせ、輪郭の淡いまとまりをもった、緩い気配を与える。

このような空気感覚としての気配は、受け手（見る者・聞く者）が感じ取るものであるので、［⑤］的で情緒的な要素を纏《まと》いつかせている。あるいはそうした情緒的な受け手の心の意識が、単に「音がする」という抽象的な言い方ではなく、「もの音がする」という言い回しを用いることになったのかもしれない。日本語の「もの音」は、もの同士が触れ合う現実感のある空間を想定させて、触覚的な空気の漂いを「気配」として発散している。同時に受け手の意識と周りの空間との境界線の曖昧性を露呈している。

（樋口桂子『日本人とリズム感』）

問一　空欄［①］に当てはまる語を、文中からひらがな二字で抜き出しなさい。

問二　傍線部②「そのように言うことを許す状況」の具体例として適当なものを次の中から選び、記号で答えなさい。

ア　誰もが予期していなかった客人がふいに訪れてきて、呼び鈴が鳴った。
イ　授業中に、誰かの机の中でスマートフォンの振動音がする。
ウ　夜半過ぎから風雨が強まった様子が、窓の音からうかがえる。
エ　二階の方で誰かが歩いているようで、みんな聞き耳を立てた。
オ　遠くの方から、祭りのお囃子《はやし》の音が風に乗って聞こえてきた。

問三　傍線部③「別の役割」とはどういう役割か。解答欄の形式に合うように、文中から二十五字以内で二箇所抜き出しなさい。

問四　傍線部④「そもそも『もの音‐が‐する』という日本語の文の構造が興味深い」とあるが、どのような点が興味深いのか。「文型」・「文意」の二語を用いて説明しなさい。

問五　空欄［⑤］に当てはまる語を次の中から選び、記号で答えなさい。

とした広がり感としての場所である。つまり何かが漂うような空間を「もの音」の〈もの〉は意識させる。〈もの〉は背後に、何かの存在を、何かある気配を暗示する語であるように見える。

あるいは「物音／もの音」には、背後に何かを感じさせる気配がある、とも言える。「もの音」には、未だ正体の定かではない、部分的にしか分からないものの影と、背後に何かが隠されているという感覚がある。「もの音がする」という言い方に何とも言えない曖昧な広がり感があるのは、音の源が何か分からないことに由来している。そこには、どこか得体のしれない、或る不気味さがつき従っている。不気味なものはたいがい、密《ひそ》やかで静かである。

このような日本語の〈モノオト〉の語感は、英語のノイズ noise、フランス語のブリュイ bruit というような語とはかなり異なる。noise や bruit は、他から区別される、いわば輪郭の明確な音を強く感じさせる。しばしば「雑音」と訳されるように、ノイズ noise やブリュイ bruit はわれわれにとっては外からの侵入者であり、異物として〈闖入《ちんにゅう》してきたもの〉と認識される。コンピューターで用いられる「ノイズ」がその例で、それらは耳障りで邪魔な余計なもので、その場を乱しにやってくる。ノイズは自己を主張して、その場で自己主張を始める。

ところが日本語の「もの音」という語には、押しかけてきて自らを顕示しようとする異物であるというよりは、自分の背景にあるものを見せようとする色合いの方が濃い。「もの音」は自分の背後の何かの先ぶれとしての役割が強く、ノイズのように自分自身を訴えかけようとはしない。

日本語の「もの音」は、まわりに溶け込んでいく物を物体として感じさせるすれすれのところにあって、ただ存在を語りかける語であるところがある。④そもそも「もの音-が-する」という日本語の文の構造が興味深い。つまりこれは、「もの音」＝「物の音」を主語＝動作主とし、「する」を述語の動詞としている。この文型はわれわれに、音を発する「もの」の存在を意識させる。「もの音がする」という、主語〈もの音が〉と、述語〈する〉の構文は、少なくともかたちの上では、「もの音」を主語とし、「する」を述語とする。ところが文型の示すところとは逆に、「もの音がする」は、物の正体が曖昧であることを告げる。つまり「もの音がする」は、何かが音を響かせ、音を耳に届けさせるものの、しかしその物体が何であるのか、定かでないという、未知の存在をイメージとして浮き立たせる。

同時にこの言い回しを聞いた人はそこに、漠然と、何かの物音を聞くのに十分な静けさの広がりを感じ取る。「もの音-が-する」は、音の生じる場の静かな状況を聞き手の意識の表面に引き上げる。

「音がする」とすることによって、かえって周りの静けさを引き出す効果は、音のもつ逆説的な能力である。芭蕉の「古池や　かはず飛び込む　水のおと」で表現されているのは、カエルの飛び込む音よりも、カエルが池に跳びこんだことで見えて来る、周囲の静かな気配であろう。あるいはもしかすると、この池のあたりは相当うるさかったのかもしれない。たとえば、カエルはずっと鳴いていた。そこにカエルが飛びこんで、それが発した水音によって、一瞬カエルたちの鳴き声が途絶えた。そのことで水の音が冴えわたり、その一瞬の静寂が、静寂と喧噪の対照をつくった。芭蕉がその断絶に見えてくる対比を句にしたという具合である。どちらで読み解くにしても、そこにはカエルのとは違った、「なんとなく静かな」、「なんとなくさびしい」、あるいは「そこはかとなくさびしい」というような意味合いを付着させている。

接頭語ということだけを言うなら、〈もの〉以外の語が動詞につく接頭語は、特に古語に多い。たとえば〈うち〉は動詞に付いて、「ちょっと、ふと」という意味を添える（「うち見る」）。あるいは〈うち〉は「すっかり」（「うち絶ゆ」、「うち曇る」）、「勢いよく」（「うちいづ（出づ）」）の意味でも添えられる―ただし、「うち入る（討ち入る）」、「打ち殺す」のように「うつ（打つ）」の意味が残っている複合語の〈うち〉はここの意味の接頭語には入らない。言い添えれば、〈うち〉は一段と語気を強める場合もあって（「勢いよく入っていく」）、「少し、ふと」と、「勢いよく」という、両極端の意味合いを添える興味深い接頭語の例である。

接頭語には、「どことなく寂しい」、「なんとなく哀しい」という場合の「うら寂しい」、「うら哀しい」の〈うら〉等がある。また、「かたづける、とりまとめる」の意味の〈ひき〉（「ひきしたたむ」、「ひきとめる」、「ひきはがす」）や、「とり外す」の〈とり〉をつける例がある。いずれも語調を整えたり、語勢を強めたりして、語にニュアンスを与え、語幹の意味を強調する作用をする。

しかしこうした接頭語の中で、〈もの〉は他とは異なる要素をもっている。〈もの〉は、前述のように形容詞につけられるが、さらに名詞の頭につけて、「ものごころつく」、「もの想いをする」とすることができる。また動詞につけて「もの思う」、「もの語る」（物語る）とする場合もある。また目的語として使われることもある。「ものを憂う」という例がそれである。こうした用い方は、〈ひき〉、〈うち〉、〈とり〉には無い。つまり〈もの〉は語勢を強調するだけではなく、③別の役割を引き受けている。

もともと「もの」という語は、実体があって無いような、曖昧なところがある。「なんとなく」「どことなく」という意味合いは実体の無さがつくっており、こうして「もの静かな」には「どことなく静かな」というニュアンスができ、「もの悲しい」は「なんとなく悲しい」という意味合いをもつことになった、と言えるようにも思われる。

しかしそうすると、「なんとなく」の「なんとない」の「何」とは、一体何なのだろう。「どことなく」の「どこ」とは一体何処《どこ》なのであろう。これらの「もの」や「なん（なに）」は明らかにされないにもかかわらず、我々はそこに何かを感じ取る。そのような明らかではない〈もの〉という語が、動詞にも、名詞にも、形容詞・形容動詞や副詞にもつけられて力を発揮するのである。

「何でもないもの」とは、対象を断定できない、あるいは断定しない何かである。対象を特定しない曖昧な存在である。接頭語〈もの〉には、輪郭が見えないという静かな曖昧さがある。しかしこれは見方を変えれば、〈もの〉は存在だけを感じさせる、或る静かな広がり感を与える働きがある、ということになる。このことは「もの悲しい」や「もの思い」、「もの静か」などという〈もの〉のつく語の反対の場合を考えてみれば明らかである。騒々しく、素早く、けたたましく過ぎ去る明確なものに〈もの〉を付けて、「ものうるさい」「もの速い」などとすることは、ほぼない。〈もの〉は曖昧性を強調するが、この曖昧性には、方向性の欠落感と場所の広がりがある。場所だけがある、と言ってもよい。それは動きの少ない、ある静けさで、鈍く遅い、どんより

【国　語】〈六〇分〉〈満点：一〇〇点〉

一　次の文章を読んで、後の問に答えなさい。

そもそも日本人は音をどのように捉えて表現しているのであろう。

われわれの周りには日常の音が氾濫している。溢《あふ》れる音の中で何か或る音に注意を向けるとき、われわれは音を出す音源のものの名を借りて、「ベルの音が響く」、「車の音がする」、「鐘の音がする」などと言う。音は何かの音である。そもそも音を表現するときには、「『～の音』がする」というように、音を出す「物」の名前を用いる。音源が人間や動物であれば、「音」ではなく「声」として、「セミの声が聞こえる」、「鳥の鳴き声がする」などと言う。

音を出す音源は具体的な「　①　」である。もっとも耳鳴りという、自分にだけ聞こえる音がある。この場合は具体的な音源がないので、「セミの鳴き声のような音が聞こえる」などと、比喩的な言い回しを使う。擬音を使って、「ジーンという音がする」、「ゴーゴーと言っている」などと言うこともある。しかし外部から聞こえて来る音に対してなら、具体的なものの音源の名を使って「～の音がする」と言う。

音がすることが当たり前の日常生活の中では、ひとつの注目したい音に対して、ただ「音がする」という言い方はあまりしない。「音がする」の〈音〉とは、きわめて抽象的で、聞こえてくる音は、何か特定の、具体的なものがつくり出している音に他ならない。「もの」があれば、ものの動きや物と物との接触は「音」を発する。それに「音」とは、物と物とが触れ合って空気が振動するときに聴覚に及ぼされる感覚なのであるから、抽象的な、何の音でもない音とか、あるいは音一般という音はない。もし「音がする」と言うだけで聴く相手が納得するとすれば、それは聞き取るべき音を出す対象を互いに知っていて、②そのように言うことを許す状況があるからである。

ところが「物音（もの音）がする」という言い方がある。「音」に〈もの〉という接頭語をつける言い方である。静寂の中で突然音が聞こえてきた場合などに、われわれは「おや、音がするよ」と言うが、同じことを、「何か物音がするよ」とも言う。音を発するのが何物かわからないときに、われわれは「音」ではなく、わざわざ「物音がする」というのである。「物音がする」という言い方は、「セミの鳴き声がする」というのとは違って、音の出所が何であるかを言っているのではない。音を出す「もの」があること、つまりそこに何かがいること、あることを告げている。そこに「音」を出す何かがある、いると言っている。

もっとも「そこに何かがある」ということだけを言いたいのであれば、「物音がする」も「音がする」も同じであろう。しかし「音がする」と「物音がする」には、微妙な違いがある。単に、「もの」を付けるか付けないか、だけのことであるが、それだけに留まらない問題が潜んでいる。それはまず、「音」の語の前に置かれる接頭語〈もの〉が、日本人の認識の仕方を支配する要素をもっていることから出てくる。

日本語には、〈もの〉を頭につける言い方が少なくない。とくに形容詞、形容動詞に多い。すぐさま「もの静かな」、「ものさびしい」、「もの悲しい」、「ものものしい」など例が頭に浮かぶ。そして〈もの〉という接頭語をつけた形容詞・形容動詞は、「静かな」、「悲しい」、など

2020年度

解　答　と　解　説

《2020年度の配点は解答欄に掲載してあります。》

＜数学解答＞

［1］　(1)　$x=-3,\ -3+2\sqrt{2}$　　(2)　$\angle x=60^\circ,\ \angle y=135^\circ$　　(3)　①　$a=25,\ b=35$
②　$a=54,\ b=70$　　(4)　$189\pi\,\mathrm{cm}^3$　　(5)　①　$\frac{2}{9}$　　②　$\frac{1}{3}$
(6)　①　$y=-\frac{3}{2}x+12$　　②　$\mathrm{P}\left(\frac{17}{3},\ 2\right)$

［2］　(1)　$\frac{5}{432}$　　(2)　$\frac{5}{18}$　　(3)　$\frac{1}{216}$　　(4)　$\frac{5}{54}$

［3］　(1)　①　2：5　　②　$\frac{12}{5}$cm　　(2)　①　$\frac{3}{2}\mathrm{cm}^2$　　②　$\frac{4}{3}$cm

［4］　(1)　$2\sqrt{6}$cm　　(2)　$152\pi\,\mathrm{cm}^2$　　(3)　12：19

［5］　(1)　$y=-x+4$　　(2)　18　　(3)　$y=\frac{4}{5}x+4$　　(4)　$\frac{2\sqrt{5}}{5}$　　(5)　$\frac{396}{5}\pi$

○推定配点○

［1］　各4点×9((2)完答)　　［2］　各4点×4　　［3］　各4点×4　　［4］　各4点×3
［5］　各4点×5　　計100点

＜数学解説＞

［1］　(二次方程式，角度，数の性質，体積，関数と確率，関数と図形)

(1)　$(x-\sqrt{2})^2+6(x-\sqrt{2})+7=0$　　$x-\sqrt{2}=X$とおくと，$X^2+6X+7=0$　　解の公式を用いて，$X=\frac{-6\pm\sqrt{6^2-4\times1\times7}}{2\times1}=\frac{-6\pm\sqrt{8}}{2}=-3\pm\sqrt{2}$　　よって，$x-\sqrt{2}=-3\pm\sqrt{2}$　　$x=-3,\ -3+2\sqrt{2}$

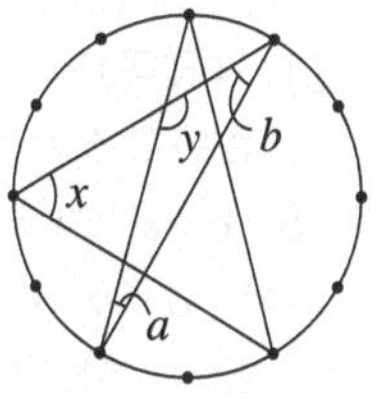

基本　(2)　円周の$\frac{1}{12}$の弧に対する円周角の大きさは，$360^\circ\div12\div2=15^\circ$だから，$\angle x=15^\circ\times4=60^\circ$　　右の図で，$\angle a=15^\circ$　　$\angle b=15^\circ\times2=30^\circ$　　よって，$\angle y=180^\circ-\angle a-\angle b=135^\circ$

(3)　①　$ab=875=5^3\times7$　　$a<b$より，$a=5^2=25,\ b=5\times7=35$とすると，aは5段目の右端の数で，6段目の右端の数は$6^2=36$だから，その1つ前は35で適する。よって，$a=25,\ b=35$
②　$ab=3780=2^2\times3^3\times5\times7$　　$7^2=49,\ 8^2=64$より，$50\leqq a\leqq64$　　$a=2\times3^3=54$のとき，$b=2\times5\times7=70$で，これは適する。$a=2^2\times3\times5=60$のとき，$b=3^2\times7=63$で，これは適さない。よって，$a=54,\ b=70$

基本　(4)　求める立体の体積は，半径6cmの半球と底面の半径6cmで高さ6cmの円錐をあわせた立体の体積から，半径3cmの半球と底面の半径3cmで高さ3cmの円錐をあわせた立体の体積をひいて求められる。$\left(\frac{4}{3}\pi\times6^3\times\frac{1}{2}+\frac{1}{3}\pi\times6^2\times6\right)-\left(\frac{4}{3}\pi\times3^3\times\frac{1}{2}+\frac{1}{3}\pi\times3^2\times3\right)=216\pi-27\pi=189\pi\,(\mathrm{cm}^3)$

(5)　さいころの目の出方の総数は$6\times6=36$(通り)

① $y=ax-1$と$y=-bx+5$からyを消去して，$ax-1=-bx+5$　$(a+b)x=6$　$x=\dfrac{6}{a+b}$
このxの値が整数となるのは，$a+b=2$，3，6のときで，$(a, b)=(1, 1)$，$(1, 2)$，$(1, 5)$，$(2, 1)$，$(2, 4)$，$(3, 3)$，$(4, 2)$，$(5, 1)$の8通りだから，求める確率は，$\dfrac{8}{36}=\dfrac{2}{9}$

② 題意を満たす図形は，底辺の長さが$5-(-1)=6$で，高さが$\dfrac{6}{a+b}$の三角形だから，その面積は，$\dfrac{1}{2}\times6\times\dfrac{6}{a+b}=\dfrac{18}{a+b}$　この値が整数となるのは，$a+b=2$，3，6，9のときで，$(a, b)=(1, 1)$，$(1, 2)$，$(1, 5)$，$(2, 1)$，$(2, 4)$，$(3, 3)$，$(3, 6)$，$(4, 2)$，$(4, 5)$，$(5, 1)$，$(5, 4)$，$(6, 3)$の12通りだから，求める確率は，$\dfrac{12}{36}=\dfrac{1}{3}$

基本　(6)　① 直線ACの傾きは，$\dfrac{0-6}{6-2}=-\dfrac{3}{2}$　求める直線の式を$y=-\dfrac{3}{2}x+b$とおくと，$\mathrm{B}\left(\dfrac{16}{3}, 4\right)$を通るから，$4=-\dfrac{3}{2}\times\dfrac{16}{3}+b$　$b=12$　よって，$y=-\dfrac{3}{2}x+12$

重要　② ①の直線とx軸との交点をDとすると，$y=-\dfrac{3}{2}x+12$に$y=0$を代入して，$x=8$　よって，D(8, 0)　四角形OABC＝△OAC＋△ABC＝△OAC＋△ADC＝△ODC＝$\dfrac{1}{2}\times8\times6=24$　したがって，△OPC＝$24\times\dfrac{5}{8}=15$　ここで，△OAC＝$\dfrac{1}{2}\times6\times6=18$だから，点Pを通り直線OCに平行な直線と$x$軸との交点をEとすると，△OEC＝△OPC　△OEC＝$\dfrac{1}{2}\times$OE$\times6=3$OE　よって，3OE＝15　OE＝5　直線OCの傾きは，$\dfrac{6-0}{2-0}=3$だから，直線PEの式を$y=3x+c$とおくと，E(5, 0)を通るから，$0=3\times5+c$　$c=-15$　よって，$y=3x-15$…(ⅰ)　また，直線ABの式を求めると，$y=-6x+36$…(ⅱ)　(ⅰ)と(ⅱ)の連立方程式を解いて，$x=\dfrac{17}{3}$，$y=2$　よって，$\mathrm{P}\left(\dfrac{17}{3}, 2\right)$

〔2〕 **(確率)**

さいころの目の出方の総数は，$6^4=1296$(通り)　1回目から4回目までの出る目の数を順に，a，b，c，dとする。

(1) $a<b<c<d$となるのは，$(a, b, c, d)=(1, 2, 3, 4)$，$(1, 2, 3, 5)$，$(1, 2, 3, 6)$，$(1, 2, 4, 5)$，$(1, 2, 4, 6)$，$(1, 2, 5, 6)$，$(1, 3, 4, 5)$，$(1, 3, 4, 6)$，$(1, 3, 5, 6)$，$(1, 4, 5, 6)$，$(2, 3, 4, 5)$，$(2, 3, 4, 6)$，$(2, 3, 5, 6)$，$(2, 4, 5, 6)$，$(3, 4, 5, 6)$の15通りだから，求める確率は，$\dfrac{15}{1296}=\dfrac{5}{432}$

基本　(2) すべて異なる目が出る確率は，$\dfrac{6\times5\times4\times3}{1296}=\dfrac{5}{18}$

基本　(3) 題意を満たすのは，$(a, b, c, d)=(1, 1, 2, 2)$，$(1, 2, 1, 2)$，$(1, 2, 2, 1)$，$(2, 1, 1, 2)$，$(2, 1, 2, 1)$，$(2, 2, 1, 1)$の6通りだから，求める確率は，$\dfrac{6}{1296}=\dfrac{1}{216}$

(4) 3回が同じで1回が異なる目の数の組み合わせは，$6\times5=30$(通り)　それぞれ，異なる目が何回目に出るかで4通りずつの出方があるから，求める確率は，$\dfrac{30\times4}{1296}=\dfrac{5}{54}$

〔3〕（平面図形の計量）

基本 (1) ① RP＝CP＝6－1.5＝4.5より，RB＝4.5－1.5＝3　平行線と比の定理より，QP：AB＝CP：CB＝4.5：6＝3：4　SB：QP＝RB：RP＝3：4.5＝2：3　よって，△ASQ：四角形BPQS＝AS：(SB＋QP)＝(4－2)：(2＋3)＝2：5

重要 ② △QPC∽△ABCより，QP：PC＝AB：BC＝3：6＝1：2　QP＝xとおくと，RP＝CP＝$2x$　よって，BP＝$6-2x$，RB＝$2x-(6-2x)=4x-6$　SB：QP＝RB：RPより，SB＝$\dfrac{x\times(4x-6)}{2x}=2x-3$　よって，AS＝SB＋QPより，$3-(2x-3)=2x-3+x$　$x=\dfrac{9}{5}$　したがって，BP＝$6-2\times\dfrac{9}{5}=\dfrac{12}{5}$(cm)

(2) ① PT＝BT＝1より，CP＝6－1－1＝4，RB＝4－1－1＝2　よって，QP＝2，SB＝1　折り返して点Qが線分AB上にくる点をVとすると，AV＝3－2＝1　よって，求める部分の面積は，△AVU＋△SRB＝$\dfrac{1}{2}\times1\times1+\dfrac{1}{2}\times2\times1=\dfrac{3}{2}$(cm^2)

② QP＝yとおくと，RP＝CP＝$2y$　よって，BP＝$6-2y$，RB＝$2y-(6-2y)=4y-6$，SB＝$2y-3$　また，BT＝TP＝$\dfrac{1}{2}$BP＝$3-y$，AV＝$3-y$　△AVU＋△SRB＝$\dfrac{1}{2}\times(3-y)\times(3-y)+\dfrac{1}{2}\times(4y-6)\times(2y-3)=\dfrac{1}{2}(9-6y+y^2)+(4y^2-12y+9)=\dfrac{9}{2}y^2-15y+\dfrac{27}{2}$　よって，$\dfrac{9}{2}y^2-15y+\dfrac{27}{2}=1$　$9y^2-30y+25=0$　$(3y-5)^2=0$　$y=\dfrac{5}{3}$　したがって，BT＝$3-\dfrac{5}{3}=\dfrac{4}{3}$(cm)

重要 〔4〕（空間図形の計量）

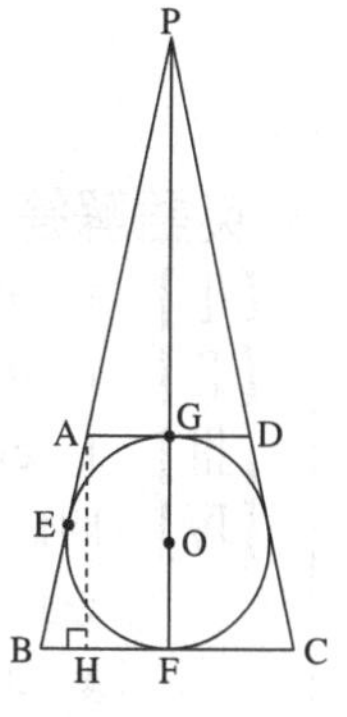

(1) 右の図のような，球の中心Oを通る円錐の底面に垂直な断面を考える。AE＝AG＝4，BE＝BF＝6より，AB＝4＋6＝10　AからBCにひいた垂線をAHとすると，BH＝6－4＝2　△ABHに三平方の定理を用いて，AH＝$\sqrt{10^2-2^2}=4\sqrt{6}$　よって，球Oの半径は，$4\sqrt{6}\div2=2\sqrt{6}$(cm)

(2) 直線BAと直線CDとの交点をPとすると，平行線の同位角は等しいから，2組の角がそれぞれ等しく，△PAG∽△ABH　PA：AB＝AG：BH　PA＝$\dfrac{10\times4}{2}=20$　よって，円錐台の側面の面積は，$\pi\times(10+20)\times6-\pi\times20\times4=100\pi$　したがって，円錐台の表面積は，$\pi\times4^2+100\pi+\pi\times6^2=152\pi$(cm^2)

(3) 球Oの体積は，$\dfrac{4}{3}\pi\times(2\sqrt{6})^3=64\sqrt{6}\pi$　PG＝2AH＝$8\sqrt{6}$より，円錐台の体積は，$\dfrac{1}{3}\pi\times6^2\times(8\sqrt{6}+4\sqrt{6})-\dfrac{1}{3}\pi\times4^2\times8\sqrt{6}=144\sqrt{6}\pi-\dfrac{128\sqrt{6}}{3}\pi=\dfrac{304\sqrt{6}}{3}\pi$　よって，体積の比は，$64\sqrt{6}\pi:\dfrac{304\sqrt{6}}{3}\pi=12:19$

〔5〕（図形と関数・グラフの融合問題）

基本 (1) A(2，2)は$y=ax^2$上の点だから，$2=a\times2^2$　$a=\dfrac{1}{2}$　$y=\dfrac{1}{2}x^2$に$x=-4$を代入して，$y=\dfrac{1}{2}\times(-4)^2=8$　よって，B(－4，8)　直線①の式を$y=bx+c$とすると，2点A，Bを通るから，$2=2b+c$，$8=-4b+c$　この連立方程式を解いて，$b=-1$，$c=4$　したがって，$y=-x+4$

基本 (2) 直線①上のx座標が－2である点をEとすると，E(－2，6)　△ABC＝△AEC＋△BEC＝$\dfrac{1}{2}\times$

$6\times\{2-(-2)\}+\frac{1}{2}\times6\times\{-2-(-4)\}=18$

重要　(3)　△ACD：△BDC＝AD：DB＝2：4より，線分BC上にBF：FC＝3：1となるように点Fをとると，△BDF：△CDF：△ACD＝3：1：2より，△BDF：四角形ADFC＝1：1となり，直線DFが求める直線となる。点Fのx座標は，$-2-\{-2-(-4)\}\times\frac{1}{1+3}=-\frac{5}{2}$　y座標は，$8\times\frac{1}{1+3}=2$　よって，$F\left(-\frac{5}{2},\ 2\right)$　求める直線の式を$y=mx+4$とすると，点Fを通るから，$2=-\frac{5}{2}m+4$　$m=\frac{4}{5}$　したがって，$y=\frac{4}{5}x+4$

重要　(4)　$\triangle OAC=\frac{1}{2}\times2\times2=2$　$AC=\sqrt{(2+2)^2+(2-0)^2}=2\sqrt{5}$　$\triangle OAC=\frac{1}{2}\times AC\times OH$より，$OH=\frac{2}{\sqrt{5}}=\frac{2\sqrt{5}}{5}$

重要　(5)　$OB=\sqrt{(0+4)^2+(0-8)^2}=4\sqrt{5}$　求める部分の面積は，原点Oを中心とする半径$4\sqrt{5}$の円と半径$\frac{2\sqrt{5}}{5}$の円の面積の差に等しいから，$\pi\times(4\sqrt{5})^2-\pi\times\left(\frac{2\sqrt{5}}{5}\right)^2=\frac{396}{5}\pi$

★ワンポイントアドバイス★

例年どおり，独立小問，関数，平面図形，空間図形，確率の出題構成で，ボリュームがあるが，難易度はやさしくなった。過去の出題例をよく研究し，慣れておきたい。

＜英語解答＞

【Ⅰ】 1　ア　2　エ

【Ⅱ】 1　B　2　C　3　A　4　B

【Ⅲ】 1　elevator[lift]　2　tie[necktie / scarf 等]

【Ⅳ】 問1　エ　問2　(1)　prevent　(2)　spread　(3)　win　(4)　expected
(5)　compared　問3　if no steps are taken to　問4　1　ア　2　イ　3　ア
4　エ

【Ⅴ】 1　イ　2　ア　3　ウ　4　ウ　5　ア　6　エ　7　イ　8　ア

【Ⅵ】 1　by using　2　time for

【Ⅶ】 (A，Bの順)　1　キ，ケ　2　キ，エ　3　カ，エ　4　イ，カ

【Ⅷ】 1　(It is) impossible for Tom to keep studying without sleeping (at home.)
2　(Bob) wanted something cold to drink because he was walking (in the sun.)
3　(Some people) say that those who often eat meat (are healthy.)

○推定配点○

【Ⅰ】～【Ⅲ】　各2点×8　【Ⅳ】～【Ⅷ】　各3点×28(【Ⅵ】，【Ⅶ】は各完答)　計100点

＜英語解説＞

【Ⅰ】（リスニング）

（全訳） 1 A：新しい映画を見た？

B：ジョージ・スミスが監督したもの？

A：そう，題名が思い出せないけれど，ジェームズと先週見たよ。

B：本当？私は2日前に同じ映画をジェームズと見たわ。彼は，その映画を見たとは言わなかったわよ。

A：ふうむ，おかしいな。僕たちは，同じジェームズのことを話しているのかな？

ア たぶん違います。

イ はい，彼です。

ウ 大丈夫，私は彼を知っています。

エ 私の父の名前はジェームズです。

2 A：おいしい夕食でした。私を連れてきてくれてありがとう。

B：どういたしまして。デザートを食べますか？ケーキはどうですか？

A：ええと，今はお腹がいっぱいです…

B：またそんなこと言って！ここのチョコレートケーキは最高ですよ！

ア そうです。私はチョコレートケーキを作るのが上手です。

イ いいですよ。最高のチョコレートケーキ屋に行きませんか？

ウ はい，私はチョコレートケーキを十分に食べました。

エ わかりました。チョコレートケーキを分け合いませんか？

【Ⅱ】（リスニング）

（全訳） 1 生徒の皆さん，聞いてください。お知らせがあります。今週末は文化祭があり，多くの来客が予想されます。十分な駐車スペースが無いので，ご両親やお友達に公共交通機関を使うように伝えて下さい。当日，スクールバスは走りません。

質問：話し手は生徒に何をするよう頼んでいるか？

A） 学校までスクールバスを使うこと。

B） 家族に，学校に来るのに公共交通機関を使うように伝えること。

C） 文化祭を楽しむこと。

D） 車を学校の駐車場に停めること。

2 カスケード・マウンテンはカナダのロッキー山脈に位置している。ジェームズ・ヘクターによって，1858年に命名された。高さは2998mなので，頂上に登って手を挙げたら，海抜3000mの高さになるだろう。登るのには3～4時間，降りるのには2～3時間かかる。険しい箇所がいくつかあるので，良い登山靴を履く必要がある。

質問：その山について，どれが正しいか？

A） それは1858年に発見された。

B） それは3000mよりも高い。

C） その山に登って降りるのには，全部で5～7時間必要だ。

D） それほど険しくないので，マウンテンバイクで登ることができる。

3 グレタ・トゥーンベリについて聞いたことはあるだろうか？彼女は16歳のスウェーデンの少女で，より良い環境の世界のために戦っている。彼女は毎週金曜日に，気候変動に反対するストライキを行っている。彼女はたった一人でこの行動を始めたが，今では何百人もの人々が参加している。2019年9月に，彼女はニューヨークの国連気候行動サミットでスピーチをした。

質問：この話について正しいのはどれか？

A） グレタがストライキを始めたとき，彼女は一人だった。

B） グレタは先生たちが始めたストライキに参加した。

C） グレタは学校の気候を変えたかった。

D） グレタはストライキをするために国連に招かれた。

4　A：この夏は何をするつもり？

B：この夏にできるアルバイトを探しているよ。この冬に留学するつもりだから，お金が要るんだ。

A：駅のそばのコンビニエンスストアが，この夏働ける人を探していると聞いたわ。

B：本当？それは知らなかったよ。今日の午後にお店に行ってみるよ。

質問：男性はこの冬何をする予定か？

A） コンビニエンスストアでの仕事を得る予定である。

B） 勉強するために外国に行く予定である。

C） 仕事を見つけるためにコンビニエンスストアに行く予定である。

D） 外国で仕事を探す予定である。

【Ⅲ】（リスニング）

（全訳） 1. これはたくさんの人々が一度に入れる箱であり，建物の中で人々を上下に運ぶ。

2. これは首の周りに着ける長くて幅の狭い布です。

【Ⅳ】（長文読解問題・説明文：名詞，語句解釈，語句整序，内容吟味）

（全訳） 東京が先週，様々なイベントで2020年オリンピック・パラリンピックへの1年間のカウントダウンの開始を祝う中，選手やオリンピックスタッフを輸送するための主な①手段となる首都高速道路の交通渋滞を(1)防ぐために，非常に大きなスケールで交通管制試験が行われました。

東京の厳しい夏の暑さから選手や訪問者を守るための措置に加えて，交通渋滞を減らすための手立ては，ゲームの成功と円滑な運営の鍵となります。イベントの場所の建設，また，訪問者を支援するボランティアを見つけることは，1年以内に行われなければなりません。

長い歴史の中で，オリンピックは，今日の東京のような人口や経済活動が大きい大都市圏の中心で開催されたことがありません。過去の試合とは異なり，多くの試合用の場所を持つオリンピック公園のような施設はありません。代わりに，試合用の場所は関東の全エリアに(2)広がります。

試合の効果的な運用を確かなものにするために，選手とスタッフのスムーズな輸送が成功への鍵を握ります。試合中に輸送を制御するための計画が必要になります。また，必要な交通規制に悩まされる人や企業との間の協力や理解を(3)得るための努力も必要です。

1964年の東京オリンピックでは，首都高速道路ネットワークが選手やスタッフの輸送に重要な役割を果たしました。同様に，首都とその周辺の首都高速道路は，2020年大会で選手やスタッフを乗せた何千もの車やバスの主要道路になると(4)期待されています。問題は，大都市高速道路の通常の交通渋滞は，交通を減らすための②措置が講じられていない場合，試合のために何千もの車やバスを追加して2倍深刻になる可能性があります。

交通管制テストは水曜日に始まり，首都高速道路に入ってくる車やバスの数を減らそうとしました。このテストは，ネットワークへの入口の数十を閉鎖し，東京への他の高速道路から来る車両に開かれた有料ゲートの数を大幅に減らすことによって行われました。東京都心の通常通りの交通量を減らす計画は，環状七号線の緑色の信号機のタイミングを短くすることで行われました。

このような規制により，首都高速道路の一部の主要区間の交通渋滞は，1年前の同じ日と(5)比較すると70～80％減少したという報告があります。来年の試合では，主催者は高速道路の平日の交通量を30%削減し，週末の平均日に観測されたレベルに引き上げたいと考えています。しかし，東名高速道路と東北高速道路の東日本高速道路で最大15kmに達した交通もテストで確認されました。主催者は車両を減らすために時刻に依存する高速料金を調整する「ロード・プライシング」システムの導入も検討しています。

大都市圏の大規模な交通規制は，6月末に大阪で開催された主要20カ国・地域首脳会議(G20)を含め，過去に導入されてきました。しかし，G20は4日間続きましたが，オリンピック・パラリンピックは合計で約1ヶ月間開催され，そのようなイベントに対する交通管制の地元の人々への影響ははるかに大きくなります。

東京2020オリンピックの円滑な運営に向けた最新のテストの結果から，交通管制の慎重な計画を立てる必要があります。

問1 「手段，方法」という意味の means を選ぶ。 ア 「それは交通管制が私たちにとって深刻な問題になることを意味する。」 means は「意味する」という意味の動詞。 イ 「君にうそを言うとは彼は意地悪だった。」 means は「意地悪だ」という意味の形容詞。 ウ 「彼は自分のお金にとても汚かった。」 means は「汚い」という意味の形容詞。 エ 「言語だけがコミュニケーションの手段ではない」 means は「手段」という意味の名詞。

問2 全訳参照。

問3 〈if ＋主語＋動詞～〉で「もし～ならば」という意味を表す。また，〈no ～〉は「全く～ない」という意味を表す形容詞。

問4 1 「オリンピックが成功するためには何が必要か。」 第4段落以降，交通量を制御することの必要性を述べているので，アが解答。 ア 「スムーズな運用のために交通を制御すること。」 イ 「人々を興奮させるゲームを計画すること。」 ウ 「イベントの場所の建設を祝うこと。」 エ 「アスリートを輸送するために，できるだけ多くの車やバスを集めること。」

重要 2 「交通管制テストとして行われなかったのはどれか。」 第6段落に書かれているテストにおいて，イは書かれていない。 ア 「より少ない料金所を開くこと。」 イ 「東京から出て行く車の数を数えること。」 ウ 「ネットワークへの入口の多くを閉じること。」 エ 「信号のタイミングを変更すること。」

3 「オリンピック主催者は，オリンピック期間中の平日にどのくらいの交通量を望んでいるか。」 第7段落の第2文の内容に合うので，アが解答。 ア 「通常の平日の交通量の70%を持つことを望んでいる。」 イ 「通常の平日の交通量の30%を持つことを望んでいる。」 ウ 「通常の平日の交通量の20%を持つことを望んでいる。」 エ 「通常の平日の交通量の0%を持つことを望んでいる。」

4 「大阪での主要20カ国・地域首脳会議と，2020年のオリンピック・パラリンピックの間において，この話で説明されている交通規制の違いは何か。」 第8段落の第2文の内容に合うので，エが解答。 ア 「イベントの成功のためのコスト。」 イ 「イベントのために他の国から来る人の数。」 ウ 「各都市の人口。」 エ 「イベントの長さ。」

【V】 (長文読解問題・物語文：内容吟味)

(全訳) マーギーは驚いて叫びました。「トミー，あなたの手の中に何があるの？ 私は今までにそのようなものを見たことがありません。」

それは非常に古い本でした。彼らの祖父は以前，彼が小さかった頃，その祖父が，すべての物語が紙に印刷された時があったと彼に言ったことを言いました。

マーギーとトミーは黄色く，汚いページをめくりました。画面上であるべき方法で動くのではなく，そこに残った単語を読むのは非常に面白く感じました。そして，彼らが前のページに戻ると，単語は彼らが最初にそれを読んだときにページに載っていたのと同じようにして並んでいました。

「うわー」とトミーは言いました。「何てもったいない！　本を読み終えたとき，君はそれを捨てるんだよ。ぼくたちのテレビ画面には100万冊の本があって，それはずっと良いね。ぼくはそれを捨てないからね。」

「私も同じよ」とマーギーは言いました。彼女は11歳で，トミーほど多くのテレブックを持っていませんでした。彼は13歳でした。彼女は「どこでそれを見つけたの。」と言いました。

「屋根裏部屋だよ。」

マーギーは「それは何についての本なの？」と尋ねました。トミーは「学校」と答えました。

マーギーは疑問に思いました。「学校？　学校について何か書くべきことがあるだろうか。私は学校は嫌いだ。」マーギーはいつも学校が嫌いでしたが，今ではこれまで以上に嫌いでした。機械の先生は地理学のテストを次々に与えていたし，彼女は彼女の母親が最終的に修理を求めることに決めるまで，彼女はますますひどい結果しか残せませんでした。

修理に来た人は赤い顔をした，小さくて丸々した男で，彼は道具がつまった全部の箱を持って来ました。彼はマーギーに微笑み，彼女にリンゴを与えました。それから彼は先生を分解しました。マーギーは，彼が再びそれを組み立てる方法を知らないことを望みましたが，彼はそれを正しく行う方法を知っていました。1時間かそこらして，機械の先生は再びそこにいました。それは，大きなスクリーンが付いていて，大きくて黒くて醜く見えました。その上で，すべてのレッスンが示され，質問が行われました。その時はあまりひどくありませんでした。マーギーが最も嫌っていた部分は挿入口で，そこに宿題とテスト用紙を入れねばなりませんでした。

修理の男は，終わった後に微笑み，彼女の母親に言いました。「それはあなたの小さな女の子のせいではありません。地理の部分が故障していて，あまりにも速く働いたと思います。そのようなことは時々起こります。私はそれを通常の10歳用のレベルまで遅くしました。実際のところ，彼女の進歩は平均より優れています。」それから彼はマーギーにさようならを言いました。

マーギーはがっかりしました。彼女は彼が先生を連れ去ることを望んでいました。歴史セクションが完全に消えたので，彼らはトミーの先生を1ヶ月近く連れ去ったことがあったのです。

それで，彼女はトミーに「なぜ誰かが学校について書きたいの？」と言ったのです。

トミーはとても見下したように彼女を見て，「それはぼくたちの学校の種類と同じではないんだよ，お馬鹿さん。これは，何百年も前に彼らが持っていた古い種類の学校だよ。」と言いました。彼は誇らしげに付け加え，慎重に「何世紀も前」と言いました。

マーギーは傷つきました。「まあ，私は彼らがずっと前にどのような学校を持っていたのか知らないわ。」彼女はしばらくの間，彼の肩ごしに本を読んで，それから言いました。「とにかく，彼らは先生を持っていたのよね。」と言いました。

「もちろん，先生を持っていたけど，それは普通の先生ではなかったんだよ。それは人間だったんだ。」

「人間？　どうして人間が先生になることができるの？」

「ええと，彼はただ男の子たちや女の子たちに物事を教えて，彼らに宿題を与え，彼らに質問をしたんだよ。」

「人間は十分に賢くないわ。」

「いや，賢いよ。ぼくたちの父親はぼくたちの先生と同じくらい知っているよ。」

「人間には無理よ。人間は先生ほど多くのことを知ることはできないわよ。」

「人間は間違いなく，多くのことを知っているよ。」

マーギーはそれについて主張する準備ができていませんでした。彼女は「私の家にいる見知らぬ人に教えてもらいたくないわ。」と言いました。

トミーは笑いながら叫びました。「君は何も知らないな，マーギー。先生たちは家に住んでいたわけじゃないよ。彼らは特別な建物を持っていて，子供たちは皆そこに行ったんだ。」

「それで，すべての子供たちが同じことを学んだの？」

「そうだよ，彼らが同じ年齢なら。」

「でも母さんは，先生は教えるそれぞれの男の子と女の子の心に合わせることができて，子供一人一人が異なる方法で教えられなくてはならないと言うわ。」

「彼らはその当時はそのようにはしなかったよ。君が好きでないなら，その本を読むことはないんだよ。」

「好きじゃないなんて言っていないわ。」と，マーギーはすぐに言いました。彼女はそれらの面白い学校について読みたいと思いました。

本を半分も読み終わらないうちに，母親が「マーギー，トミー！　学校よ！」と呼びました。

マーギーは教室に入って行きました。それは彼女の寝室のすぐ隣にあって，機械の先生が彼女を待っていました。土曜日と日曜日を除いて，毎日同じ時間に常にスイッチが入っていました。

画面は「今日の数学のレッスンは…」と言い始めました。

マーギーはため息をついて座りました。彼女は祖父の祖父が小さな男の子だったとき，彼らが持っていた古い学校について考えていました。近所の子供たちはみんな，校庭で笑ったり叫んだり，教室に一緒に座ったり，一日の終わりに一緒に家に帰ったりしました。彼らは同じことを学んだので，宿題を助け合い，それについて話すことができました。

マーギーは子供たちが昔それをどのように愛していたかを考えていました。彼女は彼らが持っていた楽しみについて考えていました。

1 「トミーが手に古い本を持っていたとき，マーギーはなぜ驚いたのか。」 トミーが持って来た本は彼の祖父の祖父が話していた時代の本で，マーギーやトミーの時代にはもはやない紙でできた本であったため，マーギーは驚いた。　ア 「それはマーギーの本だったから。」 イ 「マーギーは初めて紙の本を見たから。」 ウ 「トミーが祖父の本をこっそりと持って来たから。」 エ 「トミーは学校があまり好きではなかったから。」

2 「トミーはなぜ『本を読み終えたとき，君はそれを捨てるんだよ』と言ったのか。彼は＿＿＿と思ったから。」 マーギーやトミーの時代では，本とはスクリーン上に現れるものだったので，本を繰り返し読むことができた。トミーは，紙でできた本は一度きりのものだと思った。 ア 「その紙の本は一度だけ読むのに使われた」 イ 「その紙の本のページは簡単に破れた」 ウ 「何年も前に紙のリサイクルが発明されていたわけではない」 エ 「彼のテレビ画面には100万冊の本があり，それは非常に重かった」

3 「マーギーが地理学のテストでうまくいかなかったとき，何が起こったか。」 マーギーの母親は，マーギーが地理学を上手にこなせなかったので，機械の先生の修理を頼むことにした。 ア 「彼女の母親はマーギーに地理学の勉強方法を変えろと言うことに決めた。」 イ 「箱を持った人が先生を連れ去り，そこに新しい先生を置いた。」 ウ 「マーギーの母親は機械の先生の修理を頼むことにした。」 エ 「修理の男は，マーギーが得意でなかったので，地理学の一部を容易にした。」

4 「マーギーはなぜ学校が好きではなかったのか。なぜなら＿＿＿」 故障した機械の先生はマーギーの能力を超える速度で授業を行っていたため，マーギーはうまくこなすことができず，その結果マーギーは学校が嫌いになった。　ア 「学校について書くことはなかったから。」 イ 「彼女は地理学についてほとんど知らなかったので，先生は怒った。」 ウ 「先生は地理学のテストをし続け，成績は下がっていた。」　エ　「彼女の学校には紙の本がなかった。」

重要　5 「修理する男が修理を行う前の機械の先生の問題は何だったか。」　機械の先生を修理した男は，機械が壊れていて，本来のスピードより速く授業を行っていたと言った。　ア 「それはより速いペースで動いていて，マーギーはより低い点数を得ていた。」　イ 「地理学のレッスンの順序は，マーギーのレベルに適していた。」　ウ 「機械は地理学のレッスンを与えず，代わりに歴史のレッスンを与えた。」　エ 「マーギーはあまりにも速く機械を使ったので，それは故障した。」

6 「マーギーの先生は何だったか。」　マーギーの時代においては，先生は各家庭に置かれた，大きなスクリーンを持つ機械で，子供ひとりひとりに合わせた授業を行った。　ア 「先生は教えるために子供の家に来た見知らぬ人だった。」　イ 「先生は父親と同じくらい頭が良い人だった。」　ウ 「先生は特別な建物に行き，すべての子供たちに同じことを教えた。」　エ 「先生はそれぞれの子供の家にいて,それぞれ異なる方法で教えた。」

7 「マーギーの教室はどのようだったか。」　マーギーが勉強する場所について，「彼女の寝室のすぐ隣にあって，機械の先生が彼女を待っていました。土曜日と日曜日を除いて，毎日同じ時間に常にスイッチが入っていました」とある。　ア 「それは彼女の家の近くにあり，機械の先生はそこで子供たちを教えた。」　イ 「それは彼女の家の部屋で，マーギーは土曜日と日曜日を除いて毎日そこに行った。」　ウ 「それは彼女の寝室にあり，月曜日から金曜日までレッスンがあった。」　エ 「それは近所にあり，彼女の母親は土曜日と日曜日に彼女をレッスンに送った。」

8 「空欄に正しく入るのはどれか。」　直前に「同じことを学んだので」とある。　ア 「彼らは宿題を助け合い，それについて話すことができた」　イ 「彼らは機械式スロットで宿題を入れることができた」　ウ 「彼らにはそれぞれに違った宿題があった」　エ 「彼らは自分で宿題を選ぶことができた」

【Ⅵ】（書き替え問題：動名詞，慣用句）

1 「サルはバナナを得るために棒を使った。」→「サルは棒を使うことによってバナナを得た。」〈by ~ ing〉は「~することによって」という意味を表す。

2 「トムは決して授業に遅れなかった。」→「トムはいつも授業に間に合った。」〈in time for ~〉で「ちょうどよい時に~に間に合って」という意味を表す。

【Ⅶ】（語句整序問題：不定詞，間接疑問文，受動態，現在完了）

1 (They) had lots of meetings in order to avoid making a mistake(.)　〈in order to ~〉で「~するために」という意味になる。

2 Do you know how far it is (from Tokyo to Sendai?)　間接疑問文なので，〈疑問詞＋主語＋動詞〉の形になる。

3 (This program) is going to be introduced into (our school.)　不定詞以下の部分は受動態になるので〈be動詞＋過去分詞〉という形にする。

4 We have had little rain for more than (one month.)　「ずっと~している」という意味は，現在完了の継続用法で表す。

【Ⅷ】（英作文問題：不定詞，関係代名詞）

1 〈it is ~ for S to …〉で「Sが…することは~である」という意味になる。

基本　2 形容詞が something を修飾する時は〈something ＋形容詞〉の語順にする。

3 〈those who ~〉で「~する人々」という意味を表す。

★ワンポイントアドバイス★

【Ⅶ】の1の〈in order to ～〉は〈so that S can ～〉で書き替えることができる。この文を書き替えると，They had meetings so that they can avoid making a mistake. となる。また，否定の意味は〈in order not to ～〉で表す。

＜国語解答＞

一　問一　もの　　問二　イ　　問三　・存在だけを感じさせる，或る静かな広がり感を与える（役割。）　　・背後に，何かの存在を，何かある気配を暗示する（役割。）
問四　（例）文型が音を発する「もの」の存在を意識させるにもかかわらず，文意としては物の正体が曖昧である点。　　問五　オ　　問六　着させている。

二　問一　イ　繁栄　　ロ　鉄則　　ハ　犠牲　　ニ　厳格　　ホ　蓄積　　問二　A　イ　B　エ　C　ウ　　問三　エ　　問四　（最初）事業主体か～（最後）済への貢献
問五　背　　問六　教養　　問七　ア　×　　イ　○　　ウ　×　　エ　○　　オ　○

三　問一　イ　覆(われ)　　ロ　嫌悪　　ハ　眺(め)　　ニ　清潔　　ホ　招(かれ)
問二　（例）無意味なことをして過ごしたかったが，何もしないではいられず，テレビなら一方的に眺めていられるから。　　問三　エ　　問四　移民　　問五　（例）様々ないきさつで自分の国を失った人間は他にもいるのに，彼らは特別な人間だと主張しているように聞こえるから。　　問六　イ　　問七　（例）手作り言語を話すこと。

○推定配点○

一　問三　各3点×2　　他　各4点×5
二　問四・問六　各4点×2(問四完答)　　他　各2点×15
三　問一　各2点×5　　問二　6点　　他　各4点×5　　計100点

＜国語解説＞

一　**(論説文ー内容吟味，文脈把握，脱文・脱語補充)**

基本　問一　「音を出す音源」にあたるものを考える。同じ段落の最終文に「具体的なものの音源」と言う表現がある。また，直後の段落の「聞こえてくる音は，何か特定の，具体的なものがつくり出している音に他ならない。『もの』があれば，ものの動きや物と物との接触は『音』を発する」から，ひらがな二字の語を抜き出す。

問二　「そのように」は，同じ文の「『音がする』」という言葉を指し示している。「『音がする』と言うだけで聴く相手が納得する」のは，どのような状況なのかを考える。傍線部②の直前「聞き取るべき音を出す対象を互いに知っていて」から，授業中にスマートフォンの振動音がするというイが適当。

問三　直後の段落の冒頭に，「もともと『もの』という語は，実体があって無いような，曖昧なところがある」とあり，これ以降で「もの」の「別の役割」について説明している。「『何でもないもの』」で始まる段落の「接頭語〈もの〉には，輪郭が見えないという静かな曖昧さがある……〈もの〉は存在だけを感じさせる，或る静かな広がり感を与える働きがある」から，一つ目の役割を抜き出す。同じ「『何でもないもの』」で始まる段落「何かが漂うような空間を『もの音』の〈もの〉は意識させる。〈もの〉は背後に，何かの存在を，何かある気配を暗示する語である」から，二つ目の役割を抜き出す。

重要 問四　直後に「つまり」という説明の意味を表す接続詞があるので，その後の内容に着目する。指定語の「文型」について述べている部分を探すと「この文型はわれわれに，音を発する『もの』の存在を意識させる」とあり，さらに「この文型の示すところとは逆に，『もの音がする』は，物の正体が曖昧であることを告げる」とある。この部分から，「文型」は「もの」の存在を意識させるのに，「文意」としては物の正体が曖昧であるという点が興味深いとしていることが読みっとれる。「『文型』が……にもかかわらず，『文意』が……である点。」などの形にまとめる。

問五　前に「受け手(見る者・聞く者)が感じ取るもの」とある。その人だけのものの見方という意味を表す語が当てはまる。

やや難 問六　挿入文の「物音がする」と「音がする」の違いは「物」という接頭語の有無であるから，「物」という接頭語について述べている部分を探す。「日本語には〈もの〉を頭につける言い方が少なくない」で始まる段落に「〈もの〉という接頭語をつけた形容詞・形容動詞は，「静かな」，「悲しい」，などとは違った，「なんとなく静かな」，「なんとなくさびしい」，あるいは「そこはかとなくさびしい」というような意味合いを付着させている。」とある。この違いが「物音がする」と「音がする」との違いにも言えるので，挿入文はこの後に補うのが適当。

二　**(論説文―内容吟味，文脈把握，接続語の問題，脱文・脱語補充，漢字の読み書き，語句の意味，ことわざ・慣用句)**

問一　イ　豊かに栄えること。「繁」を使った熟語は，他に「頻繁」「繁殖」などがある。　ロ　変えることのできない規則や法則。「則」を使った熟語には，他に「反則」「則天去私」などがある。　ハ　ある目的を達成するために引き換えにされた大切なもの。「犠」を字形の似た「儀」と区別する。　ニ　厳しくて不正を一切認めないこと。「厳」の他の音読みは「ゴン」で「荘厳」などの熟語がある。　ホ　たまって大きくなること。「蓄」の訓読みは「たくわ(える)」。

問二　A　直前の段落の，入会地にエネルギー技術と企業経営の論理が介入した場合に起きる「種々の対立」の例として，直後の段落で「巨大地熱発電プラントの建設が入会空間に計画される」場合を挙げているので，例示の意味を表す語が当てはまる。　B　「資源をめぐって……地域内に悲惨な対立・紛争を引き起こす」という前に，後で「発展への努力を怠るようになる」と付け加えているので，添加の意味を表す語が当てはまる。　C　直前の段落の「『コモンズの悲劇』は……地域社会のコモンズの問題とも直結している」という内容を受けて，後で「『コモンズの悲劇』を回避するためにはどうしたらよいのだろうか」と提起しているので，転換の意味を表す語が当てはまる。

基本 問三　直前の「資源の呪い」について，「こうした」で始まる段落で「資源の豊かな地域ほど……開発からも取り残される」と説明していることからも意味を推察することができる。

問四　「人参をぶらさげる」は，事業者が協力の見返りに地域に資金をつぎ込むことをたとえている。同じ段落に「立地への協力によってつぎ込まれる資金」とあるが，指定字数に合わないので同じ内容を述べている部分を探す。一つ前の段落に「地域は地域の資源をみずからマネジメントすることができなくなり，事業主体からの補償金やあるいは税収による地域経済への貢献を期待するようになる」とある。ここから，「人参」を意味する部分を抜き出す。

問五　「[③]筋の寒くなる」で，恐怖などのためにぞっとする，という意味になる。

問六　「風景」や「目きき」について述べている部分を探す。筆者は風景学の創始者・中村良夫の『風景学入門』の引用を挙げ，その後で「この文章で中村は，風景と教養との関係を明確に述べている。それは，教養が風景を見分ける能力，『目きき』の力となるということである」と説明している。

重要 問七　ア　筆者は，地域に「コモンズの悲劇」と「資源の呪い」が起こる可能性を述べているが，文章後半で回避する方法を述べているので，当てはまらない。　イ　「地球環境問題は」で始まる段落の「地球環境問題は……地域の衰退とも連動する問題である」という内容に当てはまる。ウ　「かりに地域が」で始まる段落の内容に当てはまらない。　エ　「この文章で」で始まる段落の「決して風景の魅力を個人として楽しむということではない」に当てはまる。　オ　最終段落の内容に当てはまる。

三　（小説―情景・心情，内容吟味，文脈把握，脱文・脱語補充，漢字の読み書き）

問一　イ　他の訓読みは「くつがえ(る)」。　ロ　強い不快感を持つこと。「悪」を「オ」と読む熟語には，他に「悪寒」「憎悪」などがある。　ハ　音読みは「チョウ」で，「眺望」などの熟語がある。　ニ　不正がなく清らかであること。「潔」の訓読みは「いさぎよ(い)」。　ホ　音読みは「ショウ」で，「招待」「招致」などの熟語がある。

問二　テレビを見ようとした「僕」の心情を述べている部分を探す。直後の段落の「今日はとことん無意味なことをしながら，だらだらと過ごしたかった」，一つ後の段落の「何もしないでいるのは結構むずかしい」「いつもならインターネットに逃げるのだが……馬鹿馬鹿しい。そのくらいなら，テレビをつけた方がましだ。こちらが見られているという感じがないのでソファーに寝そべって，一方的に出演者の顔をナガめていられる」を，簡潔にまとめる。

基本 問三　直後の文で「それは食べ物にこだわらないからではないかと思う」と理由を述べている。一つ後の文で「デンマークならではの政治のセイケツさと暴力の少なさは，食べ物にそれほど関心がないおかげ」とあることから，支配欲や金銭欲が強くないことも理由として考えられる。

問四　東ドイツで生まれ育った女性の言葉である。同じ会話の中の「わたしたち東の人間の生活は激しく変化しました……全部，西ドイツに合わせて変わりました」を，「自分の生まれ育った国で」何になったようなものと表現しているのかを考える。(中略)の後の「これは実は」で始まる段落に「最近の移民はほとんど流浪の民になっています」から，当てはまる漢字二字の語を抜き出す。

やや難 問五　直後の「彼らはまるで，自分の国がなくなったことを自慢しているように聞こえる。国がなくなったから，自分たちは，特別な人間だと主張しているみたいだ」から理由を読み取る。後に「僕らだって……彼らとそれほど違わないんじゃないのか」とあるように，様々ないきさつで自分の国を失った人間は他にもいるのに，という「僕」のいらだちも加えてまとめる。

問六　「僕」が傍線部⑤のような気分になったのは，「Hiruko.J」の手作り言語を聞いたためである。直後の段落の「彼女の顔は空中にある複数の文法を吸い込んで，それを体内で溶かして，甘い息にして口から吐き出す……これからの時代は，液体文法と気体文法が固体文法にとってかわるのかもしれない。僕はどうしてもこの女性に会ってみたい」からも，「僕」が「Hiruko.J」という女性の話す言語に強くひかれていることが読み取れる。

重要 問七　傍線部⑥は，「Hiruko.J」がいくつかの文法を自分の中に取り込み魅力ある言語として口に出すことをたとえている。「Hiruko.J」が話す言語は「普通に聞いて理解できる言語だが，デンマーク語ではな」く，ノルウェー語でもスウェーデン語でもないもので，「これは実は」で始まる会話で「自分でつくっちゃった」手作り言語だと言っている。設問に「端的に」とあるので，手作り言語を話すこと，と簡潔にまとめる。

★ワンポイントアドバイス★

それぞれの選択肢の正誤を問う問題に注意が必要だ。一つずつを，本文の該当箇所，あるいは本文全体から読み取って判断しなければならない。解答には十分な時間を確保しよう。

2019年度

入　試　問　題

2019年度

立教新座高等学校入試問題

【数　学】（60分）〈満点：100点〉

【注意】 1. 答はできるだけ簡単にし，根号のついた数は，根号内の数をできるだけ簡単にしなさい。また，円周率はπを用いなさい。

2. 三角定規，分度器，計算機の使用はいけません。

〔1〕 以下の問いに答えなさい。

(1) 2次方程式 $2x^2-6x+1=0$ について，次の問いに答えなさい。

① この2次方程式を解きなさい。

② ①で求めた解のうち，大きい方の解をaとするとき，$4a^2-12a-3$ の値を求めなさい。

(2) x，yは自然数とします。方程式 $4x^2-9y^2=31$ を満たすx，yの値をそれぞれ求めなさい。

(3) 大小2つのさいころを投げ，出た目の数をそれぞれp，qとします。2点A，Bの座標をA(3，4)，B(5，1)とするとき，次の問いに答えなさい。

① 2点P，Qの座標をP(p，0)，Q(0，q)とするとき，直線PQと直線ABが平行になる確率を求めなさい。

② 放物線 $y=\dfrac{q}{p}x^2$ と線分ABが交わる確率を求めなさい。

(4) 右の図のように円Oと円O′が重なった部分の面積を求めなさい。

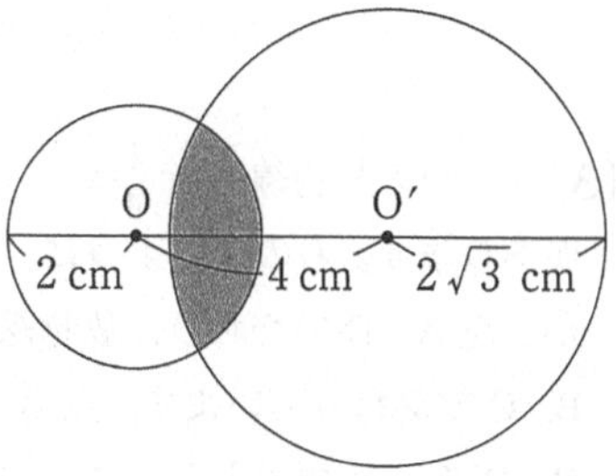

(5) 1辺の長さが8cmである正十二角形のすべての頂点を通る円の面積を求めなさい。

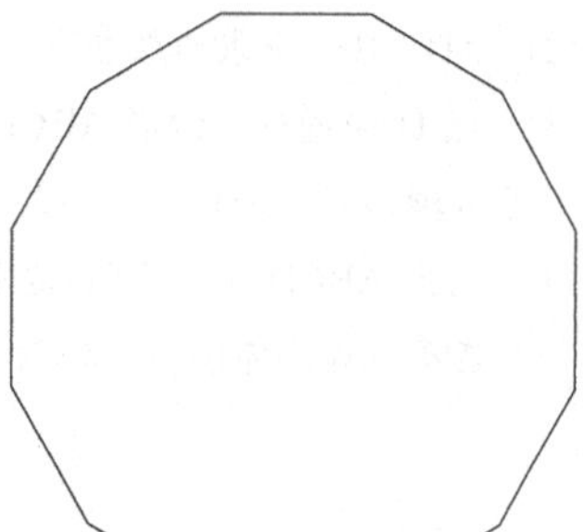

(6)　1 辺が 6 cm の立方体 ABCD－EFGH を，3 点 A，C，F を通る平面と，3 点 B，D，G を通る平面で同時に切断しました。このとき，点 E を含む方の立体の体積と表面積をそれぞれ求めなさい。

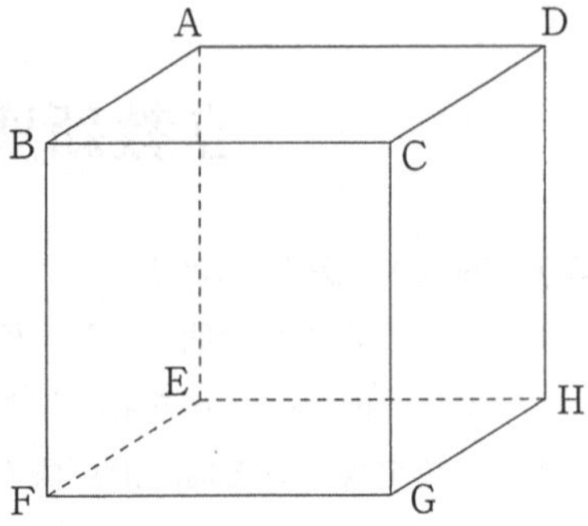

〔**2**〕 右の図において，四角形 ABCD は 1 辺の長さが 3cm のひし形です。D から BC の延長に引いた垂線と，BC の延長との交点を E，AE と CD，BD との交点をそれぞれ F，G，ひし形の対角線の交点を H とします。DE＝$2\sqrt{2}$ cm とするとき，次の問いに答えなさい。

(1)　線分 BD の長さを求めなさい。

(2)　線分 AC の長さを求めなさい。

(3)　線分 GH の長さを求めなさい。

(4)　四角形 CFGH の面積を求めなさい。

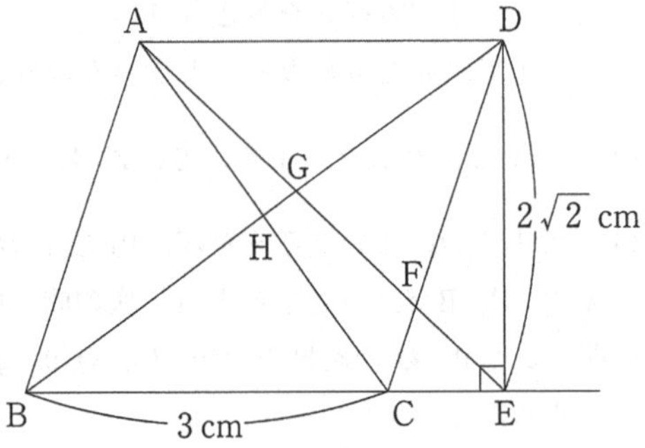

〔**3**〕 2 つの放物線 $y=\frac{1}{4}x^2$ …①，$y=-\frac{1}{8}x^2$ …② があります。右の図のように，放物線①と直線 ℓ が 2 点 A，D で交わり，放物線②と直線 m が 2 点 B，C で交わっています。点 B の x 座標は －8，点 C，D の x 座標はともに 4 であり，四角形 ABCD は AD//BC の台形です。次の問いに答えなさい。

(1)　直線 m の式を求めなさい。

(2)　AD：BC を求めなさい。

(3)　点 D を通り，台形 ABCD の面積を 2 等分する直線の式を求めなさい。

(4)　台形 ABCD を，辺 CD を軸として 1 回転してできる立体の体積を求めなさい。

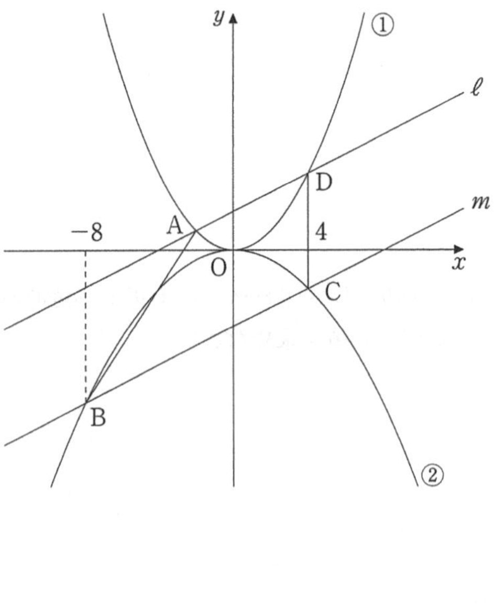

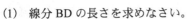

〔**4**〕 さいころを投げ，マスの上にあるコマを動かすゲームをします。このマスには図のように左から 0，1，2，3，4，5，… の数字が書かれていて，はじめにコマは 0 のマスにあります。さいころの目が 1，2，3 のときはコマを右に 1 マス動かし，4 のときは左に 1 マス動かし，5，6 のときは動かしません。ただし，コマが 0 のマスにあり 4 の目が出たとき，コマは動かしません。次の問いに答えなさい。

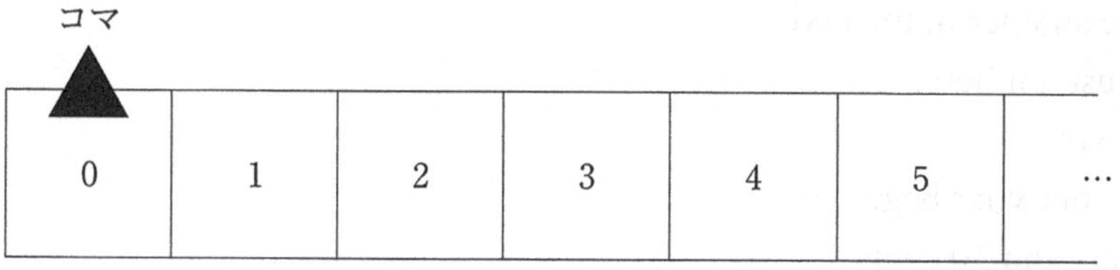

(1) さいころを 2 回投げるとき，コマが 1 のマスにある確率を求めなさい。

(2) さいころを 3 回投げるとき，コマが 2 のマスにある確率を求めなさい。

(3) さいころを 3 回投げるとき，コマが 0 のマスにある確率を求めなさい。

〔**5**〕 1 辺が 4cm の立方体 ABCD－EFGH が面 EFGH を下にして地面に置いてあります。この立方体を図のように滑ることなく 3 回だけ転がすとき，次の問いに答えなさい。

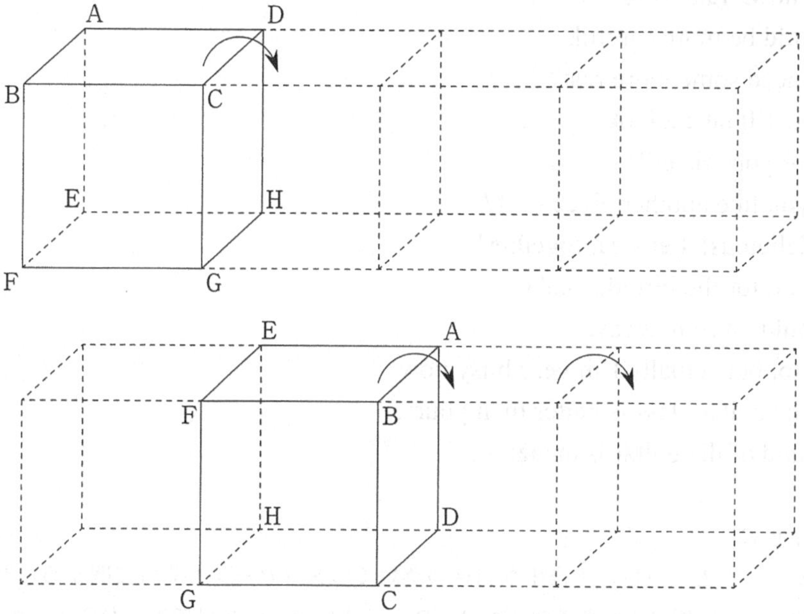

(1) 線分 BG と線分 CF の交点を M とするとき，点 M がえがく線の長さを求めなさい。

(2) 線分 AF と線分 BE の交点を N とするとき，点 N がえがく線の長さを求めなさい。

(3) 辺 EF が通過する部分の面積を求めなさい。

(4) 線分 CF が通過する部分の面積を求めなさい。

【英　語】（60分）〈満点：100点〉

【Ⅰ】 リスニング問題（1）

これから放送で，ある6つの対話が流れます。対話を聞き，その最後の文に対する応答として最も適切なものをそれぞれA～Dから1つ選び，記号で答えなさい。対話は**2回**ずつ流れます。

No.1 A. No. I have another in the taxi.
B. No. I've just got here.
C. No, thank you.
D. No. That's not your bag.

No.2 A. It's 8 dollars and 50 cents.
B. Less than a meter.
C. About half an hour.
D. For my friend, Mike.

No.3 A. Sorry, I have to go to my grandmother's house.
B. It's not open in the afternoon.
C. Thanks a lot. See you in class.
D. Have a good weekend.

No.4 A. Bye for now. Take care.
B. You should be more careful.
C. Do you need some more rest?
D. All right. I'll take a look.

No.5 A. Is this for your sister?
B. Would you like another piece of it?
C. Looks delicious! Let's eat together!
D. Thank you for the birthday cake.

No.6 A. You should go right away.
B. I'd like to, but actually I'm very busy now.
C. I think the guitar class is better than yours.
D. That sound of the guitar is amazing.

【Ⅱ】 リスニング問題（2）

これから放送で、ジャックという目の不自由な男性の英語でのメッセージとそれに関する質問が3つ流れます。よく聞いて，質問の答えをそれぞれA～Dから1つ選び，記号で答えなさい。英文と質問は**2回**ずつ流れます。

No.1 A. You can actually see young children in front of you.
B. You can hear better than usual.
C. You can feel the world around you.
D. You can know the value of health.

No.2 A. The waiter asked Jack's girlfriend for his order.
B. The waiter said he thought Jack was not a real person.
C. The waiter asked Jack to go out.
D. The waiter said he was sorry for Jack.

No.3 A. He wants people to help him because he cannot see.
B. He wants people to understand blind people are real people.
C. He wants people to feel sorry for all the blind people.
D. He wants people to close their eyes to feel that they change into different persons.

【Ⅲ】 リスニング問題 (3)

これから放送で，４つの英単語の定義が流れます。それぞれの定義があらわす英単語を書きなさい。英語は**1回**のみ流れます。

〈リスニング問題放送台本〉

Ⅰ

No.1 A : Welcome to Rusch Hotel. May I help you, ma'am?
B : Yes. I would like you to carry my bags.
A : Sure. Just this one?

No.2 A : Excuse me. I'm a reporter from St. Paul's News. May I ask you some questions?
B : Sure.
A : Thanks. Is this pizza well known to local people?
B : Of course. It's delicious.
A : How long did you wait in line?

No.3 A : Hello?
B : Hello? Is this David?
A : Yes. Angie?
B : Yeah. This is Angie speaking. How are you doing?
A : Fine. What's up?
B : Actually I have trouble writing the math report. Can you help me with it this weekend?
A : I have some plans this weekend, but when do you want to meet?
B : How about Sunday afternoon?

No.4 A : Oh, it's already half past three! We're late! Hurry up!
B : It's terrible! Just a moment. Oh, where did I put my bag?
A : I saw it by the sofa.

No.5 A : Wow, what a beautiful dinner! Thank you very much.
B : No problem. Happy birthday!
A : What a big hamburger steak!
B : It's because you love hamburger steaks. Help yourself.

No.6 A：I've just started taking a guitar class. It's held in the new building near Shiki station.

B：That sounds like fun. I've been interested in playing the guitar.

A：Great. I have a class today. Why don't you come with me?

II

"Close your eyes and see." I always tell this to young children when they ask me how it is to be blind. I say to them, "Just close your eyes and tell me what you see."

Well, of course, when you close your eyes you can't really see. But when you close your eyes, you're still you. Right? You're still a real person. You haven't changed. When you can't see, you can still feel the world around you. You can talk, you can listen, and you can walk. You can stand up, sit down, eat and drink. And you can laugh, cry, love and hate. Just like everyone else.

Many non-blind people — people who can see — think and act as though I'm not a real person. Just yesterday my girlfriend and I were at a restaurant. The waiter asked my girlfriend what I wanted to eat! He didn't ask me. Why? Did he think that I can't hear? That I can't talk? That I can't understand? Things like that happen to me all of the time.

People who are disabled — people who are blind, people who can't hear, and people who can't walk or talk — we are all real people. We don't want people to feel sorry for us. We want people to understand that we're real people first.

So, to help you understand this, close your eyes. That's right. Close them. Now keep them closed for as long as you can. Are you still the same person? Do you have the same feelings? The same brains? Of course! Do you understand? Now that you have closed your eyes, you can see.

Question：

No.1 When you close your eyes, what can you still do?

No.2 What did the waiter do to Jack yesterday?

No.3 What is Jack's message for non-blind people?

III

1. This is a place, and sick or injured people receive medical care here.
2. This is built to cross over a river from one side to the other.
3. This is a long, curved tropical fruit with a yellow skin.
4. The sun goes down in this direction. This direction is on the left if you are facing north.

【IV】 次の英文は，新聞への投稿とそれに対する返答です。英文を読んで，各設問に答えなさい。

Dear Alice,

*I'm looking at my Japanese driver's license and wondering if the form on the back has anything to do with *organ *donation. Years ago, I checked a box on my driver's license form to be an *organ donor in the United States. Now, I'm living in Japan. I'd like to do the same thing here too, but don't know how. Can foreigners be donors? Actually, I'd prefer to offer everything, but is it possible in Japan to *donate one's body to science?*

Gregory

Dear Gregory,

Let me answer your question. Japan works on an "opt in" model. It means that you have to take an action, such as filling in a form, to show your decision to be a donor. This is different from some countries. In Spain and Austria, for example, (　1　) is supposed to be a willing donor if they don't refuse to donate. Fortunately, the process to "opt in" is (　2　) in Japan and can even be done in English. Foreign citizens are welcome and encouraged to become donors. There have been cases in which a foreigner died and provided organs to patients waiting for an organ *transplant.

【 X 】

In the United States, organ *transplantation is better accepted. There are 7,000 to 8,000 organ transplants every year. This means about 26 organ transplants per million people are performed. In Japan, however, the rate is just 0.9 transplants per million. It is the lowest rate among the developed countries. Fewer than 100 organ transplants were performed in Japan last year.

Why is the rate of donation so low? One reason is the traditional belief that a body should be whole upon *cremation, but *legal barriers and some troubling history have also played a role. When medical advances made organ transplantation possible, during the 1950s and 1960s, Japan was at the same level with other countries or even ahead.

The first heart transplant in Japan was performed about fifty years ago. At that time, there was no *definition of brain death and many people couldn't tell if the operation was right or wrong. One doctor was attacked for doing the operation. At first, it seemed to be a success, but it failed to save the patient's life. The public was left with a deep *distrust of organ transplantation. ①This brought developments here to a standstill.

It took many years after that to make a law *defining brain death and making it legal to transplant organs from brain-dead patients. More people now understand that it is possible for the heart to keep beating and the body to stay warm, even after the complete loss of brain function. Public opinion now shows an increase of the number of people who want to donate after brain death — in a research study, 43.1 percent of answers showed that they would be willing to donate organs after brain death, while 23.8 percent would not agree.

So let's go back to your【 Y 】. By filling in the form on its back, you can show that you want to be a donor or refuse to donate organs. For people who don't drive, the same form is on the back of Japanese *health-insurance cards. It's also possible to record your wishes on a separate organ-donation decision card and it can be picked up for free at public offices and some drug stores. An English-language card can be downloaded on the Internet.

Let me explain the instructions. They are the same for both the Japanese and English versions. If you circle "1," you are agreeing to organ donation after brain death as well as donating after *cardiac death. Circling "2" shows that [A]. When you circle "1" or "2" on the card, placing an "X" over any of the organs listed — heart, *kidney, eyes and so on — means [B]. If you circle "3," it means [C]. It's a good idea to discuss your wishes with a family member, and get their *signature next to yours. Family members always have the right to refuse donation, and if your wishes aren't clear, the law now allows family members to make a decision to donate your organs. Discussing your wishes with your family member increases the chance that they'll be followed.

It is possible in Japan to donate your whole body to science (it is called *kentai*), but you can't donate organs and leave the rest of your body for medical training and research. Besides, donating your body has to be arranged directly with a medical school and it is not sure they'll take you ②when your time comes. At the moment, perhaps because some people see whole-body donation as a way to avoid the high cost of cremation in Japan, there's a national oversupply of dead bodies.

出典：*Japan Times* 2014 (Revised)

＊注：organ 臓器　donation 提供　organ donor 臓器提供者　donate 提供する
transplant 移植（する）　transplantation 移植　cremation 火葬　legal 法律の，合法の
definition 定義　distrust 不信　define 定義する　health-insurance card(s) 健康保険証
cardiac death 心臓死　kidney じん臓　signature 署名

問1 (1)と(2)に入る単語の組み合わせとして正しいものを１つ選び，記号で答えなさい。

ア．(1)：nobody　(2)：difficult

イ．(1)：everybody　(2)：easy

ウ．(1)：nobody　(2)：easy

エ．(1)：everybody　(2)：difficult

問2　空所【X】に，次のア～エの英文を意味が通るように並べ替え，記号で答えなさい。

ア．So, some Japanese travel overseas at huge costs in order to receive an organ transplant.

イ．This is a big problem because no country has enough organs for foreigners.

ウ．But because there are so few donors here, most of these patients will die while they are waiting for an organ that can save their lives.

エ．At present, there are nearly 14,000 people in Japan on the waiting list for an organ.

問3　下線部①の表す内容に最も近いものを１つ選び，記号で答えなさい。

ア．この出来事によって，日本における脳死の定義が確立された。

イ．この出来事によって，日本における臓器移植が目覚ましい発展を遂げた。

ウ．この出来事によって，日本における臓器移植に関する法案が否決された。

エ．この出来事によって，日本における臓器移植の発展が停滞した。

問4　空所【Y】に入る英語を，本文中から**2語**で抜き出しなさい。

問5　[A]～[C]に入る適切なものを１つずつ選び，記号で答えなさい。

ア．you do not wish to donate the organs you mark

イ．you agree only to donation after your heart stops beating

ウ．you do not wish to donate at all

問6　下線部②の英語を言い換えたとき，本文の内容を考えて，空所に入る英語を1語で答えなさい。

...it is not sure they'll take you when your time comes.

= it is not sure they'll take you when you (　　　　).

問7　本文の内容に一致するものを３つ選び，記号で答えなさい。ただし，解答の際はア～クの順番になるように記入すること。

ア．Gregory wrote a letter to Alice because he didn't understand why he had to get a driver's license to be a donor in Japan.

イ．There has been no organ donation from foreign people in Japan.

ウ．The number of the transplant operations in Japan is one of the highest in developed countries.

エ．People in Japan traditionally think that there should be all parts of the body on cremation.

オ．It is still not known to many people in Japan that after brain death, the heart works and the body is warm.

カ．According to a research study, nearly a quarter of the people did not want to be organ donors in Japan.

キ．Even if you express your decision to be a donor clearly to your family members, your wish may not be realized.

ク．People can donate your body to science after you donate your heart to someone.

【V】 次の英文を読んで，各設問に答えなさい。

Once upon a time, there were three brothers named Samuel, Timothy and Xander. They lived in a house by the woods. They were honest and hardworking. Every day, they went into the forest to cut down wood. Later, they took it to the market and sold it at a reasonable price. Their life continued in this style. 【 1 】

However, the brothers were always sad and not satisfied. Even though they lived a good life, they were unhappy. [A]

One day, while Samuel, Timothy and Xander were returning home from the woods, they saw an old woman who looked tired and pale. She was walking with a big bag on her back. As they were kind, the brothers immediately approached the poor woman and told her that they would carry the bag all the way to her home. She smiled and said, "Thank you so much. I collected apples in the forest and filled the bag with them." Samuel, Timothy and Xander *took turns in carrying the bag, and at last, when they reached the woman's home, they were very tired.

Surprisingly, this old woman was not just an ordinary person and she had magical powers. She was pleased that ①<u>the brothers were kind and selfless</u>. So she asked them, "Is there anything I can help you with, in return?"

"We are not happy, and that has become our greatest cause of worry," replied Samuel. The woman asked what would make them happy. Each brother spoke of a different thing that would please him. 【 2 】

"An excellent castle with plenty of *servants will make me happy. There is nothing more that I want," said Samuel.

"A big farm with lots of harvest will make me happy. Then I can be rich without having to worry," said Timothy.

"A beautiful wife will make me happy. Every day, after returning home, her sweet little face will light me up," said Xander.

"That is fine," said the old woman, "If these things will give you happiness, I believe ②<u>you deserve them</u> because you helped a poor and weak person like me. Go home, and each of you will find exactly the things you have wished for."

These words surprised the brothers because they did not know about the woman's powers. Anyway, they returned home. But look! Beside their house, there was a huge castle with a doorman and other servants waiting outside! They greeted Samuel and guided him in. At some distance, a yellow farmland showed itself. A farmer came and announced that it belonged to Timothy. Timothy was very surprised. Just at that moment, a beautiful lady approached Xander and shyly said that she was his wife. The brothers were very happy at this new turn of events. They thanked their lucky stars and *adapted to their new lifestyles. 【 3 】

The days passed and soon a year was over. However, the situation was now different for Samuel, Timothy and Xander. Samuel got tired of having the castle. He became lazy and did not try at all to keep his castle clean. Though he built a huge house next to his farmland, Timothy found it hard to *plough the fields and *sow seeds sometimes. Xander also got tired of his beautiful wife day by day and didn't find any more joy.【 4 】

One day, the three of them decided to visit the old woman at her home. "That woman has（ ア ）which turned our dreams into reality. However, we are not happy any more, so we must go and ask her for help now. She must be a person who will be able to tell us how to be happy," said Samuel. When they came to the old woman, she was cooking. Each of the brothers told her how he became unhappy again. "Please tell us how we can once more be happy," said Timothy.

"Well," replied the old woman. "[B] See, when each of you made your own wish and it came true, you were happy. However, happiness never lasts without a very important thing — *contentment. Your desire will be endless; the more you have, the more you want. You should be satisfied with the things you have. Since you were just happy but never really *content or satisfied, you got bored and sad again. Learn to be content! Then you can truly enjoy the joy of happiness."【 5 】

Samuel, Timothy and Xander realized their mistake and went back home. They saw how lucky they were to have the gifts they once had a very strong desire for. Samuel felt proud that he was the owner of a castle and began taking good care of it. Timothy came to be so hardworking that he succeeded in having a rich harvest in time. Xander also learned to thank his pretty wife for her daily work in the house and her love towards him. The brothers continued to remember that（ イ ）and contentment went side by side, and they never again *took their own lives for granted. And thus, they lived happily ever after.

出典：*https://www. kidsworldfun.com* (Revised)

＊注：take turns in ～　交代で～する　　servant(s)　召使い　　adapt to ～　～に順応する
plough　耕す　　sow　撒《ま》く　　contentment　満足　　content　満足して
take ～ for granted　～を当然のことと思う

問1　本文中から In other words, all of them were unhappy again. という一文が抜けています。【1】～【5】のうち，どこに入るのが適切か選び，番号で答えなさい。

問2　空所 [A] と [B] に入るものを１つ選び，記号で答えなさい。

[A]

ア．Samuel always took care of the other brothers.

イ．There was no need for them to be happy.

ウ．Each one wished for something special.

エ．But only Timothy was filled with hope.

[B]

ア．You can become happy as you are.

イ．You are going to get more happiness in the future.

ウ．If you work hard, you can be happier.

エ．You have all in your own hands.

問3　下線部①の表す意味に最も近いものを1つ選び，記号で答えなさい。

ア．the brothers were kind and believed less in themselves than others did

イ．the brothers were kind and cared more about other people than about themselves

ウ．the brothers were kind and thought of their own advantage at any time

エ．the brothers were kind and often depended on other people easily

問4　下線部②の表す意味に最も近いものを1つ選び，記号で答えなさい。

ア．It is natural for you to get the apples I collected.

イ．It is right that you should have things you wished for.

ウ．You are not going to receive happiness.

エ．You all are really kind brothers.

問5　空所(ア)と(イ)に入る英語を，(ア)は**2語**で，(イ)は**1語**で，本文中からそれぞれ抜き出しなさい。

問6　本文の内容に**一致しないもの**を2つ選び，記号で答えなさい。ただし，解答の際はア～カの順番になるように記入すること。

ア．It didn't take a long time for the three brothers to decide to help the old woman.

イ．Samuel said to the woman that he wanted only a castle and the servants.

ウ．Timothy said to the woman that he wanted a big farm because he wanted to eat many kinds of vegetables.

エ．Xander said to the woman that he wanted a beautiful wife who would make him happy.

オ．The three brothers didn't live in the same house after their wishes came true.

カ．The three brothers already knew that they were wrong when they saw the old woman again.

【VI】 次の各組の文がほぼ同じ意味になるように，(　　)内に適語を書きなさい。

1. When I left my house this morning, I didn't close the window.
   I left my house this morning (　　　)(　　　) the window.

2. Shall I call you tonight?
   Do you (　　　)(　　　) to call you tonight?

3. You can easily remember my e-mail address.
   My e-mail address is (　　　)(　　　) remember.

4. He is a doctor respected by everyone.
   He is a doctor (　　　)(　　　).

【VII】 日本語に合うように，〔　　〕内の語句を並べ替えて意味の通る英語にしなさい。解答の際は，A・Bに入るものを書きなさい。ただし，文頭に来るべき語も小文字で示してあります。

1. お久しぶりです。
   〔 since / time / we / been / long / it's / met / a 〕 last.
   (　　　)(　　　)(　　　)(A)(　　　)(　　　)(B)(　　　) last.

2. この新しい LED 電球は古いものの半分の電力しか使いません。

This new LED bulb uses only〔 the / as / as / power / much / older / half 〕ones.

This new LED bulb uses only (A)( )( )(B)( )( )( ) ones.

3. パーティーで私に話しかけてきたのは君だけでした。

〔 the / you / person / that / me / to / were / talked / only 〕at the party.

( )( )(A)( )( )( )( )(B)( ) at the party.

【Ⅷ】次の英文で最も適切な場所に[ ]内の語を入れて英文を完成させなさい。解答の際は, [ ] 内に示された語の前に来る語と後に来る語を書くこと。

1. The friend of mine that came to my house broke the very expensive vase that bought for my grandfather's birthday. [was]
2. The small shop crowded with young people that want to buy its clothes going to move into another city. [is]

【Ⅸ】 次の日本語を英語にしたとき，空欄に入る部分を書きなさい。算用数字は用いないこと。

1. 1年の9番目の月は September です。

 ______________________________ September.

2. このチームがどれだけ強いのか分かりません。

 I have ______________________________.

エ　得意げな双喜の様子で、つい不機嫌な気持ちがほぐれてしまったから。

問八　傍線部⑧「あの晩のようなおもしろい芝居も見たことがない」とあるが、それはなぜか。適当なものを次の中から選び、記号で答えなさい。

ア　今から思えば、当時つまらなく思えた野外の芝居が実は趣深いものだったから。

イ　遊び仲間と苫船で見た芝居を含めて、その夜のことが強く印象に残っているから。

ウ　退屈だと感じる場面もあったが、一番の見どころもあって充分に楽しめたから。

エ　一度はあきらめた芝居を、仲間の思いやりもあって見ることができ嬉しかったから。

にあがった。母は不機嫌な顔で、もう夜半すぎですよ、どうしてこんなに帰りがおそいの、と言ったが、⑦すぐまた機嫌をなおして、みんな炒《い》り米を食べにいらっしゃい、と笑顔でさそった。

みんな夜食はすませたし、それに睡《ねむ》たいし、早く寝るほうがいいと言ってそれぞれ家へ帰った。

〈中　略〉

そうだ。あれから今日まで、私はほんとうに、あの晩のようなうまい豆を食べたことがないし——⑧あの晩のようなおもしろい芝居も見たことがない。

（魯迅「村芝居」）

（注）＊秩秩たる斯の干、幽幽たる南山……『詩経』の句。かなり高級な古典教材。

＊小旦・小生・小丑・老旦……いずれも劇中の役名。

問一　空欄［①］に当てはまる語を次の中から選び、記号で答えなさい。

ア　異境　　イ　地獄

ウ　田舎　　エ　天国

オ　都会

問二　傍線部②「すると私の遊び相手は、いくら『秩秩たる斯の干』が読めても容赦せずに、一斉に私のことをからかう」とはどういうことか。その説明として適当なものを次の中から選び、記号で答えなさい。

ア　文字を知り教本を読める者が相手であっても、少年達はおかしい場面では屈託なく笑い飛ばしてからかうということ。

イ　文字を知り教本を読めることをいつも鼻に掛けているので、弱点を見つければ少年達は遠慮なく相手を攻撃するということ。

ウ　文字を知り教本を読めても、少年達はやはり相手にも欠点はあるのだと知って安心して笑っているということ。

エ　文字を知り教本を読めても、それは村の中では何の役にも立たないものなのだと少年達は得意げに笑っているということ。

問三　空欄［③］に当てはまる語を次の中から選び、記号で答えなさい。

ア　川魚　　イ　河童《かっぱ》

ウ　妖怪　　エ　海豚《いるか》

オ　仙人

問四　傍線部④について。「私の心」はどのような状態から、どう変化したか。わかりやすく説明しなさい。

問五　傍線部⑤「すき好んで黒苦の仲間には入りたくない」のはなぜか。その理由を述べている一文を探し、最初の五字を抜き出しなさい。

問六　空欄［⑥］に当てはまる表現を、文中から十二字で抜き出しなさい。

問七　傍線部⑦「すぐまた機嫌をなおして、みんな炒り米を食べにいらっしゃい、と笑顔でさそった」とあるが、それはなぜか。適当なものを次の中から選び、記号で答えなさい。

ア　さぞかしおなかがすいただろうという心配が、急にわき起こったから。

イ　いつまでも不機嫌な顔をしていてもしょうがないと、思い直したから。

ウ　心配も解消し、息子を満足させてくれた少年たちを愛しく思ったから。

息とあくびの連発だ。とうとう双喜がしびれを切らせて、あの分では夜があけるまでうたうつもりだぞ、やっぱり帰ろうや、と口をきった。一議に及ばずみんな大賛成、また出発のとき同様に勇み立ち、三、四人のものが船尾へとんで行って竿を引きぬいた。そのまま数丈後退して船首をめぐらし、櫓をかけた。そして老旦の悪口をはやし立てながら、松林めざして前進した。

月はまだ落ちていない。芝居見物はさほど長い時間ではなかったようだ。趙荘を離れると、月の光はひときわ冴《さ》えた。ふり返れば舞台は、灯のなかに、赤い霞におおわれて、往路に遠くから見たときとおなじように、仙山楼閣にさながらである。耳もとに吹きよせるのは、またしてもゆらゆらと、まろぶような横笛の音。もう老旦は引っ込んだのでは、と私は思ったが、もう一度見物にもどろうとは、とても言い出せなかった。

やがて、松林はうしろに去った。船足はのろくはないが、周囲の闇がいよいよ濃くなるので、夜もかなりふけたとわかる。みんな役者の評判で、悪口をいったり笑ったりしながら、ますます力をこめて櫓を押した。船首にぶつかる水の音も、ひときわ来る時よりも高かった。船はさながら巨大な白い魚が、おおぜいの子どもを背にのせて波間をかいくぐるのに似ていた。夜なべの年よりの漁師たちが、小船をあやつる手を休めて声をかけてくれた。

平橋村へあと一里ばかりで、船足がのろくなった。漕ぎ手がみな疲れを訴えた。あまり力を入れすぎたうえに、長いこと何も口にしなかったせいだ。今回は、桂生が妙案を出した。そら豆が盛りだし、薪《たきぎ》は船にあるから、ちょっぴり失敬して、煮て食おうじゃないか、という案だ。⑥、さっそく船を岸につけた。岸辺の畑に黒々と光るのは、ことごとく実の入ったそら豆だ。

《おーい、阿発、こっちはお前の家の畑だ。こっちは六一《リウイー》じいさんの畑だ。どっちを取ろうか？》双喜がまっ先にとびおりて、岸から叫んだ。

私たちもみな岸にあがった。阿発は、船からとびおりながら《待ってろ、おいら、見てきてやる》かれは、あちこち見て廻ってから、身をおこして言った。《おいらの家のにしろよ。おいらの家のほうが、でけえや》よし、とばかり、みんな阿発の家の豆畑に散らばって、両手にいっぱいもいで来て、船へ投げ込んだ。双喜が、これ以上取って、もし阿発のおふくろに知れたら、泣きわめかれるぞ、と言うので、今度は六一じいさんの畑へはいって、また両手にいっぱいずつもぎ取った。

仲間うちで年長のものが数人、またゆっくり船をこぎ、あとの数人は、船尾へいって火をおこした。年下のものと私とで豆をむいた。まもなく豆が煮えた。船は水面にただようにまかせて、みんな車座になって豆をつまんで食べた。食べおわると、また船を出すかたわら、器具を洗ったり豆のさやや殻を川に捨てたり、痕跡の残らぬように始末した。ただ双喜の心配の種は、八《パー》じいさんの船にあった塩と薪を使ったことだ。あのじいさん、小うるさいから、きっと気がついておこるぞ。だが私たちは討論の結果、平気さ、となった。もし何か文句を言ったら、こっちでも、それじゃ去年おまえが川岸で拾ったハゼの枯木を返せ、と言ってやれ。

《帰りましたよ！　みんな無事で。ねえ、太鼓判って言ったでしょ！》双喜が船首で突然大声を出した。

船首のほうへ眼をやると、すぐ前が平橋だった。橋のたもとに人が立っている。それは私の母で、双喜は母に話しかけたのだ。私が船首のほうへ移ると、船はもう平橋をくぐってそこに停《と》まった。私たちはどやどや陸ます早くなり、やがて舞台に人影が、赤やら青やら色とりどりに動きまわるのが見えた。舞台に近い川面をまっ黒に埋めて、芝居見物の船の苫があった。

《舞台の近くは空きがないよ。おれたち、遠くから見ようや》と阿発が言った。

このとき船足はゆるみ、間もなく着いたが、なるほど舞台の近くへは寄れなかった。私たちが停泊できたのは、舞台の真向いにある神殿よりもっと遠い場所だった。もっとも、こちらは白苫の乗合船だから、⑤すき好んで黒苫の仲間には入りたくないし、まして空きがないときては……

停泊作業をよそに舞台を眺めると、黒い長いひげの男が、背には旗が四本、手には長い槍《やり》、今しもおおぜいの半裸の男を相手に、立ち廻《まわ》りのまっ最中だった。双喜が説明した。あれが有名な鉄頭《テートー》老生さ。立てつづけに八十四回もトンボが切れるんだぞ。かれはひる間、自分で数えてみたという。

私たちは船首にかたまって立ち廻りを見物した。だが、鉄頭老生はさっぱりトンボを切らなかった。半裸の男数人だけがトンボ返りをやって、すぐ引っ込んでしまった。そのあと*小旦《シアオタン》があらわれて、キーキーうたい出した。《夜は見物人が少いから、鉄頭は手を抜いたんさ。お客がいなきゃ、おはこを見せたって張合いないからな》と双喜が言った。まったくだ、と私は思った。たしかに舞台の下はもうすいていた。いなかの人は、あすの仕事のため夜ふかしはできず、とうに寝に帰ってしまって、あちこちに残っているのは、この村と隣村のひま人せいぜい数十人だけだ。むろん黒苫船のなかには、土地の旦那《だんな》衆の家族がいるわけだが、かれらは熱心な観客ではなく、芝居見物にことよせて菓子や果物や西瓜《すいか》の種を食いに来るのだ。客はいないも同然である。

もっとも、私の関心の的はトンボ返りではなかった。いちばん見たいのは、白い布をかぶって、棒のような蛇の頭を両手で頭の上にささげている蛇の精であり、その次は、黄色い着物をきて跳ねまわる虎なのだ。だが、いくら待ってもどちらもあらわれない。小旦は引っ込んだが、すぐまた年をとった*小生《シアオション》が出てきた。私はあきてきたので、桂生《クエション》に豆乳を買いに行ってもらった。しばらくしてもどると桂生は言った。《なかったよ。豆乳売りも帰ってしまった。ひる間はいたんだ。おいら、二杯のんだ。これから行って、水を汲んできてやろうか》

水は飲みたくなかった。我慢して芝居を見ていたが、何を見ているのかわからなくなってきた。だんだん役者の顔がゆがんで、眼鼻だちがぼんやりし、のっぺらぼうな顔になった。幼年組はあくびの連発、年長組は芝居をそっちのけにしての勝手なおしゃべりだ。そのとき舞台では、赤い着物の*小丑《シアオチョウ》が、舞台の柱にしばりつけられて、ごま塩ひげの男に鞭《むち》でぶたれはじめた。それでやっと元気を取りもどして、わいわい言いながら見物した。今夜の芝居でまずこれが一番の見どころだった。

だが、とうとう*老旦《ラオタン》が登場した。老旦は私の大きらいの役、ことに腰かけてうたい出されたら、もうおしまいだ。見るとほかの連中もうんざり顔なので、みんなおなじ考えとわかった。はじめのうちこそ老旦は、舞台を歩きまわってうたっていたが、しまいにとうとう舞台のまん中にどかっと腰をおろした。私は気が気でなかった。双喜たちもさかんに悪態をつきはじめた。それでも辛抱づよく、ながいあいだ待った。と、老旦が手をあげたので、さては立ちあがるかと思っていると、かれはその手をゆるゆるまた元にもどして、うたいつづけた。船では全員が、ため

すぎる、こんな失礼なもてなし方ははじめてだ、と言った。飯がおわると、芝居から帰った子どもたちが集ってきて、夢中になって芝居の話をはじめた。私だけが口をきかなかった。みな口々に嘆息し、私に同情した。すると突然、なかでいちばん頭のいい双喜《シワンシー》が、はたと膝をたたいてこう提案した。《大型の船？　そういえば八叔《パーシュー》の乗合船はもうもどってるだろ？》すると十数人いたほかの子どもたちも、すぐ合点がいって、そうだ、それがいい、みんなであの船に私を乗せて行こう、ということになった。私はうれしくてたまらない。ところが外祖母は、子どもだけでは心配だと言うし、母は母で、おとなに同行を頼みたくても、みんなひる間の仕事があるから、とても夜まではと言う。その迷いの最中に、またしても双喜が、大声でずばり核心を言い当てた。《おいら、太鼓判おすよ。ねえ、船は大きいしさ、迅《シュン》ちゃんは無茶しっこないしさ、それにおれたち、みんな ③ の親類さ》

　まったくだ。たしかにこの十数人の子どものなかには、泳げぬものは誰もいないし、潮乗りの名人だって二、三人はいた。

　外祖母も、母も、いかにもという顔で、もう反対はせずに微笑していた。私たちは即座にわっと外へとび出した。

　重かった私の心がたちまち軽くなり、からだまでが、ふわりふわり、空に舞いあがりそうだ。外へとび出したとたんに苫《とま》の白ぬりの乗合船が月光のもと、平橋の内側に停泊しているのが見えた。私たちはその船にとび乗った。双喜が船首の竿《さお》を、阿発《アファ》が船尾の竿を手にし、幼年組は私といっしょに船室にはいり、年長組は船尾に集った。見送りに来た母が《気をつけるんだよ》と声をかけたときは船はもう動き出していた。橋の石げたを竿で突いて数尺あとじさり、すぐ前進して橋をくぐりぬけた。そこで二挺《ちょう》の櫓《ろ》をかけ、一挺にふたり、一里ごとに交替ときめた。話す声と笑う声と叫ぶ声、それにまじって、船首がザーザーと水を切る音。右岸も左岸も緑濃い豆畑や麦畑、それに挟まれた一本の川、船は飛ぶように一路趙荘をめざした。

　両岸の豆や麦と川底の水藻が放つすがすがしい香りが、夜霧をとおしてまともに吹きつけ、月かげは夜霧に霞んでいる。はるかかなた、うす墨色の起伏する山なみが、とびはねる鉄のけだものの背か何かのように、船尾のほうへどんどん駈け去るが、それでもまだ船がのろい気が私はする。漕ぎ手が四回交替したころ、ようやく趙荘がほの見えて、楽の音も聞こえるようだ。点々と見える灯、あれは舞台だろうか、それとも漁《いさ》り火《び》なのか。

　あの楽の音は、たぶん横笛だろう。④ゆらゆらと、まろぶようなその音は、私の心をしずめはするが、しかしまた、意識が遠くなって、豆や麦や水藻の香りをふくんだ夜霧のなかに、その音といっしょに自分が吸いこまれるような気もする。

　その灯は、近づいてみるとやはり漁り火だった。では、さっきのも趙荘ではなかったわけだ。船の行く手にあるのは松林で、去年、私も遊びに行ったことがある。こわれた石の馬が、地面に倒れていたり、石の羊が、草むらにうずくまっていたりした。その松林を過ぎたところで、船は針路を変えて入江にはいった。今度こそ、本物の趙荘がすぐ眼の前だった。

　ひときわ目だつのが、村はずれの、川にそった空地にそびえ立つ舞台である。はるか遠く月光にかすみ、ほとんど空との見さかいがなく、まるで絵にある仙境がここに出現したかと思われた。このとき船足はますそこは平橋村《ピンチァオツォン》といって、海岸に近い、ごく辺鄙《へんぴ》な、川ぞいの小さな村で、戸数は三十もなく、半農半漁で小さな雑貨店がたった一軒、だが私にとっては［①］だった。なにしろ、みんなからちやほやされるうえに「*秩秩《ちつちつ》たる斯《こ》の干《たに》、幽幽たる南山」を読ませられなかったから。

私の遊び相手は、たくさんの子どもたちである。遠来の客をもてなすために、かれらもまた父母から仕事の分担をへらしてもらえた。小さな村のこととて、ある家の客でも全村の客と変らない。みんな年ごろは似たようなものだが、世代でいうと、少くとも叔父格か、なかには祖父格のものもまじっていた。なにしろ村じゅうが同姓で同族だから。しかし、みんな友だち同士とて、たまに喧嘩がおこって、祖父格の相手をなぐったところで、村じゅう年よりも若いものも、「目したのくせに」といった文句を思いうかべるものは誰もいなかった。かれらは百人のうち九十九人まで文盲なのだ。

私たちは毎日のように、まずミミズを掘って、それを銅の針金でつくった小さな釣針にかけて、川べりに腹ばいになってエビを釣る。エビは水の世界の阿呆者だ。待ってましたとばかり、二本のハサミで釣針の先をおさえて口へもっていく。だから小半日でどんぶり一杯は釣れる。このエビはあらまし私の口にはいる。みんなで次にやることは、牛の放牧だ。ところが牛は高等動物のせいか、陸牛でも水牛でも、知らぬ人間はよせつけず、私のことを小ばかにする。だから私はそばへは近よれない。こわごわ遠くからついて行って、そばに立っているだけだ。②すると私の遊び相手は、いくら「秩秩たる斯の干」が読めても容赦せずに、一斉に私のことをからかう。

それよりもっと大きなここでの楽しみは、趙荘《チャオチワン》へ芝居見物に行くことだった。趙荘というのは、平橋村から五里ほどある、もっと大きい村である。平橋は村が小さすぎて自前では芝居がやれぬので、毎年いくらか金を趙荘へ出して共催の形をとっていた。かれらが毎年芝居をやるのはなぜなのか、そのころ私は考えてもみなかった。いま思うと、あれは春祭りであり、村芝居なのだろう。

私が十一、二歳だったその年も、やはりその楽しみの日がやってきた。ところがその年は残念なことに、当日の朝はもう船を雇うことができなかった。平橋村で大型の船といえば、たった一隻、朝出て夕方帰る乗合船があるだけ、まさかこれを差しとめるわけにはいかない。ほかの船はみな小型だから、役に立たない。人にたのんで隣村へ問い合わせたが、みんなとっくに予約ずみで空きがない。外祖母はおろおろして、なぜ早く話をしておかないんだ、と家人に小言をならべ立てた。母がとりなして、いいんですよ、きょうでなくたって、魯鎮へ帰れば、ここの芝居よりおもしろい芝居が年に何回でも見られるんですから、と言った。私がいまにも泣き出さんばかりなので母は、そんな大さわぎするんじゃない、おばあさんがまたお小言になるから、と私を極力なだめた。そして私が、それならほかの人といっしょに行くというのを、おばあさんに心配をかけるという理由で許してくれなかった。

かくて万策つきた。午後になると、友だちはみんな行ってしまった。もう芝居もはじまっているころだ。鐘や太鼓の音が聞こえるようだし、かれらが見物席で豆乳を買って飲むのが見ないでもわかる。

その日、私はエビ釣りにも行かず、ろくすっぽ物も食べなかった。母は困った顔をしていたが、いい思案はなかった。夕飯のときは、もう外祖母にも察しがついて、私がすねるのは無理ない、あんまり気がきかな

問一　傍線部イ～ハについて。カタカナは漢字に直し、漢字は読みをひらがなで記しなさい。

問二　傍線部①「その強迫観念に踊らされている人」とは、具体的にどのような人か。適当なものを次の中から選び、記号で答えなさい。

ア　友達は多いほどよいと思い、日常のどのような場面で作られた友達であろうとも、増やすことが大切だと信じ込んでいる人。

イ　友達は多いほどよいと信じ、たとえ仮想空間で育まれた友情であろうとも、そこで築かれた関係を大切に育てたいと思う人。

ウ　友達は多いほどよいとは思うものの、ＳＮＳの世界でつながった友達とは、「真の友情」を結ぶことはできないと考える人。

エ　友達は多いほどよいと思い、ＳＮＳ上のような仮想空間であろうとも、友達の数を増やすことに必死になっている人。

問三　傍線部②「別の何か」を端的に言い換えた語を文中から抜き出しなさい。

問四　空欄［③］に当てはまる語句を文中から六字で抜き出しなさい。

問五　空欄［④］に当てはまる語を文中から二字で抜き出しなさい。

問六　傍線部⑤「自慢」・⑥「自虐」について。両者に共通する点を文中の語句を用いて三十五字以内で答えなさい。

問七　次のア～エそれぞれについて、本文の内容に当てはまるものには○、当てはまらないものには×をつけなさい。

ア　ＳＮＳ上の友達は、相手の不幸を望むような関心を持つ存在に堕してしまっている。

イ　ＳＮＳ上の友達は「承認」をしてくれるが、「監視」するという側面も持っている。

ウ　お互いの熱い関心があれば承認されたということであり、友情は成立している。

エ　ＳＮＳ上では「承認」という形での友達関係に、人々が一喜一憂している。

三　次の文章を読んで、後の問に答えなさい。

数日前、たまたま何げなく日本語の本を手にした。残念ながら書名と著者は忘れてしまったが、ともかく中国の旧劇に関する本で、その一節にほぼ次のようなことが書いてあった。中国の旧劇は、めちゃくちゃに鳴物を入れ、声をはりあげ、跳ねまわるから、見物人は頭がくらくらしてしまう。だから劇場には不向きだが、もし野外でやって、遠くから見たら、それなりの趣きがある、と。これを読んだとき私は、これこそ自分が心に思っていながらうまく説明できなかったものだという気がした。というのは、野外でじつにすばらしい芝居を見た記憶がたしかにあり、北京へ来てから立てつづけに二度も芝居小屋へ行ったのも、その影響かもしれないから。残念なことに、どういうわけか、その書名を忘れてしまった。

では、いつそのすばらしい芝居を見たかというと、それが「遠い遠い大むかし」で、ほんの十一、二歳のころかと思う。わが魯鎮《ルーチエン》の習慣として、女は結婚してもまだ主婦の座につかぬうちは、夏になると実家に帰って暮らすことになっている。そのころ私の家では、祖母がまだ達者だったが、すでに母が主婦役の一部を受けもっていたので、夏は長期の里帰りはできず、墓参りの行事がおわったあとで、ひまをみて数日間行く程度だった。そのときは私は毎年、母について外祖母の家へ泊りに行く。

＊ホネットは、関心を、承認の必須の構成要素とみなしていた。友情には、熱い関心が求められるということだ。ただし、相手の不幸を望むような関心もあるわけだから、関心さえあればすでに友情が成立していることにはならない。注目されること＝承認されること、という等式は成り立たない。注目は、確かに、承認のための必要条件ではある。しかし、それだけではまだ十分ではない。気になる、というだけでは、未だ価値中立的だろう。「 ③ 」という友情の構成要件がつけ加わるのでなければならないのだ。

ＳＮＳというのは、基本的に「自慢のメディア」だろう。「どや、すごいやろ、まいったか」というメッセージのイオウシュウだ。しかし、仮にそうであるとしても、友達が喜んでいるのであれば、それが少し自慢に感じられても、こちらも嬉しくなりそうなものではないか。「自慢」にイラッとする、というのは、こちらの心の狭さの表われではないか。そこにあるのは、実は友達関係ではないのではないか。

フェイスブックにあっても、友達リクエスト（申請）と友達承認が行われるのだから、その限りでは双方向性があり、閉鎖性も伴う。しかし、そこに生まれるのは、友達と友達の一対一の関係ではなく、「友達のみなさん」に対する「まとめて面倒みる」関係だ（一対一のコミュニケーションの回路も確保されているが、それは本線ではないだろう）。そして、そのことの延長線上に、友達が数量として受け止められるという事態も発生する。これは、アリストテレスの定義には、明らかに反することだ。

もちろん、そんなことは誰もが先刻承知でフェイスブックを始めているのではあろう。フェイスブックの友達なんて、実は「観客」だ、という指摘がなされたところで痛くも痒《かゆ》くもないだろう。そこで期待されている「承認」の実態は、ほぼ「 ④ 」にすぎない。「 ④ 」という最も薄い「承認」の形が人々を一喜一憂させている、それがＳＮＳの世界なのだろう。

「承認を求める」という動機こそ根源的であり、もっぱら「どや、すごいやろ、まいったか」というメッセージが発信されているのだとすれば、そこに、相手のために良かれと思う心は期待できない。そこでの「友達」なるものは、増えれば増えるほどストレスの増す存在でしかない、という話になる。もし「相手に良かれと願う気持ち」があるのであれば、相手の自慢に対しこちらもすごいと認め、感心し、共に喜ぶことになるだろう。それが、いかに難しいことであるとしてもである。そして、相手のために良かれと願うこの思いがロ渾身の力をもって表明されるものこそ、「いいね！」のメッセージに他なるまい。

もっとも、人の自己ＰＲというものは、ハタイガイの場合、不快感を持って受け取られているとしたものだろう。あからさまな⑤自慢が逆効果であり、他者に不快感しか引き起こさないぐらいのことは、誰しも知っていることであり、少しでも慎みのある人なら、⑥自虐というオブラートで包まれた自己ＰＲの発信に余念がない、という仕業にもなるだろう。しかし、自虐も、自分にしか関心が向いていないという点では、自慢と大同小異である。自虐する自分に「いいね！」が返ってくることが期待されている点では、何も変わらないのである。

（藤野　寛『友情の哲学』）

（注）　＊ショービン……ヤーノシュ・ショービン。ドイツの社会学者。
＊ホネット……アクセル・ホネット。ドイツの哲学者。

こったと筆者は考えているか。それが述べられている箇所を解答欄の形式に合うように五十字以内で探し、最初と最後の五字を抜き出しなさい。

問五　空欄 ④ に当てはまる言葉を次の中から選び、記号で答えなさい。

ア　内からの　イ　外からの　ウ　上からの　エ　下からの
オ　右からの　カ　左からの

問六　傍線部⑤「無色透明な美しさ」とはどのような美しさか。それを説明した箇所を文中から二十字以内で抜き出しなさい。

問七　傍線部⑥について。「デザイン」が「自立し、内容そのものに転じ」ると筆者が考えるのはなぜか。その説明として最も適当なものを次の中から選び、記号で答えなさい。

ア　デザインが、その旅の行き先や旅に行ったことで得るものを決定してしまうから。
イ　デザインが旅の行程や感動を象徴することで、旅に行った気分になってしまうから。
ウ　デザインがキャッチコピーとともに、見ている人を政治的にイメージ操作してしまうから。
エ　デザインは本来旅客獲得の宣伝でしかないのに、われわれを真実の旅に導く力をもつから。

問八　空欄 ⑦ に当てはまる表現を次の中から選び、記号で答えなさい。

ア　一瞬一瞬の生の充実　イ　旅をした証拠の山
ウ　ゆるぎない歴史の力　エ　われわれ自身の顔

二　次の文章を読んで、後の問に答えなさい。

友達は多ければ多いほどよい、という強迫観念には根強いものがあって、フェイスブックのようなSNS上には、①その強迫観念に踊らされている人があふれている。それが「真の友情」でない可能性は否定できない。しかし、「真の友情」などという抑圧的な、しかも怪しい考えに振り回されることをいさぎよしとしないのであってみれば、SNSの世界の友達関係も大切に育てていきたいとは思う。

とはいえ、SNS上の友達は、単に、中味の希薄な友達に堕してしまっているというにはとどまらず、②別の何かに変質しているのではないか。例えば、*ショービンによる次のような受け止め方がある。

> あるタイプのオンラインの友達というものは、率直に言えば、エゴ・ネットワーク——そこでは、直接的にはコミュニケーションしなくてすむのだが——における公共のコミュニケーションにとっての一種の観客のようなものである。
>
> 観客であれば旺盛な好奇心、注目する心を具《そな》えてはいるだろう。その心をもって、観客は何をするのか。「監視」でしかない、というのがいかにも否定的な回答だ。
>
> 新しいメディアをめぐってはっきり表明されていないにせよ中心的な論争点の一つは、そこで問題になっているのは、自由の新しいアリーナなのか、それとも、大切な他者の側からなされる監視の新しい場なのか、という点にある。

ではすでに自立し、内容そのものに転じている。

ディスカバー・ジャパンはわれわれに仮想の自然、仮想の自由、仮想の故郷を売りつけることによって、自然を回復し、自由を奪回すべき歴史的な力をものの見事にカッコにくくられた「自由」、カッコにくくられた「自然」へと回収し早めに窒息させてしまう。そしてそこにあたかも自由と自然を一瞬の間でもかちえたかのような幻想とその記憶だけを与えてくれるのだ。その構造が仮想の自分より貧しいもの、自分より劣った者の発見という幻想から成り立っていることは冒頭に書いた通りである。

ではわれわれにとって真実の旅とは何か。抑圧と搾取が深まれば深まるほどわれわれはそこからの脱出を強く望む。だがそこに行っても、ただこの場から移動することだけでは、いかなる脱出にもなるはずはない。それはおそらくアフリカまで逃げのびたところで同じである。本来、資本主義的現実からの逃亡であり、そこからの脱出であるはずの旅は再び観光資本の搾取の対象とされるだけである。逃亡ですら資本の枠内でしか可能ではない。それは彼らがしかけた悪無限にみずからとびこむことでしかないのはわかりきったことである。

あえて話を大仰にしてしまえば、われわれに残されたたった一つの旅は空間的な旅ではなく、垂直な旅、この現実に踏みとどまり、この現実を破砕してゆく、そのような旅である。〈都市〉も〈村〉も、〈近代〉も〈前近代〉もすべてひとしなみな資本の論理によって貫かれている以上、〈村〉へ帰り、〈前近代〉に憧れたところで、そこに行きついてわれわれが見るものはふたたび［ ⑦ ］である。

（中平卓馬「ディスカバー・ジャパン」）

（注）＊万国博……一九七〇年に大阪で行われた日本万国博覧会。
＊国鉄……日本国有鉄道。ＪＲの前身。
＊七〇年安保……一九七〇年の日米安全保障条約延長をめぐる反対運動。
＊レンジ……範囲。広がり。

問一 傍線部イ～ホについて。カタカナは漢字に直し、漢字は読みをひらがなで記しなさい。

問二 傍線部①について。『日本』、『故郷』、『昔』といった一連の言葉に象徴されている」とは、どういうことか。それを説明した次の一文の空欄［ Ⅰ ］・［ Ⅱ ］に当てはまる表現を、それぞれ十字以内で文中から抜き出しなさい。

> ナショナリズムを鼓吹し、また［ Ⅰ ］及び［ Ⅱ ］を促すこと。

問三 傍線部②「与えられた役を演ずる役者」とはここではどのような人か。その説明として適当なものを次の中から選び、記号で答えなさい。

ア 国鉄当局や政府権力が与えたイメージを信じ、自分の絶対的な優越感を味わおうとして出かける旅人。

イ 国鉄のポスターに煽られて旅に出ることで、知らないうちに政府権力の思惑どおりになってしまう旅人。

ウ 国鉄当局や政府権力の意図するイメージを、旅行という手段を用いて日本中に宣伝してまわる旅人。

エ パック式のロマンティックな旅でいとも簡単に解放感に浸ってしまい、自分は自由だと思い込んでいる旅人。

問四 傍線部③について。このことの結果として、どのような事態が起は日本を見、農村を見、そしてなによりも先にそのような無色透明な旅人にみずから変身しているのだ。なぜならけっして美しく生きてはいないわれわれはポスターの主人公に変身する時だけ美しさを獲得できるのだから。このことは決定的である。ディスカバー・ジャパンは、「旅は新しい発見の連続」であると呼びかける。だがそれはしょせん無色透明な旅人にできるものではない。発見とはまさしく現実に根ざし、現実に執着し、現実を変革しようと望む者にだけできることである。

この時代を幻影の時代と言い、イメージの時代と呼ぶ。だがそれはわれわれの視角の問題にかかわるだけではない。イメージはわれわれの視角の制度化、組織化を通じて、さらにわれわれの生そのものを制度化し、組織化することを最終的な目的にしている。もはやわれわれはイメージ化されたわれわれ自身を生きているのだ。

七〇年万国博では国をあげての〝お祭り〟のために最大限のイメージ操作が行われた。例えば万国博まであと何日という電光掲示板は来たるべき〝ドラマ〟への緊張と期待をわれわれに強制的に押しつけるためにあった。その万国博について面白いエピソードがある。万博を訪れた農協の観光団は万博会場に入ると同時に、途中便所に寄る以外は出口に向かって驀進《ばくしん》し、出口近くにあるスタンプを押してもらって彼らの万博見物をそそくさと終えたという。彼らは万博に陳列され、展示されたものなどはほとんど記憶していなかったと言う。彼らに残るのはただまぎれもなく万博を見物したという記憶とその証拠としてのスタンプだけである。つまりそこには見物なら見物の、旅なら旅のプロセスがすっかりぬけ落ちているのだ。ということはその期間彼らは語の正確な意味でけっして生きてはいなかったことを意味しはしないか。

まったく同じことはディスカバー・ジャパンに煽《あお》られて旅をするわれわれについても指摘できるだろう。われわれはポスターを見て北陸なら北陸へのミニ周遊券を買い入れる。そして国鉄があらかじめセットしてある名所、旧蹟をつぎつぎに見てあるき、その証拠としてスタンプを押して帰ってくるのだ。そこにはいくつかの節があるだけであり、プロセスはない。当然のことながらそこには旅をしたという証拠が残るだけである。ひょっとして旅をして帰ってきた者の記憶にはただディスカバー・ジャパンのポスターと宣伝文句、あるいは途中で買った絵はがきのイメージしか残っていないのではないか、それは充分に考えられることである。ここでもやはりプロセスは欠落している。だが生きるということはそのプロセスを生きるということである。一瞬一瞬を生きるということである。ディスカバー・ジャパンのキャンペーンとそれに煽動《せんどう》されての旅を擬似的ドラマへの参加だと言うのはそのような意味からである。一瞬一瞬を生きるということ、それがわれわれの生である。そのプロセスがドラマを成立させる。だがプロセスのない旅、プロセスを欠落した生とはしょせん擬似ドラマでしかありえない。

ディスカバー・ジャパンのポスター・イメージはそれ自体でわれわれの旅の一部、あるいは実現されるべき旅の見取り図である。われわれはプラモデルを組み立てるようにそれをちょっと動かすだけでいい。満員電車にゆられてみあげるポスターには美しい自然とその中をゆく美しい女たちが刻まれている。それをみながらふと旅情を誘われた時からすでに旅は決定されてしまうのだ。デザイン、イメージとしてのディスカバー・ジャパンのポスターは、その意味では実に勝れたものだと言えるだろう。⑥本来、内容を象徴し、それを飾るものとしてあったデザインは、そこのの否定に向かわなければならないはずである。だがディスカバー・ジャパンはただもうちょっと空気の良いところ、もう少しだけきれいな海へとわれわれを勧誘することによって公害への素朴極まる怒りを回収する。それは公害と反公害運動に見られる地域住民のエゴイズムに訴えかける。ここではないどこか。そして現実の変革に向けられるべきエネルギーは裏返され、現実からの逃避、逃亡となって骨抜きにされてゆく。ディスカバー・ジャパンが期せずして果たしつつある政治的役割はそれである。いや、旅とはしょせんそのようなものであるのかもしれない。エンツェンスベルガーは、いわゆるトゥーリスムが成立するのはブルジョア革命によってすくなくとも意識の上においては個人の自由という理念が生まれ、その理念の実現であったはずのブルジョア社会がしかもなお非自由をしか保証しなかった一九世紀中頃のヨーロッパであると指摘している。「ついに自由は、空間的には文明から遠く離れた自然のイメージのなかに、時間的には過去の歴史像、遺跡とフォークロアのなかに[イ]ギョウコした」(『旅行の理論』)。現実生活における[ロ]閉塞性、それが強まれば強まるほど人はそこからの脱出を願う。それは極めて自然な感情である。だがわれわれにはたして逃げ込むべき自然などがあるのだろうか。一九世紀ヨーロッパはいざしらず、一九七二年の日本にそんなものはありはしない。すべてはその外貌にもかかわらず完璧に都市化されているのだ。自然ですら都市の一部でしかありえない。したがってわれわれには現実にあくまでも踏みとどまることによって、この現実を破壊し尽くすか、あるいは幻想の自然の中へさまよい出るかしか道は残されていない。

　すでにディスカバー・ジャパンは［④］ひとつの文化を形成しはじめている。ディスカバー・ジャパンは、自然を謳《うた》い、昔を語り、故郷への回帰を鼓吹する。その同じロジックにのって本来、歴史の推進者であるはずの青年たちは放浪を語り、骨とう品の収集に励んでいる。一体、昔にかえることによってわれわれは何を獲得することができると言うのだろうか。現実から逃避して放浪して歩くことによって何を得ることができるのか。それは一見「自由」とロマンティシズムの[ハ]シキサイを帯びているが故に、さらに反動性を帯びる。どれでもよい、巷《ちまた》に流されるフォーク・ソングのひとつでも聞いてみればよい。それらは現実という媒介項を欠落した自由や自然やの空疎な言葉にみちみちていることに人はそくざに気づくはずである。だが現実と自由とは相互に媒介しあって存在するのである。現実を欠落した自由などというものはただの[ニ]タイダか無為をしか指しはしない。にもかかわらずわれわれはそこに自由があるかのように[ホ]サッカクする。それがイメージ操作の本質である。あるいはそれに加えて、いわゆる「左翼文化」における、土着、怨念、情念への回帰、さらに第三世界への無媒介的な憧憬、ここではない何処かへの回帰は、その真意は問わず、ディスカバー・ジャパンの裏番組の中に組み込まれている。ディスカバー・ジャパンという国鉄キャンペーンは、その初期の目的をこえてこのようにひとつの*国策的レンジにまで肥大・拡張している。この事実を疑うことはできないだろう。その具体的な表現があのディスカバー・ジャパンのポスター群である。それらは実に美しい。自然は美しく、その中を歩く都市からの旅人たちは美しい。だがその美しさは徹底して現実から遊離したもののもつ美しさである。しかし先に引用した批判のようにそれは現実を映していないから駄目だという批判は正当ではあるが、批判としての有効性を持ち得ない。むしろポスター・イメージの⑤無色透明な美しさを原型にして、それをなぞる形でわれわれ

【国　語】（六〇分）〈満点：一〇〇点〉

一　次の文章を読んで、後の問に答えなさい。

ディスカバー・ジャパン・キャンペーンは一九六〇年中期を境にするドル流出に悩むアメリカ政府が海外旅行によるドルのこれ以上の流出を防ぐために案出したディスカバー・アメリカをそのモデルにしていると言う。たしかにディスカバー・ジャパンは、*万国博を頂点にする一大旅行ブームをなんとか保全するために考え出されたものであることは間違いない。それによって*国鉄がどれほどの利潤をあげることが出来たかはもとより私の知るところではないし、またさしあたってなんの関心もない。むしろ国鉄の利潤拡大を当初の目的として始められたこのキャンペーンが、その枠をはるかに越えてわれわれに与えた影響、その政治的、文化的・意識的側面こそが問題となりうる。*七〇年万国博の開催が七〇年安保からわれわれの眼をそらせ、とどのつまりナショナリズムを謳歌《おうか》することに成功したと同様、このディスカバー・ジャパンは、ひきつづき現実に噴出する数多くの問題からわれわれの眼をそらせ、ナショナリズムを鼓吹し続けることにその政治的機能があると言えるだろう。それは①ディスカバー・ジャパンが多用する「日本」、「故郷」、「昔」といった一連の言葉に象徴されている。ディスカバー・ジャパンは縦、横二つの主要な軸から成り立っている。ひとつは、先にあげた「昔をのぞこう」にみられる、古き良き日本への回帰を鼓吹する歴史的な軸であり、もうひとつはありもしない「故郷《ふるさと》」へ帰ろうという空間的な軸である。もとよりこの二つはともに他ならぬ今ここ、という現実からわれわれを吸引し、疎隔させることではまったく同じことである。そしてそれは現状からの脱出を潜在的に望んでいるわれわれひとりひとりの欲求不満を巧妙にからめとり、いとも容易な、パック式の脱出口をロマンティックにしつらえてくれるのだ。だが少しでも冷静に考えるならば、ただたんなる空間移動が、苛酷《かこく》な労働にうがたれたたまゆらの「故郷」への回帰（それがバカンスだ）が、何事をも解決してくれるはずはないのはわかりきったことである。だがその代わりにわれわれに与えられるのはポスター通りの架空の村、架空の前近代に対する架空の優越感というやつだ。それはわれわれが当面する現実の何事をも解決してはくれないが、かりそめの解放感だけはまちがいなく提供してくれる。われわれはまさしくポスターの中の風景の中をさまよい歩き、自分でもそう信じ込み、また計画的にそう信じ込まされている辺境の住民たちへのひそかな優越感を確認して帰ってくるのだ。それはあたかも②与えられた役を演ずる役者みたいなものである。演出家はむろんのこと国鉄当局であり、政府権力である。だからわれわれは次なるディスカバー・ジャパンに出発するためになけなしの金を再び貯めはじめる。

③ちょうど時を前後して起ってきた「公害」と「反公害」運動もこの「自然」にかえろうというディスカバー・ジャパンの中に実に衛生的に組み込まれていったという皮肉な事実も指摘されよう。あえて独断的に語るならば、われわれが抱く自然的な反公害感情は、その目的も素朴な、即自的なレベルにおいてディスカバー・ジャパン・キャンペーンを累進的に促進していった。その意味では、反公害が全国民的なキャンペーンとなっていったプロセスは象徴的である。公害は資本主義、とりわけ「高度成長下」の日本の独占資本主義が不可避的に生み出さざるを得なかった悪である。だから反公害の運動は窮極的にはこの資本主義そのも

2019年度

解答と解説

《2019年度の配点は解答欄に掲載してあります。》

＜数学解答＞

〔1〕 (1) ① $x=\frac{3\pm\sqrt{7}}{2}$ ② -5 (2) $x=8$，$y=5$ (3) ① $\frac{1}{18}$ ② $\frac{1}{6}$

(4) $\frac{10}{3}\pi-4\sqrt{3}\,\mathrm{cm}^2$ (5) $64(2+\sqrt{3})\pi\,\mathrm{cm}^2$

(6) 体積 $153\mathrm{cm}^3$ 表面積 $126+27\sqrt{3}\,\mathrm{cm}^2$

〔2〕 (1) $2\sqrt{6}\,\mathrm{cm}$ (2) $2\sqrt{3}\,\mathrm{cm}$ (3) $\frac{\sqrt{6}}{7}\mathrm{cm}$ (4) $\frac{15\sqrt{2}}{28}\mathrm{cm}^2$

〔3〕 (1) $y=\frac{1}{2}x-4$ (2) 1：2 (3) $y=\frac{7}{6}x-\frac{2}{3}$ (4) 504π

〔4〕 (1) $\frac{5}{12}$ (2) $\frac{7}{24}$ (3) $\frac{17}{72}$

〔5〕 (1) $3\sqrt{2}\pi\,\mathrm{cm}$ (2) $(2\sqrt{5}+1)\pi\,\mathrm{cm}$ (3) $8(2+\sqrt{2})\pi\,\mathrm{cm}^2$ (4) $12\pi\,\mathrm{cm}^2$

○推定配点○

〔1〕 各4点×9 〔2〕 各4点×4 〔3〕 各4点×4 〔4〕 各4点×3 〔5〕 各5点×4

計100点

＜数学解説＞

〔1〕 (二次方程式，式の値，数の性質，関数と確率，平面図形，空間図形)

基本 (1) ① $2x^2-6x+1=0$ 解の公式を用いて，$x=\frac{-(-6)\pm\sqrt{(-6)^2-4\times2\times1}}{2\times2}=\frac{6\pm\sqrt{28}}{4}=\frac{3\pm\sqrt{7}}{2}$

② $x=a$は解だから，$2a^2-6a+1=0$ $4a^2-12a-3=2(2a^2-6a+1)-5=2\times0-5=-5$

(2) $4x^2-9y^2=31$ $(2x+3y)(2x-3y)=31$ x，yは自然数だから，$2x+3y>2x-3y$ また，31は素数だから，$2x+3y=31$，$2x-3y=1$ この連立方程式を解いて，$x=8$，$y=5$

(3) ① 直線ABの傾きは，$\frac{1-4}{5-3}=-\frac{3}{2}$ 直線PQの傾きは，$\frac{0-q}{p-0}=-\frac{q}{p}$ PQ//ABより，$-\frac{q}{p}=-\frac{3}{2}$ $3p=2q$…ア さいころの目の出方の総数は6×6＝36(通り) このうち，アを満たすのは，$(p,\ q)=(2,\ 3)$，$(4,\ 6)$の2通りだから，求める確率は，$\frac{2}{36}=\frac{1}{18}$

② $y=ax^2$が点Aを通るとき，$4=a\times3^2$ $a=\frac{4}{9}$ $y=ax^2$が点Bを通るとき，$1=a\times5^2$ $a=\frac{1}{25}$ よって，$\frac{1}{25}\leqq\frac{q}{p}\leqq\frac{4}{9}$…イ $p=1$のとき，イは$\frac{1}{25}\leqq q\leqq\frac{4}{9}$となるが，これを満たす$q$の値はない。$p=2$のとき，イは$\frac{2}{25}\leqq q\leqq\frac{8}{9}$となるが，これを満たす$q$の値はない。$p=3$のとき，イは$\frac{3}{25}\leqq q\leqq\frac{4}{3}$となり，これを満たす$q=1$ $p=4$のとき，イは$\frac{4}{25}\leqq q\leqq\frac{16}{9}$となり，これを満たす$q=1$ $p=5$のとき，イは$\frac{1}{5}\leqq q\leqq\frac{20}{9}$となり，これを満たす$q=1$，2 $p=6$のとき，イは$\frac{6}{25}\leqq$

$q \leqq \frac{8}{3}$となり，これを満たす$q=1$，2　　よって，求める確率は，$\frac{1+1+2+2}{36}=\frac{1}{6}$

重要　(4)　2つの円の交点をA，Bとする。△AOO′において，AO：OO′：O′A＝2：4：$2\sqrt{3}$＝1：2：$\sqrt{3}$だから，△AOO′は内角が30°，60°，90°の直角三角形である。△BOO′も同様である。よって，∠OAO′＝∠OBO′＝90°，∠AOB＝60°×2＝120°，∠AO′B＝30°×2＝60°だから，求める図形の面積は，$\pi\times2^2\times\frac{120}{360}+\pi\times(2\sqrt{3})^2\times\frac{60}{360}-\left(\frac{1}{2}\times2\times2\sqrt{3}\right)\times2=\frac{10}{3}\pi-4\sqrt{3}$ (cm²)

重要　(5)　円の中心をO，半径を$r$cmとし，正十二角形の1辺をABとすると，∠AOB＝360°÷12＝30°　　BからOAにひいた垂線をOHとすると，△OBHは内角が30°，60°，90°の直角三角形であるから，OA＝OB＝rより，OH＝$\frac{\sqrt{3}}{2}r$となり，AH＝$r-\frac{\sqrt{3}}{2}r=\frac{2-\sqrt{3}}{2}r$　　OからABにひいた垂線をOIとすると，2組の角がそれぞれ等しいから，△OAI∽△BAH　　OA：BA＝AI：AH　　$r:8=\frac{8}{2}:\frac{2-\sqrt{3}}{2}r$　　$(2-\sqrt{3})r^2=64$　　$r^2=\frac{64}{2-\sqrt{3}}=\frac{64(2+\sqrt{3})}{(2-\sqrt{3})(2+\sqrt{3})}=64(2+\sqrt{3})$　　よって，求める円の面積は，$\pi r^2=64(2+\sqrt{3})\pi$ (cm²)

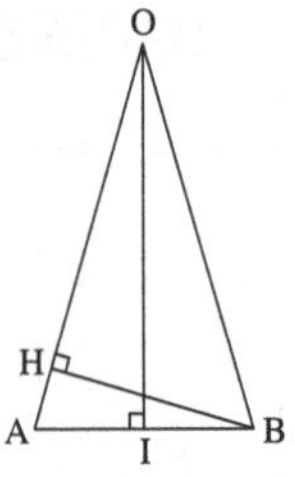

重要　(6)　右の図のように，切り取られる立体は，2つの四角錐ABFNMとCDGNM，三角錐BCMNである。三角錐BCMNの体積は，$\frac{1}{3}\times\left(\frac{1}{4}\times6^2\right)\times\frac{6}{2}=9$　　四角錐ABFNMの体積は，三角錐ABCFとBCMNの体積の差に等しく，$\frac{1}{3}\times\left(\frac{1}{2}\times6^2\right)\times6-9=27$　　同様に，四角錐CDGNMの体積も27　　よって，求める立体の体積は，$6^3-(27+9+27)=153$ (cm³)　　また，求める立体の表面積は，正方形AEHDとEFGH，直角二等辺三角形AEF，DHG，ADM，FGN，台形AFNMとDGNMのそれぞれの面積の和に等しい。1辺aの正三角形の面積は$\frac{\sqrt{3}}{4}a^2$で表せるから，台形AFNMの面積は，1辺$6\sqrt{2}$の正三角形ACFと1辺$3\sqrt{2}$の正三角形CMNの面積の差に等しく，$\frac{\sqrt{3}}{4}\times(6\sqrt{2})^2-\frac{\sqrt{3}}{4}\times(3\sqrt{2})^2=\frac{27\sqrt{3}}{2}$　　したがって，求める立体の表面積は，$6^2\times2+\left(\frac{1}{2}\times6^2\right)\times2+\left(\frac{1}{4}\times6^2\right)\times2+\frac{27\sqrt{3}}{2}\times2=126+27\sqrt{3}$ (cm²)

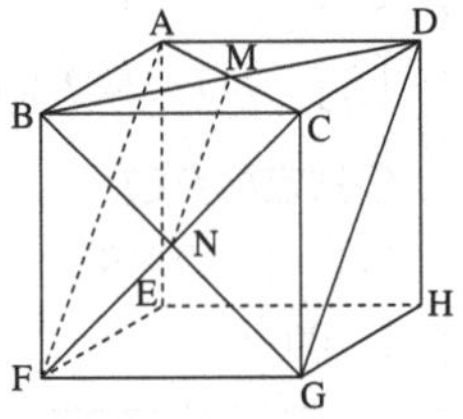

［2］（平面図形の計量）

基本　(1)　DC＝BC＝3より，CE＝$\sqrt{3^2-(2\sqrt{2})^2}=1$　　よって，BD＝$\sqrt{\mathrm{BE}^2+\mathrm{DE}^2}=\sqrt{(3+1)^2+(2\sqrt{2})^2}=2\sqrt{6}$ (cm)

重要　(2)　∠BHC＝90°より，2組の角がそれぞれ等しいから，△CHB∽△DEB　　CH：DE＝BC：BD　　CH＝$\frac{2\sqrt{2}\times3}{2\sqrt{6}}=\sqrt{3}$　　よって，AC＝2CH＝$2\sqrt{3}$ (cm)

基本　(3)　平行線と比の定理より，BG：GD＝BE：AD＝4：3　　よって，BG＝$\frac{4}{4+3}$BD＝$\frac{8\sqrt{6}}{7}$　　BH＝$\frac{1}{2}$BD＝$\sqrt{6}$　　したがって，GH＝$\frac{8\sqrt{6}}{7}-\sqrt{6}=\frac{\sqrt{6}}{7}$ (cm)

重要　(4)　四角形CFGH＝△CFG＋△CGH　　△CFG：△DFG＝CF：FD＝CE：AD＝1：3より，△CFG＝$\frac{1}{1+3}$△CDG＝$\frac{1}{4}\times\frac{3}{3+4}$△BCD＝$\frac{3}{28}$△BCD　　△CGH：△BCD＝GH：BD＝$\frac{\sqrt{6}}{7}:2\sqrt{6}$＝1：14よ

り，$\triangle CGH=\frac{1}{14}\triangle BCD$　よって，四角形CFGHの面積は，$\frac{3}{28}\triangle BCD+\frac{1}{14}\triangle BCD=\frac{5}{28}\times\left(\frac{1}{2}\times 3\times 2\sqrt{2}\right)=\frac{15\sqrt{2}}{28}$(cm²)

〔3〕 **（図形と関数・グラフの融合問題）**

基本 (1)　$y=-\frac{1}{8}x^2$に$x=-8$，4をそれぞれ代入して，$y=-8$，-2　よって，B$(-8,\ -8)$，C$(4,\ -2)$　直線mの式を$y=ax+b$とすると，2点B，Cを通るから，$-8=-8a+b$，$-2=4a+b$　この連立方程式を解いて，$a=\frac{1}{2}$，$b=-4$　したがって，$y=\frac{1}{2}x-4$

重要 (2)　$y=\frac{1}{4}x^2$に$x=4$を代入して，$y=4$　よって，D$(4,\ 4)$　直線ℓの式を$y=\frac{1}{2}x+c$とすると，点Dを通るから，$4=2+c$　$c=2$　したがって，$y=\frac{1}{2}x+2$　$y=\frac{1}{4}x^2$と$y=\frac{1}{2}x+2$からyを消去して，$\frac{1}{4}x^2=\frac{1}{2}x+2$　$x^2-2x-8=0$　$(x+2)(x-4)=0$　$x=-2$，4　よって，A$(-2,\ 1)$　したがって，AD：BC＝$\{4-(-2)\}:\{4-(-8)\}=1:2$

重要 (3)　線分BC上にBE：EC＝1：3となるように点Eをとると，△ADB：△DBE：△DEC＝AD：BE：EC＝2：1：3より，四角形ABED：△DEC＝1：1となり，題意を満たす。点Eのx座標は，$-8+\{4-(-8)\}\times\frac{1}{1+3}=-5$　$y=\frac{1}{2}x-4$に$x=-5$を代入して，$y=-\frac{13}{2}$　よって，E$\left(-5,\ -\frac{13}{2}\right)$　求める直線の式を$y=px+q$とすると，2点D，Eを通るから，$4=4p+q$，$-\frac{13}{2}=-5p+q$　この連立方程式を解いて，$p=\frac{7}{6}$，$q=-\frac{2}{3}$　したがって，$y=\frac{7}{6}x-\frac{2}{3}$

重要 (4)　直線ABとDCとの交点をF，2点A，Bから直線DCにひいた垂線をそれぞれG，Hとする。△XYZを直線DCを軸として1回転してできる立体の体積を〔XYZ〕と表すと，求める立体の体積は，〔FBH〕－〔FAG〕＋〔DAG〕－〔CBH〕　ここで，AG：BH＝AD：BC＝1：2だから，FG＝GH＝$1-(-8)=9$　よって，〔FBH〕－〔FAG〕＋〔DAG〕－〔CBH〕＝$\frac{1}{3}\times\pi\times 12^2\times(9+9)-\frac{1}{3}\times\pi\times 6^2\times 9+\frac{1}{3}\times\pi\times 6^2\times(4-1)-\frac{1}{3}\times\pi\times 12^2\times\{-2-(-8)\}=864\pi-108\pi+36\pi-288\pi=504\pi$

〔4〕 **（確率）**

(1)　さいころの目の出方の総数は，$6^2=36$(通り)　このうち，題意を満たすのは，①1回目に4，5，6のどれかの目が出て，2回目に1，2，3のどれかの目が出るとき，$3\times 3=9$(通り)　②1回目に1，2，3のどれかの目が出て，2回目に5か6のどれかの目が出るとき，$3\times 2=6$(通り)　よって，求める確率は，$\frac{9+6}{36}=\frac{5}{12}$

(2)　さいころの目の出方の総数は，$6^3=216$(通り)　このうち，題意を満たすのは，①1回目に4，5，6のどれかの目が出て，2回目，3回目に1，2，3のどれかの目が出るとき，$3\times 3\times 3=27$(通り)　②1回目に1，2，3のどれかの目が出て，2回目に5か6のどれかの目が出て，3回目に1，2，3のどれかの目が出るとき，$3\times 2\times 3=18$(通り)　③1回目，2回目に1，2，3のどれかの目が出て，3回目に5か6のどれかの目が出るとき，$3\times 3\times 2=18$(通り)　よって，求める確率は，$\frac{27+18+18}{216}=\frac{7}{24}$

(3)　さいころの目の出方の総数は，$6^3=216$(通り)　このうち，題意を満たすのは，①3回とも4，

5，6のどれかの目が出るとき，3×3×3＝27(通り)　②1回目に4，5，6のどれかの目が出て，2回目に1，2，3のどれかの目が出て，3回目に4の目が出るとき，3×3×1＝9(通り)　③1回目に1，2，3のどれかの目が出て，2回目に5か6のどれかの目が出て，3回目に4の目が出るとき，3×2×1＝6(通り)　④1回目に1，2，3のどれかの目が出て，2回目に4の目が出て，3回目に4，5，6のどれかの目が出るとき，3×1×3＝9(通り)　よって，求める確率は，$\frac{27+9+6+9}{216}=\frac{17}{72}$

［5］ **(空間図形－図形の移動)**

図1

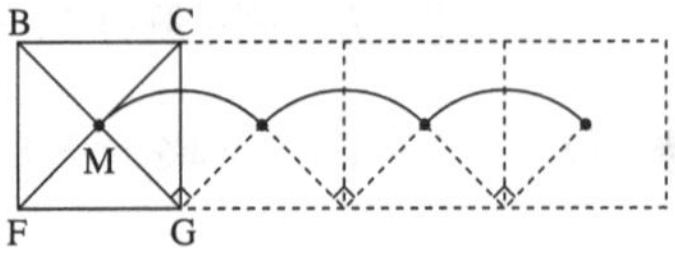

基本　(1)　$MG=\frac{1}{2}BG=\frac{1}{2}\times4\sqrt{2}=2\sqrt{2}$　右図1のように，点Mのえがく線は，半径$2\sqrt{2}$cm，中心角90°のおうぎ形の弧3つ分であるから，その長さは$2\pi\times2\sqrt{2}\times\frac{90}{360}\times3=3\sqrt{2}\pi$(cm)

図2

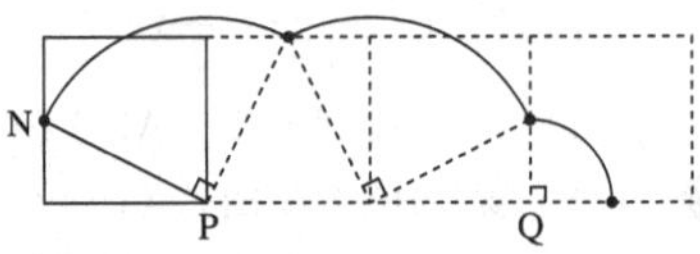

重要　(2)　線分GHの中点をP，ABの中点をQとすると，$NP=\sqrt{2^2+4^2}=2\sqrt{5}$，$NQ=2$　右図2のように，点Nのえがく線は，半径$2\sqrt{5}$cm，中心角90°のおうぎ形の弧2つ分と半径2cm，中心角90°のおうぎ形の弧1つ分であるから，その長さは$2\pi\times2\sqrt{5}\times\frac{90}{360}\times2+2\pi\times2\times\frac{90}{360}=(2\sqrt{5}+1)\pi$(cm)

図3

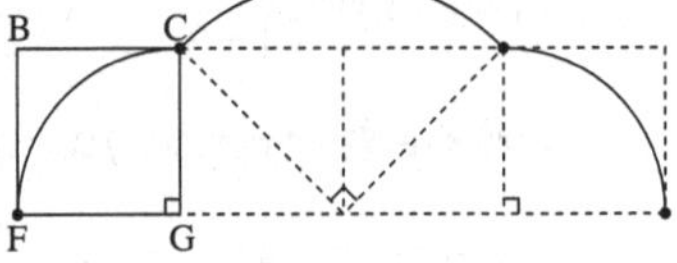

(3)　点Fのえがく線は，右図3のように，半径4cm，中心角90°のおうぎ形の弧2つ分と半径$4\sqrt{2}$cm，中心角90°のおうぎ形1つ分であるから，求める図形の面積は，$\left(2\pi\times4\times\frac{90}{360}\times2+2\pi\times4\sqrt{2}\times\frac{90}{360}\right)\times4=(4\pi+2\sqrt{2}\pi)\times4=8(2+\sqrt{2})\pi$(cm²)

図4

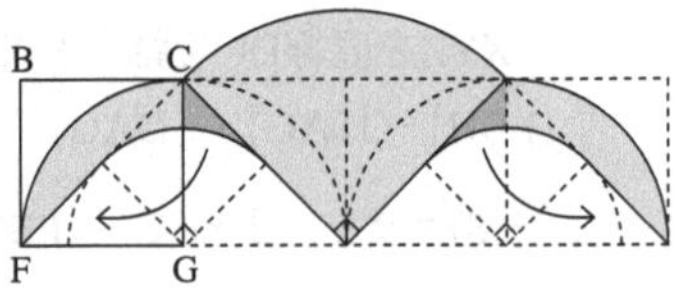

重要　(4)　線分CFが通過する部分は，右図4のかげの部分である。半径4cm，中心角90°のおうぎ形の2つ分と半径$4\sqrt{2}$cm，中心角90°のおうぎ形1つ分の和から，半径$2\sqrt{2}$cm，中心角90°のおうぎ形の2つ分の和をひいた図形の面積になる。$\pi\times4^2\times\frac{90}{360}\times2+\pi\times(4\sqrt{2})^2\times\frac{90}{360}-\pi\times(2\sqrt{2})^2\times\frac{90}{360}\times2=8\pi+8\pi-4\pi=12\pi$(cm²)

★ワンポイントアドバイス★

昨年と同様の出題構成であるが，やや取り組みやすい内容であった。しかし，計算量が多いことにかわりはなく，時間配分を考えながらできるところから手早く解くことが要求される。

＜英語解答＞

【Ⅰ】 No. 1　A　No. 2　C　No. 3　A　No. 4　D　No. 5　C　No. 6　B

【Ⅱ】 No. 1　C　No. 2　A　No. 3　B

【Ⅲ】 No. 1　hospital　No. 2　bridge　No. 3　banana(s)　No. 4　west

【Ⅳ】 問1　イ　問2　エ→ウ→ア→イ　問3　エ　問4　driver's license

問5　A　イ　B　ア　C　ウ　問6　die　問7　エ，カ，キ

【Ⅴ】 問1　4　問2　A　ウ　B　エ　問3　イ　問4　イ

問5　ア　magical powers　イ　happiness　問6　ウ，カ

【Ⅵ】 1　without closing　2　want[need] me　3　easy to　4　everyone respects

【Ⅶ】 1　A　long　B　we　2　A　half　B　power　3　A　the　B　to

【Ⅷ】 1　（前に来る語）　that　（後に来る語）　bought

2　（前に来る語）　clothes　（後に来る語）　going

【Ⅸ】 1　（例）　The ninth month of the year is

2　（例）　no idea how strong this team is

○推定配点○

【Ⅰ】～【Ⅴ】　各2点×33（【Ⅳ】問2は完答）　【Ⅵ】　各4点×4（各完答）

【Ⅶ】・【Ⅷ】　各2点×5（各完答）　【Ⅸ】　各4点×2　計100点

＜英語解説＞

【Ⅰ】～【Ⅲ】　リスニング問題解説省略。

【Ⅳ】 **（長文読解：語句選択，文整序，要旨把握，言い換え，内容吟味）**

（全訳）

アリス様，

私は自分の日本の運転免許証を見ながら，裏面の欄は臓器提供と関係があるのだろうかと思っています。何年も前に，私はアメリカで臓器提供者になるために運転免許証の欄に印を入れました。今，私は日本に住んでいます。ここでも同じことをしたいのですが，その方法がわかりません。外国人は提供者になれますか？　実は，全部提供したいと思っていますが，病理解剖のために身体を提供することは日本でできますか？

グレゴリー

グレゴリー様，

あなたの質問にお答えします。日本は「オプトイン」モデルを採用しています。つまり，用紙に記入するなどの行動を取り，提供者になる意思を示さなければなりません。これはある国々とは異なります。例えば，スペインとオーストリアでは，提供を拒否しなければ，皆が進んで提供しなければなりません。幸い，「オプトイン」の手続きは日本では簡単ですし，英語で行うことさえできます。外国人が提供者になることは歓迎されますし，奨励されています。外国人が亡くなり，臓器移植を待っている患者に臓器提供した例がいくつかあります。

現在，日本では約14000人が臓器の順番待ちリストに登録されています。しかし，ここは提供者があまりにも少ないので，大半の患者は命を救える臓器を待っている間に亡くなります。だから，臓器移植を受けるために莫大な費用をかけて海外へ行く日本人もいます。どの国も外国人用の臓器が十分にないのでこれは大きな問題です。

アメリカでは，臓器移植はもっとよく受け入れられています。毎年7000から8000の臓器移植が行われています。つまり，100万人当たり約26の臓器移植が行われているということです。しかし日本では，その割合は100万人当たりたったの0.9の移植です。先進国では最低の割合です。昨年，日本では100にも満たない臓器移植が行われました。

なぜ提供率がこんなに低いのでしょうか？　理由の一つは，身体は火葬時に完全であるべきだという伝統的な信念ですが，法的障壁や厄介な歴史も一因となっています。1950年代と1960年代に医学の進歩が臓器移植を可能にしたとき，日本は他国と同程度かそれ以上ですらありました。

日本初の心臓移植は約50年前に行われました。当時，脳死の定義がなかったので，多くの人々はその手術が正しいのか間違っているのかがわかりませんでした。ある医者がその手術に取り組みました。最初，それは成功したように思われましたが，患者の命を救うのに失敗しました。国民には臓器移植に対する深い不信感が残りました。この出来事によって，日本における臓器移植の発展が停滞しました。

その後脳死を定義して，脳死患者からの臓器移植を合法化する法律を制定するのに何年もかかりました。今ではより多くの人々が，脳の機能が完全に失われた後でさえ，心臓は鼓動し続け，身体は温かいままであることを理解しています。今では世論は，脳死後に提供を望む人々の数の増加を示しています―ある調査研究によると，回答者の43.1パーセントは脳死後進んで臓器提供すると示していますが，23.8パーセントは同意していません。

それでは，あなたの運転免許証に話を戻しましょう。裏面の欄に記入することで，提供者になりたいか，臓器提供を拒否するかを示すことができます。運転しない人は，国民健康保険証の裏面に同じ欄があります。別の臓器提供意思表示カードにあなたの意思を登録することもできますし，そのカードは官公庁や薬局で無料で入手できます。英語のカードはインターネットでダウンロードできます。

記入方法を説明します。日本語版，英語版ともに同じです。「1」を丸で囲むと，心臓死の後に提供するのはもちろん，脳死の後も臓器提供することに同意しています。「2」を丸で囲むと，心臓の鼓動が止まった後の提供にのみ同意することを示します。カードの「1」か「2」を丸で囲んで，心臓，じん臓，眼などの臓器リストのいずれかに「X」印をつけたら，印をつけた臓器の提供は希望しないことを意味します。「3」を丸で囲むと，提供の意思が全くないことを意味します。あなたの意思を家族と話し合い，自分の署名の隣に家族の署名をしてもらうのは良い考えです。家族は常に，提供を拒否する権利があり，もしあなたの意思がはっきりしなければ，現在法律は家族があなたの臓器を提供する決定を行うことを認めています。自分の意思を家族と話し合っておけば，家族があなたの意思に従う機会が増えます。

病理解剖のために全身を提供すること(献体と言います)は日本では可能ですが，臓器を提供したり，医療訓練や医学研究のために身体の残りの部分を残しておくことができません。そのうえ，献体は医学部に直接手配されることになっていて，死亡したときに引き取ってくれるのかわかりません。おそらく日本では，献体は費用のかかる火葬を避ける手段とみなす人もいるので，今のところ遺体は全国的に供給過剰です。

問1　空所を含む文は「例えば，スペインとオーストリアでは，提供を拒否しなければ，(　1　)が進んで提供することになっている。幸い，『オプトイン』の手続きは日本では(　2　)で，英語で行うことさえできる」という意味。よって，(1)に everybody「皆」，(2)に easy「簡単な」を入れると文意が通る。be supposed to ～ は「～することになっている」，refuse to ～ は「～を拒否する」。

やや難　問2　まず，空所Xの冒頭の文としては，エの「現在，日本では約14000人が臓器の順番待ちリストに登録されている」がくることが推測できる。残りのア～ウを読んで，ウ「しかし，ここは提供者があまりにも少ないので，大半の患者は命を救える臓器を待っている間に亡くなる」→ア「だから，臓器移植を受けるために莫大な費用をかけて海外へ行く日本人もいる」→イ「どの国も外国人用の臓器が十分にないのでこれは大きな問題だ」という流れにすると文意が通る。イのThisはアの内容を指している。

問3　bring ～ to a standstillは「～を行き詰まらせる」という意味。前の内容から，developmentsは「(臓器移植の)発展」を指すことが読み取れる。

問4　空所を含む文は「それでは，あなたの(　　)に話を戻そう」という意味。続く文に「裏面の欄に記入することで，提供者になりたいか，臓器提供を拒否するかを示すことができる。運転しない人は，国民健康保険証の裏面に同じ欄がある」とある。「裏面の欄」や「運転」というキーワードから，driver's license「運転免許証」が適切。

問5　A　空所を含む文は「『2』を丸で囲むと，～を示す」という意味。直前に「『1』を丸で囲むと，心臓死の後に提供するのはもちろん，脳死の後も臓器提供することに同意している」，直後に「カードの『1』か『2』を丸で囲んで，心臓，じん臓，眼などの臓器リストのいずれかに『X』印をつけたら，…」とあるので，「1」か「2」を丸で囲む選択は，臓器提供の意志を示していることがわかる。よって，イの「心臓の鼓動が止まった後の提供にのみ同意する」が適切。　B　直前に「カードの『1』か『2』を丸で囲んで，心臓，じん臓，眼などの臓器リストのいずれかに『X』印をつけたら」とあるので，アの「印をつけた臓器の提供は希望しない」を入れると文脈に合う。　C　最後に残ったウの「提供の意思が全くない」を入れると文意が通る。

やや難　問6　one's time comesは「自分の死期が来る」という意味だから，die「死ぬ」が適切。

問7　ア「グレゴリーは，なぜ日本では提供者になるために運転免許証を手に入れなければならないのかわからなかったので，アリスに手紙を書いた」(×)　本文中にそのような記述はない。　イ「日本では外国人からの臓器提供がない」(×)　返答の第1段落最終文参照。外国人が亡くなり，臓器移植を待っている患者に臓器提供した例がいくつかある。　ウ「日本の移植手術の数は先進国では上位である」(×)　第3段落最後から2文目参照。日本の臓器移植の割合は先進国では最低。　エ「日本人は伝統的に，火葬時に身体の全ての部分があるべきだと考える」(○)　第4段落第2文の内容と一致する。　オ「脳死後，心臓は動き身体が温かいことは，日本ではまだ多くの人々に知られていない」(×)　第6段落第2文参照。今ではより多くの人々が理解している。カ「ある調査研究によると，日本では約4分の1の人が臓器提供者になりたくないと思っていた」(○)　第6段落最終文の内容と一致する。　キ「たとえ家族に提供者になる意思をはっきりと示しても，その意思は実現しないかもしれない」(○)　第8段落最後から2文目の内容と一致する。ク「心臓をだれかに提供した後に，人々は病理解剖のために身体を提供できる」(×)　最終段落第1文参照。

【V】（長文読解：要旨把握，語句選択，語句解釈，語句補充，内容吟味）

（全訳）昔々，サミュエル，ティモシー，ザンダーという名の3兄弟がいた。彼らは森のそばの家に住んでいて，正直で勤勉だった。毎日，森へ行き木を伐採した。後で，それを市場へ持って行き，手頃な価格で売った。彼らの生活はこの様式で続いた。

しかし，兄弟はいつも悲しく満足していなかった。恵まれた生活を送っていても，不幸せだった。Aそれぞれが，特別なことを望んでいた。

ある日，サミュエル，ティモシー，ザンダーが森から帰宅している間，疲れて青白い顔をした老女を見かけた。彼女は大きな袋を背負って歩いていた。兄弟は親切だったので，すぐに気の毒な女性に近寄って，彼女の家までずっと袋を運ぶと言った。彼女はほほ笑んで「どうもありがとう。森でリンゴを集めて，袋にいっぱい入れたのよ」と言った。サミュエル，ティモシー，ザンダーは交代で袋を運び，ようやく女性の家に着くと彼らはとても疲れていた。

驚いたことに，この老女は単なる普通の人ではなく，魔力を持っていた。彼女は兄弟が親切で無欲であることを気に入った。だから彼女は彼らに「お礼に，私があなたたちにお手伝いできることはある？」と尋ねた。

「僕らは幸せではありません，それが僕らの最大の不安の原因になっています」とサミュエルが答えた。女性は何が幸せな気持ちにさせるかを彼らに尋ねた。兄弟は自分を満足させるものを口々に言った。

「たくさんの召使いがいるすばらしい城が僕を幸せな気持ちにする。これ以上欲しいものはない」とサミュエルが言った。

「収穫量の多い大農場が僕を幸せな気持ちにする。それなら，心配する必要なく金持ちになれる」とティモシーが言った。

「美しい妻が僕を幸せな気持ちにする。毎日帰宅したら，彼女のかわいい小さな顔が僕の心を晴れやかにしてくれる」とザンダーが言った。

「わかったわ」と老女は言った。「これらのことがあなたたちを幸せにするのなら，あなたたちはそれらに値すると信じるわ。なぜなら，あなたたちは私のような気の毒な弱った人間を助けてくれたから。家へ帰りなさい，そうすればそれぞれ自分が望んだまさにそのものを見つけるでしょう」

この言葉に兄弟は驚いた。なぜなら，彼らは女性の能力を知らなかったからだ。とにかく，彼らは帰宅した。しかし見て！　家のそばに，門番や他の召使いたちが外で待っている巨大な城があった！　彼らはサミュエルにあいさつをして，彼を中へ案内した。少し離れたところに，黄色い農地が現れた。農民がやって来て，ティモシーのものだと知らせた。ティモシーは大変驚いた。ちょうどその時，美しい女性がザンダーに近寄って，彼の妻だと恥ずかしそうに言った。兄弟はこの新たな事態の展開にとても満足した。彼らは幸運に感謝して，新しい生活様式に順応した。

日々が過ぎ，すぐに1年が経った。しかし，サミュエル，ティモシー，ザンダーにとって今や状況は異なっていた。サミュエルは城を所有するのが面倒くさくなった。彼は怠けて，城をきれいに保とうと全くしなかった。農地の隣に巨大な家を建てたが，ティモシーはときどき畑を耕して種を撒くのが大変だと知った。ザンダーも日に日に美しい妻に飽きて，それ以上の楽しみは見つからなかった。【4】<u>つまり，彼らは皆，また不幸せだった</u>。

ある日，3人は老女の家を訪れることに決めた。「あの女性は僕らの夢を現実に変える魔力を持っている。だが，僕らはもう幸せではないから，今彼女に助けを求めに行くべきだ。彼女は僕らに幸せになる方法を教えられる人に違いない」とサミュエルは言った。彼らが老女のところへ行くと，彼女は料理をしていた。兄弟はそれぞれ，再び不幸せになったいきさつを話した。「どうすれば僕らがもう一度幸せになれるか教えてください」とティモシーが言った。

「そうだね」と老女は答えた。「B<u>あなたたちは全てを手にしている</u>。わかるかい，それぞれが自分の願い事をして実現したら，幸せだった。だが，幸せは大変重要なもの，つまり満足なしには続かないよ。あなたたちの欲望はきりがない；所有すればするほど，ますます欲しくなる。今持っているもので満足すべきだよ。あなたたちはただ幸せだっただけで本当に満足していなかったから，また退屈して悲しくなったのさ。満足することを覚えなさい！　それなら幸せの喜びを心から楽しめるよ」

サミュエル，ティモシー，ザンダーは自分たちの過ちに気づいて帰宅した。彼らは，かつてとても強く願って得た贈り物を所有していることを何て運がいいのだろうと思った。サミュエルは城の所有者であることを誇りに思い，手入れをよくし始めた。ティモシーはとてもよく働くようになったので，やがて豊作で成功した。ザンダーもきれいな妻に日々の家事や彼に対する愛情を感謝することを学んだ。兄弟は幸せと満足は並行することを記憶し続けて，もう二度と自分たちの生活を当然のことと思わなかった。こうして，その後いつまでも彼らは幸せに暮らした。

問1　第11段落には，新しい生活様式から1年経った後の兄弟の様子が述べられている。サミュエルは城を所有するのが面倒くさくなり，ティモシーは大農場を耕して種を撒くのが大変だとわかり，ザンダーも美しい妻に飽きて，それ以上の楽しみは見つからなかったとある。この内容の後に「つまり，彼らは皆，また不幸せだった」という文を入れると，文脈に合う。

問2　A　直前の内容から，兄弟はいつも悲しく満足しておらず，恵まれた生活を送っていても不幸に感じていたことがわかる。よって，ウの「それぞれが，特別なことを望んでいた」が適切。
B　直後に「それぞれが自分の願い事をして実現したら，幸せだった」と続いているので，エの「あなたたちは全てを手にしている」を入れると文意が通る。

やや難　問3　selfless は「[ほめて]自分のことを考えない，無欲の」という意味なので，イの「兄弟は親切で，自分たち自身のことよりも他の人々のことを気にかけた」が適切。

やや難　問4　deserve は「～に値する」。them は直前にある兄弟それぞれの願い事を指す。よって，イの「あなたたちが望むものを所有するのは当然だ」が適切。

問5　ア　空所を含む文は「あの女性は僕らの夢を現実に変える(　　)を持っている」という意味なので，第4段落第1文の文末にある magical powers「魔力」が適する。　イ　空所を含む文は「兄弟は(　　)と満足は並行することを記憶し続けて，もう二度と自分たちの生活を当然のことと思わなかった」という意味。第12段落最終文で，「どうすれば僕らがもう一度幸せになれるか教えてください」とティモシーが老女に言い，第13段落第4文で老女は「幸せは大変重要なもの，つまり満足なしには続かない」と答えている。よって，この部分から「幸せと満足は並行する」という内容が考えられるので，happiness「幸せ」が適する。

問6　ア「3兄弟が老女を助けると決めるのに長い時間はかからなかった」(○)　第3段落第3文の内容と一致する。　イ「サミュエルは女性に，城と召使いだけが欲しいと言った」(○)　第6段落の内容と一致する。　ウ「ティモシーは女性に，多くの種類の野菜が食べたいので大農場が欲しいと言った」(×)　第7段落参照。心配する必要なく金持ちになれるので大農場が欲しいと言った。　エ「ザンダーは女性に，幸せな気持ちにしてくれる美しい妻が欲しいと言った」(○)　第8段落の内容と一致する。　オ「3兄弟は彼らの願いが実現した後は，同じ家に住まなかった」(○)　第10段落の内容と一致する。　カ「3兄弟は再び老女に会ったとき，自分たちが間違っていたとすでにわかっていた」(×)　最終段落第1文参照。老女に会って話を聞いた後に，3兄弟は自分たちの過ちに気づいた。

基本 **【Ⅵ】**　**(書き換え：前置詞，不定詞，接触節)**

1　「～を閉めなかった」は without ～ing「～しないで」を用いて，「～を閉めずに」と表せばよい。

2　Shall I ～? は「私が～しましょうか」と提案を表すので，〈want ＋人＋ to ～〉「(人)に～してもらいたい」を用いて「私に～してもらいたいですか」という意味にすればよい。

3　「～を簡単に覚えられる」は be easy to ～「～しやすい」を用いて，「～は覚えやすい」でほぼ同じ意味を表せる。

4　「皆に尊敬されている医者」は「皆が尊敬する医者」 a doctor everyone respects と接触節で表せばよい。現在時制の文なので respects と三人称単数現在形になることに注意する。

重要 **【Ⅶ】**　**(語句整序：現在完了，比較，関係代名詞)**

1　It's been a long time since we met (last.)　与えられた語群から，「私たちが最後に会ってか

ら長い時間が経っている」と読み換えて，現在完了〈have [has]＋過去分詞〉の文で表す。

2 (This new LED bulb uses only) half as much power as the older (ones.) 「…の半分の～」は half as ～ as … で表す。

3 You were the only person that talked to me (at the party.) 与えられた語群から，「あなたはパーティーで私に話しかけた唯一の人だった」と読み換えて，that を主格の関係代名詞として用いて，the only person that talked to me とまとめる。

やや難 **【Ⅷ】（語句補充）**

1 「私の家に来た私の友人が，祖父の誕生日に買った大変高価なつぼを割った」 The friend ～ house までが主語。vase の後の that は主格の関係代名詞なので，その後に was を入れると「祖父の誕生日に買われたつぼ」となり文意が通る。

2 「服を買いたい若者でにぎわっていた小さな店は，別の市へ引っ越す予定だ」 shop の後の crowded with young people は，前の名詞を修飾する過去分詞の形容詞的用法で「若者でにぎわっていた店」という意味。また，young people の後の that は主格の関係代名詞なので，young people that want to buy its clothes は「服を買いたい若者」という意味になる。よって，The small shop ～ its clothes までがこの文の主語になるので，動詞 is はその後に入る。

【Ⅸ】（和文英訳）

1 「1年の9番目の月」は the ninth month of the year と表せる。

2 「～か分からない」は have no idea ～ で表せる。後に続く「このチームがどれだけ強いのか」は，間接疑問〈疑問詞＋主語＋動詞～〉で表せばよい。「どれだけ強いのか」は how strong。

★ワンポイントアドバイス★

【Ⅴ】問6は，設問の指示が，「本文の内容に一致しないもの」など，紛らわしい表現になっている。注意深く読むべきである。

＜国語解答＞

一　問一　イ　凝固　　ロ　へいそく　　ハ　色彩　　ニ　怠惰　　ホ　錯覚
問二　Ⅰ　古き良き日本への回帰(10字)　　Ⅱ　「故郷」への回帰(8字)　　問三　イ
問四　現実の変革　～　されてゆく(という事態。)　　問五　ウ　　問六　徹底して現実から遊離したもののもつ美しさ(20字)　　問七　ア　　問八　エ

二　問一　イ　応酬　　ロ　こんしん　　ハ　大概　　問二　エ　　問三　観客
問四　良かれと願う　　問五　注目　　問六　(例)　自分にしか関心が向いておらず，友達の「承認」を期待している点。(31字)　　問七　ア　×　　イ　○　　ウ　×　　エ　○

三　問一　エ　　問二　ア　　問三　イ　　問四　(例)　どんどん景色が流れ去るほどの船足でももどかしく感じていたのが，目的地の舞台に近づいたと思って安心した。
問五　むろん黒苫　　問六　一議に及ばずみんな大賛成　　問七　ウ　　問八　イ

○推定配点○

一　問一・問二　各2点×7　　他　各4点×6
二　問一　各2点×3　　問六　6点　　他　各4点×5(問七完答)
三　問一・問三　各2点×2　　問四　6点　　他　各4点×5　　計100点

＜国語解説＞

一 （論説文―内容吟味，文脈把握，脱文・脱語補充，漢字の読み書き）

問一 イ　こりかたまること。「凝」の訓読みは「こ(る)」。　ロ　閉ざされてふさがること。
ハ　もとは色合いの意味。ここでは，物事に表れている様子という意味で用いられている。「彩」の訓読みは「いろど(り)」。　ニ　なまけてだらしがないこと。「怠」の訓読みは「おこた(る)」。「なま(ける)」。　ホ　事実とは違うのに本当だと思い込むこと。「錯」を使った熟語には，他に「交錯」などがある。

問二 説明した文の「ナショナリズム」はその国家の統一や発展をめざす思想である。また，「鼓吹」はある思想を盛んに主張して相手に吹き込む，「促す」はそうなるように仕向けるという意味なので，「ディスカバー・ジャパン」が「日本」「故郷」などの言葉を多用することで，「われわれ」をどのように仕向けようとしているのかを考える。一つ後の文に「『昔をのぞこう』にみられる，古き良き日本への回帰を鼓吹する歴史的な軸」と「ありもしない『故郷』へ帰ろうという空間的な軸」という二つの軸を挙げており，ここから，「ディスカバー・ジャパン」が「われわれ」にさせようとしていることをとらえる。「『故郷』へ帰ろう」を，同じ段落で「『故郷』への回帰」と言い換えているのに注目する。

問三 傍線部②を含む文の冒頭にある「それ」は，直前の文の「われわれはまさしくポスターの中の風景の中をさまよい歩き，自分でもそう信じ込み……ひそかな優越感を確認して帰ってくる」ことを指し示している。また，直後の文で「演出家はむろんのこと国鉄当局であり，政府権力」とあるように，傍線部②は政府権力の思惑通りにポスターに煽られて旅に出る人のことをたとえている。

問四 傍線部③について，直後の文で「われわれが抱く自然的な反公害感情は，その目的も素朴な，即自的なレベルにおいてディスカバー・ジャパン・キャンペーンを累進的に促進していった」と説明している。この「反公害感情」について，「ディスカバー・ジャパン・キャンペーン」が促進されたことによって起こった事態を述べている部分を探す。同じ段落で「ディスカバー・ジャパンはただもうちょっと空気の良いところ……へとわれわれを勧誘することによって公害への素朴極まる怒りを回収する」と述べ，その結果「現実の変革に向けられるべきエネルギーは裏返され，現実からの逃避，逃亡となって骨抜きにされてゆく」事態に陥ると続けている。

やや難 問五 「ディスカバー・ジャパン」とは，どのような「文化」なのかを考える。冒頭の段落の後半で「ディスカバー・ジャパン」について「演出家はむろんのこと国鉄当局であり，政府権力である」と述べている。ここから，「ディスカバー・ジャパン」は，政府権力という「上から」与えられた「文化」だと判断できる。

基本 問六 同じ段落の後半で，「発見」は「無色透明な旅人」にはできず，「現実に根ざし，現実に執着し，現実を変革しようと望む者にだけできる」と述べている。ここから，「無色透明」は現実に即していない，という意味合いを持つとわかる。傍線部⑤を含む文の一つ前の文に「だがその美しさは徹底して現実から遊離したもののもつ美しさである」とあり，ここから抜き出す。

やや難 問七 傍線部⑥について，同じ段落で「ディスカバー・ジャパンのポスター・イメージはそれ自体でわれわれの旅の一部，あるいは実現されるべき旅の見取り図である……美しい自然とその中をゆく美しい女たちが刻まれている。それをみながらふと旅情を誘われた時からすでに旅は決定されてしまう」と具体的に述べている。「見取り図」とあるように，「ディスカバー・ジャパン」のポスターに描かれた行き先や旅先で得られるものを見て，「われわれ」は同じようなものを得ようと決めさせせられてしまう，という意味になる。

重要 問八 「ディスカバー・ジャパン」に煽られて「〈村〉へ帰り，〈前近代〉に憧れ」ても，最終的に「われわれが見る」ことになるものは何か考える。直前の段落に「抑圧と搾取が深まれば深まるほどわれわれはそこからの脱出を強く望む。だがそこに行っても，ただこの場から移動することだけでは，いかなる脱出にもなるはずはない」とあるように，どこへ行っても最終的に「われわれ」自身はどうあるべきなのかということを見つめなければならないと筆者は述べている。

二　（論説文一内容吟味，文脈把握，脱文・脱語補充，漢字の読み書き）

問一　イ　互いにやり取りすること。「酬」を使った熟語には，他に「報酬」などがある。
　ロ　身体全体のこと。　ハ　大部分。「概」を字形の似た「慨」と区別すること。

問二　「その強迫観念」について，直前の文で「友達は多ければ多いほどよい，という強迫観念」と具体的に述べている。「SNS上」で「躍らされている」というのであるから，SNS上でも必死に友達の数を増やそうとしている人のことだとわかる。

問三　「SNS上の友達」が，「中味の希薄な友達」よりさらに「希薄」になり，何に「変質」してしまうのかを考える。「変質」とあるから，もはや「友達」ではない。直後のショービンの言葉「オンラインの友達というものは……公共のコミュニケーションにとっての一種の観客のようなもの」や，「もちろん」で始まる段落「フェイスブックの友達なんて，実は『観客』だ」に着目する。

やや難　問四　「友情の構成要件」とされるものを探す。同じ段落に「友情には，熱い関心が求められるということだ。ただし，相手の不幸を望むような関心もあるわけだから，関心さえあればすでに友情が成立していることにはならない」とある。友情には相手の不幸を望まない関心が必要だということになる。そのことをふまえて本文を探すと，「『承認を求める』」で始まる段落に，「『相手に良かれと願う気持ち』」とあるのに気づく。

問五　「観客」に「期待されている『承認』の実態」であり，「観客」の「最も薄い『承認』の形」にあたる語が当てはまる。「観客であれば」で始まる段落に「観客であれば旺盛な好奇心，注目する心を具えてはいるだろう」から，二字の語を抜き出す。

問六　「自慢」は自分に関することをほめて他人に示すことで，「自虐」は自分に関することをおとしめて他人に示すことという意味。同じ段落の最後「自虐も，自分にしか関心が向いていないという点では，自慢と大同小異である。自虐する自分に『いいね！』が返ってくることが期待されている点では，何も変わらない」の二点を簡潔にまとめる。

重要　問七　「新しいメディアを」で始まる文章の内容にイが，「もちろん」で始まる段落の内容にエが当てはまる。

三　（小説一主題・表題，情景・心情，内容吟味，文脈把握，脱文・脱語補充）

基本　問一　直後の文「なにしろ，みんなからちやほやされるうえに，『秩秩たる斯の干，幽幽たる南山』を読ませられなかったから」という理由から考える。後の注釈にあるように『秩秩たる』は難しい古典教材である。難しい課題を免れみんなからちやほやされる場所としてふさわしい語を選ぶ。

問二　牛のそばへこわくて近よれない「私」を，「私の遊び相手」が一斉にからかうのである。後の「私の遊び相手」の純朴な様子からも，「私」を特別扱いせずにおかしい場面では屈託なく笑い飛ばしていると推察できる。

問三　直後の「まったくだ……泳げぬものは誰もいないし，潮乗りの名人だって二，三人はいた」から，泳ぎが得意なものを意味する語が当てはまる。

やや難　問四　行けないと思っていた趙荘の芝居見物に，遊び仲間たちの口添えで行けることになった「私」の心情を想像する。直前の段落に「起伏する山なみが，とびはねる鉄のけだものの背か何かのように，船尾の方へどんどん駆け去るが，それでもまだ船がのろい気が私はする」ともどかしく感じていたのが，「楽の音」を聞き目的地の舞台に近づいたと思って心がしずまってきたと変化したのである。もとの状態と，「変化」した状態がわかるように説明する。

問五　「黒苫」について述べている部分を探す。「私たちは船首に」で始まる段落に「むろん黒苫船のなかには，土地の旦那衆の家族がいるわけだが，かれらは熱心な観客ではなく，芝居見物にことよせて菓子や果物や西瓜の種を食いに来るのだ」とある。芝居を楽しみにしていた「私」にとって好ましくないと感じる理由が読み取れる。

問六　前の，そら豆を「ちょっぴり失敬して，煮て食おうじゃないか，という案」に対して，後で「さっそく船を岸につけた」と続いているので，だれも反対せず全員が賛成して，という意味の表現が当てはまる。「だが，とうとう」で始まる段落に「一議に及ばずみんな大賛成」とある。仲間たちの仲の良さや結束の固さを感じ取りたい。

問七　「私の遊び仲間たち」は，芝居に行けずすねていた「私」を芝居に連れて行ってくれたのである。「《帰りましたよ！みんな無事で。ねえ，太鼓判って言ったでしょ！》」と双喜が「私」の母親に報告した場面である。「私」の母の心情にふさわしいものを選ぶ。

重要　問八　「私」が十二，三歳のころに母の実家である平橋村へ行き，そこで見た芝居のことが書かれている。「私」が最も印象に残っているのは，芝居とともに遊び仲間たちと過ごした夜の思い出であることに注意する。

★ワンポイントアドバイス★

論理的文章では最新の話題に触れたものが，文学的文章では年代の古いものが採用されている。ふだんから意識して幅広い内容の読書を心がけることが大切だ。

MEMO

大切なことはメモしておこうネ！

平成30年度

★★★★★★★★★★★★★★★★★★★★★★★★

入　試　問　題

平成30年度

立教新座高等学校入試問題

【数　学】（60分）〈満点：100点〉

【注意】　1. 答はできるだけ簡単にし，根号のついた数は，根号内の数をできるだけ簡単にしなさい。また，円周率はπを用いなさい。

2. 三角定規，分度器，計算機の使用はいけません。

〔1〕 以下の問いに答えなさい。

(1)　$\sqrt{10}$ の小数部分を x とするとき，

$$(2x+1)^2-2x(x-3)+(x+5)(x+3)-12$$

の値を求めなさい。

(2)　図のような，O(0, 0)，A(2, 0)，B(2, 5)，C(0, 5)を頂点とする長方形OABCがあります。点P(−1, 1)を通る直線 ℓ が辺OC，ABと交わる点をそれぞれQ，Rとします。次の問いに答えなさい。

①　点Qの y 座標を a とするとき，点Rの y 座標を a を用いて表しなさい。

②　直線 ℓ が四角形OARQと四角形QRBCの面積の比を1：3に分けるとき，直線 ℓ の式を求めなさい。

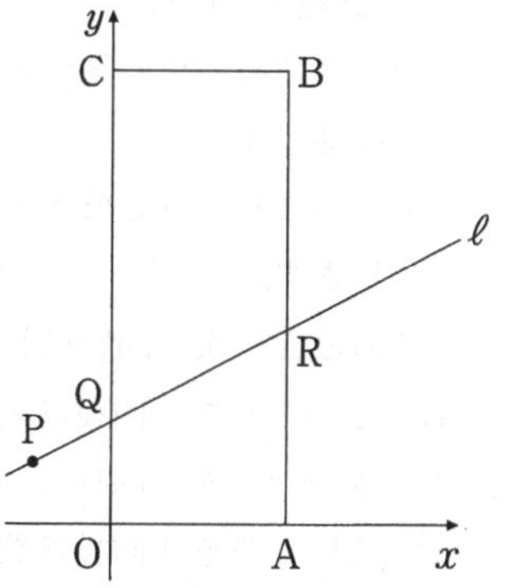

(3)　図の四角形ABCDは

AD＝CD＝$\sqrt{2}$ cm，∠ABC＝∠BAD＝75°，∠BCD＝90° です。次の問いに答えなさい。

①　点Aから辺BCに引いた垂線と，BCとの交点をHとするとき，AHの長さを求めなさい。

②　四角形ABCDの面積を求めなさい。

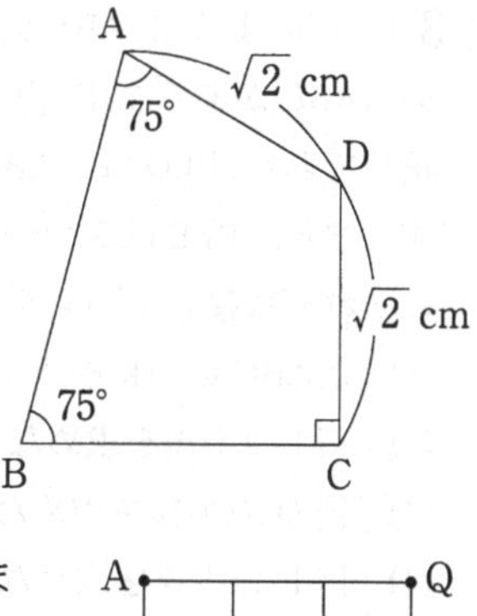

(4)　図のような，縦横すべての道路が等間隔に整備された街があります。太郎君はA地点からB地点まで，次郎君はP地点からQ地点まで，それぞれ最短経路で移動します。太郎君と次郎君が同時に出発し，同じ速さで移動するとき，次の確率を求めなさい。ただし，縦方向の道と横方向の道のどちらかを選べる地点においては，どちらを選ぶことも同様に確からしいものとします。

①　太郎君と次郎君が途中で直線AP上ですれ違う確率

②　太郎君と次郎君が途中ですれ違う確率

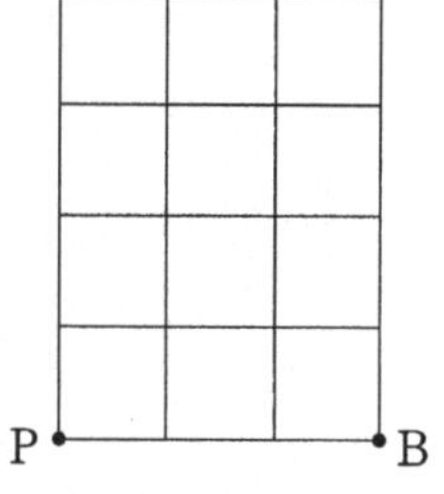

(5)　図のような，すべての辺の長さが 12cm の正四角錐 O－ABCD があります。次の問いに答えなさい。

①　正四角錐 O－ABCD の体積を求めなさい。

②　OA の中点を M，OB の中点を N とし，3 点 C，M，N を含む平面で正四角錐 O－ABCD を切断するとき，頂点 A を含む方の立体の体積を求めなさい。

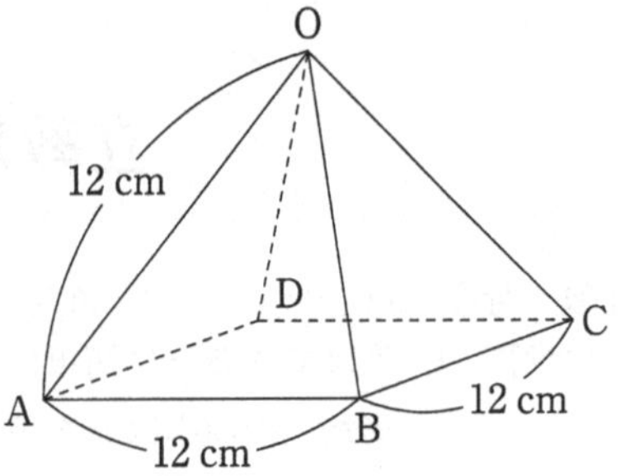

〔2〕　図のような正五角形 ABCDE の頂点 A に点 P があります。さいころを 1 回投げるごとに，点 P は以下のルールに従って左回りに先の頂点に移動し，何周も移動し続けます。

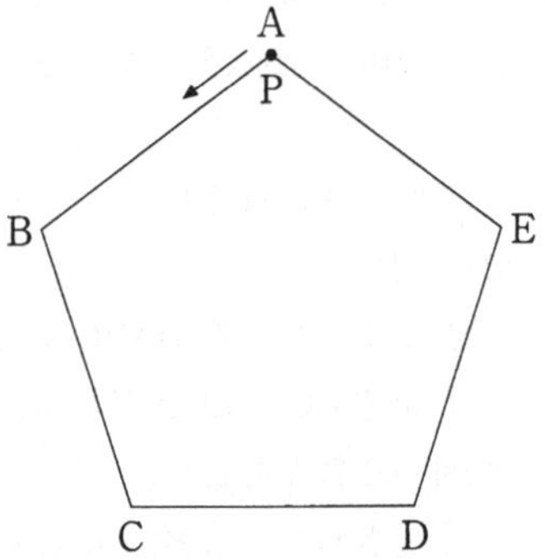

【ルール】

・さいころの目の数が 1，2，3 のとき，点 P は 1 つ先の頂点に移動します。

・さいころの目の数が 4，5 のとき，点 P は 2 つ先の頂点に移動します。

・さいころの目の数が 6 のとき，点 P は 3 つ先の頂点に移動します。

このとき，次の問いに答えなさい。

(1)　さいころを 2 回投げ終えたとき，点 P が点 A にある確率を求めなさい。

(2)　さいころを 3 回投げ終えたとき，点 P が点 A にある確率を求めなさい。

(3)　さいころを 4 回投げ終えたとき，点 P が点 A にある確率を求めなさい。

〔3〕　図のように，AB＝9 cm，BC＝8 cm，CA＝7 cm の△ABC があります。円 I は△ABC の 3 つの辺に接しており，円 O は△ABC の 3 つの頂点を通ります。また，円 E は 2 つの半直線 AB，AC と辺 BC にそれぞれ接しています。次の問いに答えなさい。

(1)　△ABC の面積を求めなさい。

(2)　円 I の半径を求めなさい。

(3)　円 O の半径を求めなさい。

(4)　円 E の半径を求めなさい。

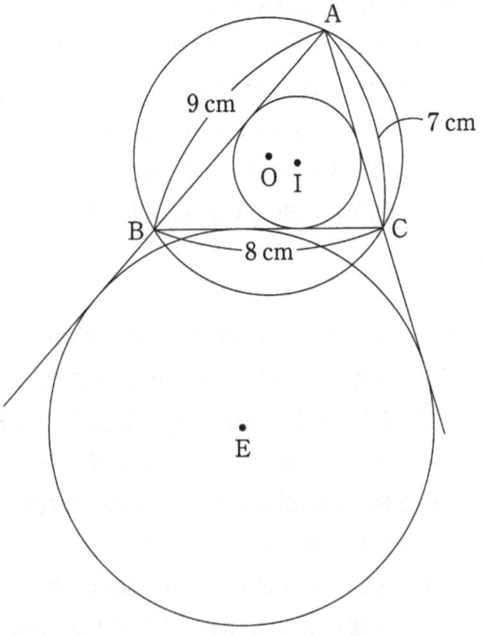

〔4〕 図のように，放物線 $y=ax^2$ と直線 $y=\frac{1}{2}x+4$ が 2 点 A，B で交わっており，点 B の x 座標は 8 です。また，点 P は放物線上を点 A から点 B まで動くものとします。次の問いに答えなさい。

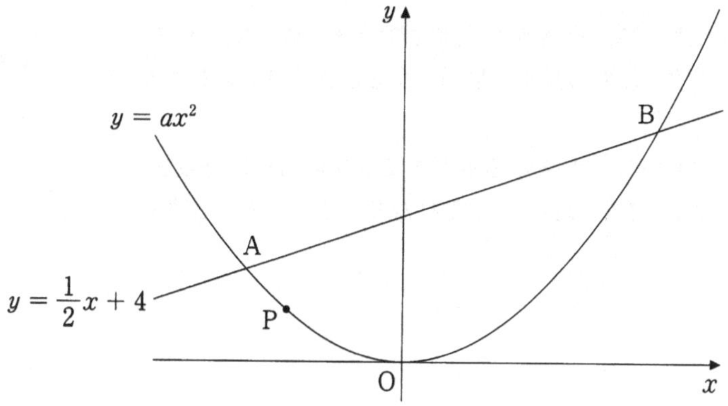

(1) a の値および点 A の座標を求めなさい。

(2) △APB の面積が $\frac{81}{4}$ になるとき，点 P の x 座標をすべて求めなさい。

(3) △APB が二等辺三角形となるとき，点 P の x 座標を求めなさい。

(4) △APB の面積が最大となるとき，△APB の面積を求めなさい。

〔5〕 底面の半径が 2cm，母線の長さが 12cm の円錐があります。この円錐を，母線の中点を通り底面と平行な面で切断して，図 1 のような立体をつくります。また，AB は底面の円の直径，CD は切断面の円の直径を表し，AB // CD です。次の問いに答えなさい。

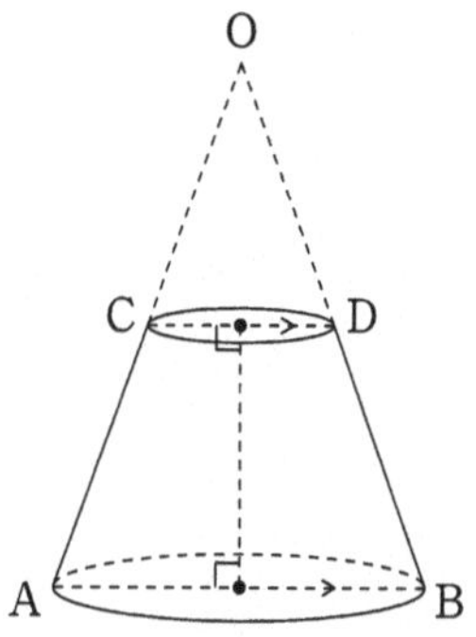

図 1

(1) 図 1 の立体において，右の図のように点 A から立体の周りにひもを 1 周巻きつけて再び点 A に戻します。ひもの長さが最短になるとき，ひもの長さを求めなさい。

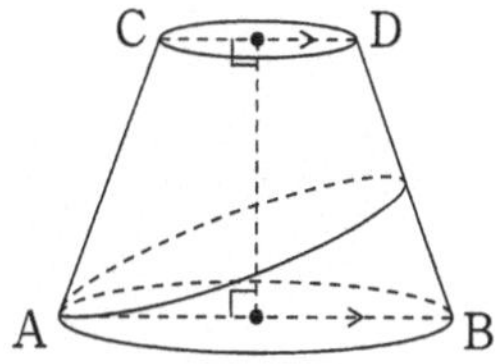

(2) 図 1 の立体において，右の図のように点 A から点 C まで立体の周りにひもを 1 周巻きつけます。ひもの長さが最短になるとき，ひもの長さを求めなさい。

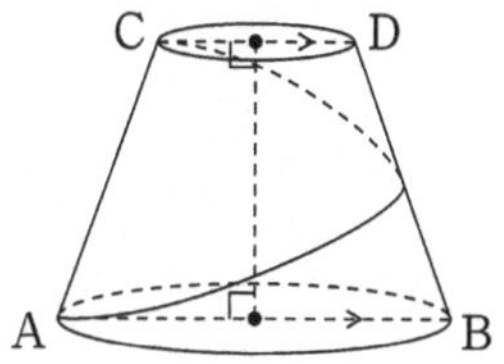

(3) 右の図2は，図1の立体を2個つくり，それらの切断面どうしをはり合わせたものです。また，EFは底面の円の直径を表し，CD // EFです。

① 図2の立体において，点Aから点Eまで立体の周りにひもを2周巻きつけます。ひもの長さが最短になるとき，ひもの長さを求めなさい。

② 図2の立体において，点Aから点Eまで立体の周りにひもを3周巻きつけます。ひもの長さが最短になるとき，ひもの長さを求めなさい。

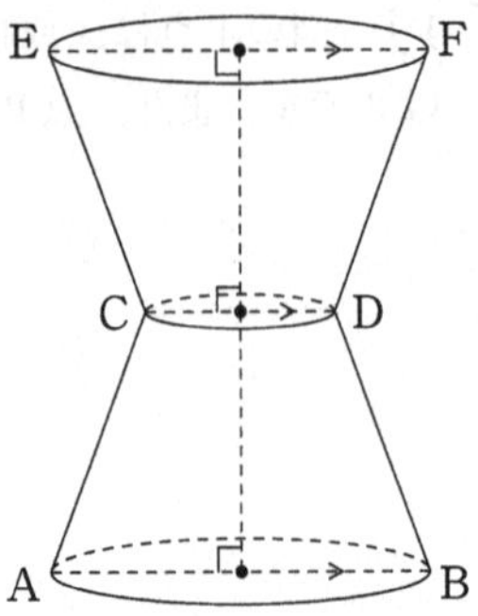

図2

【英　語】（60分）〈満点：100点〉

【Ｉ】リスニング問題　(1)

これから放送で，3 つのことがらについての説明が流れます。英語を聞いて，内容に当てはまる英語をそれぞれ 1 語で答えなさい。英語は2回流れます。

【Ⅱ】リスニング問題　(2)

これから放送で，ある 5 つの対話が流れます。対話を聞き，その最後の文に対する応答として最も適切なものを，放送される A～D の中から 1 つ選び，解答用紙の記号を○で囲みなさい。英語は2回流れます。

《2018リスニングスクリプト》

Ｉ
1. It is a notebook where you write the experience you have each day. What is it?
2. It is a list that shows the days, weeks, and months of a particular year. What is it?
3. This is the office or building that keeps money safely for its customers. What is this?

Ⅱ
1. M: Hi, Karen. Are you already at the theater?
F: Yes. I'm at the entrance. What about you?
M: I might be late. The train was delayed.
F: A) I don't feel like it.
B) I'll wait for you then.
C) I'm on the same train.
D) Well, you decide.

2. M: I'm going to this concert next Sunday. Do you want to come with me?
F: Sure. What time and where do you want to meet up?
M: Sorry, I haven't decided yet.
F: A) OK. Let me know.
B) You'll see.
C) That time will be fine with me.
D) It won't be late.

3. F: May I help you, sir?
M: Yes, one hamburger with French fries, and a coke please.
F: Is it for here or to go?
M: A) Yes, I'm new here.
B) It's sunny and warm outside.
C) Yes, I'm going to meet my friend.
D) I'm taking it home with me.

4. F: Green Hotel front desk, may I help you?

M: Yes, I'd like to make a reservation for dinner tonight at the French restaurant on the 2nd floor.

F: For how many and what time, please?

M: A) For four from 7 o'clock, please.

B) I'd like the dinner course starting at 7 o'clock.

C) My name is Yamamoto and my room number is 407.

D) I have 2 children and they go to bed at 9.

5. M: Mom, can I go out to play with Jack?

F: Well, have you done your homework?

M: A) It's math.

B) Jack finished his.

C) Almost.

D) It's at the park.

【Ⅲ】次の英文を読んで，各設問に答えなさい。

Once upon a time, many years ago, two friends named Ki-wu and Pao-shu lived in China. These two young men were always together. ①No cross words passed between them; no unkind thoughts broke their friendship. Many interesting tales might be told of their *unselfishness and of how the good fairy gave them a true reward for their kindness. Here is one story which shows how strong their friendship was.

It was a bright beautiful day in early spring when Ki-wu and Pao-shu set out for a walk together because they were tired of the city and its noises.

"Let's go into the ②heart of the forest," said Ki-wu lightly. "There we can forget the cares that worry us. There we can breathe the sweetness of the flowers and lie on the grass."

"Good!" said Pao-shu, "I am tired, too. The forest is the place for rest."

Like two happy lovers on a holiday, they passed along the curving road. Their hearts beat fast as they came nearer and nearer to the woods.

"For thirty days I have worked over my books," said Ki-wu. "For thirty days I have not had a rest. My head is so full of wisdom that I am afraid it will burst. I need a breath of pure air blowing through the green woods."

"And I," added Pao-shu sadly, "have worked like a *slave and found it just as tough as you have found your books. My master treats me badly. It seems good to get beyond his reach."

Now they came to the border of the woods, crossed a little stream, and jumped into the trees and bushes. For many hours, they walked around, as they were talking and laughing happily. When they suddenly passed round a bunch of flower-covered bushes, they saw ア)a block of gold shining in the pathway directly in front of them.

"Look!" said both at the same time, and pointed toward the treasure.

Ki-wu picked up イ) the *nugget. It was nearly as large as ウ) a lemon, and was very pretty. Ki-wu said, "It is yours, my dear friend," and handed it to Pao-shu, "it's yours because you saw it first."

"No, no," answered Pao-shu, "you are wrong, Ki-wu, because you were first to speak. The good fairy gave you a present for all your hard work of studying."

"For my study? Oh, that is impossible. The wise men always say that study brings its own prize. No, the gold is yours. I insist upon it. Think of your weeks of hard work — how your master made you work from day to night. Here is something far better. Take it. It's yours." He said and laughed.

They joked for some minutes. Each of them refused to take エ) the treasure for himself; each of them insisted that it should belong to the other. At last, the block of gold was dropped in the very spot at which they first found it, and the two went away, each happy because he loved his friend better than anything else in the world. In this way, they ③turned their backs on any chance of quarrelling.

"It was not for gold that we left the city," said Ki-wu warmly.

"No," replied his friend, "A day in this forest is better than any other thing."

"Let's go to the spring and sit down on the rocks," suggested Ki-wu. "It is the coolest spot in the whole forest."

When they reached the spring, they were sorry to find somebody already there. A countryman was lying on the ground.

"Wake up, fellow!" cried Pao-shu, "there is money for you near by. Up along the path, ④a golden apple is waiting for some man to go and pick it up."

Then they explained the exact spot of the treasure to the man, and were delighted to see him go out to search.

For an hour they enjoyed each other's company, talking of all the hopes and dreams of their future, and listening to the music of the birds on the branches.

At last they were surprised at the angry voice of the man who went after the nugget. "What trick did you play on me, boys? Why do you make a poor man like me run his legs off for nothing on a hot day?"

"What do you mean, fellow?" asked Ki-wu. "Didn't you find the fruit we told you about?"

"No," he answered with anger, "but in its place there was a monster snake, and I cut it in two with my sword. Now, the gods will bring me bad luck for killing something in the woods. You can't get me out of this place by such a trick. You'll soon find you are wrong because I was the first one at this spot and you have no right to give me orders."

"Stop talking, and take オ) this money for your trouble. We thought we were doing you a favor. Come, Pao-shu, let's go back and have a look at this wonderful snake hiding in a block of gold."

The two laughed happily and they left the countryman and turned back in search of the nugget.

"If I am not mistaken," said Ki-wu, "the gold lies beyond カ)that fallen tree."

"Quite true. We will soon see the dead snake."

Quickly they went along the road and looked around the ground. When they arrived at the spot at which they left the treasure, they were surprised to see that there wasn't the block of gold, and there wasn't the [⑤], either. But, instead, they found two beautiful golden nuggets, each larger than the one they saw at first.

Each friend picked up one of these treasures and handed it to the other with joy. "At last キ)the fairy gave you a reward for your unselfishness!" said Ki-wu. "Yes," answered Pao-shu, "by allowing me [⑥]." (出典：*The Golden Nugget* (storyberries.com), Revised)

＊注：unselfishness 利己的でないこと　slave 奴隷　nugget かたまり

問1 下線部①の表す内容に最も近いものを１つ選び，記号で答えなさい。

ア 2人はまったく口をきかなかった。

イ 2人の間では意地の悪い言葉が飛び交うことはなかった。

ウ 2人は言葉に出さなければまったく意思疎通ができなかった。

エ 2人はお互いの邪魔になるようなことはしなかった。

問2 下線部②の表す意味に最も近いものを１つ選び，記号で答えなさい。

ア a part in the chest that sends blood around the body

イ the place in a person that the feelings are thought to be in

ウ the part that is in the center of something

エ a thing often red, and used as a symbol of love

問3 下線部③とほぼ同じ意味で置き換えられる語を１つ選び，記号で答えなさい。

ア changed　イ avoided　ウ took　エ finished

問4 下線部④と同じ内容を指す語句を本文中の波線部ア)～キ)より**全て**選び，記号で答えなさい。

問5 [⑤] に入る英語を，本文中から**1語で**抜き出しなさい。

問6 [⑥] に当てはまるものを1つ選び，記号で答えなさい。

ア to give you happiness

イ to play a trick on the countryman

ウ to get back the place from the countryman

エ to be free from the master

問7 次の２つの質問に適する答えをそれぞれ１つずつ選び，記号で答えなさい。

(1) Why did Ki-wu and Pao-shu explain to the countryman where the treasure was?

ア Because the countryman had a sword and was very frightening.

イ Because they wanted the countryman to be rich.

ウ Because the countryman asked them where the treasure was.

エ Because they wanted to use the place the countryman was lying on.

(2) What did the countryman say about killing something in the woods?

ア Something bad will happen because of the gods.

イ The gods will come to take the thing you killed.

ウ The gods will give you some money.

エ The woods will tell the gods about it.

問8 本文の内容に合致するものを3つ選び，記号で答えなさい。ただし，解答の際はア～クの順番になるように記入すること。

ア Ki-wu and Pao-shu set out for a walk because they wanted to find a treasure.

イ Ki-wu was tired because he was studying for a month without any break.

ウ Ki-wu tried to find a place to hide from his master.

エ When the two boys were passing round a bunch of flower-covered bushes, they reached the spring.

オ The countryman could not find the treasure, but instead he found some fruits in the woods.

カ The two boys were happy because they liked each other very much and there was nothing more important than their friendship.

キ The countryman found not only the nugget but also the monster snake and cut it in two with his sword.

ク The countryman was angry because he thought Ki-wu and Pao-shu told him a lie.

【Ⅳ】 次の英文を読んで，各設問に答えなさい。

Not long ago, many parents wondered at what age they should give their children the car keys. Nowadays, parents face a difficult question. At what age should a child have a smartphone?

The topic is often heard when children get smartphones at an ever younger age. On average, children are getting their first smartphones around age 10, according to the research company Influence Central, down from age 12 in 2012. Some children start having smartphones sooner — including second year students as young as 7, according to Internet safety experts.

Common Sense Media, a *nonprofit organization, advises more strict rules. They say children should get smartphones only when they start high school — after they have learned self-control and the value of face-to-face communication.

Common Sense Media also researched 1,240 parents and children and found 50 percent of the children said that they could not live without their smartphones. It also found that 66 percent of parents felt their children used smartphones too much, and 52 percent of children agreed. About 36 percent of parents said they *argued with their children daily about phone use.

So how do you determine the right time? Taking away smartphones from children will not please smartphone makers. [A] Some experts said 12 was the right age, while others said 14. All agreed later was safer because smartphones can be a habit that takes away time for schoolwork and causes problems of *bullying or child *abuse.

There is also human health to think about. The *prefrontal cortex, a part of the brain that controls *impulse, continues to develop till people become around 25 years old. (1) parents should not be surprised if younger children with smartphones cannot control themselves.

Smartphones surely bring benefits. With the phones, children can get powerful *apps, including education tools for studying, chat apps for connecting with friends and a lot of information on the web.

(2), they are also one step closer to bad games, violent apps and *social media apps, and there, children are often bullied. Even older children are not safe. Last year, at least 100 students at a Colorado high school were caught because they traded unpleasant pictures of themselves on their mobile phones.

Ms. Weinberger, who wrote a smartphone and Internet safety book, said, "In the end, such bad points are stronger than the good points. If you don't give smartphones to children, they still have a chance to use computers and *tablets. The main difference with a smartphone is that it is with a child everywhere, including places outside of parents' control."

There are some phone *settings that can help keep children safe when they get smartphones. *Apple has a lot of *functions that allow parents to control their children's phones. (3), it can cut adult content and stop children using phone data and so on.

*Android phones don't have similar *built-in parents' control settings, (4) there are many apps in the Google Play app store that let parents add *restrictions. Ms. Weinberger picked up the app Qustodio, which lets parents watch their children's text messages, stop apps at certain times of day or even shut off smartphones from another place. While that is a very strict way to control children's smartphones, Ms. Weinberger said her job as a parent was not to make her children like her. She said, "My only job as a parent is to prepare you for the day you leave. So, I have to keep you safe, and you're not going to like some of the things I say — and [B]"

(出典:*The New York Times* 2016, Revised)

*注:nonprofit organization 非営利組織　argue 口げんかする　bullying いじめ　abuse 虐待
prefrontal cortex 前頭葉　impulse 衝動　apps アプリ　social media ソーシャルメディア
tablets タブレット型端末　settings 設定　Apple 携帯電話規格のひとつ　functions 機能
Android 携帯電話規格のひとつ　built-in (機械等に)組み込まれた　restrictions 制限

問1 次の(1)~(5)の質問に適する答えをそれぞれ1つずつ選び，記号で答えなさい。

(1) Which is true about the relationship between age and smartphones?

ア Few children are getting smartphones right after their 10th birthday.

イ The age when children get their smartphones is getting younger these days.

ウ At the age of 12, children are allowed to have their first smartphones in many countries.

エ Parents ought to buy a smartphone for a seven-year-old child.

オ 66% of parents still don't know when to give their children smartphones.

(2) Which is true about the good points of a smartphone?

ア A smartphone can give children a world full of information and communication tools.

イ A smartphone can improve school grades of any users.

ウ A smartphone can make your health better by powerful apps.

エ A smartphone can help children develop logical thinking skills.

オ A smartphone can save children from the problems often found in school.

(3) What does Common Sense Media say in this article?

ア More than half of the researched parents say that they usually talk with their children about how to use their smartphones.

イ Less than half of the researched children think that they use their smartphones too much.

ウ Most of the children say they can not imagine life without smartphones.

エ High school children should get smartphones after they know the benefit of talking directly in person.

オ High school students shouldn't get smartphones because they don't know how to control themselves.

(4) What does Ms. Weinberger want to say?

ア She wants to help her child to grow fast and to leave the house.

イ Children should get smartphones because their parents can keep them safe.

ウ Smartphone makers should make more apps so that parents can control their children's smartphones.

エ She doesn't like to limit her child's smartphone functions and apps.

オ Smartphones are sometimes less safe than computers and tablets.

(5) Which is the best title for this article?

ア The Value of Face-to-Face Communication

イ How to Use Parents' Control Settings

ウ The Advantages of Children's Use of Smartphones

エ The Effects of Smartphones on Our Brains

オ Right Ages for Children to Get Smartphones

問2 第5段落中の［ A ］に当てはまるものを1つ選び，記号で答えなさい。

ア The later you give your children smartphones, the unhappier children become.

イ The sooner you give your children smartphones, the happier children become.

ウ The longer you wait to give your children smartphones, the worse.

エ The longer you wait to give your children smartphones, the better.

問3 文中の(1)から(4)のそれぞれに当てはまる英語の組み合わせをア～エから1つ選び，記号で答えなさい。ただし，文頭に来る語も小文字で示してあります。

	(1)	(2)	(3)	(4)
ア	though	for example	however	that's why
イ	for example	though	that's why	however
ウ	that's why	however	for example	though
エ	though	that's why	however	for example

問4　文章末の［B］に当てはまるものを1つ選び，記号で答えなさい。

ア　that's not good.

イ　that's O.K.

ウ　that's unbelievable.

エ　that's not comfortable.

問5　以下の内容について，自分自身の意見を具体例や理由を交えて**40語以内**の英語で書きなさい。

「あなたは現在スマートフォンを持っていません。スマートフォンを買ってもらうために，あなたなら保護者をどのように説得しますか。」

【V】以下の対話はあるモノとモノとの会話である。［A］と［B］は何であるか，それぞれ**日本語で**答えなさい。

［A］: You know, I'm really sorry.

［B］: For what? You didn't do anything wrong.

［A］: I'm sorry, you get hurt because of me. When I make a mistake, you're always there for me. But every time you rub out my mistake, you lose a part of yourself. You get smaller and smaller every time.

［B］: That's true, but I don't really mind. You see, I was made to do this. I was made to help you when you do something wrong. So, stop worrying, please. I don't like seeing you sad.

【VI】以下の会話文を読み，空所［1］～［4］に入る文をそれぞれ1つ選び，記号で答えなさい。

Bob is planning to move to a new house. He is asking Alex for advice.

Bob :　Do you have any helpful hints for preparing to move out of my home?

Alex :　The first thing you should do is to make a list of things you need to do. Then try to think of what to do first.

Bob :　What kinds of things should be on my list?

Alex :　［　　1　　］

Bob :　That is a good idea because I have too many things.

Alex :　Also, you should arrange a truck for moving.

Bob :　Can I begin packing things now?

Alex :　Yes, just keep in mind you should not pack the things you are using now.

Bob :　［　　2　　］

Alex :　You can simply have all the public services shut off on your moving day, but you might want to talk about it with the new owner.

Then on the moving day, Bob is talking with his wife, Kay.

Bob :　Is the moving truck here yet?

Kay :　Yes, it just pulled up to the corner. Here we go!

Bob : Could you double-check and make sure that everything is in the boxes?

Kay : I've already done that.Would you like me to put our suitcases into the car?

Bob : Yes. [3]

Kay : I am so glad that we took the time to pack our valuable things into suitcases.

Bob : Would this be a good time to pack the frozen food?

Kay : No. I think that we should wait until the very last minute to do that.

Bob : Then, I am going to take the dog for a walk so that he doesn't get too stressed out as the movers are working.

Kay : [4] The dog can wait.

ア Do you think it's the first thing to do?
イ Let's put that together.
ウ You can walk it after cleaning.
エ Let them do that.
オ Should I schedule my electricity and gas to be shut off?
カ I think we don't need the list right now.
キ This would be a good time to do that.
ク We have time to write that down.
ケ You should get rid of any extra things by having a garage sale.
コ Would you compare that with me?

【Ⅶ】 次の各組の文がほぼ同じ意味になるように，(　　)内に適語を入れなさい。

1. { Can I open the window?
   Do you mind (　　)(　　) open the window?

2. { Do you know how to use the computer?
   Do you know the (　　)(　　) using the computer?

3. { We were not able to have our school festival because of the typhoon.
   The typhoon (　　)(　　) impossible (　　) us to have our school festival.

4. { I am against your idea.
   I (　　)(　　) to your idea.

【Ⅷ】 日本語に合うように，〔　　〕内の語句を並べかえて意味の通る英語にしなさい。解答の際は A と B に入るものを記号で答えなさい。ただし，文頭に来る語も小文字で示してあります。

1. 何か面白い読み物を持っていますか。
〔ア anything / イ do / ウ have / エ interesting / オ read / カ to / キ you〕?
____ ____ __A__ ____ __B__ ____ ____?

2. そのテストを受けるかどうかはあなた次第です。
Whether you 〔ア is / イ not / ウ take / エ test / オ to / カ the / キ or / ク up / ケ you 〕.
Whether you ____ ____ ____ __A__ ____ ____ __B__ ____ ____.

3. 彼がなぜ昨日そこへ行ったのか誰にもわかりません。

〔ア knows / イ there / ウ why / エ no / オ went / カ he / キ one 〕yesterday.

______ ___A___ ______ ______ ___B___ ______ ______ yesterday.

4. メアリーはトムの約3倍の本を持っている。

〔ア books / イ three / ウ Mary / エ about / オ has / カ as / キ as / ク Tom / ケ many / コ times〕does.

______ ______ ______ ___A___ ______ ______ ___B___ ______ ______ ______ does.

5. その店に行く道は彼しか知らないのですか。

〔ア the way / イ that / ウ the / エ the shop / オ person / カ knows / キ only / ク is / ケ he / コ to〕?

______ ___A___ ______ ______ ______ ___B___ ______ ______ ______ ______?

なさい。

問六　傍線部⑥「さあ、走れ。走ってみせてくれ」と思うのはなぜか。その理由として最も適当なものを次の中から選び、記号で答えなさい。

ア　息子を預ける学校の校長として、生徒には負けても昔と変わらず頑健な人間であってほしいという願望があるから。

イ　たとえビリでゴールすることになっても、元気に最後まで走りきることが「彼」にふさわしいと思っているから。

ウ　昔と違って衰えたみじめな姿を見せられては、昔の「彼」を憎悪することが難しくなってしまうから。

エ　たとえ過去にひどい仕打ちを受けたとはいえ、「彼」の生徒であった以上、どうしても応援したくなるから。

問七　空欄［⑦］に当てはまる漢字一字を答えなさい。

問八　傍線部⑧「彼の出世をよろこんでやっていいだろう」と思ったのはなぜか。その理由をわかりやすく説明しなさい。

ん、そこにいる子供づれの中年男が昔の教え子の一人であるとは気づくはずもなかった。

　だが僕が見たのは、なつかしいといってもいいあの顔だ。昔とかわらぬ浅黒い顔。ビンタをくらうたんびに、そのばかでかい手のひらに、むれたような体臭や安*ポマードとタバコのにおいを嗅がされたものだったが。……

　彼はいまやお上品な海辺の住宅地の、金のにおいのぷんぷんする父兄にとりかこまれた校長先生だった。感じよく年をとって、昔のあの馬糞や下肥えの臭いをきれいに消し去っていた。上等の化粧品をつかい、からだじゅうから盆暮のつけとどけのにおいを発散させていた。眼鏡のつるさえ、とりかえたようだった。どこのドブから拾ってきたかと思うような汗くさい鉄縁の代りに、なんとなくインテリ風の眼鏡をかけていた。おそろしく度の強そうな不気味にふくらんだそのレンズ。それを通してながめる世の中の景色も、二十何年のあいだにはうまいぐあいに変化したのだ。

⑧（彼の出世をよろこんでやっていいだろう。）

　ふとそう思った。それからこうも思った。

（今度は、おれの息子を預けるのか。）

　そうして僕は二人の子供の手をひいて、ゆっくり運動場を出てきた。

（阿部　昭「川」）

（注）　*ポマード……整髪料。

問一　傍線部イ～ニのカタカナを漢字に直しなさい。

問二　傍線部①「僕らの内をながれる川」について説明した次の一文の空欄［Ⅰ］・［Ⅱ］に当てはまる表現をそれぞれ十字以内で記しなさい。

常にそこに［Ⅰ］が、一方で［Ⅱ］もの。

問三　傍線部②「なるほどと思った」のはなぜか。その理由として最も適当なものを次の中から選び、記号で答えなさい。

ア　校長という立場にある者として、体罰は絶対に許さないという自分の指導方針を全職員に徹底するのは当然だと思ったから。

イ　今は自分が生徒だったころとは違って民主的な教育が要求されている時代であり、「彼」はそれをよく理解していると思ったから。

ウ　自分の信念を曲げることなく貫き通すという点においては、一教員に過ぎなかった昔も出世した今も変わっていないと思ったから。

エ　時代や立場の変化に応じてうまく立ち回る要領のよさを持ち合わせていたからこそ、「彼」は校長になれたのだと思ったから。

問四　傍線部③について。「いかにもと思った」のはなぜか。その理由として最も適当なものを次の中から選び、記号で答えなさい。

ア　生涯教育の重要性を考えれば、子供だけでなく親の教育にも力を入れるのは、「彼」なら考えそうなことだと思ったから。

イ　保護者の歓心を買い、ご機嫌をとることで私腹を肥やそうとするのは、「彼」なら考えそうなことだと思ったから。

ウ　戦時中の強圧的な教育を自ら否定し、それを償うために休日を犠牲にし、奉仕活動をするのは「彼」らしいと思ったから。

エ　進学率が上がり、保護者の多くが古典に関心を持っていることを察知し、その要望に応えようとするのは「彼」らしいと思ったから。

問五　空欄［④］・［⑤］に当てはまる語をそれぞれ漢字二字で答え

も愛嬌《あいきょう》もなく、幼い教え子たちをひきはなして、得意［⑤］、父兄たちの前をひた走って行く彼を。

ところが、違った。彼は断然ビリを走っていた。その差は一目瞭然だった。話にならなかった。ここでも僕は思い違いをしていたのだ。僕らが六年のとき、どうやっても彼を抜けなかった。それほど彼は速かった。彼はうしろを振りかえりふりかえり僕らをからかいながら走るくらいの余裕があった。それは僕らが敗戦前後の栄養失調で、発育もわるく、いつも腹を空かしていたからか。そして、いまの子供たちは、六年生でもう大人並みの二キャクリョクがあるからなのか。

どうかすると僕は、彼がこんなにも老いぼれてしまったとは想像もしないでいた。血気さかんだった昔の彼の、直立不動の号令や、武道の気合いや、馬糞《ばふん》ひろいのモッコの中味を憑《つ》かれたように点検する目つきを忘れかねていた。だから、走って下さい。走って、元気なところを見せて下さい。そういいたかった。

あの頃、ぼくたちはあなたのいうことなら、何でもきき、何でも信じた。馬糞牛糞をわしづかみにできるものこそ、勇気ある真の少国民である、とあなたがいえば、ぼくたちは信じた。馬糞の拾いかたが少ないといって殴られれば、ぼくたちはもっともだと思った。そうして汗みどろになって掻《か》きあつめた馬や牛の糞を、ぼくたちはあなたの顔になげつけてやってもよかったのに、そうはしなかった。それはまことに貴重なものであり、ぼくたちの遊び場をどんどんけずりとって行く学校菜園の、食べられる植物たちの生長をたすけてくれた。おお、ぼくらがひろった馬糞牛糞でそだったぼくらの痩《や》せた野菜よ！　それをやがてみんなで掘りおこしたとき、あなたはぼくたちに、一本二本とかぞえながら惜しそうに配給した。そして、自分の分を一貫目二貫目とハカリにかけてその大きな包みをぼくたちに背負わせ、放課後、あなたの家まではこばせた。やっぱり飢えて口数すくないあなたのすすけた女房やハナたれどもがいる家まで。

⑥さあ、走れ。走ってみせてくれ。二十年後の余興として、これは出色のアイデアだ。

僕は待った。彼は生徒の中のビリの子がゴールにたどりついてからもなかなかあらわれなかった。おそらく彼にしたって、自分がもう百メートルも満足に走れぬほど弱っているとは思わなかったのだろう。年に似合わず敏捷《びんしょう》なところを職員やＰＴＡのご婦人たちに見せたかったのだろう。

「先生がビリだ！」

「先生がビリだ！」

何も知らない僕の息子どもが口をそろえてさけんだとき、僕はちょっぴり昔の先生の肩をもってやりたい気持だった。彼がビリになって、すっかり青ざめて、満場環視のゴールに倒れこむように入ってきたとき、僕はほんのすこし胸が痛かった。あとは見ていたくなかった。

［⑦］番はおわった。僕はあいかわらず鉄棒にもたれ、風に吹かれていた。この僕にしたって、もう百メートルをいまどきの六年生のように走りぬくことは容易ではないだろう。

僕が子供たちをうながして帰りかけたとき、校長がテント小屋から出てきた。着換えに行くのか、便所にでも行くのか、彼はややうつむき加減に、やれやれといった白けた風情で歩いてきて、すれちがった僕をちょっと目をあげて見た。そして、またうつむいて通りすぎて行った。もちろるだけである。冬のある真夜中に、僕はその橋の上をイモウレツなスピードで走りすぎながら、車の窓から紙袋に入れた生まれたばかりの猫の仔《こ》を二匹、真っ暗な引地川の水面に投げこんだ。

　こうして土地そのものはもちろん、おそろしいいきおいで変って行くが、人間はきっとそれ以上なのだ。①僕らの内をながれる川、というものもあるにちがいない。

　ついこないだ、僕は昔の国民学校の受け持ちの先生にめぐりあった。彼がめぐりめぐってこの海辺の小学校の校長に栄転してきているのを僕は知らなかった。二十何年といえば長い歳月だ。だが、平の教員から校長先生までといえば、もっと長いロヘンレキだ。そのあいだ、僕はただの一度も彼を見なかった。見たいとも思わなかった。おぼえているのは、二十何年まえ、毎日のように殴られたことだけだった。

　ところが、彼が校長に着任すると同時に、全職員をあつめて、ちょっとでも生徒に体罰を加えたりしたら容赦しないとハセンゲンしたという話をきいて、②僕はなるほどと思った。また彼が、日曜日ごとにこの町の公民館の成人講座で、着かざったＰＴＡの婦人連を前に万葉集や古今集の話をしているともきいて、③いかにもと思ったのだ。たしかに、いまはそういう時代だ。

　二十何年ぶりにその先生を見たのは、運動会の日だった。午後になってから僕は二人の子供をつれて出かけた。上の息子がらいねんその小学校にあがることになっていたからだ。それに僕には遠くからでも一と目あの先生の顔を見てやろうという下心があった。ところが、それ以上のものが見られたのである。

　ちょうど六年生の百メートル決勝という、その日の大詰めの種目がはじまるところで、スピーカーの声が最後にこういった――

「この最終レースには、校長先生が選手の皆さんといっしょに走られます。どうか声援をおねがいします。……」

　すると、派手なブルーのトレーニングシャツとパンツの男が、来賓の連中に冷やかされながら自分の席を立ち、テント小屋の外へ出てきた。男はテント小屋のうしろの空地で準備体操らしき手ぶり足ぶりをあわただしくやってから、［④］づけにその辺をさっさとランニングしはじめた。当時からスポーツマンを自負していただけあって恰好《かっこう》だけはなかなかのものだった。

　僕は二人の子供の手をひいて、近くの鉄棒にもたれて見ていた。……二十何年間の変りようが僕をおどろかしたというだけでは十分でない。こんな小さな男だったか、とまず思った。往復ビンタでおそいかかってくるとき、あんなに大男に見えたあの先生が。だがそれはむりもないことだった。僕らが彼に殴られながらもすくすくと育ったのに、むこうはローソクみたいに少しずつちびて行ったのだから。

　近づいて名乗りをあげたらどんなものだろう？――先生、覚えておいでですか。二十何年まえ、藤沢の国民学校でお世話になった何某《なにがし》です。らいねんは僕の息子がまたお世話になります。そう話しかけてみたら？

　だが僕は二十何年たってもそんな感心な生徒ではなかった。この生徒は、ただ秋風に吹かれて、遠くから昔の教師のみょうによわよわしい首すじを眺めることのほうを好んだ。それは、いかにも孤独な初老の男の首すじだった。

　ドンが鳴った。運動場じゅうが喊声《かんせい》につつまれた。

　人垣を通して、僕は彼が走っているのを見ようとした。きっと大人げ途方もない「無智」の人という設定は、万能の「智者」と同じくらい極端すぎて現実味に乏しい。それよりも姑息《こそく》な「賢だて」の方が、読者にとっては知り合いの誰かを連想させてリアルに感じられ、より大きな笑い声を引き出す効果が高かった。知らないと恥をかく常識の水準も現実的な線引きが好まれ、それが当時の常識力を推し量る目安にもなった。しかも時代が下るとともに常識のラインも底上げされ、些細《ささい》なルールやマニアックな専門知識、ちょっとした流行語などにホ疎い人が容赦なく笑われるようになっている。それだけ社会常識として年々上積みされていく様子が、間接的に把握できる。

（西田知己『日本語と道徳』）

（注）＊無住……『沙石集』の作者。
＊日葡辞書……日本語をポルトガル語で解説した江戸時代の辞書。

問一 傍線部イ～ホについて。カタカナは漢字に直し、漢字は読みをひらがなで記しなさい。

問二 傍線部①「口ごもってしまった」のはなぜか。その理由を「矛盾」という語を用いて説明しなさい。

問三 傍線部②「智恵出でて大偽あり」といえるのはなぜか。その理由を述べている一文を探し、最初の五字を抜き出しなさい。

問四 傍線部③「江戸時代」の「智恵」の特徴について述べている部分を十五字以内で抜き出しなさい。

問五 傍線部④「薬屋のまさかの無知」とあるが、「まさか」としているのはなぜか。その理由を説明しなさい。

問六 空欄 ⑤ に当てはまる文を次の中から選び、記号で答えなさい。

ア いくらか尊大に構えたり、実際以上に自分の知恵を見せびらかしたりすること。
イ わざと自分の知恵を出し惜しみすることで体面を保とうとすること。
ウ 自分のしてしまった失敗を取りつくろうために知恵をしぼること。
エ 知恵があることを誇りに思い、相手を必要以上に見下してしまうこと。

問七 次のア～オそれぞれについて、本文の内容に当てはまるものには○、当てはまらないものには×をつけなさい。

ア 『醒睡笑』の内容を通して、当時の人々の常識を読み取ることができる。
イ 『醒睡笑』は、『沙石集』や『徒然草』の伝統をよく引き継いでいる。
ウ 『醒睡笑』では、『沙石集』が説く「智恵」のあり方が批判されている。
エ 『醒睡笑』の笑いから、『徒然草』の流布の様態をかいま見ることができる。
オ 『醒睡笑』を読むことで、当時の人々は常識力を養っていた。

三

次の文章を読んで、後の問に答えなさい。

こんな土地のことは、いくら話してみてもはじまらない。川や海のことにしたってそうだ。もう川を見ることはめったにない。いちばんよく渡ったあの稲荷《いなり》橋も、名前だけはそのまま残して、大きなコンクリートの橋になった。はだしで歩いた砂の道も、舗装されて立派なハイウェイになった。いまでは、子供たちをつれて海へ行くとき、その上を車で通ある一話では、賭博で大損して行き詰まった主人公が剃髪《ていはつ》して僧侶になり、法華宗のお寺に押しかける。経文も万全だと大見得を切り、一応入門を許されたと思ったら、檀家《だんか》の前でお経を唱える翌日のメンバーに加えられてしまった。夜通し練習してみたところで身につくはずもなく、窮余の一策として、若い頃に薬屋で奉公していたときに習い覚えた漢方薬の名前をひたすら並べて乗り切ることにした。

当日、例の男が十人の僧侶による読経に紛れて「桔梗《ききょう》、人参《にんじん》、続断《ぞくだん》、白朮《びゃくじゅつ》、干姜《かんきょう》、木香《もっこう》、白芷《びゃくし》、黄蓮《おうれん》」と唱えたところ、たまたま参列していた薬屋の主人が耳にして心底驚いた。普段仕事で取り扱っている薬は、どれも法華経の大切な言葉に入っていると誤解して感動し、にわか坊主の後ろ姿を一心に拝んだ。どっちもどっちという結末で、付け焼刃の僧侶の浅知恵を上回る④薬屋のまさかの無知という具合にも受け取れる。

無理矢理経文に仕立てられた漢方薬の名は、『醒睡笑』がまとめられた江戸初期の人たちにとっては、たいてい馴染《なじみ》のある品々だった。それを経文にも出ている言葉と受け取れば、笑われてしまうのも仕方がない。本物の経文が通常どんな内容なのか知らない無教養な人とみなされ、お里が知れてしまう。

『醒睡笑』巻三には「不文字《ふもじ》」という項目があり、こちらは同じ無学でも経文ではなく、読み書き自体が苦手な一般の人たちが登場する。その一作には、『徒然草』のことを中途半端にしか知らない見栄っ張りの姿が描かれている。『徒然草』を愛読している人がいて、その魅力を語っていたら、知ったかぶりの男が横からしゃしゃり出て口をはさんだ。末尾の「草」から「徒然草」を植物の一種と早合点し、いくら食べやすいからといって、和《あ》え物にしても食べ過ぎると体に毒だと得意げに講釈したのだった。

今や有名すぎるほど有名な『徒然草』も『孟子』の場合と同じく、広く読まれるようになったのは江戸時代に入ってからのことだった。版本が刊行されて出回り、絵入り本や袖珍本《しゅうちん》（＝携帯できる小型本）などバリエーションも増えて、全国的に行き渡った。しかし室町・戦国期の段階では、知名度の高さとは裏腹に、実際に手に取って読んだ人はまだ少数派だった。だから、とりあえず『徒然草』という書名の知識さえあれば笑えるという イ塩梅に、話の設定が微調整されたのだろう。

すぐれた能力の持ち主のことを、平たい言葉で「賢い」とか「利口な」と形容することも多かった。『醒睡笑』巻二には、賢明なふりを装う人たちの ロ滑稽さを笑う「賢《かしこ》だ（立）て」という項目がある。*『日葡《にっぽ》辞書』は、「智恵」の説明を「智恵（＝ポルトガル語で「Saber」）」という単語の置き換えだけであっさり片づけ、すぐあとに「智恵立て」を置いて、「［　⑤　］」と解説している。この「智恵立て」も、「賢立て」の類語に属する。

『醒睡笑』の「賢だて」に収録された一話では、馬上の侍が道に落ちている銭貨を目ざとく見つけて「あれなる物」を取ってくれと中間《ちゅうげん》（＝付き人）に拾わせる。ところが拾い上げてみると、ただの柿のヘタだった。そのことを中間から知らされた侍は、もちろん承知していたと顔色ひとつ変えずに答え、馬がヘタを恐れるからお前に取り除かせたのだと言い逃れた。別の一話では、老いた父親が家の二階から降りようとしたとき、外にいた息子を客人と ハカン違いして ニテイネイに招き入れようとした。息子が「私で候《そうろう》」と教えると、お前に礼儀作法を教えてやるつもりだったと父は答え、必死に父親の威厳を保とうとしている。

とたんに①口ごもってしまった。

＊無住はそのありさまをふまえて、どれほど「多聞（＝博識）広学」でも過ちを認めず心の歪《ゆが》みを直そうとしない人は、どこまでも私欲が尽きないと指摘する。一方、本当の「智者」はたとえ博識でなくとも物事の「道理」をよくわきまえていて、自分の過ちをつねに見つめ直しているので、悟りの境地に近いという。このあと厳融房と同じ穴のムジナといえる僧侶の実例が追加され、上辺だけの僧侶が世間に増えてしまった現状を嘆いている。

同じく『沙石集』には、「智恵」の発達が嘘・偽りの発端になることをいう成句の②「智恵出《い》でて大偽《たいぎ》あり」があり、『徒然草』第三十八段にも「智恵出でては偽あり」が出ている。兼好法師によれば「智恵と心」こそすぐれた栄誉だが、賢者になりたいと願いすぎると「智恵出でては偽あり」ということになってしまう。むしろ本当の賢者は、世間でいうところの「智」や「徳」などとは無縁の存在だという。

右のような成句は、知識量の増加がただちに「大偽」に至ると結論づけているわけではない。それでも知識が増えるにともなって、おのずと非道徳的なことや、反社会的なことにつながる事柄に接する機会自体は増えていく。そうして成長とともに、身も心も垢《あか》まみれになりやすいからこそ、無知な赤ん坊を無垢《むく》な存在と賞賛する見方にもつながっていた。

しかし、③江戸時代になると「智恵」全体に占める仏教思想の割合はしだいに減り、世俗の知識を積極的に取り入れようとする動きが相対的に活発化した。とりわけ出版活動が盛んになるにともなって、読み書きそろばんのテキストや百科事典タイプの分厚い本も量産されるようになり、世の中の常識や暮らしの慣例・マナーといった情報がしだいに共有されるようになっている。これらの「智恵」は、かならずしも周囲と摩擦を引き起こす私欲に結びつかず、どちらかといえば周囲との協調をはかるための備えだった。

私心そのものといえる「慳貪《けんどん》」は、いつの時代でも戒めの対象になっていた。対する怠け者の「懈怠《けたい》」については、農作業やものづくりのような労働をさぼることだけでなく、不勉強のため素養や常識に乏しいことが一層大きく取り上げられるようになった。笑い話の世界では、教養を欠いた人たちがたびたびかり出され、常連の座を占めている。そのため彼らが誤解・曲解した知識や事柄を押さえていくと、当時求められていた社会常識としての「智恵」の水準をいくらか推し量ることができる。笑い話ならではの誇張については、慎重に見極めて割り引かなければならないが、誰もが知っている常識を作中人物が知らないという構図こそ、大きな笑いが巻き起こる格好の起爆剤になるのだった。

安楽庵策伝がまとめた『醒睡笑』巻一には、いわば策伝の同業者を取り上げた「無智の僧」という項目があり、文字通り「智恵」のなさをテーマに掲げている。もちろん、仏教思想の理想が託された「智者」は稀有な存在であり、その境地に達していないのを笑うわけではなかった。策伝が書き留めた「無智の僧」とは、たとえば経文をマスターしていないという、僧侶らしからぬ無教養の人たちだった。

しかも無学という人物設定は物語の導入部にすぎず、最後に用意されているオチは経文を知らないのを何とかごまかそうとしたり、必死に見栄を張ろうとしたりする浅はかさの方だった。不相応な名誉欲や功名心にとらわれた「慳貪しい」さが空回りして笑われ、小手先の浅知恵も含めた救いようのなさが「無智」と表現されている。

ん一瞬のものに過ぎません。

（佐藤亜紀『小説のストラテジー』）

問一　空欄 A ・ B に当てはまる語を次の中から選び、それぞれ記号で答えなさい。

ア　もちろん　　イ　ただし　　ウ　むしろ　　エ　もっとも

問二　空欄 ① に当てはまる表現を次の中から選び、記号で答えなさい。

ア　由々《ゆゆ》しき事態　　イ　苦々しい事態
ウ　仰々《ぎょうぎょう》しい事態　　エ　禍々《まがまが》しい事態

問三　傍線部②「言葉が言葉である」とはどういうことか。その説明として適当なものを次の中から選び、記号で答えなさい。

ア　それを用いる人々の間でのみ伝達の手段となりうるのが言葉であるということ。

イ　固有の意味を持ち、それを通してある情報を伝達するのが言葉であるということ。

ウ　意味以外に形や音などの要素を持ち、それら全ての総合が言葉であるということ。

エ　他の表現手段よりも強力に受け手の理解を促してくれるものが言葉であるということ。

問四　傍線部③「言葉によって圧殺されてしまう」のはなぜか。その理由として適当なものを次の中から選び、記号で答えなさい。

ア　言葉によってもっともらしく解釈することで、その作品を理解したかのような妄想を抱いてしまうから。

イ　もっともらしい解釈でわかった気になって、知覚によってその作品を受け止める機会を失うから。

ウ　もっともらしい解釈に従って、流れ行く音楽をそのつど言葉に置き換えながら受け止めようとするから。

エ　ひとつひとつの音を聴いていてもそれを解釈することで精一杯になり、音楽が楽しめなくなるから。

問五　傍線部④「ある種の遊技的闘争」と同じ内容の表現を、これより後の文中から十字以内で抜き出しなさい。

問六　傍線部⑤「深層の誘惑」を生み出すものは何か。文中から十字以内で抜き出しなさい。

二　次の文章を読んで、後の問に答えなさい。

広義の「智恵」の中には、知識というものがつねに一定の比重を占めている。仏教思想の立場では、知識が増えるにともなって煩悩《ぼんのう》もわき起こりやすいという考え方があり、この点については『沙石集』にも再三語られている。その一話に登場する厳融房《ごんゆうぼう》という僧侶は、すぐれた学識や教養にもかかわらず、非常に短気で怒りっぽかった。妹の子どもが死んだときには、嘆き悲しむ妹のもとを血縁でない人たちまで弔問に訪れたのに厳融房だけは姿を見せず、出向いて差し上げるよう弟子に進言されると腹を立てた。僧侶の妹なのだから、人との死に別れなど世の常と心得るべきだ、というのである。

遅れてしぶしぶ妹と会った兄は、「生老病死」や「愛別離苦」など、いつかは尽きる命について語って聞かせたが、妹の悲しみは尽きるはずもない。いよいよ兄が立腹したとき、怒りとは何かと妹が尋ねた。それは煩悩のひとつだと兄が答えると、達観しておられるはずのお兄さまが、それほどまでにご立腹なさるのはいかがなものですかと妹に切り返され、については次回にお話しすることにしましょう。

尤もらしい教養主義が惨憺《さんたん》たる悪影響を及ぼすのは、むしろ鑑賞者にとってでしょう。

芸術享受の現状において、鑑賞者は圧倒的に受動的な役割を強いられ、受動的なるが故の不安を抱えています――作品を挟んで、表現者と鑑賞者の間で、④ある種の遊技的闘争が展開されるのが芸術ですが、現状はあまりにも表現者の「表現」が強調されすぎ（読者の頭に物語を流し込むのが作者の務めだ、というような発想はその典型です）、鑑賞者はフォアグラの鵞鳥《がちょう》のようにその表現を口に押し込まれながら、芸術とは何よりまず表現者のものであり、自分たちは余計者に過ぎないと感じている。これで芸術に対して何の憎悪も感じないとしたら、その方がおかしいのは確かでしょう。

そこから出て来るのが、一つは、受動的な「消費者」として開き直り、作品に対する何の働きかけもなく安易に消費できる作品を丸呑《の》みにする姿勢、ＢＧＭ的に当たり障りのない作品をシニカルな薄笑いを浮かべながら受け流す姿勢です。表現者が鑑賞者の頭に何かを詰め込もうとすれば、当然、「好きにやって下さい」という消極的反抗を招くことになる。そしてそういう読み手のサボタージュを無条件の前提とするならば、丸呑みにしやすい作品、知覚をひと撫《な》でして消えて行くだけの作品が読み手に受け入れられた作品だ、ということになるでしょう。受け入れられてこその作品、という作り手の姿勢は、一見、読者とのコミュニケーションを目指しているように見えるかもしれませんが、実はこうした読み手のサボタージュを助長しているだけです。作品が表現者と鑑賞者の対話の場として機能するのは、安易な「コミュニケーション」としてではありません。

もうひとつは、その作品を前にした時、知覚を通して得られる匂いや感触、微妙な均衡や逸脱を素通りして、ありもしない主義主張やあってもなくてもいいイデオロギーだけを問題とする姿勢です。作品を構成する知覚に対する刺激は無視され、その組織化は打ち捨てられ、結果として、作品は存在しない、ただ論が存在するだけだということになるでしょう。今日、多くの評論家によって採られている姿勢です。

表現者と鑑賞者の関係は再調整される必要があります。一方的な送り手である表現者と、一方的な受け手である鑑賞者という関係からは、いかなる対話も生まれて来ません。もちろんこれは現実の対話ではなく、作品を介した言葉にならない対話です。作品は解かれるべき謎としてただそこにあって、受け手が読み解き、快楽を引き出すのを、時としては何世紀でも、待ち続けるものでなければならない。読み手は、脳味噌を開いて刺激が流し込まれるのを漫然と受け入れる習慣を諦めなければならない。

受け手に対しても読み手に対しても、従って、まず要求されるのは表面に留まる強さです。作品の表面を理解することなしに意味や内容で即席に理解したようなふりをすることを拒否する強さです。芸術作品を、あくまで知覚が受け取る組織化された刺激として、眺め倒し、聴き倒し、読み倒すものとすること、表面に溺《おぼ》れ、表面に死に、あくまで知覚のロジックにのみ忠実であること、⑤深層の誘惑を拒み、そこにあるとされる意味が知覚の捉えたものを否定したり、ねじ曲げたりするのを拒み通すこと。芸術を最も論理的たらしめるのはこういう姿勢です。「意図」や「意味」とだらしなくひと繋《つな》がりになった作品の論理性や深さなど、ほい——それどころか、音楽としてごく自然に判る、楽しめる人々を威圧し、こいつ本当は解っていないのではないかという疑念を一掃するためにも、彼らよりはるかに解らなければならない。

その結果出て来るのが、たとえばこういう言葉です——「運命はかく扉を叩《たた》く」。或いは「英雄の苦闘と勝利」。どうです？　まるで何か判っているように見えるでしょう？　もう少し手の込んだ「判り方」を披露したければ、五番をベートーベンの自伝に見立てて、ウィーン体制の閉塞感だのベートーベンの政治性だの苦悩だのを論じればいい。

ところで、実際彼が聴いたのは何だったのでしょう？　例のジャジャジャジャーン、がウィーン体制の政治的閉塞にぶち当たったベートーベンの苦悩に聴こえるとすれば、それは空耳です。音楽は、②言葉が言葉であるような意味では、言葉ではない。

問題なのは、我々にとって言葉の機能は純粋な聴覚や視覚よりはるかに強いということです。言葉で表現されると、ついそこに引き摺《ず》られてしまう。容易に言語化できるものが何もない音楽を聴くことよりは、たやすく何か言える音楽を聴くことの方が、深い、重要なことであるように思い込んで仕舞いかねない。全く無意味に音楽を享受することより、いかにも崇高そうな何かの絵解きとして音楽を理解することの方が深いと思ってしまいかねない。純粋に感性的な享受に留《とど》まるよりはるかに楽な、安易な、ただし身振りとしてはいかにももっともらしい「理解」——どれほど鈍い感性の主でも頭で理解できるものだけを並べ立てる「理解」は、芸術を純粋に享受することに対する不安を引き起し、尤《もっと》もらしいキャッチコピーに飛びつかせ、最後には理解の身振りを見せびらかすだけの俗物根性が残ることになります。かくて惑わされた聴衆はまさに音が音でしかない瞬間を享受し損ね、音によるより緻密な、繊細な、或いはダイナミックな表現の可能性は、③言葉によって圧殺されてしまうでしょう。

演奏家や作曲家、或いは画家については、それほど心配する必要はないのかもしれません。もちろん彼らも言葉に騙《だま》されます。芸術家が残した政治的・哲学的発言はほぼこの類であり、本人も大して真面目ではないだけに、問題とするには値しません。しかも、彼らが実際に作品を作り出す際に使用するのは言語による思考ではなく、音による思考、線と面と色彩による思考です。言語的思考によって動きを止められるようなものではありません。

詩人や小説家でも、実は同じです。意味は言語表現の一部に過ぎない。もし彼が書き手としての本能に忠実なら——意味だけではなく、音における、文字の形における、イメージや連想における、記述の動きにおける言語表現の可能性を敏感に感じ取っているとしたら、悪臭芬々《ふんぷん》たる思想や自己吐露はあったとしてもごく上っ面を汚しているだけ、ということになる筈ですし、それが表現の可能性を圧殺するとしたら、表現者としてはその程度だった、ということになるでしょう。媒体の具体的な手応えを感じながら働き掛け、造形すること——ひとつの作品を作り上げようという時に、媒体が示す微妙な抵抗や囁《ささや》きかけてくる微《かす》かな声や思いも掛けない形態をほのめかす媚態《びたい》に、応えるかどうかは別として、敏感に反応できなければ、鑑賞者の前に立ちはだかり、貪るような享受を通して自らを開示する作品を造ることはできないからです。もちろん、よき芸術家にとって「意味」が存在しない訳ではありません。作品を「意味」の絵解きとして仕上げるのとはまるで別の意味でですが、これ

【国　語】（六〇分）〈満点：一〇〇点〉

一　次の文章を読んで、後の問に答えなさい。

判《わか》るのか。判らないのか。これは確かに大きな問題でしょう。

最初に、大原則をひとつ示しておきます――あらゆる芸術を理解できることは望ましいが、どうしても必要という訳ではない、ということです。

美術も、音楽も、韻文も散文も理解できる、目利きである、ということは、勿論《もちろん》人間のあり方としては理想的でしょう。現代ではそこに漫画やゲームを入れる必要があるでしょうし、音楽にしても、ジャズもヒップ・ホップもクラシックも、が要求されているとは思います。ですが、ちょっと胸に手を当てて考えていただきたい訳です――本当にそんなことが可能かどうか。

知覚の発達は個々人によって相当に異なります。視覚が優位なことも、聴覚が優位なこともある。電話番号を覚える時、文字で書かれたものをちらりと見てすぐに掛けられる人もいるし、電話番号案内で聞いた番号をメモも取らずに掛けられる人もいる。一度見た光景は細部に至るまで写真的に記憶できる人がいる一方、一度聞いたメロディは絶対忘れない、それどころかスーパーで販促に流している音楽のノイズの入ったところまで覚えている人もいる。

言語にしても同様です。意味しか理解できないという人もいれば、語の音や形、或いは語勢の強弱の作り出す構造を読み取る人もいる。

とすれば、あらゆる人間があらゆる芸術を等しく理解できると想定することが、そもそも無理なのです。絵画には深い理解を示すが音楽はまるで駄目だったり、玄人はだしのピアニストだが最も単純な物語以上のものは理解できなかったり、小説に関しては素晴らしい目利きなのに着物美人がつつじの花を背景に立っているカレンダーを壁に掛けて何の不愉快も感じなかったり、というのは、[A]当《あた》り前のことで、恥じたり、欠陥だと思ったりする必要はまるでない。何なら、芸術全般全て駄目、であっても、別に構いません。芸術以外の全てに対してもまるで鈍感というのでもない限り、人生は、おそらくですが、何か別の楽しみを提供してくれるでしょう。[B]若いうちに、或いは年取ってからでも、絵画を楽しめるようになってみよう、音楽を楽しめるようになってみよう、小説を享楽できるようになってみようとするのは、悪いことではありません。ただ、それで判らないということが判明しても、大した問題ではない。音楽が判るより、絵が楽しめるより、小説を味わえるよりはるかに大切なことは幾らでもあります。

全てを判らなければならない、というのは、裏返せば、理解力を欠いた事柄も判るべきだ、ということになります。当然、判る訳はない。ということは、実際には理解力を欠いた事柄さえ理解しているふりをしなければならない、ということになる。悪しき教養主義です。

しかし理解できないのに理解するふりを、どうやってするのでしょう。たとえば、ベートーベンの五番を聴いても何も感じない人がいるとしましょう。それは別に恥ずかしいことではない。そういう人は、悪しき教養主義さえ一掃されれば、結構いることが判明するでしょう。だから、おれにはあれは解《わか》らない、でいい筈《はず》です。ところで悪しき教養主義が命じるところに従うなら、五番が詰まらなかった、理解できなかった、は[①]だということになる。だから是が非でも解らなければならな

MEMO

大切なことはメモしておこうネ！

平成30年度

解答と解説

《平成30年度の配点は解答用紙に掲載してあります。》

＜数学解答＞《学校からの正答の発表はありません。》

〔1〕 (1) 7　(2) ① $3a-2$　② $y=\frac{1}{8}x+\frac{9}{8}$　(3) ① $\frac{3\sqrt{2}}{2}$cm
② $\frac{9}{2}-\sqrt{3}$ cm²　(4) ① $\frac{1}{64}$　② $\frac{43}{128}$　(5) ① $288\sqrt{2}$ cm³
② $180\sqrt{2}$ cm³

〔2〕 (1) $\frac{1}{9}$　(2) $\frac{7}{24}$　(3) $\frac{7}{36}$

〔3〕 (1) $12\sqrt{5}$ cm²　(2) $\sqrt{5}$ cm　(3) $\frac{21\sqrt{5}}{10}$cm　(4) $3\sqrt{5}$ cm

〔4〕 (1) $a=\frac{1}{8}$, A$(-4,\ 2)$　(2) $-1,\ 5$　(3) $-8+2\sqrt{34}$　(4) 27

〔5〕 (1) 12cm　(2) $6\sqrt{3}$ cm　(3) $12\sqrt{3}$ cm　(4) $12\sqrt{3}+2\pi$ cm

＜数学解説＞

〔1〕 (式の値，関数と図形，平面図形，確率，空間図形)

(1) $9<10<16$より，$3<\sqrt{10}<4$　よって，$x=\sqrt{10}-3$　$(2x+1)^2-2x(x-3)+(x+5)(x+3)-12=4x^2+4x+1-2x^2+6x+x^2+8x+15-12=3x^2+18x+4=3(x^2+6x+9)-23=3(x+3)^2-23=3(\sqrt{10}-3+3)^2-23=3\times10-23=7$

基本 (2) ① 直線ℓの式を$y=mx+a$とおくと，P$(-1,\ 1)$を通るから，$1=-m+a$　$m=a-1$　よって，$y=(a-1)x+a$　これに$x=2$を代入して，$y=2(a-1)+a=3a-2$　したがって，点Rのy座標は，$3a-2$

重要 ② 四角形OARQ：四角形QRBC＝(OQ＋AR)：(CQ＋BR)＝1：3　ここで，OQ＋AR$=a+(3a-2)=4a-2$　CQ＋BR$=(5-a)+\{5-(3a-2)\}=12-4a$　$(4a-2):(12-4a)=1:3$　$3(4a-2)=12-4a$　$12a-6=12-4a$　$16a=18$　$a=\frac{9}{8}$　よって，直線ℓの式は，$y=\frac{1}{8}x+\frac{9}{8}$

基本 (3) ① 直線ADとBCとの交点をEとすると，$\angle$DEC$=180°-75°\times2=30°$　△DCE，△AHEは内角が30°，60°，90°の直角三角形だから，DE$=2$DC$=2\sqrt{2}$　よって，AE$=\sqrt{2}+2\sqrt{2}=3\sqrt{2}$より，AH$=\frac{1}{2}AE=\frac{3\sqrt{2}}{2}$(cm)

重要 ② BE＝AE$=3\sqrt{2}$　CE$=\sqrt{3}$DC$=\sqrt{6}$　よって，四角形ABCD＝△ABE－△DCE$=\frac{1}{2}\times3\sqrt{2}\times\frac{3\sqrt{2}}{2}-\frac{1}{2}\times\sqrt{6}\times\sqrt{2}=\frac{9}{2}-\sqrt{3}$(cm²)

やや難 (4) ① 2人が直線AP上ですれ違うとき，出会う地点は線分APの中点Cである。太郎君の進み方は，点Aを含む各交差点(ただし○の交差点を除く)で，→か↓の2通りあるので，C地点を通過す

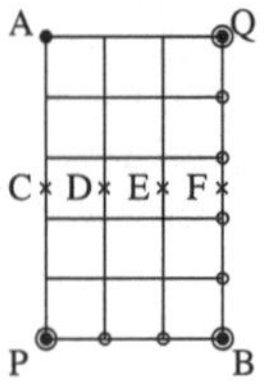

る確率は，↓，↓，↓と進むので，$\left(\frac{1}{2}\right)^3=\frac{1}{8}$　同様に，次郎君の進み方も→か↑の2通りで，C地点を通過する確率は，↑，↑，↑と進むので，$\left(\frac{1}{2}\right)^3=\frac{1}{8}$

よって，求める確率は，$\frac{1}{8}\times\frac{1}{8}=\frac{1}{64}$

やや難　②　2人がD地点ですれ違うとき，太郎君のD地点を通過するまでの進み方は，→，↓，↓の並べ方の数で3通りあり，その後↓と進むので，D地点を通過する確率は，$\left(\frac{1}{2}\right)^3\times 3\times\frac{1}{2}=\frac{3}{16}$　次郎君も同様だから，2人がD地点ですれ違う確率は，$\frac{3}{16}\times\frac{3}{16}=\frac{9}{256}$

2人がE地点ですれ違うとき，太郎君のE地点を通過するまでの進み方は，→，→，↓，↓の並べ方の数で6通りあり，その後↓と進むので，E地点を通過する確率は，$\left(\frac{1}{2}\right)^4\times 6\times\frac{1}{2}=\frac{3}{16}$

次郎君も同様だから，2人がE地点ですれ違う確率は，$\frac{3}{16}\times\frac{3}{16}=\frac{9}{256}$

2人がF地点ですれ違うとき，太郎君のF地点を通過する確率は，余事象の確率で，$1-\left(\frac{1}{8}+\frac{3}{16}+\frac{3}{16}\right)=\frac{1}{2}$　次郎君も同様だから，2人がF地点ですれ違う確率は，$\frac{1}{2}\times\frac{1}{2}=\frac{1}{4}$

よって，求める確率は，$\frac{1}{64}+\frac{9}{256}+\frac{9}{256}+\frac{1}{4}=\frac{86}{256}=\frac{43}{128}$

重要　(5)　①　$AC=\sqrt{2}AB=12\sqrt{2}$より，$OA:OC:AC=1:1:\sqrt{2}$だから，△OACは直角二等辺三角形となり，OからACにひいた垂線をOHとすると，$OH=\frac{1}{2}AC=6\sqrt{2}$　よって，正四角錐O－ABCDの体積は，$\frac{1}{3}\times 12^2\times 6\sqrt{2}=288\sqrt{2}\,(cm^3)$

重要　②　切断面は四角形MNCDとなり，求める立体は，五面体MNABCDである。中点連結定理より，$MN=\frac{1}{2}AB=6$　Mを通る面ABCDに垂直な平面と辺AB，CDとの交点をそれぞれP，Qとする。また，Nを通る面ABCDに垂直な平面と辺AB，CDとの交点をそれぞれR，Sとする。五面体MNABCDの体積は，四角錐M－APQDと三角柱MPQ－NRSと四角錐N－BCSRの体積の和に等しい。$AP=BR=(12-6)\div 2=3$　MからPQにひいた垂線をMI，NからRSにひいた垂線をNJとすると，$MI=NJ=\frac{1}{2}OH=3\sqrt{2}$　よって，五面体MNABCDの体積は，$\frac{1}{3}\times(3\times 12)\times 3\sqrt{2}+\frac{1}{2}\times 12\times 3\sqrt{2}\times 6+\frac{1}{3}\times(3\times 12)\times 3\sqrt{2}=36\sqrt{2}+108\sqrt{2}+36\sqrt{2}=180\sqrt{2}\,(cm^3)$

〔2〕 **(確率)**

基本　(1)　さいころの目の出方の総数は，$6^2=36$(通り)　このうち，2回で5つ先の頂点に移動する目の出方は，(4，6)，(5，6)，(6，4)，(6，5)の4通りだから，求める確率は，$\frac{4}{36}=\frac{1}{9}$

(2)　さいころの目の出方の総数は，$6^3=216$(通り)　このうち，3回で5つ先の頂点に移動するのは，1つ先の移動が2回と3つ先の移動が1回の場合①と，1つ先の移動が1回と2つ先の移動が2回の場合②があり，①の目の出方は，$(3\times 3\times 1)\times 3=27$(通り)　②の目の出方は，$(3\times 2\times 2)\times 3=36$(通り)　よって，求める確率は，$\frac{27+36}{216}=\frac{7}{24}$

(3)　さいころの目の出方の総数は，$6^4=1296$(通り)　このうち，4回で5つ先の頂点に移動するのは，1つ先の移動が3回と2つ先の移動が1回の場合①がある。4回で10先の頂点に移動するのは，

1つ先の移動が1回と3つ先の移動が3回の場合②と，2つ先の移動が2回と3つ先の移動が2回の場合③がある。①の目の出方は，$(3\times3\times3\times2)\times4=216$(通り)　②の目の出方は，$(3\times1\times1\times1)\times4=12$(通り)　場合③は，2つ先の移動を$a$，3つ先の移動を$b$とすると，$aabb$，$abab$，$abba$，$baab$，$baba$，$bbaa$の6パターンがあるので，③の目の出方は，$(2\times2\times1\times1)\times6=24$(通り)　よって，求める確率は，$\frac{216+12+24}{1296}=\frac{7}{36}$

〔3〕(平面図形の計量)

重要　(1)　AからBCにひいた垂線をAHとし，BH＝$x$cmとする。$AH^2=AB^2-BH^2=AC^2-CH^2$より，$9^2-x^2=7^2-(8-x)^2$　$81-x^2=49-(64-16x+x^2)$　$16x=96$　$x=6$　よって，$AH=\sqrt{9^2-6^2}=3\sqrt{5}$　したがって，$\triangle ABC=\frac{1}{2}\times8\times3\sqrt{5}=12\sqrt{5}$(cm²)

重要　(2)　円Iの半径を$r$cmとする。△ABC＝△IAB＋△IBC＋△ICAより，$12\sqrt{5}=\frac{1}{2}r(9+8+7)$　$r=\frac{24\sqrt{5}}{24}=\sqrt{5}$(cm)

重要　(3)　円Oの半径をRcmとし，直径をADとする。△ABDと△AHCにおいて，直径に対する円周角は90°だから，∠ABD＝∠AHC＝90°　弧ABの円周角だから，∠ADB＝∠ACH　2組の角がそれぞれ等しいから，△ABD∽△AHC　AD：AC＝AB：AH　$2R:7=9:3\sqrt{5}$　$R=\frac{7\times9}{2\times3\sqrt{5}}=\frac{21\sqrt{5}}{10}$(cm)

やや難　(4)　円Iと辺AB，BC，CAとの接線をそれぞれJ，K，Lとする。また，円Eと半直線AB，辺BC，半直線ACとの接線をそれぞれP，Q，Rとする。円外の1点からひいた接線の長さは等しいから，AJ＝AL＝$a$cmとすると，$BJ=BK=9-a$，$CK=CL=7-a$　BC＝BK＋CKより，$8=(9-a)+(7-a)$　$2a=8$　$a=4$　また，BP＝BQ＝$b$cmとすると，$CQ=CR=8-b$　AP＝ARより，$9+b=7+(8-b)$　$2b=6$　$b=3$　∠BAI＝∠CAI＝∠PAE＝∠RAEより，A，I，Eは同一直線上にあり，平行線と比の定理より，IJ：EP＝AJ：AP　$\sqrt{5}:EP=4:(9+3)$　$4EP=12\sqrt{5}$　$EP=3\sqrt{5}$　よって，円Eの半径は$3\sqrt{5}$cm

〔4〕(図形と関数・グラフの融合問題)

基本　(1)　$y=\frac{1}{2}x+4$に$x=8$を代入して，$y=8$　よって，B(8，8)　Bは$y=ax^2$上の点でもあるから，$8=a\times8^2$　$a=\frac{1}{8}$　$y=\frac{1}{8}x^2$と$y=\frac{1}{2}x+4$からyを消去して，$\frac{1}{8}x^2=\frac{1}{2}x+4$　$x^2-4x-32=0$　$(x-8)(x+4)=0$　$x=8,\ -4$　よって，A(−4，2)

重要　(2)　Pを通り直線ABに平行な直線を$y=\frac{1}{2}x+b$とし，C(0，4)，D(0，b)とおく。AB//PDより，$\triangle APB=\triangle ADB=\triangle ADC+\triangle BDC=\frac{1}{2}\times(4-b)\times4+\frac{1}{2}\times(4-b)\times8=6(4-b)$　$6(4-b)=\frac{81}{4}$　$4-b=\frac{27}{8}$　$b=\frac{5}{8}$　$y=\frac{1}{8}x^2$と$y=\frac{1}{2}x+\frac{5}{8}$から$y$を消去して，$\frac{1}{8}x^2=\frac{1}{2}x+\frac{5}{8}$　$x^2-4x-5=0$　$(x+1)(x-5)=0$　$x=-1,\ 5$　よって，点Pのx座標は，−1と5

重要　(3)　線分ABの垂直二等分線と放物線の交点の1つが点Pとなる。線分ABの中点をMとすると，Mのx座標は，$\frac{-4+8}{2}=2$　y座標は，$\frac{2+8}{2}=5$　よって，M(2，5)　直交する2直線の傾きの積は−1に等しいから，線分ABの垂直二等分線の式を$y=-2x+c$とおく。点Mを通るから，$5=-4+$

c　$c=9$　$y=\frac{1}{8}x^2$と$y=-2x+9$からyを消去して，$\frac{1}{8}x^2=-2x+9$　$x^2+16x=72$　$(x+8)^2=72+64$　$x+8=\pm2\sqrt{34}$　$x=-8\pm2\sqrt{34}$　$-4\leqq x\leqq 8$より，$x=-8+2\sqrt{34}$

重要 (4)　直線ABに平行で放物線に接する直線の式を$y=\frac{1}{2}x+d$とおく。$y=\frac{1}{8}x^2$と$y=\frac{1}{2}x+d$からyを消去して，$\frac{1}{8}x^2=\frac{1}{2}x+d$　$x^2-4x=8d$　$(x-2)^2=8d+4$　この2次方程式の解は1つだから，$8d+4=0$で，解は$x=2$　よって，$P\left(2,\ \frac{1}{2}\right)$　直線AB上の点でx座標が2の点をQとすると，Q(2，5)　このとき，$\triangle APB=\triangle APQ+\triangle BPQ=\frac{1}{2}\times\left(5-\frac{1}{2}\right)\times4+\frac{1}{2}\times\left(5-\frac{1}{2}\right)\times8=27$

〔5〕（空間図形－最短距離）

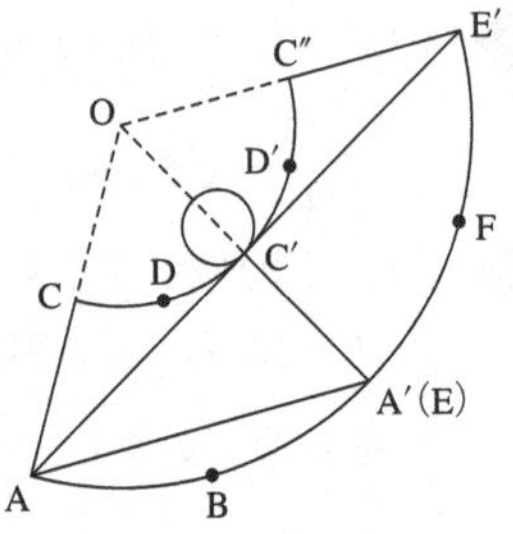

重要 (1)　円錐の側面の中心角の大きさをx°とすると，$2\pi\times12\times\frac{x}{360}=2\pi\times2$　$x=60$　よって，求めるひもの長さはAA′で，これは1辺12cmの正三角形の辺の長さに等しいから12cm

重要 (2)　求めるひもの長さはAC′で，これは1辺12cmの正三角形の高さに等しいから，$12\times\frac{\sqrt{3}}{2}=6\sqrt{3}$ (cm)

重要 (3)　求めるひもの長さはAE′で，これは1辺12cmの正三角形の高さの2倍に等しいから，$6\sqrt{3}\times2=12\sqrt{3}$ (cm)

(4)　求めるひもの長さはAE′に切断面の周の長さをたしたものに等しいから，$12\sqrt{3}+2\pi\times1=12\sqrt{3}+2\pi$ (cm)

★ワンポイントアドバイス★

本年は確率が2大問出題され，図形や関数の問題も計算量が多い。時間配分を考えながらできるところから手早く解くことが要求される。

＜英語解答＞《学校からの正答の発表はありません。》

【Ⅰ】 1 diary　2 calendar　3 bank

【Ⅱ】 1 B　2 A　3 D　4 A　5 C

【Ⅲ】 問1 イ　問2 ウ　問3 イ　問4 ア，イ，エ　問5 snake　問6 ア
問7 (1) エ　(2) ア　問8 イ，カ，ク

【Ⅳ】 問1 (1) イ　(2) ア　(3) エ　(4) オ　(5) オ　問2 エ　問3 ウ
問4 イ　問5 (例) I need a smartphone because I must contact my friends in the brass band club. In the club, I will exchange information of concert venue, practice time, and even download some music scores. So a smartphone is a must item.

【Ⅴ】 A えんぴつ　B 消しゴム

【Ⅵ】 1 ケ　2 オ　3 キ　4 ウ

【Ⅶ】 1 if I　2 way(s) of　3 made it, for　4 don't agree

【Ⅷ】 (A・Bの順) 1 ウ・エ　2 キ・ク　3 キ・カ　4 イ・ケ　5 ケ・イ

＜英語解説＞

【Ⅰ】・【Ⅱ】 リスニング問題解説省略。

【Ⅲ】 **（長文読解問題・物語文：内容吟味，語句解釈，語句補充）**

（全訳） 何年も前の昔にキウーとパオシューという2人の友達が中国に住んでいました。この2人の若者はいつも一緒でした。①彼らの間では意地の悪い言葉が飛び交うことはなく，不親切な考えが彼らの友情を壊すこともありませんでした。彼らが利己的でないことや，善良な妖精が彼らの親切心に対して真実の報酬を与えたことに関して，多くの面白いお話が語られるでしょう。ここに，彼らの友情がどれほど強かったかということを示す一つの物語があります。

キウーとパオシューが町やその騒音に疲れてともに歩き出したのは，早春の明るく美しい日でした。

「森の②中心部へ行こう。」とキウーは穏やかに言いました。そこにいれば僕たちを困らせる心配事を忘れられるよ。そこにいれば花の甘い香りを吸って，草の上に寝ることができるよ。」

「いいね！」とパオシューが言いました。「僕も疲れたよ。森は，休める場所だね。」

休みの日の幸せな恋人たちのように彼らは曲がった道を進んでいきました。森が近づくにつれて彼らの心臓は速まりました。

「30日間にわたって僕は本を勉強してきたよ。」とキウーは言いました。「30日間休みがなかったよ。僕の頭は知恵でいっぱいで爆発するんじゃないかと恐れているよ。」緑の森を渡る新鮮な空気を吸う必要があるよ。」

「そして僕は」とパオシューは付け加えました。「奴隷のように働いて，君の本と同じように骨が折れることがわかったよ。僕の主人は僕をひどく扱うんだ。彼の手から逃れることがいいように思うよ。」

今や彼らは森の周辺部に達し，小さな川を渡り，木々や茂みの中に飛び込みました。何時間もの間彼らは話したり幸せそうに笑ったりしながら歩き回りました。花で覆われた低木の集まりを急に回った時、彼らは目の前にまっすぐ続く道の上で輝いているア)金の塊を見ました。

「見ろよ！」と2人は同時に言い、宝物を指差しました。

キウーはイ)その塊を拾いました。それはウ)レモンほどの大きさで，とても美しかったです。キウーは「それはお前の物だよ，僕の大切な友達」と言ってパオシューにそれを渡しました。「君が最初に見たから君のものだ。」

「いやいや」とパオシューは答えました。「君が最初に言葉を発したのだから君は間違っているよ，キウー。善良な妖精が熱心に本を勉強する君にプレゼントをくれたんだよ。」

「僕の勉強に？　いやそれはあり得ないね。勉強はそれ自身がご褒美だと賢い人たちはいつも言っているよ。いや，その金は君の物だ。僕はそう主張するよ。何週間にもわたる君のつらい仕事を考えてみてよ。君の主人が君を朝から晩まで働かせたやり方を。これはそれよりもはるかにいいものだよ。それを取って。君の物だよ。」と彼は言って笑いました。

彼らは数分間にわたって冗談を言い合いました。彼らのどちらもが自分自身のためにエ)その宝物をとることを拒否しました。彼らのどちらもがそれは相手に属するものだと主張しました。とうとう金の塊は，彼らがそれを見つけた場所に落ちました。そして2人は去っていきました。彼らはこの世界の他の何よりも相手のことを愛しているために幸せでした。このようにして彼らは喧嘩になりそうな機会③に背を向けました。

「僕たちが町を去ったのは金のためではなかったんだよ。」とキウーは穏やかにいました。

「そうだよ」と友達は返事をしました。「森での日々は他の何よりもいいものだね。」

「泉まで行ってその岩に座ろうよ。」とキウーは申し出ました。「森の中で一番涼しい場所だよ。」

彼らが泉に着くとそこにすでに誰かがいることを知って残念に思いました。1人の田舎者が地面の上で横になっていました。

「起きてくださいよ，君！」とパオシューは叫びました。「この近くに君のための宝があるよ。この道の上の方だよ。④黄金のリンゴが誰か来て拾ってくれるのを待っているんだよ。」

そして彼らはその男に宝物がある場所を正確に説明し，男が探しに言ったのを見て喜びました。

将来に関する希望や夢を話し合ったり，枝の上にいる鳥たちの音楽を聴いたりして，彼らは共にいることを楽しみました。

そして彼らはかたまりを探しに言った男の怒った声を聞いて驚きました。「俺に何をしようと思ったんだ。何のためにもならないのに，俺のような貧しい男をこんな暑い日に歩かせようとしたのはなぜなんだ。」

「何を言ってるんだい，君」とキウーが尋ねました。「僕たちが話した果物を見つけなかったのですか。」

「なかったぜ」男は怒りながら答えました。「でもその場所には巨大なヘビがいたので俺の剣で2つに切ってやったさ。森の中で何者かを殺したので神たちは俺に悪運を与えるだろう。でもこんな技を仕掛けたからと言って俺をこの場所から追い出せはしないぜ。俺はこの場所に最初にいたし，俺に命令を下す権利はお前たちにはないのだから，自分たちが間違ってるとすぐわかるだろうさ。」

「話すのはやめて，面倒かけたお礼にオ)このお金を取ってください。僕たちはあなたによいことをするつもりでいたのです。さあ，パオシュー，もどって金のかたまりの中に隠れている素晴らしいヘビを見ようじゃないか。」

2人は幸せそうに笑い，その田舎者を残してかたまりを探しに戻りました。

「もし間違っていなければ」とキウーは言いました。「その金はカ)あの落ちた木の向こうにあるはずだ。」

「その通りだよ。すぐに死んだヘビを見つけられるよ。」

彼らは素早く道を進み，地面を探しました。宝物を置いた場所に着くと，金のかたまりはなく，⑤ヘビもいないことに驚きました。しかしその代わりに彼らは最初に見たものよりもそれぞれが大きい，2つの美しい金の塊を見つけました。

友達たちはそれぞれ2個の宝物を取り上げて，お互いに喜びながら渡し合いました。「君が利己的でないことについて，とうとうキ)妖精は君にご褒美をくれたよ」とキウーは言いました。「そうだよ」とパオシューは答えました。「君に⑥幸福を与えることを許しながらね。」

問1　形容詞の cross には「不機嫌な，怒りっぽい」という意味がある。

問2　名詞の heart には「中心部」という意味がある。　ア「体に血液を送る，胸の中の一部」 イ「感情があると思われる，人の中の場所」 ウ「何かの中心である部分」 エ「しばしば赤であって，愛情のシンボルとして用いられるもの」

問3　turn ~'s back on には「～に背を向ける」という意味がある。ア「変化した」，イ「避けた」，ウ「取った」，エ「終えた」

問4　下線部④は2人が道で見つけた金のかたまりを比喩する語である。

問5　2人が金のかたまりを見つけた場所までもどってみると，田舎者の男が話したヘビは見つからなかった。

問6　パオシューは，キウーが差し出す金のかたまりを受け取りながら，自分が持っているかたまりをパオシューに渡そうとしていた。そのことを「幸福を与える」とたとえている。　ア「君に幸福を与えること」 イ「田舎者の男にいたずらをすること」 ウ「田舎者の男から場所をとりもどすこと」 エ「主人から自由になること」

問7 (1) 「キウーとパオシューはなぜ宝物がある場所について田舎者の男に説明したのか。」 第17段落に，they were sorry to find somebody already there とある。 ア「田舎者の男は剣を持っていて，とても恐ろしかったから。」 イ「田舎者のオトコにお金持ちになってほしかったから。」 ウ「田舎者の男が彼らに宝物の場所をたずねたから。」 エ「彼らは田舎者の男が横たわっていた場所を使いたかったから。」 (2) 「田舎者の男は森の中で何かを殺したことについてどう言ったか。」 第23段落の第2文に the gods will bring me bad luck for killing something in the woods とある。 ア「神たちのせいで何か悪いことが起こるだろう。」 イ「神たちは殺したものを取りにやって来るだろう。」 ウ「神たちはあなたにお金を与えるだろう。」 エ「森は神たちにそれについて話すだろう。」

重要 問8 ア「キウーとパオシューは宝を見つけたかったので歩き始めた。」 2人が宝を見つけたのは偶然なので，不適切。 イ「キウーは1か月間休みなく勉強し続けたので疲れていた。」 第6段落の内容に合うので，正解。 ウ「キウーは主人から逃れる場所を見つけようとした。」 第7段落から，主人から逃げたかったのはパオシューなので，不適切。 エ「2人の少年が花で覆われた低木の集まりを過ぎようとした時，彼らは泉に着いた。」 低木の集まりの後すぐに泉に着いていないので，不適切。 オ「田舎者の男は宝物を見つけられなかったが，その代わりに森の中に果物を見つけた。」 文中に書いていない内容なので，不適切。 カ「2人の少年は互いのことがとても好きで，友情以上に大切なものはなかったので，幸せだった。」 第13段落の第4文の内容に合うので，正解。 キ「田舎者の男はかたまりだけでなく巨大なヘビも見つけたので，自分の剣でそれを2つに切った。」 田舎者の男は金のかたまりを見つけられなかったので，不適切。

ク「キウーとパオシューが自分にウソを言ったと思ったので，その田舎者の男は怒った。」 第21段落の内容に合うので，正解。

【Ⅳ】 (長文読解問題・説明文：内容吟味，語句補充，英作文)

(全訳) 少し前までは，多くの両親は自分たちの子供にいつ車の鍵を渡すかについて頭をひねっていました。今日では両親は別の難しい問題に直面しています。子供たちは何歳でスマートフォンを持つべきだろうかという問題です。

子供たちがより若い年齢でスマートフォンを持つようになるにつれ，その話題はよく聞かれます。インフルエンス・セントラルという調査会社によると，2012年において，12歳以下では，平均して10歳頃に子供たちは最初のスマートフォンを持ちます。インターネットの安全に関する専門家によれば，7歳の小学2年生を含んだ集団では，より早くスマートフォンを持つ子供たちもいます。

非営利組織であるコモン・センス・メディアは，より厳しいルールを提唱します。彼らは子供たちが高校生になった時にのみスマートフォンを持つべきだと言います。克己心や，人と対面して交流する価値について学んだ後にということです。

コモン・センス・メディアは，1,242人の両親と子供たちを調査し，子供たちの50%がスマートフォンなしには生きられないと言っていることを知りました。そしてまた，66%の両親が，子供たちがスマートフォンを使いすぎていると感じており，52%の子供がそれに同意していることを知りました。約36%の両親がスマートフォンの使い方について毎日子供たちと口げんかをすると言いました。

それでは適切な時期をどのように決めるのでしょうか。子供たちからスマートフォンを取り去ってしまうのはスマートフォンのメーカーを喜ばせないでしょう。A子供にスマートフォンを与えるのを長く待てば待つほどより良いでしょう。ある専門家は12歳が適切な年齢だと言い，14歳が適切だという人々もいます。誰もが同意するのは，遅ければ遅いほど良いということです。なぜなら，スマートフォンは，学校の宿題の時間をつぶしてしまったり，いじめや子供の虐待問題を引き起こしたりする習慣をもたらし得るからです。

人間の健康面についても考えるべきです。衝動をコントロールする脳の一部である前頭葉は，人が25歳頃になるまで成長します。(1)その理由によって，両親は，スマートフォンを持っている幼い子供たちが自分自身をコントロールできなくても驚くことはありません。

スマートフォンは間違いなく役に立ちます。スマートフォンを持っていれば子供たちは，勉強に使う教育上のツールや，友達と連絡し合うおしゃべり用のアプリや，ウェブ上のたくさんの情報をを含む，強力なアプリを得ることができます。

(2)けれども，スマートフォンを持つと，悪いゲームや暴力的なアプリやソーシャルメディア用のアプリに一歩近づくことにもなります。それらにおいて子供たちはしばしばいじめられます。年長の子供たちですら安全ではありません。去年コロラド高校において，少なくとも100人の生徒が携帯電話で自分自身の不快な写真を交換したために捕まりました。

スマートフォンとインターネットの安全性に関する本を書いたワインバーガー氏は次のように言いました。「結局，このような悪い点は良い点よりも強い力を持っています。子供たちにスマートフォンを与えなくても，子供たちはさらにコンピューターやタブレット型端末を持つ機会を得ます。スマートフォンとの大きな違いは，スマートフォンはどこでも子供たちと一緒にあることで，それは親たちのコントロールがきかない場所をも含むのです。」

子供たちがスマートフォンを持った時に安全に保ってくれる電話の設定があります。アップルは，親たちが子供の電話をコントロールするのを許す機能ををたくさん持っています。(3)例えば，アダルト用のコンテンツを遮断したり，電話上のデータを使うことをやめさせたりします。

アンドロイドの電話には，同じようなあらかじめ組み込まれた，親たちがコントロールできる設定はありません。(4)けれども，グーグル・プレイのアプリストアには，親たちが制限を加えられる多くのアプリがあります。ワインバーガー氏はクストディオのアプリを取り上げます。それは，親たちが子供たちのテキスト・メッセージを見張り，1日のうちのある時にアプリを止めたり，他の場所からスマートフォンをシャットダウンさせたりすることができます。それは子供のスマートフォンを管理するには大変厳しい方法ですが，ワインバーガー氏は一人の親としての役割は，子供に好かれようとすることではないと言いました。彼女はこう言いました。「私の親としての仕事は，あなたが巣立つ時にそなえてあなたを準備させることです。だから私はあなたを安全に保たねばなりません。そしてあなたは私が言うことのいくつかを気に入らないかもしれませんが—Bそれでいいのです。」

問1　(1)「年齢とスマートフォンの関係についてどれが正しいか。」第2段落の内容に合うので，イが正解。　ア「10歳の誕生日のすぐあとにスマートフォンを得る子供はほとんどいない。」イ「今日では子供たちがスマートフォンを得る年齢は次第に若くなりつつある。」　ウ「多くの国々では子供たちは12歳でスマートフォンを持つことが許される。」　エ「親たちは7歳の子供のためにスマートフォンを買うべきだ。」　オ「親たちの66パーセントは子供たちにいつスマートフォンを与えるべきか今もわからない。」

(2)「スマートフォンの良い点についてどれが正しいか。」第7段落の内容に合うので，アが正解。ア「スマートフォンは子供たちに情報に満ちた世界とコミュニケーション用のツールを与えられる。」　イ「スマートフォンはすべての使用者の学校の成績を上げられる。」　ウ「スマートフォンは強力なアプリであなたの健康を向上させられる。」　エ「スマートフォンは子供たちが論理的な思考の技術を生長させるのに役立つ。」　オ「スマートフォンは学校でよく見られる問題から子供たちを救うことができる。」

(3)「コモン・センス・メディアはこの記事で何と言っているか。」第3段落の内容に合うので，エが正解。　ア「調査を受けた親たちの半分以上は，スマートフォンの使い方について子供たちとよく話すと言っている。」 イ「調査を受けた親たちの半分未満は，自分たちがスマートフォンを使い過ぎていると思っている。」 ウ「多くの子供たちはスマートフォンのない生活を想像できないと言っている。」 エ「高校生の子供たちは，人と直接話すことの大切さを知った後にスマートフォンを持つべきだ。」 オ「高校生は自分をコントロールする方法を知らないので，スマートフォンを持つべきでない。」

(4) 「ワインバーガー氏は何を言いたいですか。」 第9段落の内容に合うので，オが正解。ア「彼女は自分の子供が早く生長して家から出ていってほしいと思っている。」 イ「親たちが子供を安全に保てるので，子供たちはスマートフォンを持つべきである。」 ウ「親たちが子供のスマートフォンをコントロールするために，スマートフォンのメーカーはより多くのアプリを作るべきだ。」 エ「彼女は子供のスマートフォンの機能とアプリを制限するのが好きでない。」 オ「スマートフォンは時にコンピューターやタブレットほど安全ではない。」

(5) 「この記事の最も合うタイトルはどれか。」 この文章は子供たちがいつスマートフォンを持つべきかについて語っているので，オが正解。　ア「対人で交流する価値」 イ「親用のコントロール設定の使い方」 ウ「子供たちがスマートフォンを使う利点」 エ「私たちの脳におけるスマートフォンの影響」 オ「子供たちがスマートフォンを持つのにふさわしい年齢」

問2　2つ後の文に later was safer とあるので，エが正解。　ア「子供にスマートフォンをおそく与えるほど，子供たちはより不幸になる。」 イ「子供にスマートフォンを早く与えるほど，子供たちはより幸福になる。」 ウ「子供にスマートフォンを与えるのをより長く待つほど，より良くない。」 エ「子供にスマートフォンを与えるのをより長く待つほど，より良い。」

基本　問3　全訳参照。

問4　ワインバーガー氏は自分が正しいと信じることを子供にするので，それで大丈夫だと言っている。よって，イが正解。　ア「それは良くない。」 イ「それでOKだ。」 ウ「それは信じがたい。」 エ「それは快適でない。」

問5　自分自身の意見を具体例や理由を交えて書くことに注意する。あまり難しい英文を書こうとせず，シンプルな文章を心がけるとよい。このような問題では，文法的なミスや単語のスペルミスなどを減点されることが多いので，書いた後には必ず見直すようにする。

【Ⅴ】（会話文問題：語句補充）

A：わかりますよね，私は本当に申し訳ないと思っています。

B：何が？　あなたは何も間違ったことをしていませんよ。

A：申し訳ないのですが，あなたは私のせいで傷つきましたよね。私が間違いをする時，あなたはいつも私のためにそこにいます。でもあなたが私の間違いをこすって消すたびに，あなたはあなたの一部を失います。あなたは毎回より小さくなります。

B：その通りですが，私は気にしていません。私はそうするために作られたのですから。あなたが何かを間違えた時にあなたを助けるために私は作られました。だから心配するのはやめてください。あなたが悲しそうにするのを見たくありません。

【Ⅵ】（会話文問題：語句補充）

ボブは新しい家に引っ越すことを計画しています。彼はアレックスにアドバイスを求めています。

ボブ　　　：自分の家から引っ越す準備をするのに何か役に立つヒントはありますか。

アレックス：まず初めにするべきなのは，する必要があることのリストを作ることです。それから初めに何をするべきか考えてみてください。

ボブ　　　：そのリストにはどのようなことが並ぶべきでしょうか。

アレックス：1ガレージセールをして，余分なものを除くべきです。
ボブ　　　：僕は物が多すぎるので，それはいい考えです。
アレックス：それから，引越し用のトラックを予約するべきです。
ボブ　　　：もう物を梱包してもいいですか。
アレックス：今使っている物を梱包してしまわないように注意してください。
ボブ　　　：2電気とガスを止める予定を立てるべきでしょうか。
アレックス：引越しの日にすべての公共サービスを止めるようにできますが，それについて新しいオーナーと話したいかもしれません。

そして引越しの日に，ボブは妻のケイと話しています。

ボブ：引越し用のトラックはもう来ていますか。
ケイ：はい，角で止まっています。行きましょう！
ボブ：全部箱に入れたことを二重チェックして確かにしてもらえますか。
ケイ：もうしました。スーツケースを車に積みましょうか。
ボブ：はい。3そうするのにふさわしい時です。
ケイ：大切なものをスーツケースに入れる時間がとれてうれしいです。
ボブ：冷凍食品を詰めるのに良い時間でしょうか。
ケイ：いいえ，そうするべき最後の時まで待つべきだと思います。
ボブ：では，引越し業者が働く時に犬がストレスを感じすぎないように，私は犬を散歩に連れて行きましょう。
ケイ：4掃除してから散歩できますよ。犬は待っていられます。

【Ⅶ】（書き替え問題：接続詞，名詞，不定詞，動詞）

1 「窓を開けてもいいですか。」→「もし私が窓を開けたら気にしますか。」「もし～ならば」という意味を表す時は〈if ＋主語＋動詞～〉で表す。

2 「あなたはコンピューターの使い方を知っていますか。」〈the way to ～〉で「～の方法」という意味を表す。

3 「台風のせいで文化祭を開くことができませんでした。」→「台風は，私たちが文化祭を開くことを不可能にさせました。」〈make A B〉で「AをBにする」という意味になる。Aの部分には仮目的語の it が入り，その内容は to 以下の部分が表す。

4 「私はあなたの考えに反対です。」→「私はあなたの考えに賛成しません。」〈agree to ～〉は「～に賛成する」という意味を表す。

【Ⅷ】（語順整序問題：不定詞，慣用表現，間接疑問文，比較，関係代名詞）

基本 1 Do you have anything interesting to read（?）　形容詞が anything を修飾する時は〈something ＋形容詞 〉の語順にする。〈anything to ～〉で「何か～する（べき）もの」という意味を表す。

2 （Whether you）take the test or not is up to you（.）〈whether A or B〉で「AかBであるかは」という意味を表す。

3 No one knows why he went there（yesterday.）　間接疑問文なので，〈疑問詞＋主語＋動詞〉の形になる。

4 Mary has about three times as many books as Tom（does.）〈X times as ～ as …〉で「…のX倍～」という意味になる。

5 Is he the only person that knows way to the shop（?）「彼はその店へ行く道を知っているただ一人のひとですか」とする。「その店へ行く道を知っている」という部分が「人」を修飾するので，主格の関係代名詞を使う。

★ワンポイントアドバイス★

【Ⅷ】の4では倍数の表し方が問われているが，「2倍」という時には twice を使い，分数を表すときには〈数字＋序数詞〉を使うことを覚えておくとよい。（例） My house is about one third as big as his house.（私の家は彼の家の3分の1の大きさだ。）

＜国語解答＞《学校からの正答の発表はありません。》

一　問一　A　ウ　B　ア　問二　ア　問三　イ　問四　イ　問五　言葉にならない対話(9字)　問六　悪しき教養主義(7字)［尤もらしい教養主義(9字)］

二　問一　イ　あんばい　ロ　こっけい　ハ　勘　ニ　丁寧　ホ　うと(い)
問二　(例)　煩悩を持たないはずの兄が，怒りという煩悩にとらわれている矛盾を，妹に指摘されたから。　問三　それでも知　問四　周囲との協調をはかるための備え
問五　(例)　僧侶が唱えた経文は馴染みがあるはずの漢方薬の羅列にすぎないものなので，薬屋は当然その僧侶が偽者であることに気づくはずだから。　問六　ア
問七　ア　○　イ　×　ウ　×　エ　○　オ　×

三　問一　イ　猛烈　ロ　遍歴　ハ　宣言　ニ　脚力　問二　Ⅰ　(例)　存在している(6字)　Ⅱ　(例)　変化し続けていく(8字)　問三　エ　問四　イ　問五　④　景気　⑤　満面　問六　ウ　問七　茶　問八　(例)　昔と違ってすっかり老い衰えてしまった「彼」を見て，同情してしまったから。

＜国語解説＞

一　**（論説文－内容吟味，文脈把握，脱文・脱語補充）**

問一　A　同じ段落の「あらゆる人間があらゆる芸術を等しく理解できる」より，「絵画には深い理解を示すが音楽はまるで駄目だったり……何の不愉快も感じなかったり」する方が「当り前」という文脈なので，そう言うよりこう言う方がいいという意味を表す語が当てはまる。　B「芸術全般全て駄目，であっても，別に構いません」という前の内容を肯定したうえで，後の「若いうちに，或いは年取ってからでも，絵画を楽しめるようになってみよう……とするのは，悪いことではありません」と別の考えも述べている。前言を肯定しつつ，相反する内容を提示する意味を表す語が当てはまる。

問二　「悪しき教養主義」について，直前の段落で「実際には理解力を欠いた事柄さえ理解しているふりをしなければならない，ということ」と説明している。「理解しているふりをしなければならない」人たちにとって，「五番が詰まらなかった，理解できなかった」と言うのは重大な事態である。同じ段落の「恥ずかしいこと」や，直後の文の「是が非でも解らなければならない」に通じるものであることもヒントになる。

やや難　問三　直前の文で，ベートーベンの五番について「例のジャジャジャジャーン，がウィーン体制の政治的閉塞にぶち当たったベートーベンの苦悩に聴こえるとすれば，それは空耳です」と述べている。音楽は，言葉のように意味を持ち「ウィーン体制の政治的閉塞にぶち当たったベートーベ

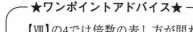

ンの苦悩」というような情報を伝達するものではないということになる。

問四　同じ段落で「どれほど鈍い感性の持ち主でも頭で理解できるものだけを並べ立てる『理解』は，芸術を純粋に享受することに対する不安を引き起こし，尤もらしいキャッチコピーに飛びつかせ……惑わされた聴衆はまさに音が音でしかない瞬間を享受し損ね，音によるより緻密な，繊細な，或いはダイナミックな表現の可能性」を失わせると述べている。筆者は，尤もらしいキャッチコピーによって「音が音でしかない瞬間を享受し損ね」ることを，「言葉によって圧殺されてしまう」と表現している。

問五　筆者は「表現者と鑑賞者の間で，ある種の遊戯的闘争が展開される」ことを「芸術」としている。「表現者と鑑賞者の間で」なされることを探すと，直後の段落に「作品が表現者と鑑賞者の対話の場として機能する」とあり，この「対話」について「表現者と鑑賞者の関係」で始まる段落で「表現者と鑑賞者の関係は再調整される必要があります……現実の対話ではなく，作品を介した言葉にならない対話です」と説明している。ここから「ある種の遊戯的闘争」と同じ内容の表現を抜き出す。

重要　問六　傍線部⑤を含む「深層の誘惑を拒み」は，同じ段落の「作品の表面を理解することなしに意味や内容で即席に理解したようなふりをすることを拒否する」を言い換えたものである。この「作品の表面を理解することなしに意味や内容で即席に理解したようなふりをすること」を生み出す原因となるものを探す。「全てを判らなければ」で始まる段落に「実際には理解力を欠いた事柄さえ理解しているふりをしなければならない，ということ」と同様の内容が述べられており，これを「悪しき教養主義」としている。

二　（論説文－内容吟味，文脈把握，脱文・脱語補充，漢字の読み書き）

問一　イ　味加減をほどよくととのえるという意味であるが，同じ読みをする「案配」の，物事の状態，様子と同じ意味で用いることもある。　ロ　笑いの対象となるおもしろいこと。「滑」の他の音読みに「カツ」がある。　ハ　「勘」を使った熟語には，他に「勘弁」「勘当」などがある。　ニ　細かいところにまで気を配ること。　ホ　「疎い」は，そのことの知識や理解が不十分なこと。音読みは「ソ」で，「疎遠」「疎外」などの熟語がある。

問二　「矛盾」は，二つの物事がくいちがっていてつじつまが合わないことを言う。前の「兄が立腹したとき……達観しておられるはずのお兄さまが，それほどまでにご立腹なのはいかがなものですかと，妹に切り返された」という内容をまとめて理由とする。妹が，煩悩をもたず達観しているはずの兄が，怒りという煩悩にとらわれている「矛盾」を指摘したからである。

問三　「智恵出でて大偽あり」は，同じ文にあるように「『智恵』の発達が嘘・偽りの発端になる」ことである。「智恵出でて大偽あり」について，直後の段落に「右のような成句は，知識量の増加がただちに『大偽』に至ると結論づけているわけではない。それでも知識が増えるにともなって，おのずと非道徳的なことや，反社会的なことにつながる事柄に接する機会自体は増えていく」とあり，ここから理由を読み取ることができるふさわしい一文を探す

問四　「江戸時代」の「智恵」について，同じ文で「世俗の知識を積極的に取り入れようとする動きが相対的に活発化した」と説明している。さらに，同じ段落の後半に「これらの『智恵』は……周囲との協調をはかるための備えであった」とあるのに着目する。

やや難　問五　ここでの「まさか」は，どう考えてもそのような事態は起こりそうもない，という気持ちを表している。同じ段落の「例の男が十人の僧侶による読経に紛れて『桔梗，人参，続断，白朮，干姜，木香，白芷，黄蓮』と唱えたところ……薬屋の主人が耳にして心底驚いた。普段仕事で取り扱っている薬は，どれも法華経の大切な言葉に入っていると誤解して感動し」というエピソードをまとめる。僧侶が唱えた経文は漢方薬の羅列にすぎず，薬屋は僧侶が偽者であると気づくは

ずであることが，「まさか」とする理由にあたる。

問六　直後の文に「この『智恵立て』も，『賢立て』の類語に属する」とあるので，「賢立て」について述べている部分に着目する。同じ段落に「賢明なふりを装う人たちの滑稽さを笑う『賢だ(立)て』」とあり，この「類語」である知恵があるようにふるまうという意味の文を選ぶ。

重要　問七　「『醒酔笑』巻三には」で始まる段落と「今や有名すぎる」で始まる段落の内容に，アとエが当てはまる。

三　(小説ー情景・心情，内容吟味，文脈把握，脱文・脱語補充，漢字の読み書き，ことわざ・慣用句)

問一　イ　勢いが強く激しい様子。　ロ　いろいろな経験を重ねること。字形の似た「偏」「編」と区別する。　ハ　意見や考えなどを外部に表明すること。　ニ　歩いたり走ったりする足の力。「脚」には，他に「キャ」という音読みがある。

やや難　問二　直前の文「こうして土地そのものは……おそろしいいきおいで変って行くが，人間はきっとそれ以上なのだ」から続く部分なので，「僕らの内を流れる川」も「変って行く」ものだとわかる。[Ⅱ]には，この「変って行く」をわかりやすく言い換えた表現が当てはまる。また，冒頭の段落で「土地」について「もう川を見ることはめったにない……ハイウェイになった」とある。「川」は見ることはなくなったが常に存在しているものであり，この内容が[Ⅰ]に当てはまる。

問三　「国民学校の受け持ちの先生」について，直前の段落「二十何年まえ，毎日のように殴られた」と述べている。その先生が「校長に着任すると同時に，全職員をあつめて，ちょっとでも生徒に体罰を加えたりしたら容赦しないとセンゲンした」ことを聞いて，「なるほどと思った」ことから考える。「僕」は，時代や立場の変化に応じてうまく立ち回るからこそ「校長」になれたのだと思っていることがわかる。

問四　直後の「たしかに，いまはそういう時代だ」からは，先生に対する「僕」の皮肉な調子がうかがえる。また，「あの頃，ぼくたちは」で始まる段落に「あなたはぼくたちに，一本二本とかぞえながら惜しそうに配給した。そして，自分の文を一貫目二貫目とハカリにかけてその大きな包みを……あなたの家まで運ばせた。やっぱり飢えて口数少ないあなたのすすけた女房やハナたれどもがいる家まで」とあるように，「僕」は，「先生」を自分の立場を利用して自分に利があるように図るずるい人物だと考えている。

基本　問五　「[④]づけ」で，勢いや元気をつける，という意味になる。「得意[⑤]」で，得意そうな気持ちが顔中にあふれるという意味になる。

問六　直後の「二十年後の余興として，これは出色のアイデアだ」からは，「二十何年まえ，毎日のように殴られ」，それでも「先生」を信じていた自分たちから野菜の上前を取ったことに対する憎しみの気持ちが読み取れる。しかし，一つ前の段落に「だから，走って下さい。走って，元気なところを見せて下さい」と，同様の内容が丁寧な内容で書かれている。「僕」は，派手な格好をしながら「断然ビリを走って」「老いぼれてしまった」先生の姿を見せられては，憎しみの気持ちを抱き続けることが難しいと感じているのである。

問七　「[⑦]番」で，滑稽な劇，ばかばかしい物事という意味になる。

重要　問八　同じ段落の「彼はいまやお上品な海辺の住宅地の，金のにおいのぷんぷんする父兄にとりかこまれた校長先生だった……不気味にふくらんだそのレンズ。それを通してながめる世の中の景色も，二十何年のあいだにはうまいぐあいに変化したのだ」に着目する。「僕」は，先生が昔と違ってすっかり老い衰えたことを知り，先生を許してもいいという境地にいたったと想像できる。

★ワンポイントアドバイス★

読解問題では，言い換えの表現に注目したい。言い換えの表現をおさえていくことで文脈をとらえ，筆者の考えを理解しやすくなるだろう。

解答用紙集

○月×日 △曜日　天気（合格日和）

◆ご利用のみなさまへ

＊解答用紙の公表を行っていない学校につきましては、弊社の責任において、解答用紙を制作いたしました。

＊編集上の理由により一部縮小掲載した解答用紙がございます。

＊編集上の理由により一部実物と異なる形式の解答用紙がございます。

人間の最も偉大な力とは、その一番の弱点を克服したところから生まれてくるものである。 ――カール・ヒルティ――

東京学参株式会社

立教新座高等学校　2024年度　◇数学◇

※ 135％に拡大していただくと，解答欄は実物大になります。

〔1〕

(1)	(2)

(3)	
① $y=$	② $y=$

(4)		
A	B	C

(5)	(6)
cm	cm^2

〔2〕

(1)	(2)
A（　　，　　）	$k=$
(3)	(4)
$y=$	$t=$

〔3〕

(1)	(2)	(3)	(4)
cm	cm	倍	cm^2

〔4〕

(1)	(2)	(3)	(4)
cm^3	cm	$t=$	cm^3

〔5〕

(1)	(2)	(3)	(4)

立教新座高等学校　2024年度　　◇英語◇

※ 141%に拡大していただくと，解答欄は実物大になります。

【Ⅰ】

1	2	3	4	5	6

【Ⅱ】

1		2	
1	2	1	2

【Ⅲ】

問1	問2	問3	問4	問5	問6	問7	問8

問9	問10	

【Ⅳ】

問1	問2	問3	問4	問5	問6	問7	問8

問9		問10
C	D	

【Ⅴ】

(1)	(2)	(3)

【Ⅵ】

(1)		(2)	
A	B	A	B
(3)		(4)	
A	B	A	B

【Ⅶ】

問1	
①	②
問2	
①	②

◇国語◇

立教新座高等学校　２０２４年度

※　１３２％に拡大していただくと，解答欄は実物大になります。

一

問一　イ　　ロ　　えた　ハ　　ね

ニ　　ホ　　われ

問二　〔Ⅰ〕　A

B

C

〔Ⅱ〕　D

E

問三

問四

問五

二

問一　A　　B　　C　　D

問二　最初

最後

問三

問四

と考えるようになる。

問五

問六 I

II

問七 ア イ ウ エ オ

三

問一 イ ち ロ ハ そうな

ニ ホ

問二

問三 ～

から。

問四

問五

問六 → → → →

立教新座高等学校　2023年度

◇数学◇

※ 128％に拡大していただくと，解答欄は実物大になります。

〔 1 〕

(1)	(2)	
個	$a =$　　　　，$b =$	
(3)		
①　　　cm	②　　　cm	
(4)		(5)
①	②	$t =$

〔 2 〕

(1)	(2)	(3)	(4)
	(　　，　　)		

〔 3 〕

(1)	(2)		(3)
	体積	表面積	
cm	cm^3	cm^2	cm

〔 4 〕

(1)	(2)	(3)	(4)
：	cm^2	：	：

〔 5 〕

(1)	(2)	(3)	(4)

※ 159％に拡大していただくと，解答欄は実物大になります。

【Ⅰ】	1	2	3	4

【Ⅱ】		
	1	2
	3	4

【Ⅲ】	問1	問2	問3			
	問4			問5	問6	問7
	④　a	⑤　d	⑦　a			

【Ⅳ】	1	2	3	4	5	6	7	8	9	10	11

【Ⅴ】	1	2	3	
	4		5	

【Ⅵ】	1		2	
	A	B	A	B

【Ⅶ】	My parents　　.

◇国語◇

立教新座高等学校　２０２３年度

※１２０％に拡大していただくと、解答欄は実物大になります。

一

問一　イ　ロ　ハ　って

ニ　り　ホ　き

問二

問三

問四　③　④　⑤

問五

問六

二

問一　イ　ロ　いて　ハ　めて

ニ　ホ

問二

問三　〔Ⅰ〕　〔Ⅱ〕

問四

問五

問六

三

問一

問二

問三 〔I〕 最初

最後

〔II〕

問四

問五

問六

問七

問八

立教新座高等学校　2022年度

◇数学◇

※ 133%に拡大していただくと，解答欄は実物大になります。

〔１〕

(1)			
$a=$, $b=$, $c=$			
(2)		(3)	
①	②	球の半径　cm	水の体積　cm^3
(4)			
$p=$			

〔２〕

(1)			(2)
①　：	②　：	③　：	$n=$

〔３〕

(1)	(2)	(3)

〔４〕

(1)	(2)	(3)
$y=$	$a=$	
(4)	(5)	

〔５〕

(1)	(2)	(3)
cm^3	：	cm^3
(4)	(5)	
cm^3	cm^2	

立教新座高等学校　2022年度

◇英語◇

※ 161％に拡大していただくと，解答欄は実物大になります。

【Ⅰ】	1	2	3	4	5	6

【Ⅱ】		
	1	2
	3	

【Ⅲ】							
	問1	問2	問3				
	問4						
	1	2	3	4	5	6	7

【Ⅳ】								
	問1							
	1	2	3	4	5	6	7	8
	問2							

【Ⅴ】	1		2		3	
	A	B	A	B	A	B

【Ⅵ】	1	2	3

【Ⅶ】		
	1	.
	2	?

◇国語◇

立教新座高等学校　2022年度

※122%に拡大していただくと，解答欄は実物大になります。

一

問一

イ　つた　ロ　き　ハ

ニ　ホ

問二

瑞穂は

と主張している。

問三

問四

問五

問六

問七

二

問一

という意図。

問二

A　B

問三

問四 I II III IV

問五

問六

問七

三

問一 イ ロ ハ し

ニ

問二 A B

問三

問四

問五

問六

立教新座高等学校　2021年度

◇数学◇

※ 143％に拡大していただくと，解答欄は実物大になります。

〔１〕

(1)	
① $x=$	②
③ $a=-6,$	

(2)	
① kg 以上　kg 未満	②

(3)	
正三角形　cm	正方形　cm

(4)	
① B(　　,　　)	② $p=$

〔２〕

(1)	(2)	(3)	(4)

〔３〕

(1)	(2)	(3)	(4)
cm	cm	:	cm

〔４〕

(1)	(2)	(3)
cm	倍	cm^2

(4)
cm

〔５〕

(1)	(2)
$y=$	

(3)		
① $t=$	② :	③

立教新座高等学校　2021年度　◇英語◇

※ 161％に拡大していただくと，解答欄は実物大になります。

【Ⅰ】		
	1	2
	3	4

【Ⅱ】	1	2

【Ⅲ】	1	2

【Ⅳ】				
問1	問2	問3		
問4	問5			
	～ science			
問6	問7	問8	問9	

【Ⅴ】							
問1							
1	2	3	4	5	6	7	8
問2							
A	B						

【Ⅵ】	1	2	3

【Ⅶ】	1		2

【Ⅷ】	1		2		3	
	A	B	A	B	A	B

【Ⅸ】					
			40		
	50				

◇国語◇

立教新座高等学校　２０２１年度

※１５４％に拡大していただくと，解答欄は実物大になります。

一

問一　イ　ロ　ハ　げる　ニ　ホ　って

問二

問三

問四

問五

問六

問七

問八

問九

二

問一　イ　ロ　ハ　ニ　ね　ホ　わしい

問二　A　B　C　D

問三

問四

問五

問六

三

問一　A　B　C　D　E

問二

問三

問四

問五

問六

立教新座高等学校　　2020年度　　◇数学◇

※ 144％に拡大していただくと，解答欄は実物大になります。

〔1〕

(1)	(2)
$x=$	$\angle x=$　　　°，$\angle y=$　　　°

(3)	
① $a=$　　　，$b=$	② $a=$　　　，$b=$

(4)	(5)	
cm^3	①	②

(6)	
① $y=$	② P(　　　，　　　)

〔2〕

(1)	(2)	(3)	(4)

〔3〕

(1)	
①　　　：	②　　　cm

(2)	
①　　　cm^2	②　　　cm

〔4〕

(1)	(2)	(3)
cm	cm^2	：

〔5〕

(1)	(2)
$y=$	

(3)	(4)
$y=$	

(5)

◇英語◇

※ 178%に拡大していただくと，解答欄は実物大になります。

	1	2
【Ⅰ】		

	1	2	3	4
【Ⅱ】				

	1	2
【Ⅲ】		

【Ⅳ】

問 1

問 2		
(1)	(2)	(3)
(4)	(5)	

問 3	
～ the games	reduce ～

問 4			
1	2	3	4

	1	2	3	4	5	6	7	8
【Ⅴ】								

	1	2
【Ⅵ】		

	1		2		3		4	
	A	B	A	B	A	B	A	B
【Ⅶ】								

【Ⅷ】	1 It is	at home.
	2 Bob	in the sun.
	3 Some people	are healthy.

◇国語◇

立教新座高等学校　２０２０年度

※１５８％に拡大していただくと，解答欄は実物大になります。

一

問一

問二

問三

役割。

役割。

問四

問五

問六

二

問一　イ　ロ　ハ　ニ　ホ

問二　A　B　C

問三

問四　最初　～　最後

問五

問六

問七　ア　イ　ウ　エ　オ

三

問一　イ　われ　ロ　ハ　め　ニ　ホ　かれ

問二

問三

問四

問五

問六

問七

立教新座高等学校　　2019年度　　◇数学◇

※この解答用紙は149％に拡大していただくと，実物大になります。

〔１〕

(1)	
① $x=$	②

(2)	(3)	
$x=$　　，$y=$	①	②

(4)	(5)
cm^2	cm^2

(6)	
体積　cm^3	表面積　cm^2

〔２〕

(1)	(2)	(3)	(4)
cm	cm	cm	cm^2

〔３〕

(1)	(2)
$y=$	：

(3)	(4)
$y=$	

〔４〕

(1)	(2)	(3)

〔５〕

(1)	(2)
cm	cm

(3)	(4)
cm^2	cm^2

立教新座高等学校　2019年度　◇英語◇

※この解答用紙は169％に拡大していただくと，実物大になります。

	No. 1	No. 2	No. 3	No. 4	No. 5	No. 6
【Ⅰ】						

	No. 1	No. 2	No. 3
【Ⅱ】			

	No. 1	No. 2	No. 3
【Ⅲ】			
	No. 4		

	問1	問2	問3		
【Ⅳ】		→ → →			
	問4		問5		
			A	B	C
	問6	問7			

	問1	問2		問3	問4
		A	B		
【Ⅴ】					
	問5				
	ア		イ		
	問6				

	1		2	
【Ⅵ】				
	3		4	

	1	
	A	B
	2	
【Ⅶ】	A	B
	3	
	A	B

	1		2	
【Ⅷ】	前に来る語	後に来る語	前に来る語	後に来る語

	1
【Ⅸ】	September.
	2
	I have .

◇国語◇

立教新座高等学校　２０１９年度

※この解答用紙は１５４％に拡大していただくと、実物大になります。

一

問一　イ　ロ　ハ　ニ　ホ

問二　Ⅰ　Ⅱ

問三

問四　最初　～　最後　という事態。

問五

問六

問七　問八

二

問一　イ　ロ　ハ

問二　問三

問四　問五

問六

問七　ア　イ　ウ　エ

三

問一　問二　問三

問四

問五

問六

問七　問八

立教新座高等学校　平成30年度

◇数学◇

※この解答用紙は149％に拡大していただくと，実物大になります。

〔1〕

(1)	(2)	
	①	② $y =$

(3)		(4)	
① cm	② cm^2	①	②

(5)	
① cm^3	② cm^3

〔2〕

(1)	(2)	(3)

〔3〕

(1)	(2)	(3)	(4)
cm^2	cm	cm	cm

〔4〕

(1)		(2)
$a =$	A(　　,　　)	

(3)	(4)

〔5〕

(1)	(2)
cm	cm

(3)	
① cm	② cm

○推定配点○　〔1〕　各4点×9　〔2〕　各4点×3　〔3〕　各4点×4
〔4〕　各4点×5（(1)別採点）　〔5〕　各4点×4　計100点

/100

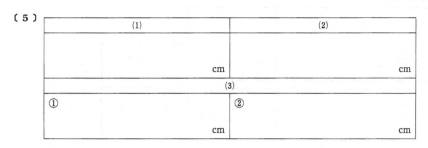

立教新座高等学校　平成30年度

◇英語◇

※この解答用紙は169%に拡大していただくと，実物大になります。

【Ⅰ】	1	2	3

【Ⅱ】	1	2	3
	A・B・C・D	A・B・C・D	A・B・C・D
	4	5	
	A・B・C・D	A・B・C・D	

【Ⅲ】	問1	問2	問3		
	問4		問5		
	問6	問7 (1)	問7 (2)	問8	

【Ⅳ】	問1 (1)	問1 (2)	問1 (3)	問1 (4)	問1 (5)
	問2	問3	問4		
	問5				

【Ⅴ】	A	B

【Ⅵ】	1	2	3	4

【Ⅶ】	1		2		
	3			4	

【Ⅷ】	1		2		3		4		5	
	A	B	A	B	A	B	A	B	A	B

○推定配点○　【Ⅰ】 各2点×3　【Ⅱ】 各2点×5　【Ⅲ】 各2点×11（問4は完答）
【Ⅳ】 問1～問4　各3点×8　問5　8点
【Ⅴ】 各2点×2　【Ⅵ】 各2点×4　【Ⅶ】 各2点×4（各完答）
【Ⅷ】 各2点×5（各完答）　計100点

/100

平成30年度
立教新座高等学校

※この解答用紙は154%に拡大していただくと、実物大になります。

◇国語◇

一

問一 A B

問二 問三 問四

問五

問六

二

問一 イ ロ ハ ニ ホ い

問二

問三

問四

問五

問六 問七 ア イ ウ エ オ

三

問一 イ ロ ハ ニ

問二 I II

問三 問四 問五 ④ ⑤

問六 問七

問八

○推定配点○
一 問一 各2点×2 他 各4点×5
二 問一 各2点×5 問二・問五 各6点×2
問七 6点(完答) 他 各4点×3
三 問一・問二・問五・問七 各2点×9 問八 6点
他 各4点×3 計100点

/100

〈ダウンロードコンテンツについて〉

本問題集のダウンロードコンテンツ、弊社ホームページで配信しております。現在ご利用いただけるのは「2025年度受験用」に対応したもので、**2025年3月末日**までダウンロード可能です。弊社ホームページにアクセスの上、ご利用ください。
※配信期間が終了いたしますと、ご利用いただけませんのでご了承ください。

高校別入試過去問題シリーズ

立教新座高等学校　2025年度

ISBN978-4-8141-2910-2

[発行所] 東京学参株式会社
〒153-0043　東京都目黒区東山2-6-4

書籍の内容についてのお問い合わせは右のQRコードから　⇒

※書籍の内容についてのお電話でのお問い合わせ、本書の内容を超えたご質問には対応できませんのでご了承ください。

2024年4月23日　初版